铁路信号集中监测系统

靳　俊　主编
张虹刚　主审

中国铁道出版社有限公司

2025年·北京

内 容 简 介

本书围绕铁路信号设备维护和集中监测平台的建设，结合最新技术条件的要求和更加完善的系统功能编写。本书共九章，介绍了铁路信号集中监测系统的发展历程、总体目标和技术特点，阐述了铁路信号集中监测系统的结构和网络管理、系统功能、采集原理、系统接口、安全要求、维护与管理等，并结合典型案例介绍系统的运用分析方法。

本书紧贴实际、突出实用、注重实效，可作为铁路信号设备维护人员学习和培训用书，可供铁路运输相关专业技术人员和管理干部学习参考，也可作为各类院校相关专业的教材。

图书在版编目(CIP)数据

铁路信号集中监测系统 / 靳俊主编. -- 北京 : 中国铁道出版社有限公司，2025. 3. -- ISBN 978-7-113-32120-8

Ⅰ. U284.91

中国国家版本馆 CIP 数据核字第 2025PM0281 号

书　　名：铁路信号集中监测系统
作　　者：靳　俊

责任编辑：王　烁　　**编辑部电话：**(010) 51873167　　**电子邮箱：**365958380@qq.com
编辑助理：李嘉圆
封面设计：赵　兆
责任校对：刘　畅
责任印制：樊启鹏

出版发行：中国铁道出版社有限公司（100054，北京市西城区右安门西街 8 号）
网　　址：https://www.tdpress.com
印　　刷：北京盛通印刷股份有限公司
版　　次：2025 年 3 月第 1 版　2025 年 3 月第 1 次印刷
开　　本：787 mm×1 092 mm 1/16　**印张：**14.25　**字数：**356 千
书　　号：ISBN 978-7-113-32120-8
定　　价：88.00 元

前　言

铁路信号集中监测系统是我国自主研发的面向铁路信号领域的综合性设备实时监测系统，是监测信号设备状态、发现信号设备隐患、分析诊断信号设备故障、实现信号子系统接口信息安全监督、辅助和指导现场维修及故障处理、提高电务系统设备运用质量和维护水平的重要信号设备，是信号设备工作状态的集中监测和智能诊断分析平台，其监测范围包括联锁、闭塞、TCC、TDCS/CTC、RBC、TSRS、电源屏、电缆、计轴、区间综合监控、DMS、LMD、机车信号远程监测系统等信号设备和子系统。

为了满足铁路运输发展的需要，提高电务部门维护水平和工作效率，2000 年铁道部科技司和运输局组织有关单位制定了《信号微机监测系统技术条件》（TB/T 2496—2000），提出了铁路信号微机监测系统的体系结构和系统功能，并组织有关铁路局和研制单位进行技术攻关，研制出符合技术条件的 TJWX-2000 型信号微机监测系统，在铁路主要干线推广应用。近年来，随着铁路信号设备技术的不断发展和提高，铁路信号集中监测系统技术和功能也不断完善和提高，原铁道部、原中国铁路总公司、中国国家铁路集团有限公司（国铁集团）电务主管部门及时组织有关专家对技术条件进行了补充修订，相继颁布了 2006 型、2010 型和 2020 型系统的技术条件，为铁路信号集中监测系统的持续发展奠定了基础。

铁路信号集中监测系统经过多年的建设，已经在普速铁路和高速铁路中大面积推广应用，基本覆盖了铁路所有干线线路，成为新建、改建车站必须同步装备、开通的基本信号系统，极大地方便了铁路信号维护部门掌握信号设备运用状态、发现设备隐患、分析处理设备故障和指导设备维修维护。为了满足路内外专业技术人员了解铁路信号集中监测系统的需求，国铁集团工电部组织有关局集团公司和研制单位编写了本书，可供铁路信号技术人员阅读，也可供铁路运输相关专业技术人员和管理人员学习和参考。在编写过程中，为便于读者的阅读和理解，作者查阅并择取了有关局集团公司应用铁路信号集中监测系统的典型案例，介绍了如何运用铁路信号集中监测系统进行故障隐患分析、故障排查，从而压缩故障延时，以便更好地指导信号设备维护工作。

本书共分九章，以铁路信号集中监测系统的应用为主线，介绍了系统结构、网络管理、系统功能、采集原理、系统接口、安全要求、维护与管理以及典型案例。第一章介绍铁路信号集中监测系统的发展历程和总体目标，阐明铁路信号集中监测系统的技术特点；第二章介绍铁路信号集中监测系统的结构和网络管理，重点介绍三级三层体系结构及网络架构；第三章按照车站、局集团公司、国铁集团三层分别阐述铁路信号集中监测系统的功能；第四章阐述铁路信号集中监测系统的采集原理，重点突出对轨道电路、转辙机等设备采集原理的阐述；第五章详细介绍铁路信号集中监测系统对外接口方式、数据传输内容和数据通信，阐述铁路信号集中监测系统信息汇聚和共享的实现方法；第六章介绍铁路信号集中监测系统的安全要求，详细介绍系统的采集安全要求和防护措施、与外部接口安全隔离、软件安全设计、网络安全要求和防护措施；第七章介绍铁路信号集中监测系统的维护与管理方法；第八章通过详细案例介绍运用铁路信号集中监测系统进行故障隐患分析、故障排查的方法；第九章对铁路信号集中监测系统在综合监测、机器自主分析、设备健康管理、线网级运维平台的发展进行了展望。

本书由国铁集团工电部靳俊主编，北京铁路通信信号运维中心张虹刚主审，第一、三章由胡恩华、杨向波、朱锁明、刘晓峰、周星宇撰写；第二章由刘伟、张成斌、檀晓羽撰写；第四章由李永燕、尹春雷、莫小凡撰写；第五章由张华、杨勇（四川网达）撰写；第六章由杨勇（铁科院）、李小帅撰写；第七章由殷继宏、潘黎鹏、赵雷撰写；第八章由董加良、钟志旺、石成撰写；第九章由钟志旺撰写。

在本书撰写过程中，李萍提出了许多宝贵意见，全路 18 个局集团公司电务部和电务段监测技术主管，以及参加铁路信号集中监测系统研制开发、开通试验和技术标准制定的人员对铁路信号集中监测系统的成功运用做了大量的工作，为本书积累了宝贵素材，在此一并表示衷心的感谢。

由于编者水平有限，书中难免存在错误、疏漏之处，请读者不吝赐教。

编　者

2024 年 12 月

目　　录

第一章 绪 论

铁路信号集中监测系统（centralized signaling monitoring system，CSM）是监测信号设备状态、发现信号设备隐患、分析诊断信号设备故障原因、实现信号子系统接口信息安全监督、辅助和指导现场维修及故障处理、提高电务系统设备运用质量和维护水平的重要信号设备，是信号设备维护的集中监测和智能诊断分析平台，是安全第一、预防为主维修方针的现实基础。

CSM 采用先进的数字信号处理技术、现场总线技术、传感技术、计算机网络通信技术、人工智能技术、数据库及软件工程技术等现代科学技术手段，全面汇聚地面、车载等相关信号设备的运行状态和监测数据，实现信号设备健康状态及维护信息的集中存储、安全监督、智能诊断、综合分析，提高电务部门维护水平和维护效率，是信号设备维护和维修工作必备的工具和装备，是采用面向用户的、具有开放性和模块化设计的系统。

CSM 成功应用于国内外普速和高速铁路。该系统的推广应用，使得铁路信号设备维护测试由人工手动测试升级为计算机自动实时监测，电务维护人员通过 CSM 这一平台掌握信号设备的实时运行状态，解决了维护人员上道巡检与人身安全、行车安全及运营效率之间的突出矛盾。CSM 已经成为信号设备安全的“黑匣子”，是信号维修体制改革的重要技术支撑，是信号设备实现“状态修”的必要手段，也是信号维护和维修技术向高安全、高可靠和信息化、智能化发展的重要标志之一。

第一节 发展历程

随着计算机技术的发展，CSM 经历了五个发展阶段。其发展史最早可追溯到 1985 年，在当时计算机技术的基础上，部分铁路局开始研制铁路信号微机监测系统；到 1996 年，参与研制的单位达到了 20 多家，先后有 200 多个车站配备了铁路信号微机监测系统。但受当时采集、计算、网络技术等因素所限，监测系统整体技术水平还较低，设备状态采集精度不高，系统可靠性差，缺乏统一的技术标准；各研制单位技术差异较大，各个车站自成体系，很少集中联网，整体运用状况不佳。随着时间的推移和科学技术的进步，铁路信号监测系统技术不断发展。

一、第一代微机监测系统：TJWX-97 型信号微机监测系统

1997 年，铁道部两次组织专家对全路信号微机监测系统运用情况进行调研，并在此基础上制定技术原则，组织联合攻关。由各研制单位组成联合攻关组，经过近 6 个月的努力，研制开发出第一代 TJWX-97 型信号微机监测系统。这个攻关阶段的特点是：高起点、高水平，充分发挥各家优势、集各家之所长。

正是第一代 TJWX-97 型信号微机监测系统在现场的推广应用，使铁道部和各铁路局对信号微机监测系统的重要性有了新的认识。铁道部在 2000 年初将信号微机监测系统列为保

证铁路运输安全的重要设备组成部分。但是，TJWX-97 型信号微机监测系统在推广应用中也暴露出一些问题：第一，各研制单位根据各家特长对 TJWX-97 型信号微机监测系统进行了不同程度的升级，造成信号微机监测系统制式不同、标准各异、分散使用、不能联网的局面；第二，一些重大行车事故给全路带来重大损失和惨痛教训的同时，也对信号微机监测系统提出了更高的要求，尤其对通过信号微机监测系统判断违章操作带来的事故隐患并防患于未然的功能需求迫切。

二、全路推广的开始：TJWX-2000 型信号微机监测系统

2000 年，铁道部汇集了各铁路局、铁路相关院校专家的意见，对《信号微机监测系统技术条件》进行了修改和完善，颁布了《信号微机监测系统技术条件》（TB/T 2496—2000），该技术条件对信号微机监测系统进行了新的定义，增加 25 Hz 相敏轨道电路、SJ 第 8 组接点封连报警等必要的功能。与此同时，铁道部科教司和运输局基础部决定进行第二次联合攻关，集中各研制单位的 20 多位技术专家，在 TJWX-97 型信号微机监测系统的基础上，开发出 TJWX-2000 型信号微机监测系统。TJWX-2000 型信号微机监测系统以新的技术条件为依据，统一标准，统一制式，采用统一的软硬件，具备全路联网功能。该系统于 2000 年 10 月 10 日通过铁道部科教司组织的科技成果鉴定，在全路大规模推广运用并取得良好效果。

三、普速铁路成熟应用：TJWX-2006 型信号微机监测系统

随着 2001 年 10 月 21 日第四次铁路大提速和 2004 年 4 月 18 日第五次铁路大提速，计算机联锁系统、列车运行控制系统、提速道岔、ZPW-2000 系列无绝缘轨道电路（以下简称 ZPW-2000 系列轨道电路）等大量信号新技术装备上道运用，TJWX-2000 型信号微机监测系统已经不能很好地满足现场维护使用要求。另外，2005 年 3 月 18 日，撤销铁路分局，实行铁道部—铁路局—站段三级管理模式，其后电务段生产力布局调整，电务段管辖区域扩大，管理难度加大，迫切需要进一步提高信号微机监测系统技术水平，以提高电务系统的整体维护水平和维修效率。为此，铁道部运输局基础部、科教司组织铁路局和研制单位在《信号微机监测系统技术条件》（TB/T 2496—2000）的基础上制定了《铁路信号微机监测系统技术条件（暂行）》，并于 2006 年 8 月发布《关于印发〈铁路信号微机监测系统技术条件（暂行）〉的通知》（运基信号〔2006〕317 号）。以此为标准研发的 TJWX-2006 型信号微机监测系统重点增补了提速道岔交流转辙机、列控中心、ZPW-2000 系列轨道电路、不对称高压脉冲轨道电路等信号设备的监测功能，监测范围覆盖了当时的全部信号设备。

四、适应高速铁路发展需求：CSM-2010 型信号集中监测系统

从 2003 年开始，中国开始高速铁路工程建设。与普速铁路相比，高速铁路的特点对信号设备维护提出了更多的要求：

1. 速度快。要求监测系统采集周期短。

2. 新增设备类型多。CTCS-2/CTCS-3 级列控系统、防灾系统、客运专线 ZPW-2000 系列自动闭塞系统对监测系统提出更多功能需求。

3. 夜间“天窗修”。白天不能上道维修，要求监测系统全面、可靠地反映所有信号设备

的运用状态。

4. 无人值守。无人值守对监测系统提出了区域显示的需求。

综上所述，高速铁路对信号设备的安全性、可靠性、可用性以及可维护性的要求越来越高，电务工作者面临的维护压力越来越大，也对监测系统提出了更高的要求。

为此，铁道部运输局电务部组织铁路局及研制单位对信号微机监测系统功能需求进行重新梳理，于 2010 年 9 月发布了《关于印发〈铁路信号集中监测系统技术条件〉的通知》（运基信号〔2010〕709 号），在原有《信号微机监测系统技术条件》的基础上，补充了针对高速铁路信号设备监测的相关内容，突出了采集的安全性设计要求，并对原有电务段子系统进行补充完善。同时，为确保信号集中监测系统不影响被测设备的安全，铁道部运输局电务部组织铁路局以及研制单位编制了《铁路信号集中监测系统安全要求》（运基信号〔2011〕377 号），对集中监测系统采集方案、采集线缆、隔离措施做出了详细规定，整体提高了集中监测系统的安全性。这两个技术文件在确保信号集中监测系统的安全性和产品品质的同时，明确了铁路信号集中监测系统作为铁路信号设备维护的综合集中监测平台，实现对信号设备的整体监测，提高维护效率，保障信号系统的正常工作。

五、满足智能化运维需求：CSM-2020 型信号集中监测系统

随着人工智能、云计算、大数据等新技术的快速发展和推广应用，以及日益复杂异构的铁路信号设备所面临的运维压力需要，铁路电务系统对智能化维护的诉求越来越强烈。2019 年，随着京张高铁的开通，智能高铁建设进入快速发展阶段。为此中国国家铁路集团有限公司（以下简称国铁集团）工电部组织局集团公司及相关设备研制单位进行新的需求调研、分析和技术方案研讨，对铁路信号集中监测系统技术条件进行修订，于 2020 年 9 月 18 日发布《铁路信号集中监测系统技术条件》（Q/CR 442—2020）。CSM-2020 型铁路信号集中监测系统按照集中监测、智能分析、安全保障的总体建设原则，最大程度实现电务数据的集成化、数据采集和接口的标准化、信号设备故障和隐患诊断与预警的智能化，同时满足网络与信息安全的要求，确保设备接口的安全性，并实现信号系统运用状态的安全监督。

随着科技的不断进步和铁路建设、运营的快速发展，CSM 作为铁路信号设备维护的集中监测和智能诊断分析平台，将进一步向智能化、信息化方向不断完善和发展。

第二节 总 体 目 标

CSM 以“保障行车安全、服务运输生产、强化质量保证”理念为目标指引，以保证信号设备安全、可靠、稳定运行为着眼点，完成“三级三层”（“三级”为国铁集团级、局集团公司级、站段级；“三层”为国铁集团层监测子系统、局集团公司/站段层监测子系统、车站层监测子系统）体系结构建设，在加强信号设备结合部管理、监测信号设备运用状态、发现信号设备隐患、分析诊断信号设备故障、实现信号子系统接口信息安全监督、辅助和指导现场维修及故障处理等方面发挥应有的作用。

一、建立“三级三层”体系结构

1. 实现信号集中监测系统在国铁集团、局集团公司、车站以及电务段、车间、工区的全面覆盖。

2. 搭建信号集中监测基础数据采集平台，采用安全、标准的采集方案，实现对转辙机、轨道电路、信号机、外电网、半自动闭塞等信号设备状态信息的采集；采用标准的对外接口，获取自身具备监测子系统的信号设备（如 ZPW-2000 系列自动闭塞系统、列控中心、计算机联锁）状态信息和报警信息，使 CSM 成为信号设备维护的集中监测平台。

3. 建设局集团公司信号集中监测中心，提升局集团公司层监测子系统的数据处理和信息服务能力，使其成为信号集中监测网络中的处理核心和对外信息发布中心。

二、全面监测信号设备运行状态

1. 实现包括车站、中心在内所有信号设备的实时监测和状态图形化显示，并能在工区、车间、电务段等终端同步复现。

2. 实现电务信号设备运行数据的“黑匣子”记录与历史回放功能。

3. 实现电务与供电、工务、车务等结合部的有效管理。

三、智能诊断设备故障和隐患

1. 实现电务信号设备运用状态和特性参数的趋势预警，为“天窗修”作业提供合理的设备维护维修依据。

2. 实现电务信号设备的故障报警与智能诊断，压缩电务设备故障延时，提高电务维修效率。

3. 实现信号子系统接口间的关键数据比对及逻辑分析、安全风险提示。

四、服务电务安全生产

1. 实现电务信号设备状态的本地自动分析和维护维修工作的远程指导、监督。

2. 实现电务生产流程和故障处理流程的信息化、智能化管理。

3. 实现监测数据共享，为电务安全生产指挥和应急指挥提供支撑。

第三节　技 术 特 点

CSM 作为铁路信号设备维护和维修的工具，用先进的检测技术和计算机网络技术等手段，通过监测系统联网化和平台化，为电务维修体制改革、健全维修管理制度提供技术基础。整个系统具有以下特点。

一、先 进 性

系统设计具有高起点，在研制中采用计算机技术、人工智能技术、远程控制技术、网络技术、数据压缩与传输技术、多媒体技术等具有发展前景的技术，同时运用先进算法，采用行业相关标准及国内外新产品，使系统整体在一定时期内保持技术先进性。

二、可 靠 性

可靠性用系统平均无故障时间（mean time between failure，MTBF）度量，即计算机系统平均能够正常运行多长时间才发生一次故障。系统平均无故障工作时间越长，可靠性越高。CSM 可以 24 h 不间断地监测信号设备的运行状态，并根据监测状态及时提供预警提示、故障提示等维护人员关注的信息，其工作性质决定系统必须是高可靠的。CSM 的关键网络设备和服务器设备采用双套冗余设计，提供系统容错机制，保证系统连续不间断地稳定运行，保证数据信息的安全性和正确性；系统的采集硬件设备采用器件性能指标高于设计要求的方法来提高其可靠性；系统软件采用模块化设计、软件看门狗、数据缓存、历史数据自动滚动清除、线程冗余等方案增加可靠性。

三、安 全 性

CSM 是一个设备监测与信息采集系统，需要通过传感采集或接口通信等方式获取信号设备运用状态信息。采集设备采用安全隔离设计，使之在实现信号设备状态采集的同时，具有良好的电气隔离性能，即使采集设备发生故障，也不影响被监测信号设备的正常工作。

按照铁路信号集中监测系统安全要求，CSM 所有采集模块均具备防护电路或防护单元，并通过减少单板采集路数，确保电路板走线安全间距，明确规定采集线缆的型号和标准，满足故障—安全原则。

另外，CSM 依据《铁路信号集中监测系统接口规范　第 2 部分：车站设备接口协议》(Q/CR 780.2—2020)、《铁路信号集中监测系统接口规范　第 3 部分：局集团公司/电务段层设备接口协议》(Q/CR 780.3—2020)，实现与计算机联锁系统（CBI)、列控中心（TCC)、调度集中系统（CTC)、ZPW-2000 系列轨道电路、电源屏、无线闭塞中心（RBC)、临时限速服务器（TSRS）等设备接口，规范了 CSM 与各信号子系统间数据交互的接口方案、接口协议、交换内容等标准，确保与各子系统间的接口安全。

四、实 时 性

CSM 是一个数据实时采集和处理系统，需要实时采集信号设备的状态信息，在列车运行过程中，信号机、转辙机、轨道电路等信号设备会产生大量状态变化。这些信息主要通过基层网自动采集，必须及时、准确地传递给国铁集团、局集团公司、电务段、车间、工区的各级维护人员。在“三级三层”的任何一台信息处理终端上，信息必须实时、有序地进行处理，既不能定时处理，也不能批处理；信息必须真实、可靠。

五、可 用 性

可用性是指在特定的使用场景下，产品为特定用户用于特定目的时所提供的有效和满意的程度。CSM 的可用性反映在站机、终端软件的设计能够使用户把知觉和思维集中在目标任务上，可以按照自身的行动过程进行操作。CSM 具有统一的人机界面，操作简单，易于维护，具备如下特点：

1. 所有被采集的设备都能在日常测试界面中体现，通过选择不同的设备能显示对应设备相关的采集项。

2. 具备采集信息综合显示功能，同一设备的所有采集项在同一界面综合展示，不同设备的多个组合采集项在同一界面上综合展示，跨系统关联信息的综合展示。比如轨道电路的轨道电压、相位角、占用开关量、锁闭开关量等在同一界面上进行展现；所有采集量可以展现相关的实时曲线、日曲线、月曲线、年曲线、日报表等。

3. 通过设备状态图实时显示车站设备状态，当设备故障或异常时，更形象、更直观地给出相应的报警状态。

4. 支持道岔转辙机、轨道电路、信号机等设备动态逻辑图纸显示，图纸中实时显示采集的开关量、模拟量信息，设备故障时标注故障范围。

5. 具备报警分析功能，通过实时报警、历史报警直接切换到诊断分析界面，自动汇聚报警相关信息展示，包括站场图、设备状态图、电子图纸、开关量模拟量曲线综合展示。

六、智 能 性

CSM 汇聚了信号设备和信号子系统的状态信息，通过基于知识规则、专家经验、人工智能（AI）技术等对道岔转辙机、轨道电路、信号机等设备状态进行实时诊断分析。当设备故障时，可及时报警并进一步定位设备故障范围、原因，同时结合历史故障处置情况，提供故障处理建议。

CSM 通过智能预测、预警技术，实时跟踪分析设备电气特性变化。当设备电气特性数据出现劣化、趋势性变化时及时进行预警提醒，通过智能预警代替人工曲线调阅，提升电务人员盯控、分析效率，保障设备运行稳定。

CSM 采用黑盒分析方法，对不同子系统间关键数据状态进行监督分析，当出现不一致时及时提醒，起到信息安全监督作用。

七、兼 容 性

CSM 是一个“三级三层”的系统，牵涉范围广、地域宽，其工程往往由多家监测厂家共同承担。由于各局集团公司、电务段、车站所管辖范围内的线路、车站都有很大差异，就某个区域而言，CSM 实施的时间不同，局集团公司、车站采用的软硬件平台不尽相同。为此，通过制定《铁路信号集中监测系统接口规范　第 1 部分：内部接口协议》（Q/CR 780.1—2020），规范了局集团公司、车站网络间的数据传输和交换的格式标准。各单位在 CSM 设计中应考虑与异种机、异种网的互联，按照统一的规范标准，保证国铁集团、局集团公司之间能够实时地进行数据传输和交换。同时，CSM 作为铁路信号综合维护平台，在保证信息安全的前提下，还考虑与铁路其他系统之间交换数据的能力，充分发挥为铁路运输服务的作用。

第二章　铁路信号集中监测系统结构和网络管理

铁路信号集中监测系统的结构需满足国铁集团、局集团公司、电务段、车间/工区以及车站不同层级的不同要求。既要考虑核心部件的热备冗余，又要为系统将来的发展预留扩展能力，同时又要避免不同层级的重复投资。应按照网络安全等要求配备网络安全防护设施，以保证系统和信息安全；同时应配备系统运行维护平台，对系统和网络状态进行实时监测和故障诊断。

第一节　体 系 结 构

CSM 是以信号设备维护为核心，以站、段为基础，实行国铁集团、局集团公司、车站三级体系结构。在系统的体系框架下，考虑电务部门的维护管理需要，依托系统配置的层次结构和数据通信的网络结构将系统划分为国铁集团层监测子系统、局集团公司层监测子系统、车站层监测子系统三层。CSM 体系结构如图 2-1 所示。

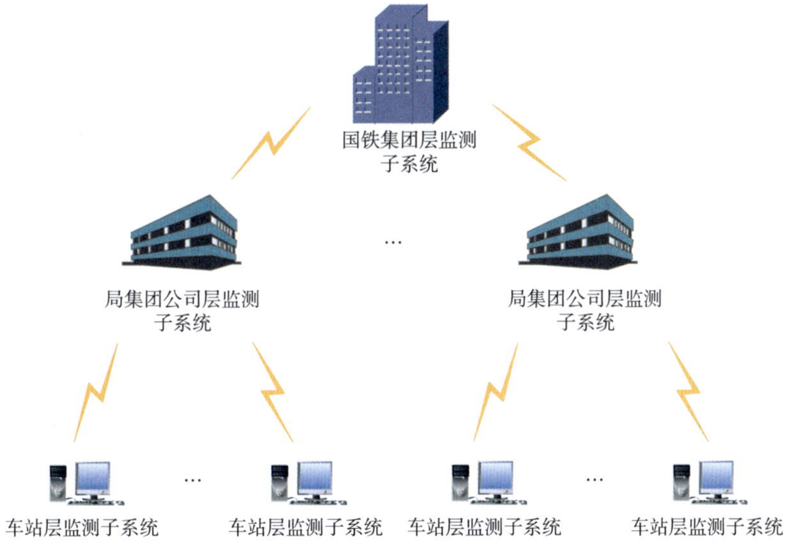

图 2-1　CSM 体系结构

国铁集团层监测子系统处于最高层。该子系统通过获取各局集团公司层监测子系统的接口信息，监督和管理重要铁路枢纽和主要干线的信号设备。

局集团公司层监测子系统处于监测系统架构第二层。局集团公司监测数据信息接入处理分析中心、管内数据汇聚融合、管内信号设备监测功能的集中展示以及关键信号设备安全性核对、逻辑性比对。

车站层监测子系统位于最底层，是整个系统的基础，也是车站信号设备信息的源头。它由站机、采集设备、网络设备等组成。车站子系统主要负责原始数据的采集、分类、处理和存储，与各类智能自诊断设备进行监测信息接入，实现车站信号设备、区间信号设备的实时监测、故障分析和诊断，并提供人机对话界面，显示各类站场信息及各类告警信息。

第二节　网络结构

CSM 结构包括系统配置的体系结构和数据通信的网络结构。CSM 数据通信网网络结构如图 2-2 所示。基于 CSM 的业务流程和管理模式的特点，在网络建设中，将局集团公司层监测子系统作为 CSM 信息和服务的汇集点，对下与车站层之间宜采用不低于 20 Mbit/s 数据通信网收集车站层监测子系统的监测数据，并进行储存和发布，对上接收国铁集团层监测子系统的信息查询命令。国铁集团层监测子系统、局集团公司层监测子系统、车站层监测子系统的每层内部业务交互频繁，业务流量较大，在每层内部按照局域网搭建网络，层间采用星形/总线型专用网络连接。车站局域网采用交换机进行组网，采用星形/总线型连接方式，传输速率不低于 100 Mbit/s。

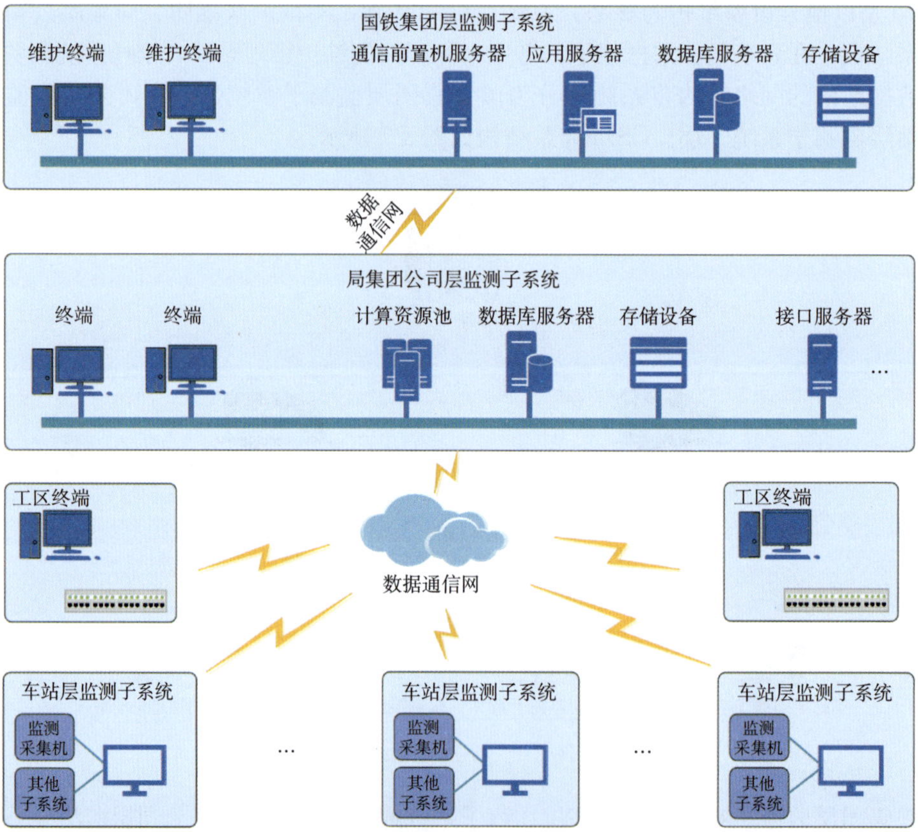

图 2-2　CSM 数据通信网网络结构

车间和工区的网络通道一般从既有的车站或电务段引出，监测终端通过点对点的形式连接到附近的车站或电务段局域网。在线路距离允许的情况下，车间和工区可采用就近接入车站局域网的方式，与车站交换机互联；或采用 100 Mbit/s 及以上传输通道与车站或局集团公司层监测子系统互联。通道可使用网桥、光纤等方式实施。

当既有 E1 专线传输通道基层网尚未改造完成以接入数据通信网时，可维持原网络结构从既有电务段监测中心节点汇入局集团公司中心网络（图 2-3）。当既有 E1 专线传输通道基层网改造完成后，既有电务段监测中心节点应撤销并融入局集团公司监测中心。

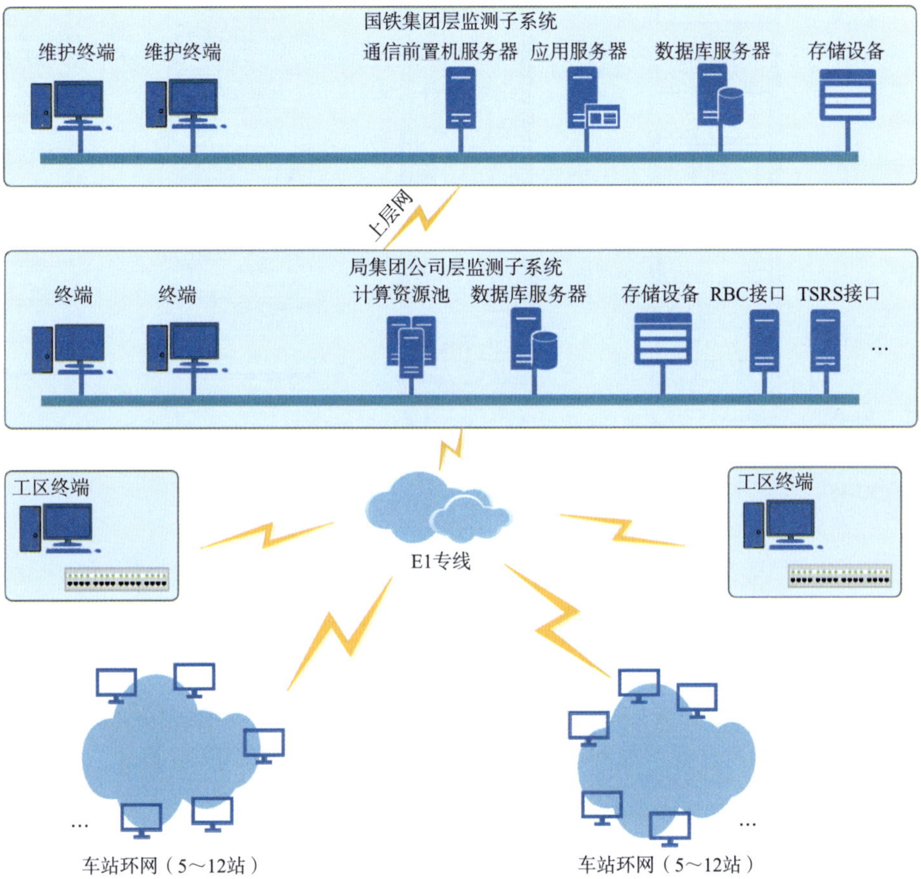

图 2-3 CSM 既有传输网网络结构

CSM 中所有车站、工区、车间及电务段组成基层网。基层网采用 100 Mbit/s 及以上通道接入数据通信网。国铁集团层监测子系统、局集团公司层监测子系统为上层网。网络中路由器均支持开放式最短路径优先（open shortest path firth，OSPF）或增强型内部网关路由协议（enhanced interior gateway routing protocol，EIGRP）。

第三节 车站层监测子系统构成

车站层监测子系统是信号集中监测网络系统的基础部分，负责数据的采集、分类、处理和存储，实现对车站信号设备、区间信号设备的实时监测、故障分析与诊断，并提供友好的人机对话界面。车站层监测子系统由站机、采集设备和网络设备三部分组成，其系统结构如图 2-4 所示。

车站层监测子系统设置 1 台站机、1 套采集机柜及采集设备、2 台交换机。

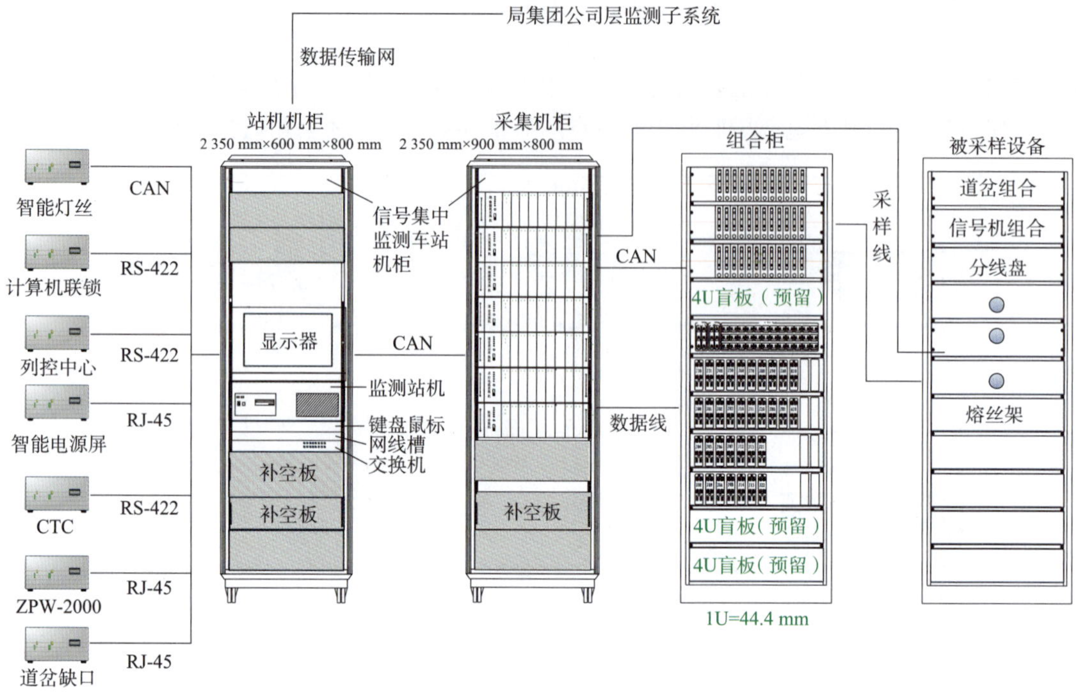

图 2-4　车站层监测子系统结构示意

一、站　　机

站机采用 IPC 工业控制机，四核以上 CPU，内存不低于 16 GB，双硬盘冗余，每个硬盘容量不应低于 4 TB，具备声卡和音箱、打印机等，显示器不小于 19 英寸。

二、采集设备

CSM 系统采集硬件结构可划分为两大部分，即采集设备、与其他系统接口部分，如图 2-5 所示。

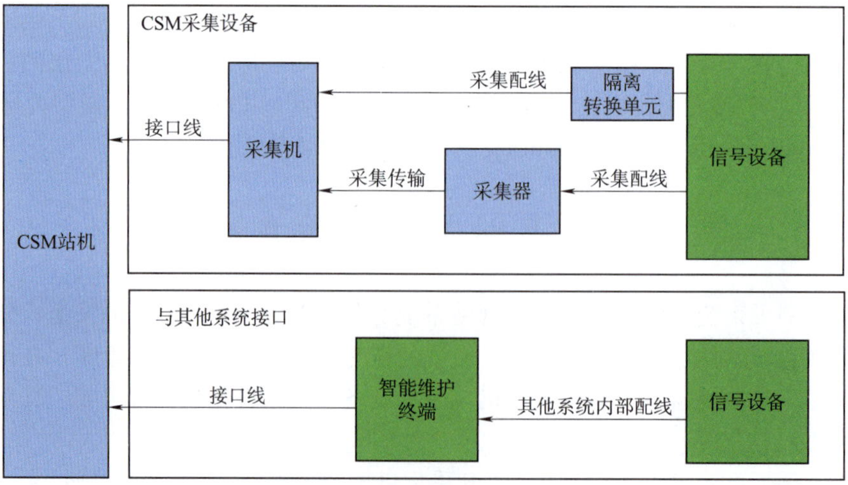

图 2-5　CSM 系统采集硬件结构

在 CSM 采集设备部分，不同厂家相关的设备不完全相同，但按类型可以分为采集机和采集器两种。

（一）采 集 机

采集机的外观为组匣（内含板卡）形式，主要用于收集各采集设备的采集信息，或直接采集对应的模拟量和开关量信息，将结果进行编码传输给 CSM 站机。这类设备主要有接口通信分机、综合采集机等各种采集机，以及 CPU 板、模拟量输入板等各种采集板卡。

CSM 采集机通过 CAN 总线或网线与 CSM 站机连接，负责实时采集各种信号设备的数据，并对采集数据进行预处理；隔离转换单元用于采集各种信号设备的模拟量或开关量信息数据。

采集机因尺寸不同，分为铁路行业标准（以下简称铁标）和欧洲标准（以下简称欧标）两种规格。

铁标采集机中每个采集机采用 4U 高的铁标组匣，每个铁标组匣内包括两个采集机组合（包括采集机电源、采集板和总线板），可配置 18 块采集板。采集机电源为标准 4U 插板，安装于采集机组匣中，每层铁标组匣配置一个电源配线端子。铁标组匣布置示意如图 2-6 所示。

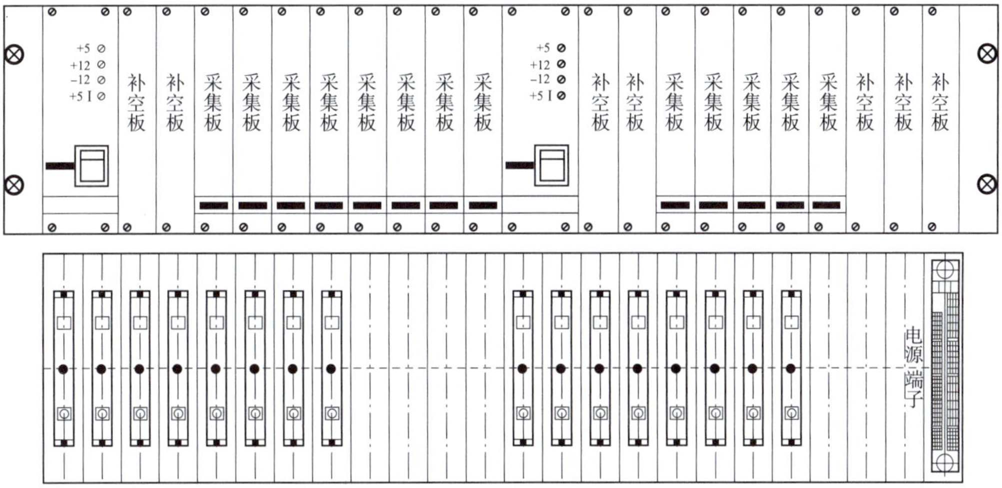

图 2-6 铁标组匣布置示意

欧标采集机中每个采集机采用 4U 高的欧标组匣，每个欧标组匣内只包括一个采集机组合（包括采集机电源、采集板和总线板），可配置 10 块采集板。采集机电源为标准 4U 插板，安装于采集机组匣中，每层欧标组匣配置一个电源配线端子。欧标组匣布置示意如图 2-7 所示。

采集机因采集的对象不同可分为电源屏采集机、轨道电路电压采集机、转辙机采集机、电缆绝缘漏流采集机、信号机点灯电流采集机、移频采集机、半自动闭塞电压采集机、环境监控采集机、防灾/场联电压采集机、开关量采集机等。

（二）采 集 器

采集器的外观为继电器、箱盒等非组匣形式，主要分为两大类：带智能数字处理及传输

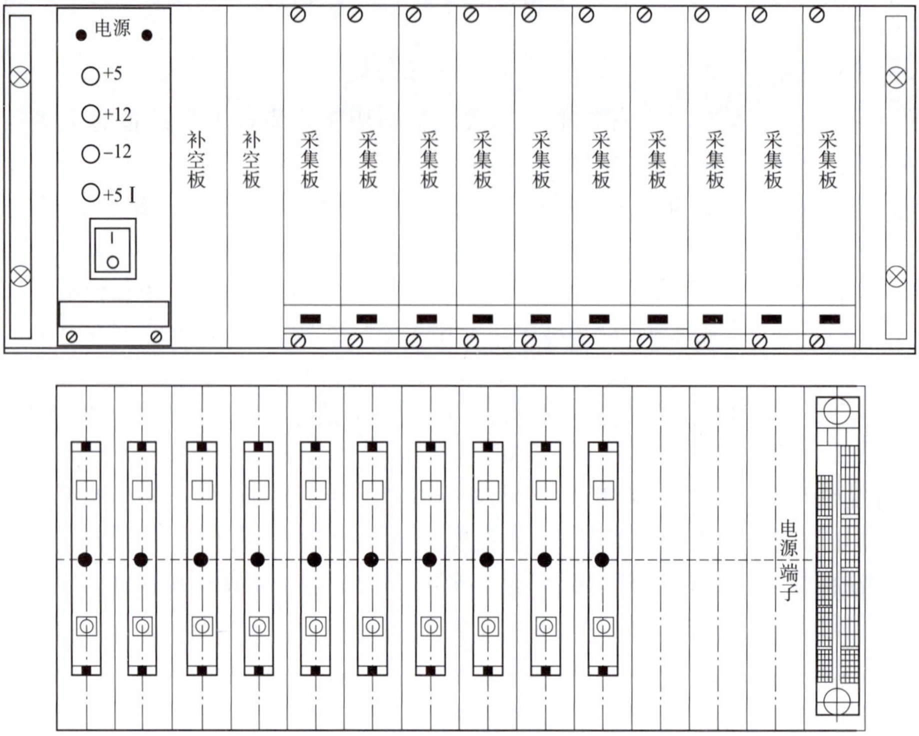

图 2-7 欧标组匣布置示意

功能的采集单元和仅做电压、电流条件变换的采集模块。采集器一般不直接与 CSM 站机通信，其数据可通过接口通信分机转发给 CSM 站机。目前在 CSM 中常用的采集器有道岔表示电压采集器、外电网综合质量采集单元、三相交流转辙机采集单元、列车信号机电流采集器、半自动闭塞采集器、不对称高压脉冲轨道电路采集器等。采集模块主要有开关量采集模块、电流互感器、SJ 光电采集模块等。

各个采集机和采集器的结构和功能将在第四章逐一详细介绍。

三、网络设备

站机机柜中的工控机设备使用以太网口与车站交换机互联。车站局域网宜通过 PE-CE 互联方式接入数据通信网。车站 CSM 的三层交换机（CE）采用双套冗余配置，信号机房至通信机房采用双路光纤连接，接口类型采用 GE（o），光纤跳纤采用 1+1 备份。

四、CSM 车站层监测子系统设备布局

CSM 车站层监测子系统设备布局根据车站性质一般分为两种，即普通站房和箱式机房。

（一）普通站房 CSM 设备布局

在高速铁路的设备集中站、个别线路所和动车段以及普速铁路的绝大部分车站，CSM 均采用普通站房布局模式，在站房机械室内设置一个欧标站机机柜和若干个铁标采集机柜、组合柜。根据现场的需要，采集机柜也可以设置为欧标采集机柜。此种站房 CSM 设备布局如图 2-8 所示，并可根据客户需求配置工区终端和车间终端。

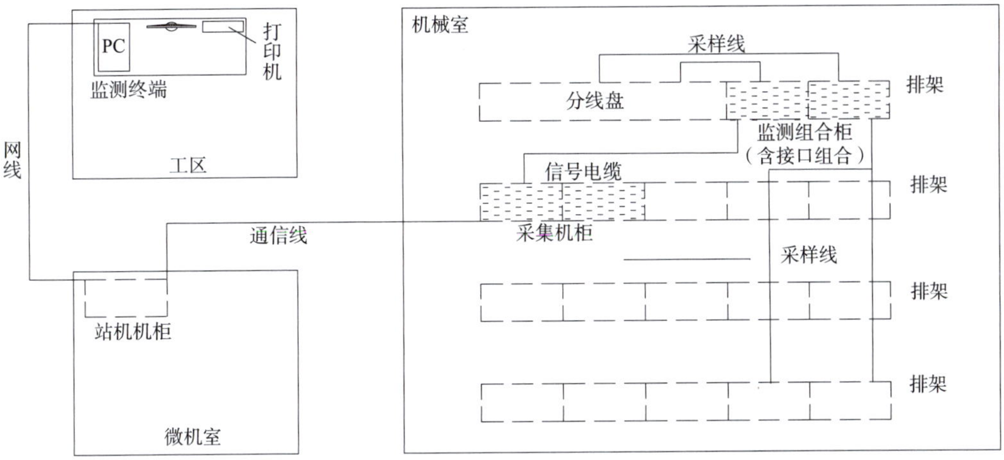

图 2-8　普通站房 CSM 设备布局

欧标站机机柜放置在微机室内，尺寸为 600 mm×800 mm×2 350 mm，机柜内有站机、网络设备、交换机、UPS 等设备；铁标采集机柜放置在机械室内，尺寸为 900 mm×800 mm×2 350 mm，用于放置各类采集机；铁标组合柜也放置在机械室内，尺寸为 900 mm×450 mm×2 350 mm，用于放置 C0 组合、采集器组合和绝缘测试组合等以 4U 为单位的组合。

（二）箱式机房 CSM 设备布局

中继站和线路所一般采用箱式机房，CSM 车站层监测子系统在机房内需设置一个欧标站机机柜和一个组合柜，此种布局如图 2-9 所示。

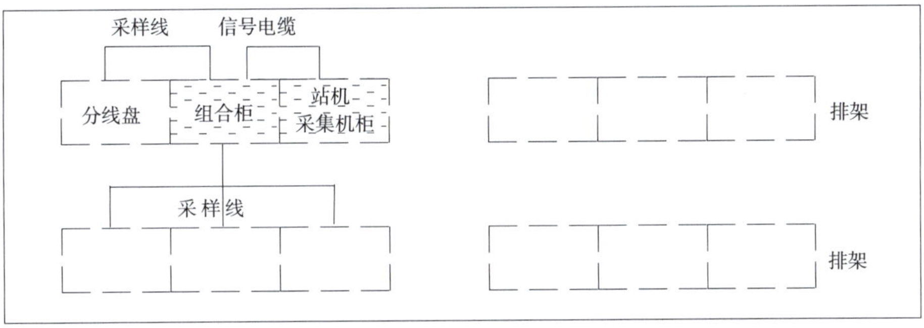

图 2-9　箱式机房 CSM 设备布局

对于线路所（道岔约有 2～3 组，多为 9 机牵引），站机机柜内除了安装站机工控机、网络设备、交换机、UPS 等设备外还需安装各类采集机；铁标组合柜用于放置 C0 组合、接口组合和绝缘测试组合等以 4U 为单位的组合。

对于中继站，机房内设备数量较少，在站房内只需设置一个欧标站机机柜即可。组合柜不配置，将 C0 组合、接口组合和绝缘测试组合等以 4U 为单位的组合直接放置在机房组合架中的空层位置。

CSM 车站层监测子系统无论采用哪种模式，机房内欧标站机机柜、铁标采集机柜和组合柜的数量并不固定，需依据车站的规模大小进行配置。

第四节　局集团公司层监测子系统构成

局集团公司层监测子系统通过 100 Mbit/s 以上的数据通信网与国铁集团层监测子系统相连。局集团公司层监测子系统逻辑连接如图 2-10 所示。

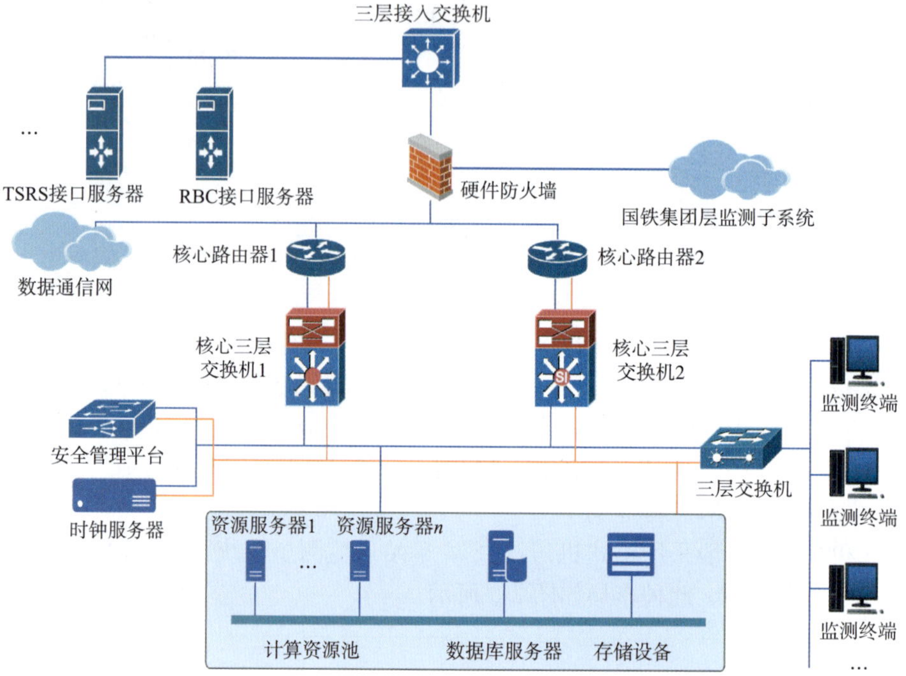

图 2-10　局集团公司层监测子系统逻辑连接

局集团公司层监测子系统应用及计算服务统一由计算资源池提供。当系统容量不满足业务规模增长需要时，应通过增添主机的方式实现业务扩展。计算资源池初始配置 6 台物理服务器节点，共提供 224 个物理 CPU 核，1.5 TB 内存资源。提供的服务至少包括：

1. 数据库服务。数据库服务器 2 套，不少于 16 个 RISC CPU 核，内存容量不小于 256 GB。

2. 应用服务、综合分析服务。应用服务器 2 套、综合分析服务器 2 套，不少于 32 个 CPU 核、内存容量不低于 128 GB。

3. 通信前置服务、网管服务、Web 服务。通信前置服务器 2 套、网管服务器、Web 服务器 1 套，不少于 8 个 CPU 核，内存容量不低于 32 GB。

局集团公司监测中心的存储设备，采用统一存储系统，配置冗余 RAID 控制器，512 GB 缓存，存储容量不少于 100 TB，并支持按需扩展。

局集团公司网络资源设备包括核心交换机、管理交换机，均采用冗余配置。

局集团公司监测中心应配置管理服务器，每台配置不少于 32 个 CPU 核、内存容量不低于 256 GB。配置管理套件，包括服务器虚拟化软件、存储管理软件、虚拟化管理软件。

局集团公司维护工作站和局集团公司监测终端均采用商用 PC 机，不少于 2 个 CPU 核、内存不应低于 4 GB，硬盘容量不应低于 1 TB，独立显卡，具备声卡和音箱、打印机等。显示器不低于 24 英寸（分辨率 1 920×1 024 像素或以上）。

一、局集团公司层监测子系统网络配置

局集团公司层监测子系统网络采用全千兆网络设计，中心内部设备间互联接口均为千兆以上以太网接口。除接口服务器以外，其他各服务器以及入侵检测系统均采用双网方式，分别连接两台核心多层交换机。

数据库服务器之间使用专用心跳线互联，数据库服务器通过专用光存储接口与光存储磁盘阵列连接。

核心多层交换机之间互联两个或多个千兆以太网物理端口，在这些端口上启用端口捆绑技术复合成一条逻辑链路。每台核心交换机使用双上联方式与核心路由器的以太网端口互联。核心路由器的 WAN 卡与 CSM 基层网各个车站的 20 M 及以上广域网传输通道互联。车站首、尾站的广域网链路与不同的核心路由器相连。各车站返回局集团公司层监测子系统的中间抽头链路根据负载均衡的原则，按网络抽头返回的顺序，依次平均分配与两台核心路由器的串行端口相连接。

每台核心路由器使用一个以太网端口与硬件防火墙互联。在局集团公司层监测子系统网络与上层网络和外部网络间设置硬件防火墙进行隔离。

局集团公司层监测子系统配置有相关的辅助设备，主要有网络安全设备、打印机以及电源设备等。网络安全设备主要包含防火墙、入侵检测、动态口令卡、防病毒以及漏洞扫描等，保证局集团公司层监测子系统的网络安全。

二、局集团公司层监测子系统设备配置

通信前置机以双机冗余的形式进行配置，确保可靠性和安全性。通信前置机负责与管内各监测终端以及各监测站机建立通信连接并交换数据，负责局集团公司其他服务器与车站站机之间的操作命令和响应数据的转发。当局集团公司层监测子系统与车站数据流失衡时，进行自动调整，并且在终端调阅车站数据时进行自动切换连接。考虑到业务数据流的容量，每接入 200 个车站需增设一套通信前置机。通信前置机还负责其管辖车站的时钟校核和时钟信息的广播。

应用服务器以双机冗余的形式进行配置，确保可靠性和安全性。应用服务器负责所辖监测终端、数据库服务器、通信前置机等数据处理及转发，以及跨站逻辑的处理；负责车站实时数据分发处理、监测终端与站机之间有关命令和响应数据的转发、监测终端与数据库服务器之间数据传输、监测终端与网管服务器之间的数据传输、监测终端与车站间通信数据转发、网络通信时数据的压缩/解压缩以及数据的分等级传输、数据处理及控制、向所辖车站站机或监测终端发送控制命令。

综合分析服务器负责接收处理中心接口的数据分析、数据处理以及中心跨站安全监督报警分析等。

数据库服务器负责存储车站开关量、报警等相关数据；负责存储分析服务器开关量、报警等相关数据；负责存储终端、通信前置机、应用服务器、网管服务器、综合分析服务器等操作记录。数据库服务器与应用服务器和分析服务器建立连接，负责存储应用服务器、综合分析服务器传输过来的相关数据，并且响应相关服务器传输的读取历史数据的命令，将响应的历史数据传回请求的服务器。

网管服务器负责接收管辖范围内所有终端、服务器、通信前置机、采集机的状态，负责接收相关服务器传输过来的各个节点的状态，并且响应相关服务器传输过来的读取各个节点状态的命令。

Web 服务器提供 Web 浏览服务功能，主要包括实时报警及历史报警查询、报警信息处理情况录入、报警信息分析统计；负责接收应用服务器、综合分析服务器转发过来的实时报警信息，并响应监测终端等浏览器查询命令响应，与数据库服务器间建立通信。

防病毒服务器负责向局集团公司层监测子系统所辖的站机和终端发放杀毒软件与病毒库更新。出于网络安全的考虑，防病毒服务器无法实现与外网的直接沟通，所以防病毒服务器中最新的病毒库由维护人员定期更新。

时钟服务器负责向所辖局集团公司层监测子系统管辖范围内的站机、监测终端和服务器提供标准时钟源，并对所辖各个节点定时校核时钟。时钟服务器从 TDCS/CTC 中心获取时钟。

接口服务器负责跨系统、跨网络间连接的数据通信转发及处理。接口服务器通过 RJ-45 或 RS-422 的方式完成局集团公司层监测子系统与其他系统间的数据交互。当使用网络连接时，接口服务器和其他系统间需要增加网络防护，原则上各个系统做自身防护，保证不影响对方系统或受对方系统影响。局集团公司层监测子系统与其他系统间建立连接后，接口服务器负责将局集团公司层监测子系统内开关量、模拟量、报警信息传输给其他系统。同时将其他服务器的信息传输给局集团公司层监测子系统应用服务器或综合分析服务器。接口服务器作为两个独立网络的交接点，负责两个独立网络间数据互相传输。通过双网卡，每个网卡连接独立网络，进行实时数据和命令的传输。

CSM 监测终端包括车间（综合维修工区）终端、工区（综合保养点）终端、局集团公司终端、电务段调度终端、电务段电子车间终端、电务段分析中心终端及其他终端等。其功能基本相似，可以通过配置文件来分辨不同的监测终端。

第五节　车间与工区监测终端

车间与工区监测终端是根据铁路运营体制的需要而设立的，在高速铁路上存在大量的无人值守站，由于条件所限，无人值守站的设备维护工作由相邻工区的电务人员实施，因此车间和工区的电务人员需要查阅无人值守站信号设备的状态。车间与工区监测终端由网络设备、电源设备以及监测终端组成。车间与工区监测终端逻辑连接如图 2-11 所示。

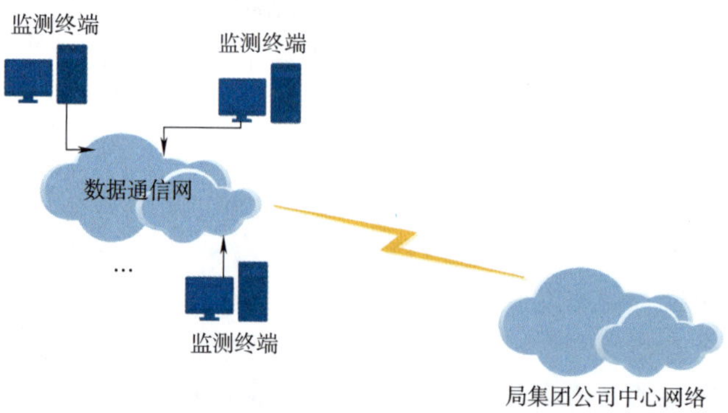

图 2-11　车间与工区监测终端逻辑连接

车间与工区可按照维修管理的需要，布置相应数量的监测终端。车间和工区监测终端能够复示其管辖内的车站，能够查阅车站监测信息并且进行基本的管理和维护操作，其硬件配置与其他子系统的终端配置要求相同。车间与工区监测终端的设立给监测系统的基层网管理带来了便利，同时也提高了车站维护人员的维护效率。

第六节 国铁集团层监测子系统构成

国铁集团层监测子系统由高性能、高可靠性的计算机网络体系构成，国铁集团层监测子系统逻辑连接如图 2-12 所示。

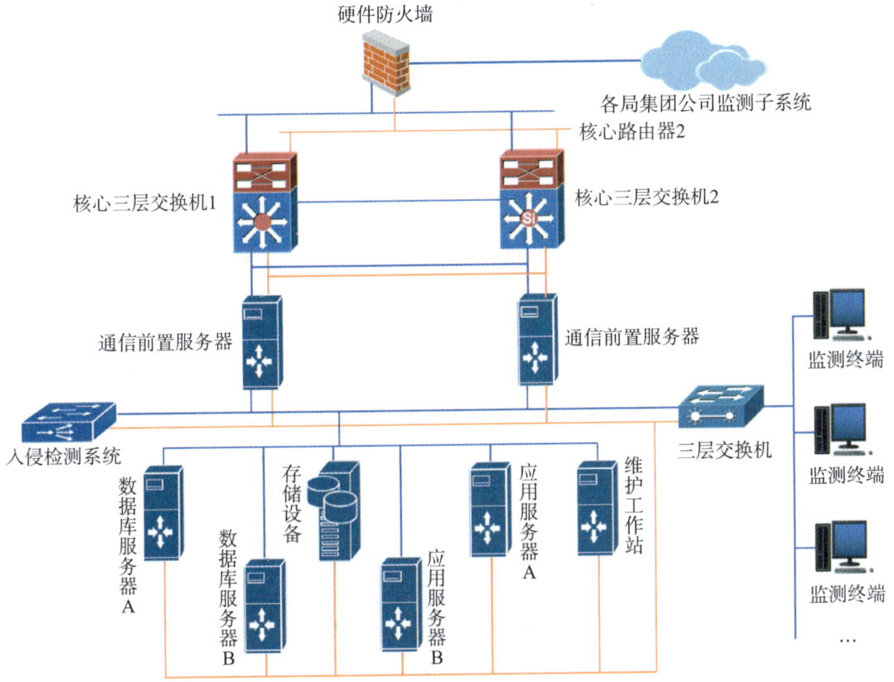

图 2-12 国铁集团层监测子系统逻辑连接

国铁集团层监测子系统配置通信前置服务器、应用服务器、数据库服务器、存储设备、网络设备、电源设备、防雷设备、维护工作站、监测终端。

国铁集团层监测子系统中的通信服务器采用 PC 服务器，每台服务器至少配置 32 个 CPU 核，内存容量不应小于 128 GB，硬盘 480 GB×2 SSD 以上，采用双机热备方式。国铁集团层监测子系统监测终端采用商用 PC 机，不低于 2 个 CPU 核，内存不低于 4 GB，液晶显示器不小于 24 英寸，硬盘容量不应低于 1 TB，具备声卡、打印机和音箱等。

国铁集团层监测子系统中的通信服务器、监测终端、入侵检测系统均采用双上联方式与核心交换机连接。两台核心交换机之间互联两个或多个千兆以太网物理端口，并在端口上启用端口捆绑技术复合成一条逻辑链路。两台核心交换机与局集团公司层监测子系统网络间设置硬件防火墙进行隔离。硬件防火墙使用一个以太网接口与三层接入交换机互联，交换机将此端口设置为 trunk 干线模式，向防火墙转发接入流量。全路各个局集团公司层监测子系统链路通过相应的协议转换器，用以太网接口方式接入到国铁集团层监测子系统网络出口处的三层接入交换机。

为了保证网络系统具有冗余能力，使网络不间断运行，在关键网络的使用上采用双套冗余配置，如路由器、交换机等。这样既能增加网络的吞吐量，也可提高网络的可靠性，从而构成一个故障冗余的高性能、高可靠性网络。为了保证网络的安全性，在中心的网络建设中综合采用 IP 地址过滤、防火墙和入侵检测等设备，监督整个网络，从而更加全面地确保系统的稳定性与可用性。

第七节　网络管理

CSM 网络管理是指对组成网络的各种软硬件设施的综合管理，以充分发挥这些设施的作用，并保证网络向用户提供可靠的通信服务。

在 CSM 中，网络状态的好坏直接影响用户调阅所监测信号设备的状态和掌握信号设备的运用情况。当网络设备出现异常时，维护人员希望能拥有更直观、有效的管理手段，以便及时发现、诊断故障发生地点，排除故障，维护系统网络的稳定，保证业务正常高效运作。因而，对 CSM 网络进行系统的、合理的、统一的网络管理非常必要。

CSM 网络管理具备拓扑状态管理、安全管理、网络故障管理、网络配置管理、网络性能管理等功能。

一、拓扑状态管理

拓扑状态管理是指对管辖区域内的网络节点状态进行自动收集，自动生成国铁集团、局集团公司和电务段广域网拓扑结构图，并真实反映各个节点间的网络连接情况。例如，拓扑状态图可以真实反映国铁集团层监测子系统与各个局集团公司层监测子系统之间的网络结构以及局集团公司层监测子系统和车站层监测子系统之间的网络结构；显示包括数据库服务器、PC 服务器、工作站、网络设备节点（路由器、交换机）及各个节点的工作状态信息。

拓扑图呈现的网元除了包括路由器和交换机等网络设备，还包括采集板卡、采集器和智能传感器，在拓扑图中用不同的图标来区分不同的网元类型。

拓扑图监视可以实时反映网元告警类别与告警级别，可以通过网元图标、链路变色、闪烁的方式显示不同类型、级别的告警状态，还可以发出告警声音提示。

用户可以编辑现有的拓扑图，在拓扑图上添加、删除和修改网元设备及连线。拓扑图编辑器能预先自动生成部分拓扑图，并提供手工编辑拓扑图的能力。用户可以根据需要设置背景地图，摆放网元。在拓扑图中增加网元后，能根据配置信息生成该网元与其他网元之间的连线。编辑的拓扑数据结果能够保存下来，以后能被加载显示。

二、安全管理

安全管理是指通过各种手段确保网络设备、各种主机、服务器、网络服务器本身以及它们之间的数据通信安全。安全管理为用户提供了灵活的工具，以便鉴别用户及其数据，控制用户对资源的存取，同时对网上的机密信息实施保护。

网络管理系统中存储和传输的管理和控制信息对网络的运行和管理至关重要，一旦出现信息泄漏、被篡改和被伪造，将给网络造成灾难性的破坏，因此必须保证网络管理系统自身的安全。

安全管理采取数据链路加密、病毒免疫、灾难恢复等措施来控制对网络资源的访问，确保网络安全可靠地运行，具体内容有：

1. 管理信息存储和传输的加密与完整性，是指供网络管理系统内部各子系统或与其他系统的信息传输采用安全的套接字层传输协议，对管理信息加密传输并保证其完整性。内部存储的机密信息，如登录口令、用户名等也要加密处理。

2. 网络管理用户分组管理与访问控制，是指网络管理员按任务的不同分成若干用户组，不同的用户组有不同的权限范围，用户的操作由访问控制检查，保证无权限用户不能使用网络管理系统。

3. 系统日志应记录用户的所有操作，使系统操作对网络对象的修改有据可查，同时有助于故障的跟踪与恢复。

4. 网络资源的访问控制是指通过管理网络访问控制列表，完成防火墙的管理功能，即从网络层和传输层控制对网络资源的访问，保护网络内部的设备和应用服务，防止外来攻击。

5. 告警事件分析是指接收网络对象所发出的告警事件，分析与安全相关的信息，如路由器等设备或系统的登录信息、简单网管协议（SNMP）认证失败信息，实时向网络管理员报警，并提供历史安全事件的检索与分析机制，及时发现正在进行的攻击或可疑的攻击迹象。

6. 系统的安全漏洞检测是指实时监测系统重要服务的状态，提供安全监测工具，以搜索系统可能存在的安全漏洞或隐患，并借助智能辅助决策系统给出弥补措施的建议。

三、网络故障管理

网络故障管理用于检测网络环境中的异常操作和现象。

（一）网络故障管理内容

通过对管理信息的分析和处理，网络管理人员可以发现问题，并通过跟踪分析和故障隔离等多种方法，逐步确定故障的原因和位置，并进行错误报警和实施有效隔离，具体内容有：

1. 故障检查是指网络管理系统主动探测或被动接收网络中的各种事件信息，并识别出其中与网络和系统故障相关的内容，对其中的关键部分保持持续跟踪（通过发送轮询命令或测试命令），生成网络故障记录。

2. 故障报警是指接收故障监测模块传送来的报警信息，根据报警策略驱动不同的报警程序，亦即启动故障辅助智能决策系统，以报警窗口和声光报警发出网络严重故障警报。

3. 检索/分析故障信息是指提供可视化的良好人机界面，并以关键字检索查询故障管理系统数据库中所有的记录，定期收集故障记录数据，在此基础上给出所辖网络系统、所辖线路和所辖设备的可靠性和安全性参数。

4. 排除故障支持是指网络管理系统向管理人员提供一系列的实时检测工具，测试所辖设备状态并记录测试结果，以供技术人员分析和处理，并可以根据已有的处理经验和管理员对故障的描述，给出故障处理流程、提示和指导。

5. 故障管理配置是指接收管理员输入和其他配置信息，对故障管理系统进行配置，包括故障优先级、查询时间间隔等内容。

（二）网络故障管理具体功能

对应到网络故障管理系统的具体实现功能有：

1. 集中监控，实时呈现

用户可以在一个告警控制台上监控整个网络的各种故障事件，满足了集中监控的要求。同时，一个告警事件的产生到呈现是实时的。

声音报警：根据告警级别和告警类别的不同组合设置告警音。监控人员可自定义每种报警声音的声音类型、开关状态。

显示界面：告警监视器显示所有活动告警和已确认但未清除的告警，每条告警通过颜色标识对应相应的告警级别。属于不同类型、确认情况、活跃情况的告警，应该归类到同一告警窗口的不同栏目（子窗口），并同时显示出来。

2. 数据过滤

告警数据过滤用于从底层提取的告警信息中过滤掉监控人员认为不重要的信息，从而减少轻微告警的干扰，以提高监控与处理的效率。过滤的条件有：告警网元（网元名、地理、网元类型等）；告警级别；告警类别；告警标题；告警类型。告警数据过滤的开启状态可以手工设定。

3. 标准化和重定义

采集层采集到的原始告警数据要经过告警数据处理层的标准化处理。标准化过程包含了告警重定义的处理。重定义后，告警级别分为紧急告警；严重告警；一般告警；提示告警；未确定告警。告警类别分为通信告警；环境告警；设备告警；处理错误告警；服务质量告警。

4. 告警传递

为了保证底层对象（有可能在拓扑图或导航器中当前不可见）的告警信息能及时显示，监控界面对底层对象的告警应逐层传递，从而达到实时监控的目的。

5. 故障定位

对于发生的故障，系统可以提供比较具体的定位，如 CPU/路由模块、网络接口卡等等。

6. 存储和备份

系统能自动存储所有告警记录，原始告警信息在系统中保留；分类后的告警信息在数据库中按照告警类别、告警级别、业务种类、网元类别保存；逾期信息能够用磁带或光盘等介质备份。

系统提供界面，能够按照维护人员的要求或时间表的设置对所采集的告警数据进行备份或删除。数据备份有增量备份和完全备份两种形式。

四、网络配置管理

网络配置管理是用户最常用的网络管理功能。网络配置管理负责控制网络的配置信息，它提供有关的工具手段，使网络管理者可以生成、查询和修改网络各部分运行参数和条件。

网络的配置信息通常包括网络设备的拓扑关系、域名、IP 地址、运行参数、备份条件和配置更改条件等所有管理范围内设备的静态和动态信息。网络配置管理就是通过修改管理对象的属性来控制管理对象，保证网络的正常运转。

网络配置管理包括定义配置信息、设置和修改管理对象的属性值、定义和修改管理对象间的关系、定义和更改管理域、通过网络发布新软件等，具体内容有：

1. 定义配置信息是指对网络管理有意义的管理对象的状态和属性。在实际系统中，配置信息通常采用简单列表、面向对象的数据库方式和关系型数据库方法。CSM 综合采用简单列表和关系型数据库的方式组织配置信息数据。当采用简单列表方式存储配置信息时，每一项对应于某一属性值；当采用关系型数据库时，数据库中的每一项代表相应网络元素的某一特性，数据库的结构代表网络元素之间的关系。

2. 设置和修改管理对象的属性值是指网络管理员远程设置和修改管理对象的属性值。鉴于 CSM 网络的重要性，在执行该操作时必须进行严格的认证检查，只有符合要求的管理者才能够运用该功能。同时，必须严格限制可修改设备的数量、参数和响应时间，保证在修改配置属性时，不会导致整个网络的瘫痪或主要服务功能的丧失。

3. 定义和修改管理对象间的关系是指在不影响任何一部分网络（如暂时中断）的条件下，动态修改、增加、删除网络设备之间的相互联系、连接关系以及彼此间的依赖条件，如网络拓扑关系、层次关系以及管理域等。

4. 定义和更改管理域是指通过修改有关数据来定义和更改管理域，确保管理域内管理授权和管理模式是一致的。所谓管理域是指具有相同管理授权或者具有相同管理属性的被管对象的集合，如网络中的一组网络设备或一个局域网子网等。对于每一个网络管理系统来讲，都有自己的管理范围，即管理域。对于这个管理域范围外的网络设备，管理人员并不关心其配置、性能和故障管理。依据各层网络的功能和结构，为各级网络管理系统划分不同的管理域。

5. 通过网络发布新软件是指能够通过网络终端系统（主机、服务器以及工作站等）和中间系统（网桥、路由器）等传送新的软件，包括系统软件和应用软件。这种新软件的发布通过两种方式实现，一种是由被管设备发出申请，由管理者响应并发送相关的软件；另一种方式是管理者主动向被管设备发送新的软件。

综上所述，网络配置管理提供了所有管理对象的配置信息。

五、网络性能管理

网络性能管理是指对通信网中网络元素的性能及网络通信的性能进行管理。该项管理可评价网络的性能，并通过控制网络元素的性能来控制网络的整体性能，确保网络不会出现过度拥塞的情况，为用户提供更好的网络通信服务。通过该功能，网管人员可方便地检查网络的性能参数，包括实时的数据和历史数据。

（一）网络性能管理具体实现方法

系统根据用户要求对每条广域链路的性能进行监测，根据业务系统服务器的性能进行监测。具体实现方法有：

1. 监控网络设备和相应的所有连接，监视设备和线路的使用率、出错率及相应的阈值，并进行阈值报警。

2. 定期分析历史数据，及时提醒管理者和决策者做出设备或线路的升级计划，保证设备和线路的容量不会因过度使用而出现网络性能急剧下降的情况。

（二）网络性能管理基本功能

网络性能管理包括性能监控和性能数据收集、阈值控制、性能分析、管理对象并提供实时数据采集、分析和可视化工具等基本功能，具体如下：

1. 性能监控和性能数据收集是指定时收集管理对象的性能数据，如响应时间、访问被拒绝的比例、设备的稳定性等，自动生成性能报告。

2. 阈值控制是指对每一个管理对象的每种属性设置阈值。对于特定管理对象的特定属性，可以针对不同的时间段和性能指标进行阈值设置。通过设置阈值并检查阈值，可以在网络及其设备出现性能问题时及时向管理人员报警。

3. 性能分析是指通过对性能历史数据的分析、统计和整理，计算性能指标，形成性能曲线，提供可视化的性能报告，并对性能状况进行评估，为网络规划提供参考。

4. 用户可以根据特定的管理需求定义管理对象，对具有某一共同属性的管理对象进行分类、查找和性能比较。

5. 提供实时数据采集、分析和可视化工具，对流量、负载、丢包、设备温度、网络延时、工作状态等信号和网络设备及线路的性能指标进行实时检测，并可任意设置数据采集的时间间隔。

第三章　铁路信号集中监测系统功能

铁路信号集中监测系统是一个“三级三层”的全路联网系统，分为车站层监测子系统、局集团公司层监测子系统和国铁集团层监测子系统三部分。需要把车站层采集的各类信息通过网络上传到各级电务工作人员，不同层级的电务人员关注重点的不同，决定了不同层级的架构和功能实现上存在差别。本章对不同层级的架构及功能分别进行介绍。

第一节　车站层监测子系统功能

车站层监测子系统负责监测数据采集、分类、逻辑处理、诊断分析、安全监督、数据统计、汇总、存储、界面显示及回放等功能，并且通过统一的标准接口与计算机联锁、列控中心、TDCS/CTC、ZPW-2000 系列轨道电路、电源屏、区间综合监控、计轴、智能灯丝、道岔缺口监测等设备通信，获取接口信息，提供统一的显示界面。车站层监测子系统结构如图 3-1 所示。

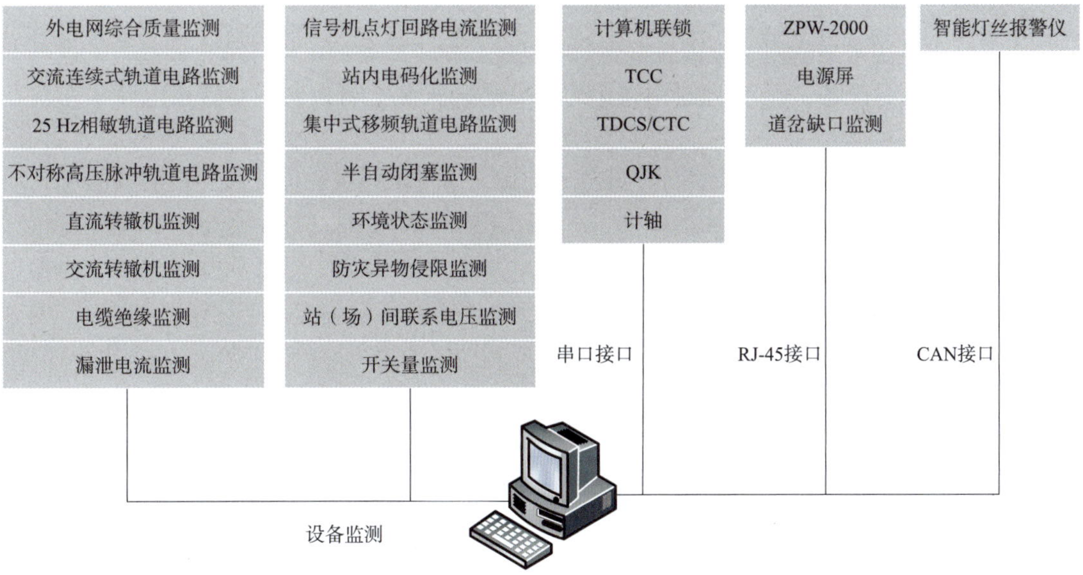

图 3-1　车站层监测子系统结构

一、采集功能

（一）外电网综合质量监测

外电网综合质量监测是对涉及电务与供电结合部的信息进行监测，监测内容包括外电输入相电压、线电压、电流、频率、相位角、功率等，实现对信号机械室外电网供电质量的监督。在信号机械室内，外电网信息的监测点放在专业分界“闸刀”（或断路器）处。考虑到专业维护分界和施工的便捷性，在实际操作中将电压的监测点放在供电侧，即闸刀的外侧，电流的监测点常放在电务侧，即闸刀的内侧。

监测量程：电压 AC 380 V（0～500 V）、AC 220 V（0～300 V），电流 0～100 A，频率 0～60 Hz，功率 0～30 kW。监测精度：电压±1%，电流±2%，频率±0.5 Hz，相位角±1%，功率±2%。

在监测过程中，外电网监测以巡测的方式周期性测试，对于断相、错序、瞬间断电等对监测周期要求较高的测试项目，系统的采样速率不大于 50 ms，电压、电流等模拟量信号的采样速率不大于 250 ms。系统对外电网的监测数据进行实时分析处理，按照以下三个层次进行报警。

当输入电源的电压高于额定值的 15%或低于额定值的 20%时，判定为输入信号超标，进行超标报警。

当输入电源的电压低于额定值的 65%，且时间超过 1 s，判定为输入电源断电或断相报警。

当输入电源的电压低于额定值的 65%，时间超过 140 ms，但不超过 1 s 时，判定为电源瞬间断电报警，电源瞬间断电由于时间持续较短，人工往往难以发现，而有些瞬时信号设备故障又往往与之相关，在系统调阅时要特别注意。为了记录下瞬间断电的全过程，CSM 对于瞬间断电还特别设计了断电曲线的记录功能，完整记录下 2 s 的断电曲线。

当 CSM 监测到三相电源的相序错误时，判定为电源错序报警。

（二）轨道电路监测

轨道电路是用来判断列车位置的重要信号设备，由于所处的工作环境比较复杂，也一直是故障高发的信号设备。CSM 通过对轨道电路状态的采集，可以实现对轨道电路工作状态的全程记录。

在我国站内大量使用的是交流连续式轨道电路、25 Hz 相敏轨道电路、不对称高压脉冲轨道电路。CSM 可以实现的功能有：

1. 监测交流连续式轨道电路分线盘断路器后端的发送电压，轨道继电器交流电压、直流电压；

2. 监测 25 Hz 相敏轨道电路分线盘断路器后端的发送电压，接收端交流电压和相位角，50 Hz 干扰电压；

3. 监测不对称高压脉冲轨道电路接收端波头、波尾有效值电压，峰值电压，电压波形；

4. 监测轨道继电器 GJ 状态，一送多受轨道区段每个分支受端 GJ 状态都要采集。

其中不对称高压脉冲轨道电路包括高压脉冲轨道电路和多特征轨道电路两种形式。

交流连续式轨道电路电压的监测精度为±1%；25 Hz 相敏轨道电路电压的监测精度为±1%，相位角的监测精度为±1%；不对称高压脉冲轨道电路的电压监测精度为±2%。

（三）转辙机监测

转辙机是道岔控制电路的执行机构，用于转换、锁闭道岔尖轨或心轨，表示道岔尖轨或心轨的位置和状态。CSM 对转辙机的监测功能有：

1. 监测转辙机动作电流、功率和时间；

2. 监测道岔表示电压。

直流转辙机的道岔动作电流大小反映转辙机的输出功率情况，间接反映道岔转换过程中阻力的变化情况，可以帮助电务人员了解道岔的工作状态，因此，对 ZD6 系列直流电动转辙机、ZD7 系列直流快动转辙机的监测项目有转辙机动作电流、故障电流、动作时间、转换方向。

在现场实践中发现，交流电动机的输出功率不仅与动作电流有关，还与转辙机工作电路中电压与电流的相位有关，即功率因数，仅仅测量动作电流的大小不足以支持对道岔工作状态的判断。因此，在 S700K 型电动转辙机、ZD（J）9 系列电动转辙机、ZY（J）系列电液转辙机的监测项目设置中，除了动作电流、动作时间、转换方向外，还增加了对转辙机功率、断相保护器驱动 BHJ 的直流电压的测量和 1DQJ、1DQJF、DBJ、FBJ、BHJ 等关键继电器状态的测量，以实现对道岔工作状态的掌握。

因转辙机动作电流和动作功率值在平常情况下都为零，只有在道岔转换过程中才会发生变化，而转辙机动作电路中 1DQJ 的状态变化与转辙机的动作时间基本保持一致，即当 1DQJ 励磁时转辙机开始转换，当道岔转换结束时 1DQJ 失磁落下，所以在 CSM 对转辙机动作电流和动作功率的采集中，以 1DQJ 的状态作为采集的起止标志，并以曲线的形式保存。

转辙机动作电流的监测精度随监测对象的不同略有差异，直流电动机的电流监测精度为±3%，交流电动机的电流监测精度为±2%，转辙机动作功率的监测精度为±2%。

道岔表示电压是对道岔表示电路中的交、直流电压的监测，监测精度为±1%。

（四）电缆绝缘监测

CSM 对车站信号设备的各种电缆回线进行绝缘测试。测试所用的电压为 DC 500 V，监测点在分线盘处。其量程为 0～20 MΩ，超出量程值时显示“>20 MΩ”；监测精度为±10%。

信号设备的电缆上大多安装有防雷元件，防雷元件的保护电压一般都小于 500 V，当采用 500 V 的测试电压测量时，会将防雷元件击穿，一方面会对防雷元件有一定的损害，另一方面也会影响对电缆绝缘的测量。因此在测量过程中，需要拔出防雷元件或断开防雷地线后启动测试。同样的道理，对于耐压低于 500 V 的设备（如地面电子单元等）不纳入测试。

（五）电源对地漏泄电流监测

CSM 对车站电源屏各种输出电源进行漏流测试。监测点在电源屏输出端。其量程为 AC 0～300 mA，DC 0～10 mA；监测精度为±10%。

由于该项测试过程中，需要将被测电源接地，以测量对应的漏泄电流，为了降低对设备的影响，必须在天窗点内人工启动。CSM 分别通过 1 kΩ 和 50 Ω 的电阻对直流和交流电源进行测量。

（六）列车信号机点灯回路电流监测

列车信号机点灯回路中的电流状态可以反映信号机点灯回路状况，当点灯回路中出现开路、短路等情况时，会对电流值的变化产生影响，CSM 通过对列车信号机点灯回路电流的测量提供列车信号机的运用状态。

每架列车信号机一般都有两个独立的点灯回路，分别反映在室内点灯组合的 DJ 和 2DJ 的状态上。CSM 通过测量 DJ 和 2DJ 的工作电流监督列车信号机的点灯回路。其量程为 0～300 mA；监测精度为±2%。

（七）集中式移频轨道电路监测

移频轨道电路是列车运行控制系统的基础设备，可以实现列车占用及完整性检查，并连续向列车传送行车许可等信息。使用较为普遍的移频设备主要有：

1. 站内电码化设备；

2. 集中式有绝缘移频自动闭塞设备；

3. 集中式无绝缘移频自动闭塞设备。

根据移频设备的制式和维护需求的不同，移频轨道电路分为自监测带接口和非自监测不带接口两种。对于自监测带接口的集中式无绝缘移频自动闭塞设备，CSM 用通信接口的方式将采集信息收集过来，实现信息共享；对于非自监测不带接口的站内电码化、集中式有绝缘移频自动闭塞设备，CSM 用采集机进行实际的采集。

站内电码化设备的监测内容为：站内发送器功出电压、发送电流、载频及低频频率，监测点在发送器功出端。正线股道、道岔区段、无岔区段，侧线有叠加电码化股道区段的电码化电缆侧电压、电流、载频及低频频率，以及对应区段的 CJ 状态、轨道继电器状态；电压监测点在分线盘，电流监测点在组合架输出端至分线盘回路。

集中式有绝缘移频自动闭塞设备的监测内容为：发送端功出电压、发送电流、载频及低频频率，接收端限入电压、载频频率及低频频率。

监测量程：发送电压 0～200 V（电气化区段），0～50 V（非电气化区段）；接收电压 0～5 V；发送电流 0～5 A。

载频 0～1 000 Hz；低频 0～35 Hz；频偏 55 Hz。

ZPW-2000 系列轨道电路通过接口获取信息。

（八）半自动闭塞监测

CSM 监测半自动闭塞线路的直流电压、电流，硅整流输出电压。监测点在分线盘半自动闭塞外线、硅整流输出端。

由于半自动闭塞的线路电压只有在办理闭塞的过程中才有意义，所以 CSM 在采集过程中要以闭塞按钮变化的状态为条件进行过滤，仅保留办理闭塞过程中的曲线，便于维护人员使用。

监测量程为电压－200～＋200 V；电流－500～＋500 mA。监测精度为电压±1%；电流±1%。

（九）环境状态监测

CSM 对信号机械室内的环境状态进行全面监测，监测的内容包括温度、湿度，还包括烟雾、明火、水浸、门禁、玻璃破碎等设备的环境状态。

在高速铁路，环境状态监测纳入电源及设备房屋环境监控系统，并向 CSM 提供接口。在既有线路，环境状态的监测根据各个站线的实际情况酌情选取。

（十）防灾异物侵限监测

防灾异物侵限监测设备与信号设备的接口是设置于信号机械室内的 YWJ（异物侵限继电器），该继电器的状态由铁路自然灾害及异物侵限监测系统控制，可以反映防灾异物侵限网的报警状态，CSM 对 YWJ 的工作电压进行监测可以反映出铁路自然灾害及异物侵限监测系统与信号系统接口的电气特性。

监测点在分线盘。监测量程为 40 V；监测精度为±1%。

（十一）站（场）间联系电压监测

站（场）间联系电压是相邻车站间为保持站间行车秩序而相互传递的一些状态信息，在既有线路上，一般表现为继电器状态的传递，站间联系继电器和继电器工作电源分别放置在两个站，通过站间电缆将继电器工作电源传递到继电器的线圈上。站（场）间联系电压实际上指的是继电器的工作电源电压，CSM 通过对站（场）间联系电压的测量可以反映站间传递的信息。CSM 的监测内容为联系线路直流电压、场间联系电压、自闭方向电路电压、区间监督电压。

监测量程为－200～＋200 V；监测精度为±1％。

（十二）站场运用状态开关量监测

站场运用状态包括按钮状态、道岔及信号机表示状态、轨道电路表示状态、关键继电器状态等。这些信息一般都以开关量形式存在。CSM 通过对站场状态的监测，可以记录、掌握站场的行车状态。

二、显示与存储功能

站机系统应用软件是一个多任务系统，其功能是从采集机和接口中取得数据，完成本站数据分类、逻辑处理、报警、数据统计、汇总、存储、回放等功能，并通过站场显示和操作界面查看所有采集数据；实现车站作业状态及信号设备质量、状态的实时监测和各种数据的查询功能。

（一）主 界 面

CSM 采用统一的界面显示方式，提供了车站（场）的站场图、设备状态、采集和接口信息、信号设备诊断分析、安全监督信息、电子图纸等相关功能显示。界面按照画面元素比例协调、布局合理、界面友好的原则设计，车站子系统主界面如图 3-2 所示，包括标识和标题区、菜单栏、快捷菜单栏、提示和登录区、功能显示区和状态栏。

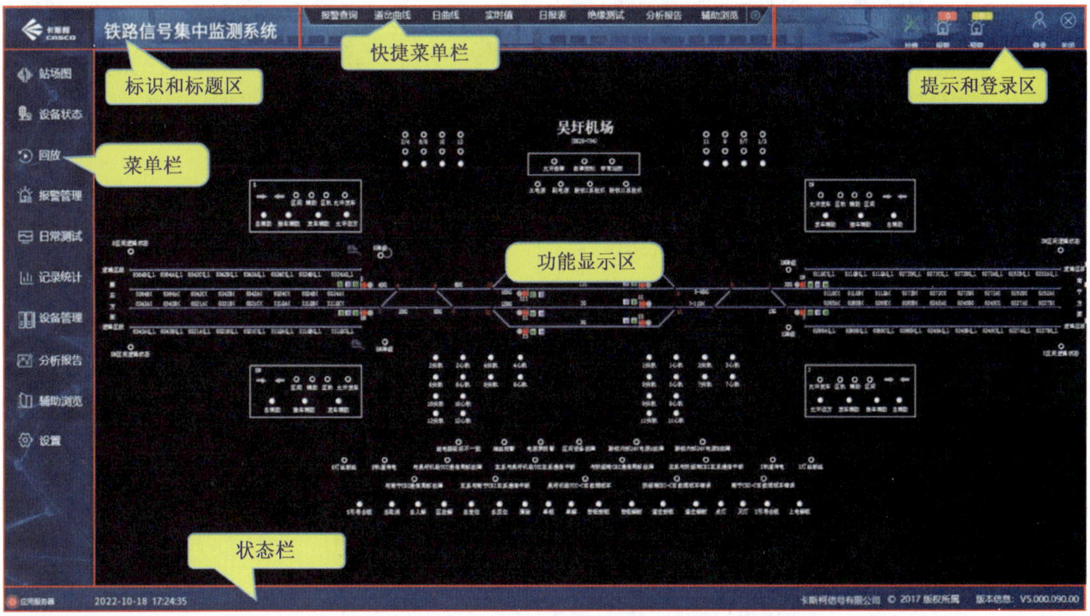

图 3-2　车站子系统主界面

标识和标题区显示厂家品牌标志、产品名称等；菜单栏显示功能菜单，同时提供了快捷菜单栏用于软件自定义和用户自定义菜单项，实现常用功能快捷操作；提示和登录区显示设备实时报警信息、预警信息、天窗状态、用户登录状态等信息；功能显示区用于站场图和常用功能显示；状态栏显示车站与服务器连接状态、时钟信息、产品版本和版权等信息。

CSM 车站子系统功能菜单按两级进行设置，一级菜单包括站场图、设备状态、回放、报警管理、日常测试、记录统计、设备管理、分析报告、辅助浏览、设置菜单。鼠标移到一级菜单或点击时在右侧浮动或展开显示二级菜单。

（二）站场图显示

站场图显示功能提供车站站场的进路排列、信号显示、轨道区段占用状态等信息，是 CSM 的基本功能之一。根据设备状态的动态数据采集、传送和处理，以图形、图像、文字等方式，直观、灵活地向电务人员提供及时、准确、可靠和丰富的全站设备运行状态显示，其显示界面如图 3-3 所示。

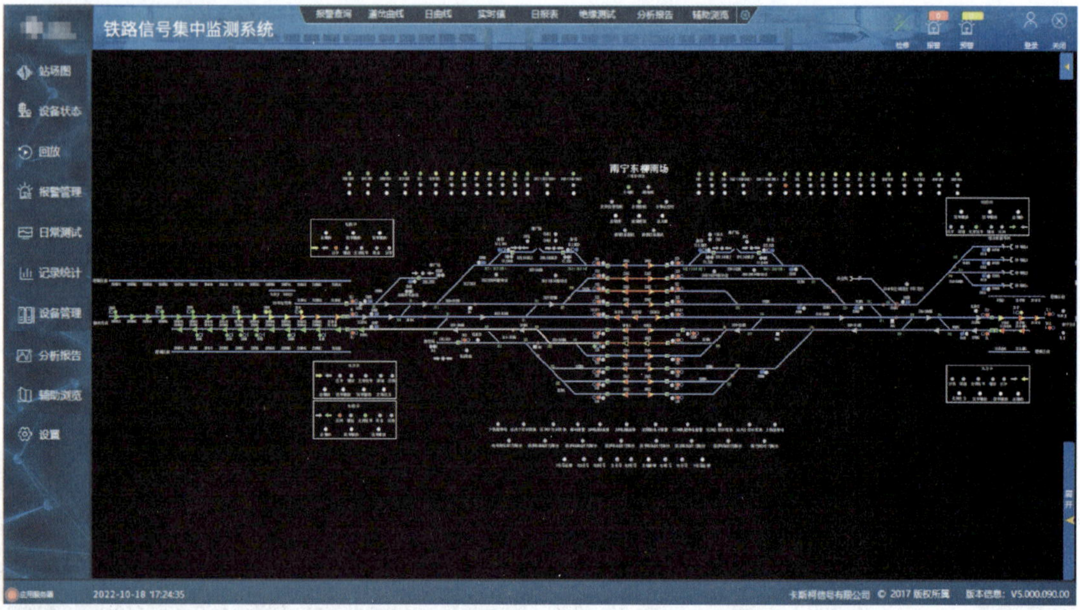

图 3-3　车站站场图显示界面

CSM 站机采用简洁、美观、实用的界面显示车站名称、道岔复示状态、站场平面图、功能按钮、零散表示灯及文字信息。站场上下行咽喉方向及表示灯布局与联锁站场平面布局保持一致，每幅站场图画面都可以通过鼠标滚轮实现区域放大或缩小，以及上下左右的平移，文字信息根据用户设置进行隐藏显示，使站场图显示更加简洁，利于故障分析。

站场图显示了车站道岔及脱轨器、信号机、站内轨道电路、区间轨道电路等设备的状态，同时显示轨道电路低频发码状态。

具备逻辑检查功能的自动闭塞区间在对应区间区段的外侧增加区段或闭塞分区逻辑状态显示，包括空闲、正常占用、故障占用、失去分路，当区段空闲、正常占用时隐藏显示，区间闭塞分区逻辑检查状态显示如图 3-4 所示。站场图上同时支持信号许可和区间逻辑状态灯的显示，信号许可采用带绿色箭头的线段表示，并标识出 SA（信号授权）编号；逻辑状态灯开启时用绿色，关闭时用红色，异常时用黄色表示。

鼠标移动到设备图元上时显示设备名称、设备采集的码位信息及数据来源等，具有总分表示的多机牵引道岔或双动道岔同时显示道岔总表示和分表示状态，设备采集信息显示如图 3-5 所示。

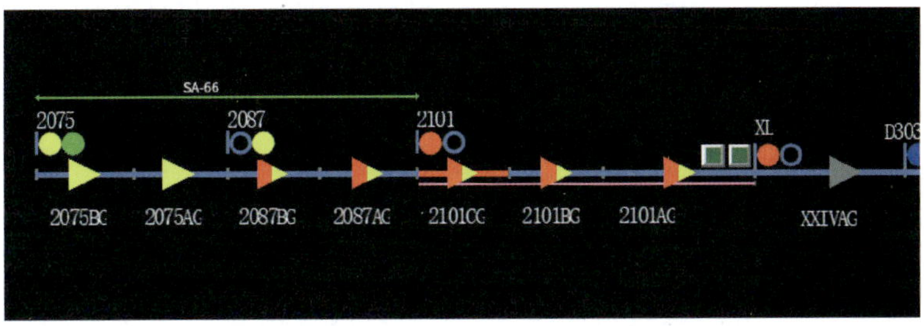

图 3-4　区间闭塞分区逻辑检查状态显示

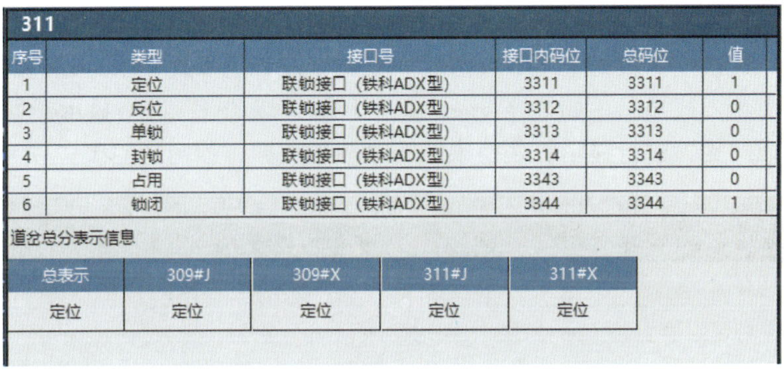

311

序号	类型	接口号	接口内码位	总码位	值
1	定位	联锁接口（铁科ADX型）	3311	3311	1
2	反位	联锁接口（铁科ADX型）	3312	3312	0
3	单锁	联锁接口（铁科ADX型）	3313	3313	0
4	封锁	联锁接口（铁科ADX型）	3314	3314	0
5	占用	联锁接口（铁科ADX型）	3343	3343	0
6	锁闭	联锁接口（铁科ADX型）	3344	3344	1

道岔总分表示信息

总表示	309#J	309#X	311#J	311#X
定位	定位	定位	定位	定位

图 3-5　设备采集信息显示

鼠标右键点击设备，打开右键快捷菜单，实现设备测试数据的快速调阅和参数设置。点击“分路不良设置”按钮实现轨道区段分路不良的参数设置和取消。道岔区段分路不良设置界面如图 3-6 所示。

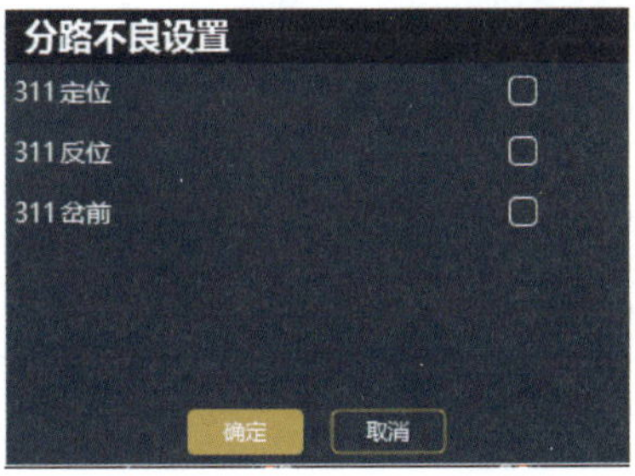

图 3-6　道岔区段分路不良设置界面

分路不良区段显示采用粉色包边方式，显示效果如图 3-7 中 332DG 所示。

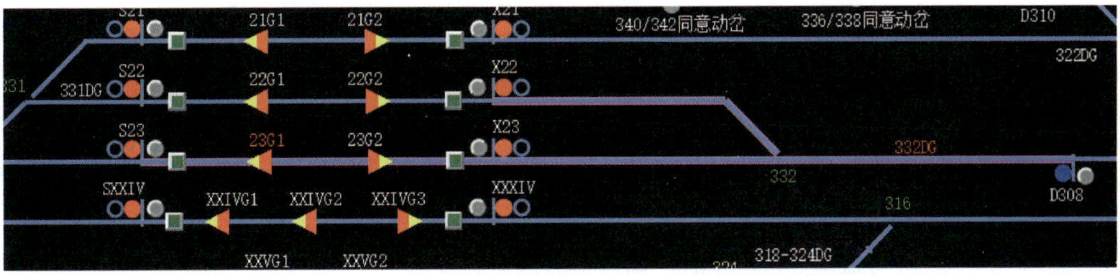

图 3-7　轨道区段分路不良显示

CSM 站机可以同时显示相邻车站站场信息和测试数据，通过调阅相邻车站的信号设备工作信息，帮助信号维护人员对涉及邻站的故障进行处理。

（三）日常测试

日常测试是 CSM 最基本的功能之一。测试内容包括每种设备电气特性的实测值、实时曲线、日报表、日曲线、年曲线、月曲线、记录曲线等。

在电气特性测试过程中，实测值、日曲线等界面实现了设备监测信息的综合展示，把设备所有关键采集信息集中到一张表格或曲线中显示，以便全方位地掌握该设备的所有信息。如图 3-8 所示的设备实测值界面，左侧部分为设备及采集内容选择区，支持用户按设备类型进行查询，支持采集内容定制化显示。右侧为数据显示区，以表格方式显示，将设备开关量、状态量、模拟量实时采集数据集中一起综合显示，并标识出不同数据的采集来源。当模拟量实测数据超过设定的报警上下限阈值时，数据将以红色方式显示，超过设定的预警上下限时数据将以黄色方式显示。如果该设备无某一种属性以“--”进行显示。如果某个模拟量通信中断，则以“无”进行显示。表格中的实时测试数据每秒刷新一次。

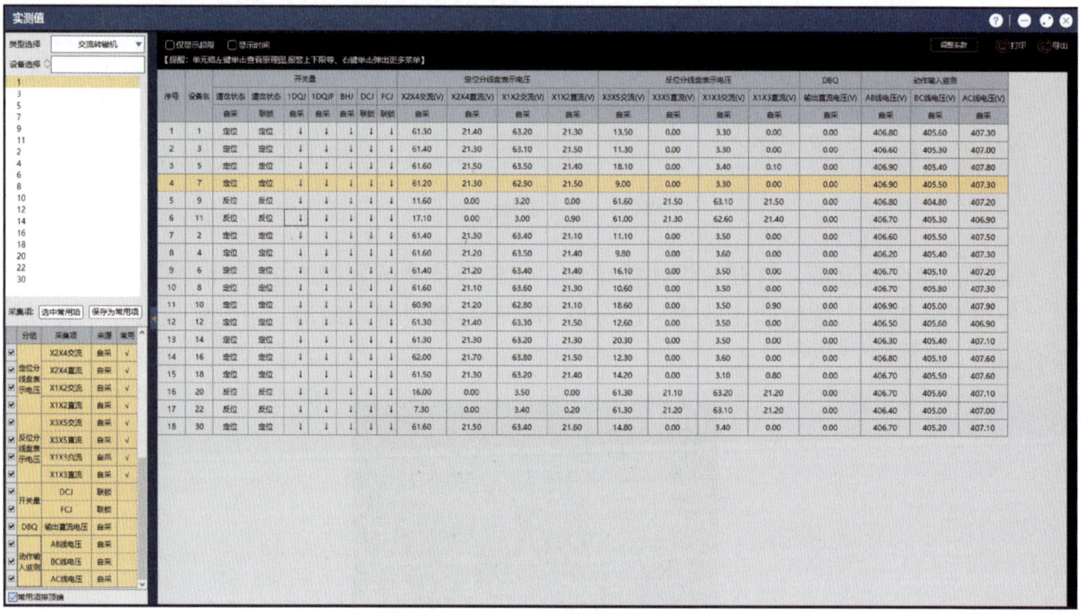

图 3-8　实测值界面

在实测值界面数据显示单元格右键点击打开快捷切换菜单，可以快速切换到该设备对应采集内容的日曲线、日报表、道岔曲线、实时曲线等，如图 3-9 所示。实时曲线界面以类示波器曲线方式显示当前采集的数据。

在设备的日曲线界面（图 3-10）中，左侧为设备类型、设备、采集内容选择区，右侧为曲线显示区域，支持模拟量和开关量状态曲线综合显示，上方以开关量条方式显示采集的开关量曲线数据，下方为模拟量曲线数据，支持至少 10 条模拟量曲线同时显示。日曲线默认显示最近24 h 的曲线，并支持自定义时间段曲线显示，方便跨天数据的分析。曲线界面支持通过鼠标进行缩放和拖曳，通过鼠标提取对应曲线的时间和数值。日曲线界面同时提供了模拟量上下限、参考线显示及纵轴自适应缩放。

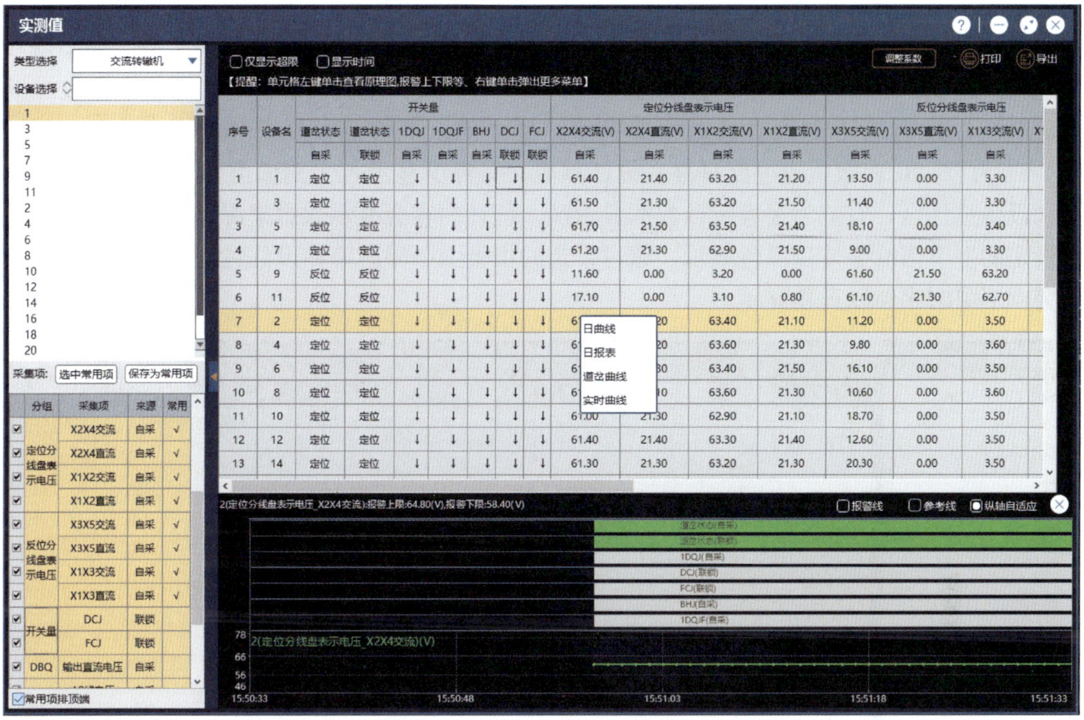

图 3-9　快捷切换菜单及实时曲线

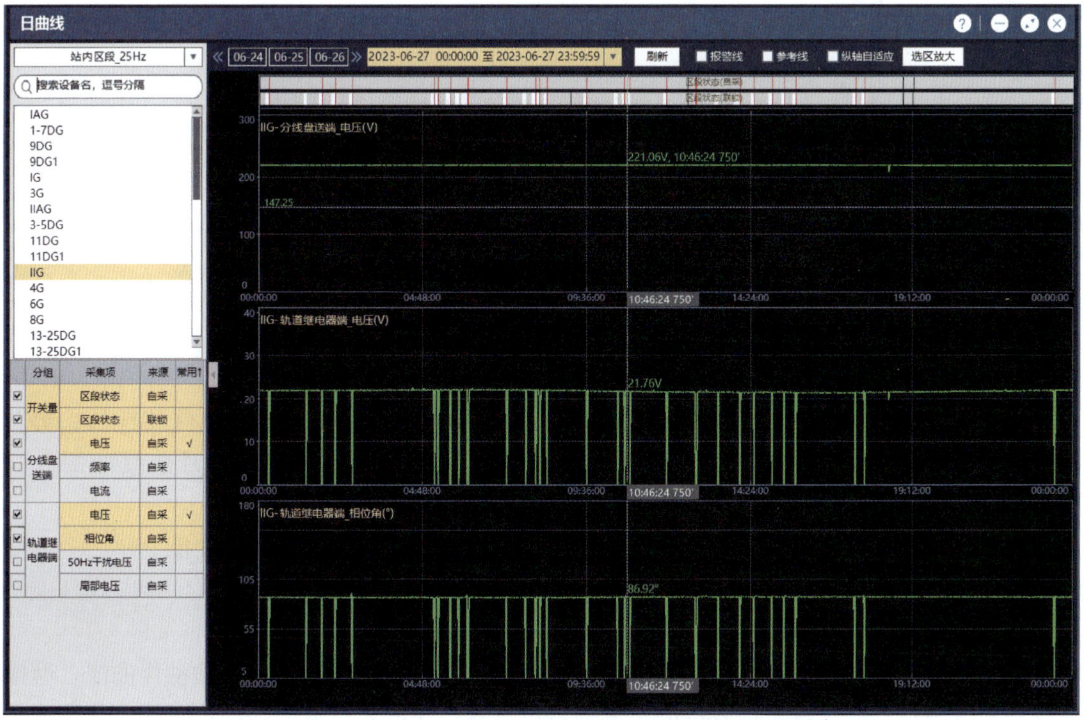

图 3-10　日曲线

在设备电气特性采集过程中，CSM 进行采集数据并按日统计、存储和显示。日报表按照设备的不同运行状态分别统计，因此不同设备类型，不同的采集内容，其统计项不同。比如道岔设备的表示电压，会根据道岔在定位状态还是反位状态分别统计其最大值、最小值和平均值；25 Hz 相敏轨道电路，分线盘发送电压统计其最大值、最小值和平均值，接收端继电器电压，分别统计其调整状态的最大值、最小值、平均值，以及分路状态的最大值。图 3-11 为 25 Hz 相敏轨道电路日报表统计界面，其界面显示与实测值类似，左侧为设备类型和设备选择区，右侧为报表统计数据显示区，统计内容会显示数据来源，当统计数据未超过设定的上下限时字体以黑色显示，超过设定的报警上下限时字体以红色显示，超过设定的预警上下限时字体以黄色显示。

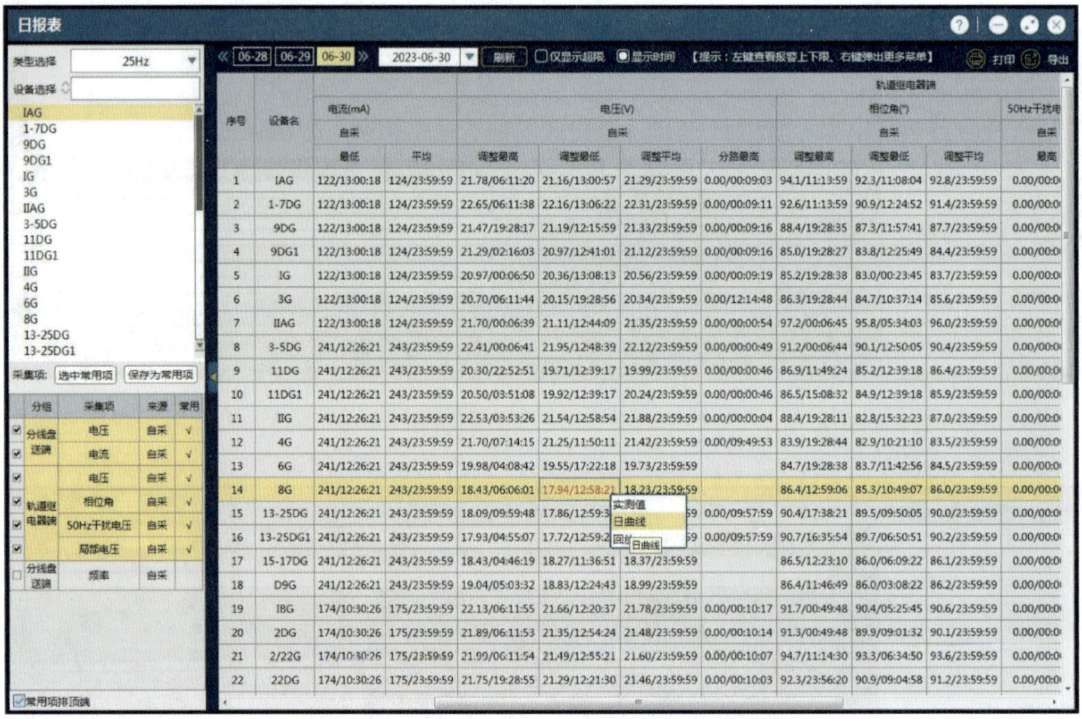

图 3-11 25 Hz 相敏轨道电路日报表统计界面

右键单击日报表单元格界面弹出快捷菜单，实现快速切换到实测值、日曲线、回放界面，切换到日曲线界面自动框选统计的时间点数据，如图 3-12 所示。

为了更好地了解设备电气特性的变化趋势和规律，CSM 提供了设备电气特性的趋势分析功能，通过年曲线、月曲线两个不同的时间维度进行显示，年曲线、月曲线如图 3-13 所示。

设备日常测试界面提供了设备筛选、排序、模糊查找、打印、导出等功能。

下面结合信号设备日常测试和维护进行详细介绍。

1. 道岔转辙机日常测试

道岔转辙机日常测试内容包括各道岔表示电压、关键继电器状态、道岔动作曲线、摩擦曲线等实时测试。直流转辙机表示电压包括定位直流、交流表示电压，反位直流、交流表示电压；关键继电器状态，包括 1DQJ、DBJ、FBJ 继电器状态；动作曲线主要为动作电流曲线。交流转辙机表示电压有定位 X1-X2、X2-X4 道岔表示交、直流电压，反位 X1-X3、X3-X5

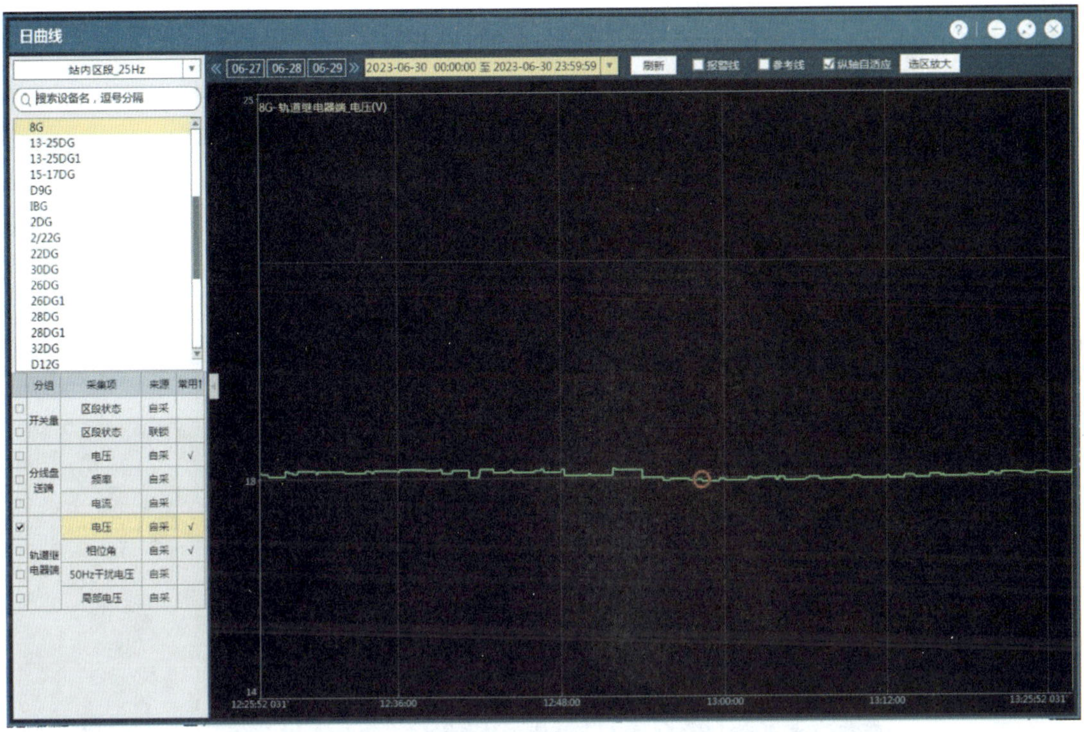

图 3-12　日报表切换到日曲线显示

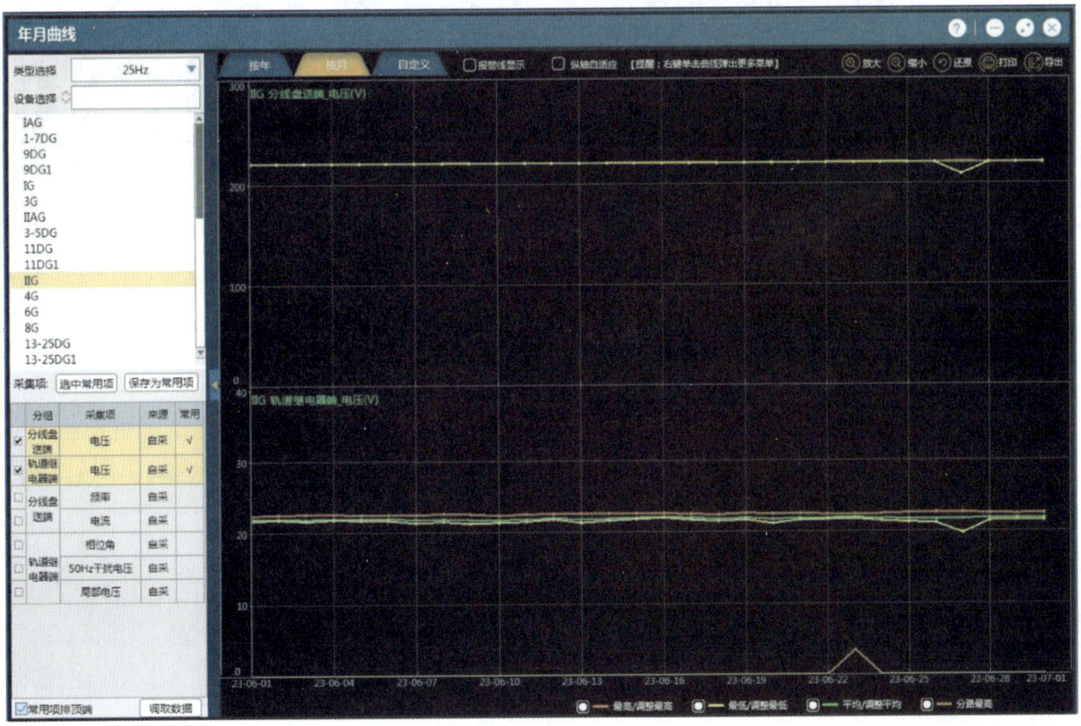

图 3-13　年曲线、月曲线

道岔表示交、直流电压；道岔动作时功率曲线、电流曲线、断相保护器输出直流电压；关键继电器状态，包括 1DQJ、1DQJF、DBJ、FBJ、BHJ 继电器状态。以道岔交流转辙机为例，实测值（实时测试）界面如图 3-8 所示，CSM 实时显示其监测的表示电压模拟量和关键继电器状态开关量，并进行表示电压等模拟量数据的报表统计。

用户可以通过道岔动作曲线界面调阅分析动作曲线。以交流转辙机为例，道岔动作曲线界面显示了道岔动作总功率曲线、三相电流曲线、动作时长、动作方向，单动道岔动作曲线如图 3-14 所示。曲线界面支持通过鼠标进行坐标轴的缩放和曲线的拖曳，支持一屏显示多次动作曲线，提升曲线调阅分析的效率。

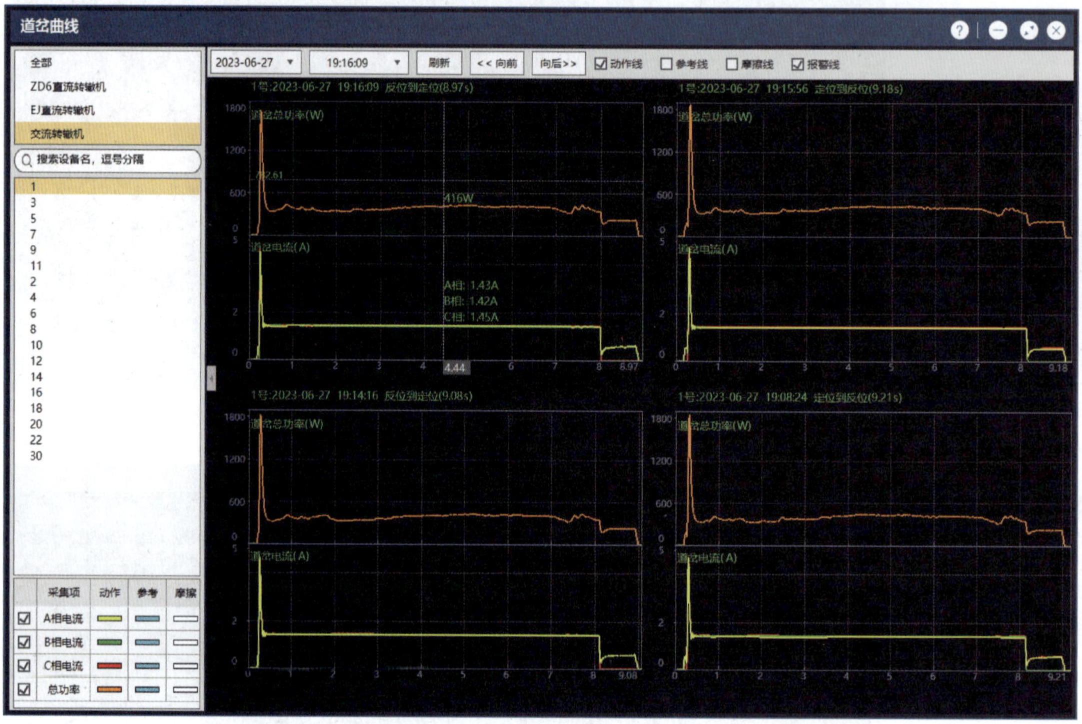

图 3-14　单动道岔动作曲线

对于电液转辙机，还需要进行道岔动作时油压曲线的测试。CSM 提供了道岔功率曲线、电流曲线、油压曲线的综合显示方式，便于更全面、准确分析液压道岔的故障和隐患。ZYJ7 型电液转辙机道岔曲线综合显示如图 3-15 所示。

同时，系统提供了道岔动作参考曲线、摩擦曲线的保存和调阅，动作电流上下限、动作时长上下限等参数的设置，并支持曲线的在线打印、导出。

2. 信号机日常测试

信号机日常测试内容包括实时监测并显示列车信号机的灯丝继电器（DJ、2DJ）工作电流测试值，并以报表形式显示各设备每日测试变化的最大值、最小值、平均值，同时以曲线的形式显示各设备电气参数变化的趋势。信号机实测值显示界面如图 3-16 所示。DJ 电流的统计分析关联信号机点灯状态，并对灯位切换以及黄闪黄等状态进行过滤。

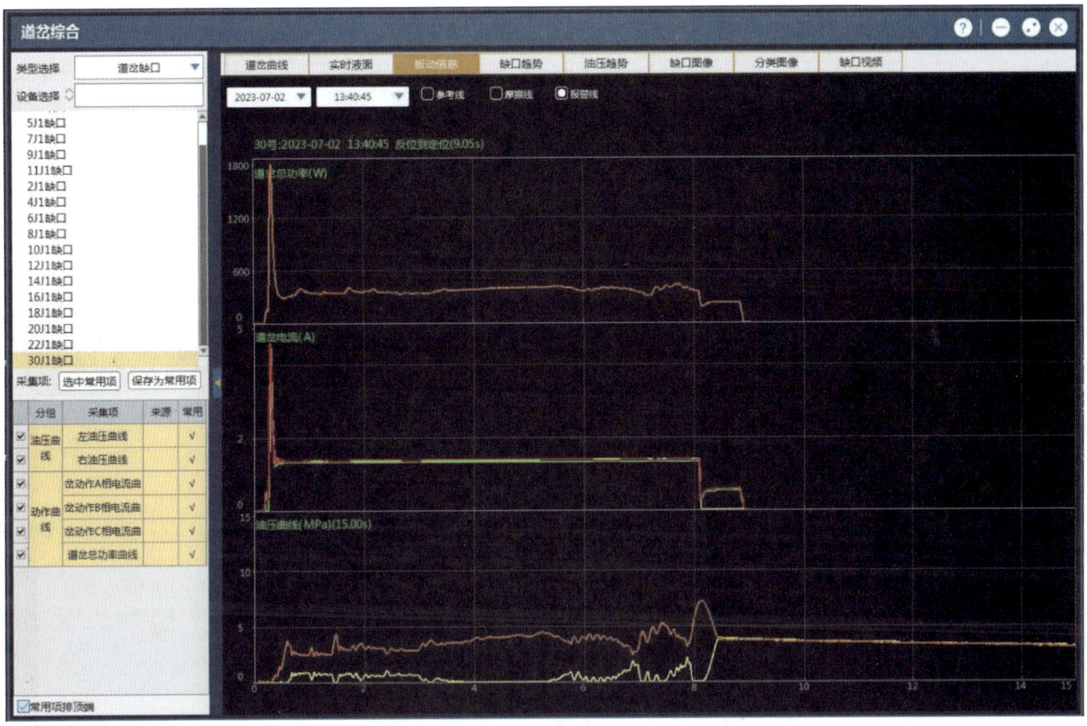

图 3-15　ZYJ7 型电液转辙机道岔曲线综合显示

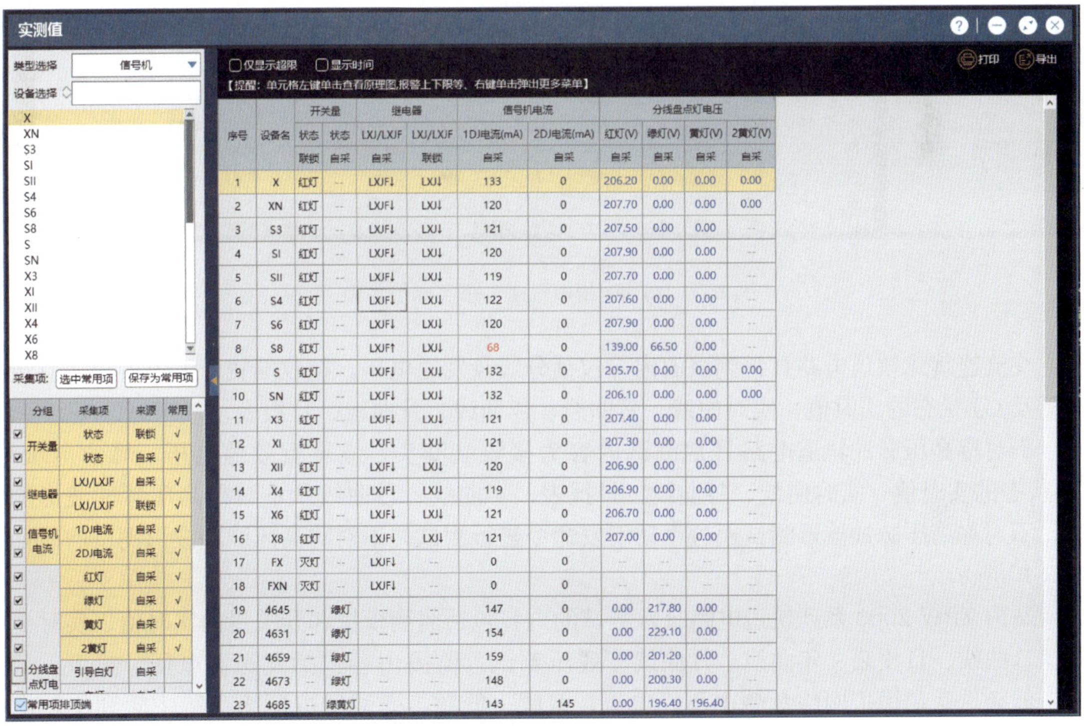

图 3-16　信号机实测值显示界面

3. 站内轨道电路日常测试

站内轨道电路日常测试内容包括实时监测并显示各轨道电路设备轨道电压等模拟量、轨道状态开关量，并以报表形式显示每日测试变化的最大值、最小值、平均值，同时以曲线的形式显示电气参数变化的趋势。

25 Hz 相敏轨道电路日常测试的内容为发送端电压、接收端电压、相位角、50 Hz 干扰电压及 GJ 状态的实时值、实时曲线、日曲线、日报表、年曲线、月曲线、残压测试等。25 Hz 相敏轨道电路实测值界面如图 3-17 所示。

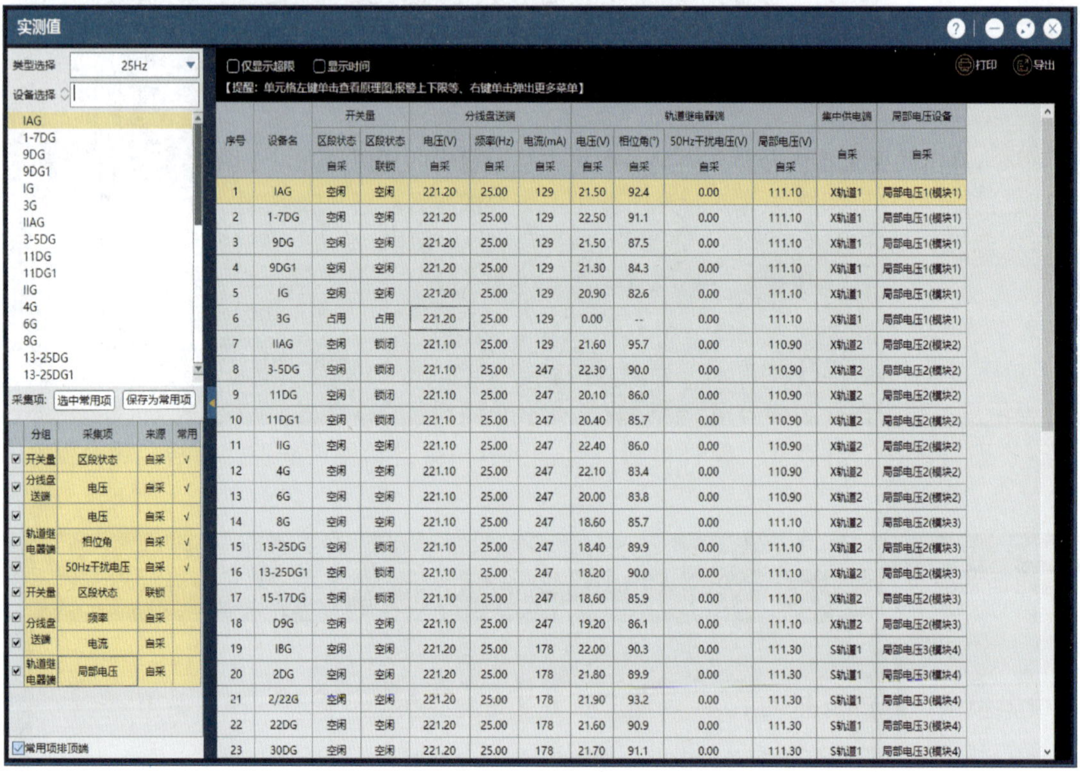

图 3-17 25 Hz 相敏轨道电路实测值界面

交流连续式轨道电路日常测试的内容包括分线盘发送电压，接收端轨道继电器交、直流电压及 GJ 状态的实时值、实时曲线、日曲线、年曲线、月曲线、日报表、残压测试等。

不对称高压脉冲轨道电路日常测试内容为接收端波头、波尾有效值电压，峰值电压，GJ 状态的实时值、实时曲线、日曲线、日报表、年曲线、月曲线及不对称高压脉冲波形测试。不对称高压脉冲波形测试通过手动下发命令进行测试，不对称高压脉冲波形测试曲线如图 3-18 所示。

站内 ZPW-2000 系列轨道电路日常测试的内容包括监测模拟和开关量的实时值、实时曲线、日曲线、日报表、年曲线、月曲线、残压测试。监测内容包括发送器电压、电流、载频、低频，送端模拟网络盘侧电压、电流、载频、低频，受端模拟网络盘侧主轨和小轨电压、载频、低频，受端设备侧主轨和小轨电压、载频、低频，接收入口主轨和小轨电压、载频、低频。实施 ZPW-2000 系列轨道电路室外监测的车站，监测内容包括室外发送端电流和

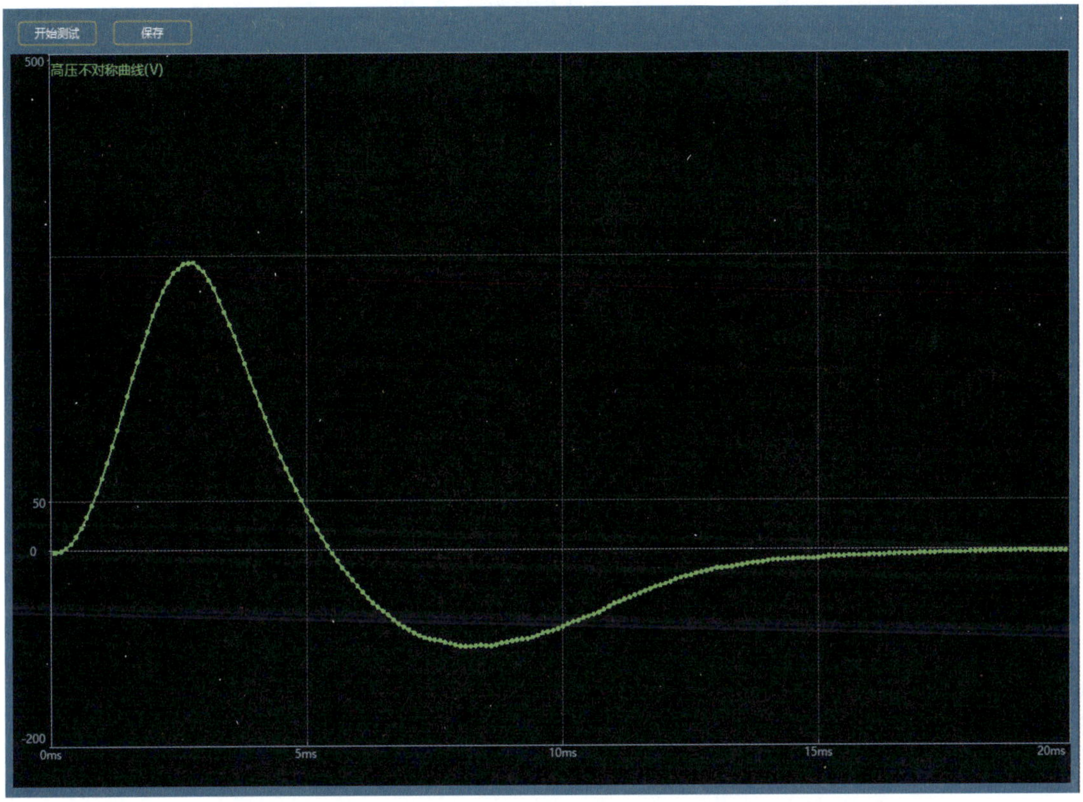

图 3-18　不对称高压脉冲波形测试曲线

接收端电缆侧电流，室外发送端和接收端钢轨引接线电流。

4. 区间移频轨道电路日常测试

区间移频轨道电路日常测试内容包括实时监测并显示区间移频发送器发送电压、电流、载频、低频测试值；显示区间移频接收器轨入、轨出 1（主轨）电压、轨出 2（小轨）电压、载频、低频测试值；显示区间移频电缆模拟网络电缆侧发送电压、接收电压测试值，并以报表形式显示各设备每日测试变化的最大值、最小值、平均值，同时以曲线的形式显示电气参数变化的趋势。区间 ZPW-2000 系列轨道电路实测值界面如图 3-19 所示。实施 ZPW-2000 系列轨道电路室外监测的车站，日常测试内容包括室外发送端和接收端电缆侧电流，室外发送端和接收端钢轨引接线电流。

区间移频轨道电路日常测试的内容为区间设备的实时值、实时曲线、日曲线、月曲线、日报表、年曲线。

5. 外电网日常测试

外电网日常测试内容包括实时监测并显示外电网输入电压、电流、频率、相位差、功率等测试值，以及瞬间断电波形，并以报表形式显示外电网电源每日测试变化的最大值、最小值、平均值，同时以曲线的形式显示外电网电源输入变化的趋势。外电网实测值界面如图 3-20 所示。

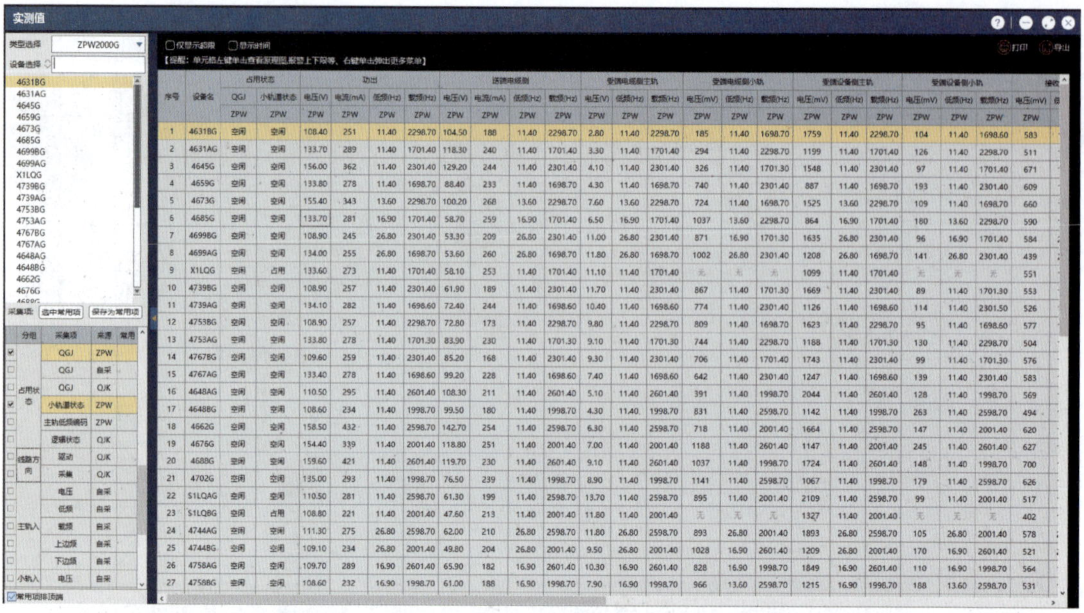

图 3-19 区间 ZPW-2000 系列轨道电路实测值界面

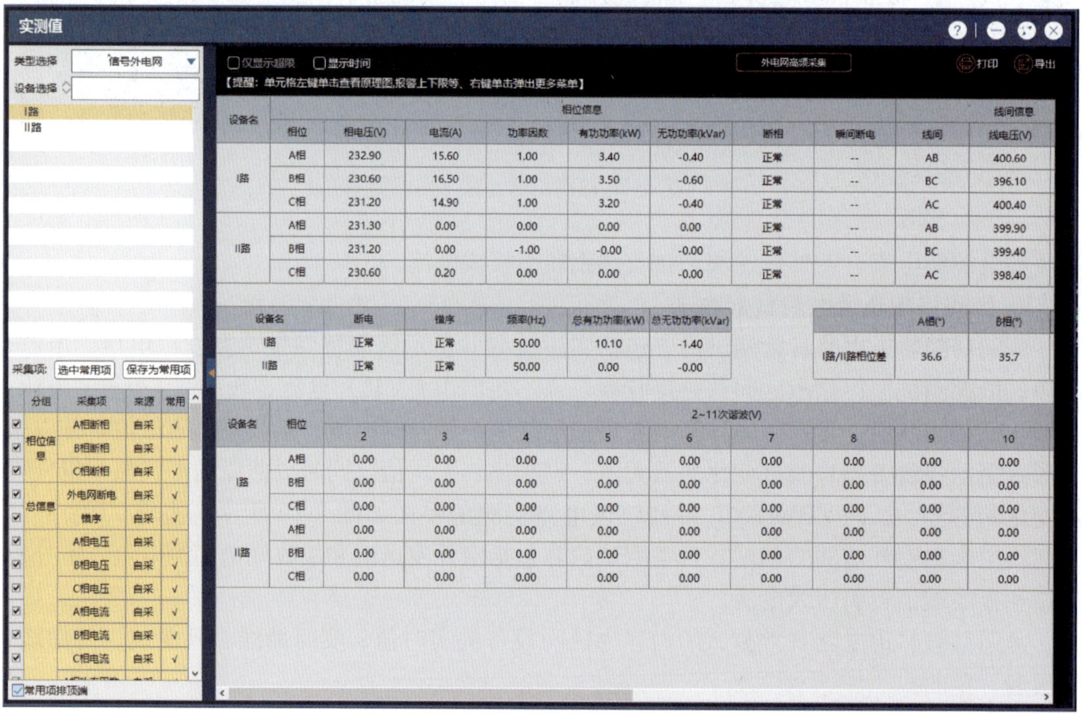

图 3-20 外电网实测值界面

外电网日常测试的显示内容包括外电网设备的实时值、实时曲线、日曲线、月曲线、日报表、年曲线、外电网瞬间断电曲线。外电网瞬间断电波形曲线如图 3-21 所示，显示瞬间断电时间段每 0.25 ms 的采样数据。

6. 电源日常测试

电源日常测试内容包括实时监测并显示电源屏输入、输出，UPS 及电池的测试值。电

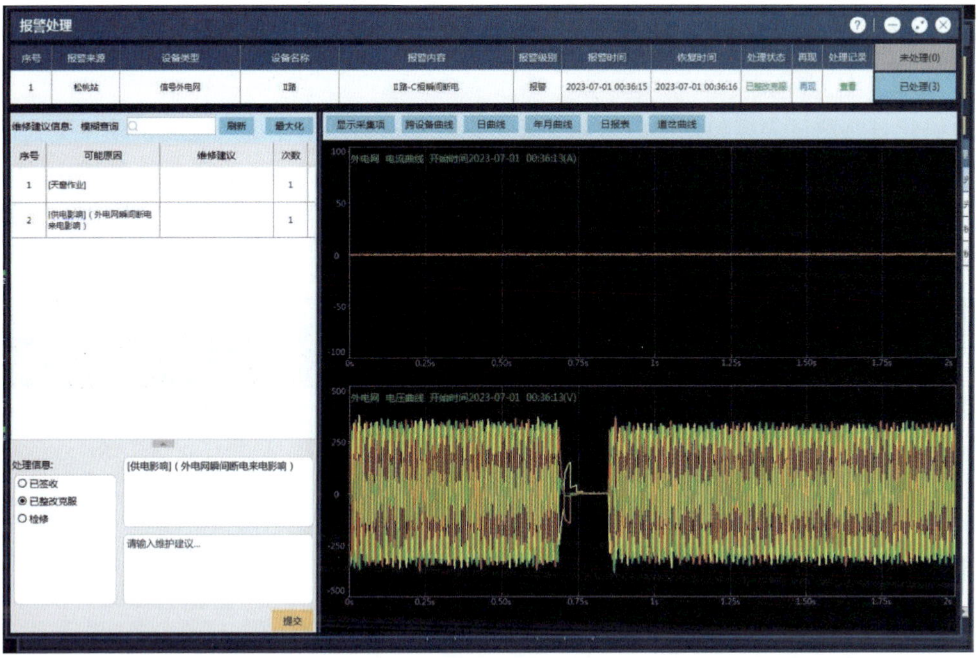

图 3-21　外电网瞬间断电波形曲线

源屏测试内容包括电源屏输入、输出电压、电流、功率、频率、相位角；UPS 测试内容包括 UPS 输入、输出电压、电流、功率、频率，以及后备时间等；电池测试内容包括电池总电压、电流，以及单体电池的电压、内阻和温度。测试内容以报表形式显示各类电源每日测试变化的最大值、最小值、平均值，同时以曲线的形式显示各电源设备电气参数变化的趋势。电源屏输入实测值界面如图 3-22 所示。

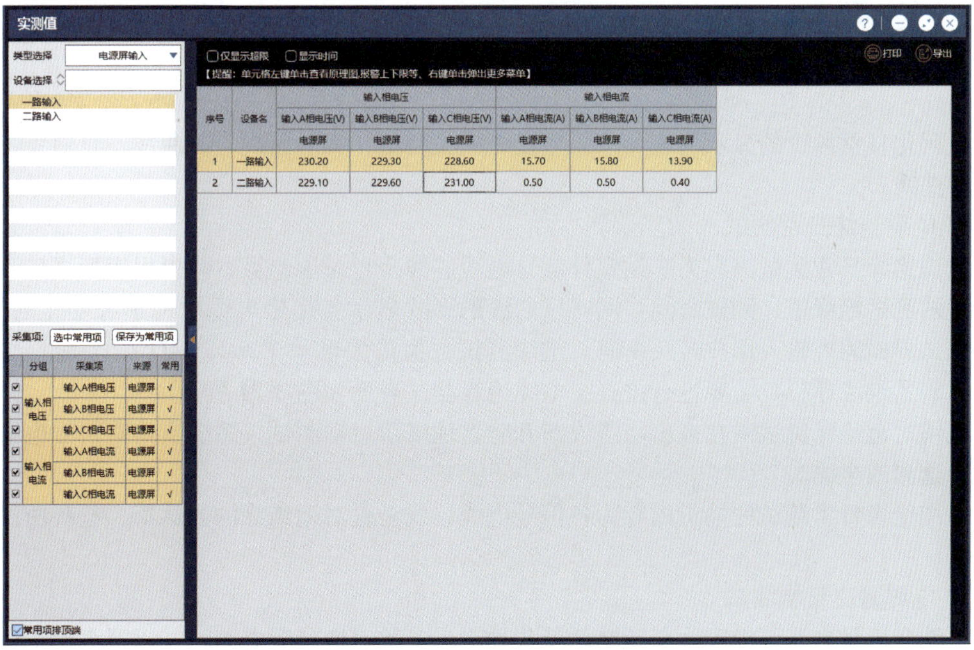

图 3-22　电源屏输入实测值界面

电源日常测试的显示内容为电源设备的实时值（如电压、电流、功率等）、实时曲线、日曲线、月曲线、年曲线、日报表。

7. 电码化日常测试

电码化日常测试内容包括实时监测并显示站内发送器功出电压及电流、载频及低频，电缆侧发送电压、电流、载频、低频的测试值，并以报表形式显示各设备每日测试变化的最大值、最小值、平均值，同时以曲线的形式显示电气参数变化的趋势。站内电码化实测值界面如图 3-23 所示。

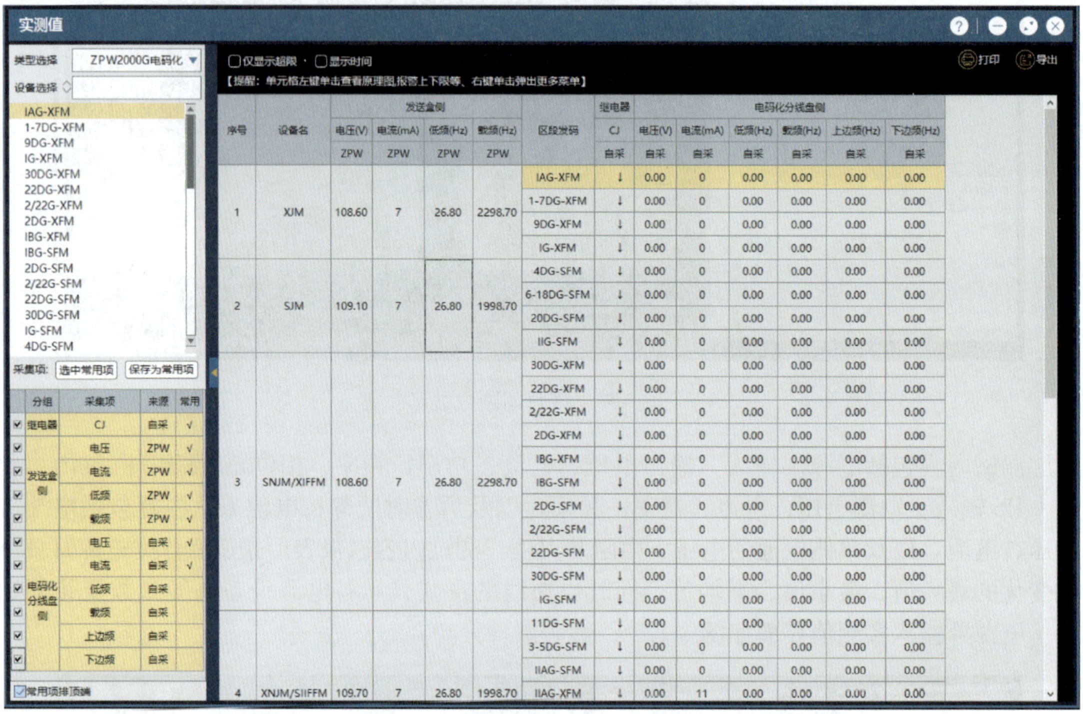

图 3-23　站内电码化实测值界面

电码化日常测试的显示内容为电码化设备的实时值、实时曲线、日曲线、月曲线、日报表、年曲线。

8. 电缆绝缘日常测试

电缆绝缘日常测试内容为车站室外信号电缆芯线全程对地绝缘，并以报表形式显示各信号电缆的测试绝缘值、测试时间，同时以曲线的形式显示各信号电缆对地绝缘变化的趋势。绝缘测试界面需要输入用户名及密码，绝缘测试数值最大显示“>20 MΩ”，当显示红色字体时，表示绝缘超标，需要进行排查。电缆绝缘测试界面如图 3-24 所示。

电缆对地绝缘测试须在拔出防雷或断开防雷地线后启动测试。系统支持对信号电缆进行单测、选测或全测。

电缆绝缘日常测试的显示内容为各信号电缆芯线全程对地绝缘的测试值、趋势曲线、日报表。

9. 电源漏流日常测试

电源漏流日常测试内容为车站电源屏各种输出电源对地漏泄电流，并以报表形式显示各种输出电源对地漏泄电流测试值、测试时间，同时以曲线的形式显示各种输出电源对地漏泄

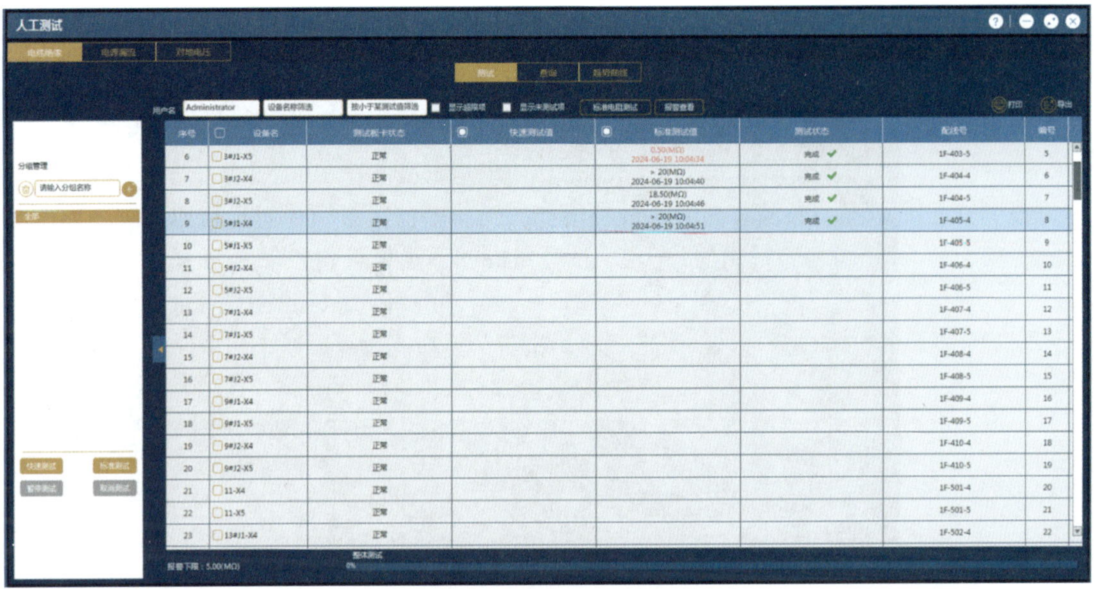

图 3-24　电缆绝缘测试界面

电流变化的趋势。

电源漏流日常测试需要在天窗点内人工启动测试，系统支持对输出电源进行单测、选测或全测。

电源漏流日常测试的显示内容为输出电源对地漏泄电流的测试值、趋势曲线、日报表。

10. 环境监测日常测试

环境监测日常测试内容包括测试车站信号继电器室、电源室和机房的温度、湿度及空调的电压、电流等，并以报表形式显示各种输出测试值、测试时间，同时以曲线的形式显示各环境监控设备电气参数变化的趋势。

环境监测日常测试的显示内容为机械室内各设备属性的实时曲线、日曲线、月曲线、日报表、年曲线。

11. 半自动闭塞日常测试

半自动闭塞日常测试内容为实时监测并显示半自动闭塞设备的站间联系电压，并以报表形式显示输出测试值、测试时间，同时以曲线的形式显示设备电气参数变化的趋势。半自动闭塞实测值界面如图 3-25 所示。

半自动闭塞日常测试的显示内容为半自动闭塞电压、电流的实时值、实时曲线、日曲线。

12. 异物侵限继电器日常测试

异物侵限继电器日常测试内容为实时监测并显示异物侵限继电器电压，并以报表形式显示输出测试值、测试时间，同时以曲线的形式显示设备电气参数变化的趋势。

异物侵限继电器日常测试的显示内容为异物侵限继电器电压的实时值、实时曲线、日曲线、日报表、月曲线、年曲线。

13. 站（场）间联系设备日常测试

站（场）间联系设备日常测试内容为实时监测并显示站（场）间联系电压，并以报表形式显示输出测试值、测试时间，同时以曲线的形式显示设备电气参数变化的趋势。

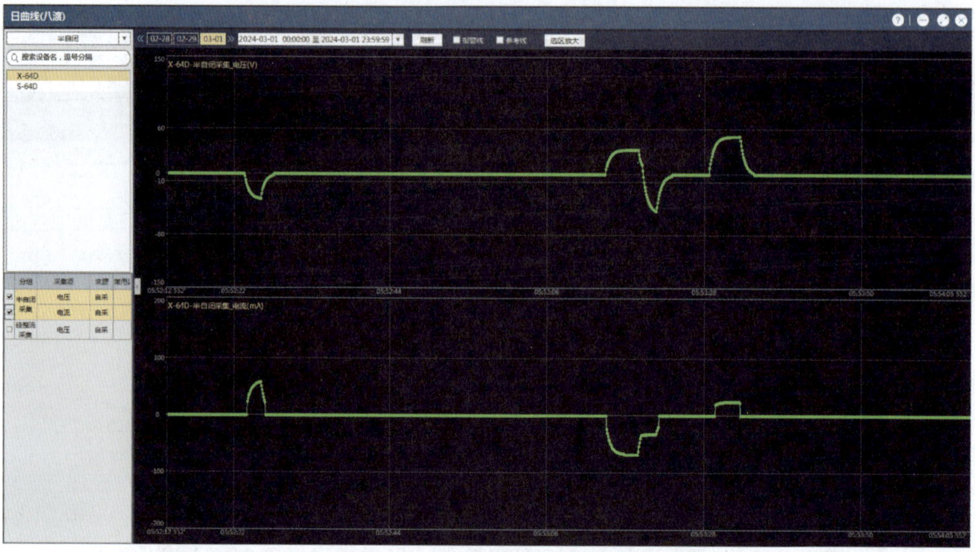

图 3-25　半自动闭塞实测值界面

日常测试的显示内容为站间联系电压的实时值、实时曲线、日曲线。

（四）设备状态图

CSM 提供图形化方式实时展现信号设备状态，包括室外信号机、转辙机、轨道电路等设备状态，以及列控中心、联锁、ZPW-2000 系列轨道电路、TDCS/CTC、电源屏、区间综合监控、计轴等设备的运行状态。

车站设备状态总图如图 3-26 所示，上方为室外设备状态图、下方为室内设备状态和连接图，直观反映了车站所有设备的运行状态。

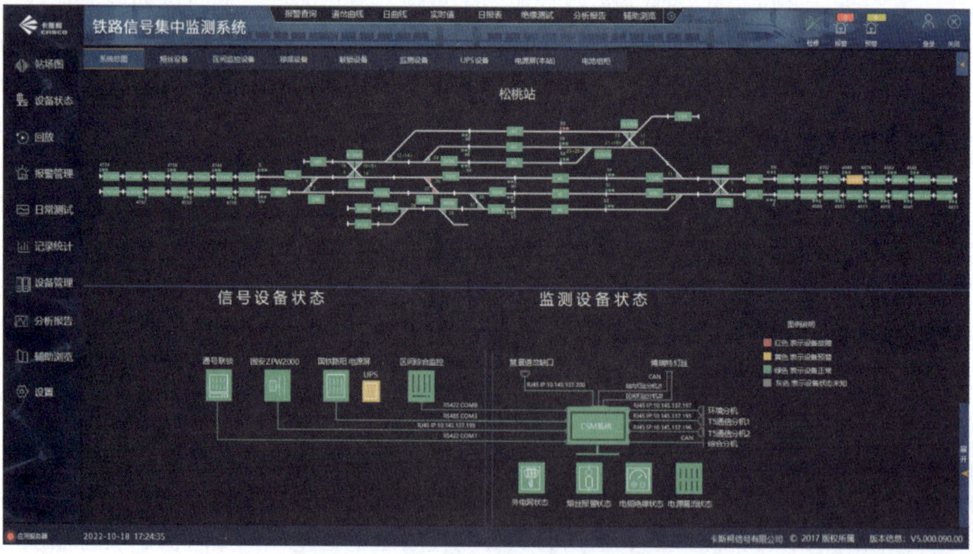

图 3-26　车站设备状态总图

在设备状态图中，设备图元绿色表示设备正常；红色表示设备故障，当前有未恢复的报警；黄色表示设备异常，当前有未恢复的预警；灰色表示状态未知。设备之间的通信连接线图元，绿色表示通信正常；红色表示通信异常；灰色表示状态未知。对于设备主备标识图元，绿色表示设备主用；黄色表示设备备用。对于系统类的报警灯图元，红色表示故障，当前有未恢复的报警；黄色表示异常，当前有未恢复的预警；灰色表示状态未知。

当鼠标移动到室外设备图元上，可以浮动显示设备采集信息，设备监测信息如图 3-27 所示。

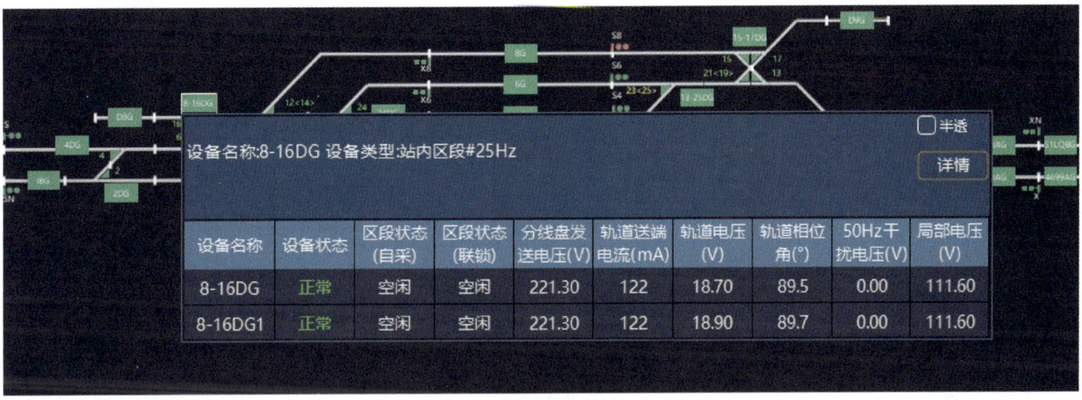

图 3-27　设备监测信息

在图 3-26 所示的车站设备状态总图中，可以通过点击各子系统图元切换到各子系统自身详细的状态图。子系统状态图以拟物化方式显示设备布局和状态，以及子系统与外部接口逻辑状态。子系统设备状态显示到板卡（模块）级，联锁设备状态图、电池设备状态图以及 CSM 采集设备状态图如图 3-28～图 3-30 所示。

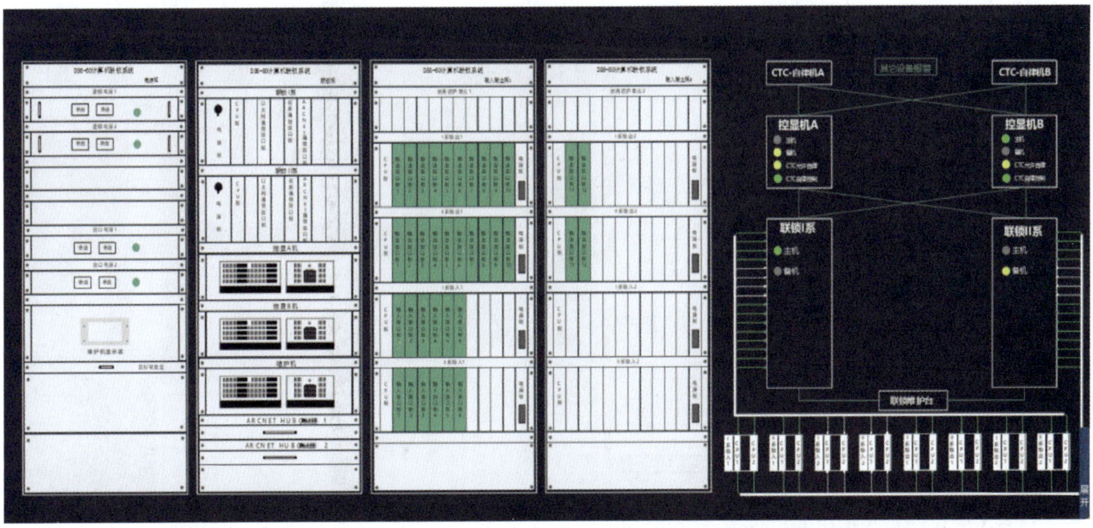

图 3-28　联锁设备状态图

（五）动态逻辑电子图纸

CSM 通过软件算法实现转辙机、轨道电路、信号机等设备的动态逻辑化、电子化的图纸，并将每个信号设备的继电电路图纸与监测采集信息结合，真实展现继电电路的实时/历

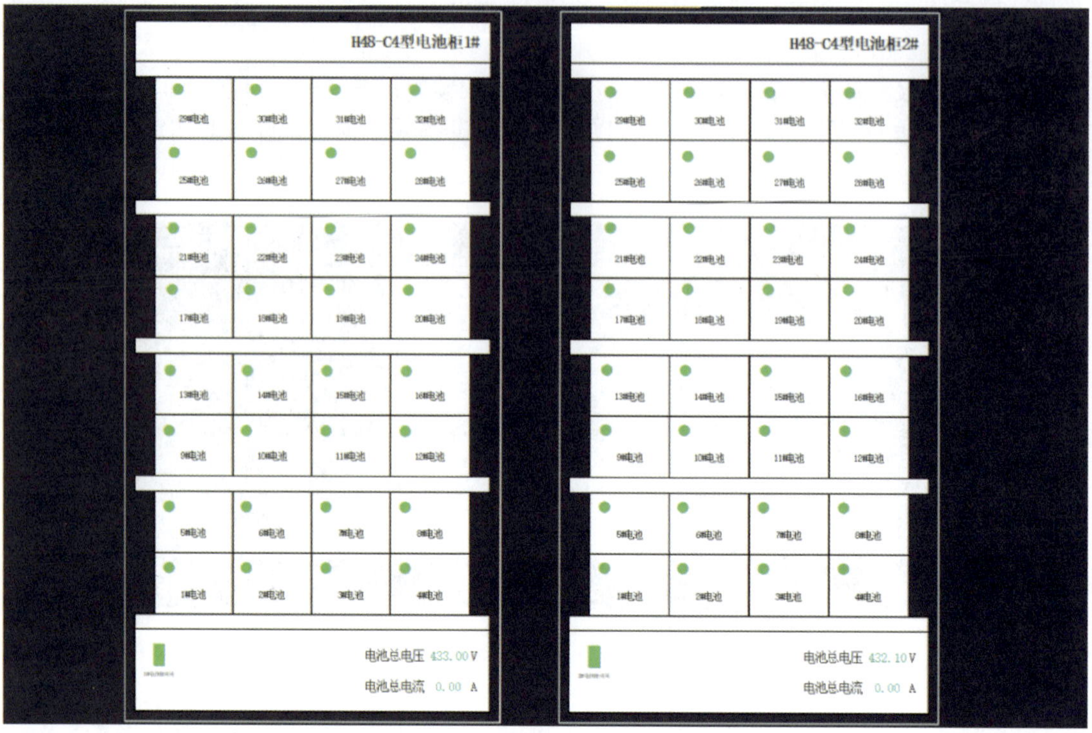

图 3-29 电池设备状态图

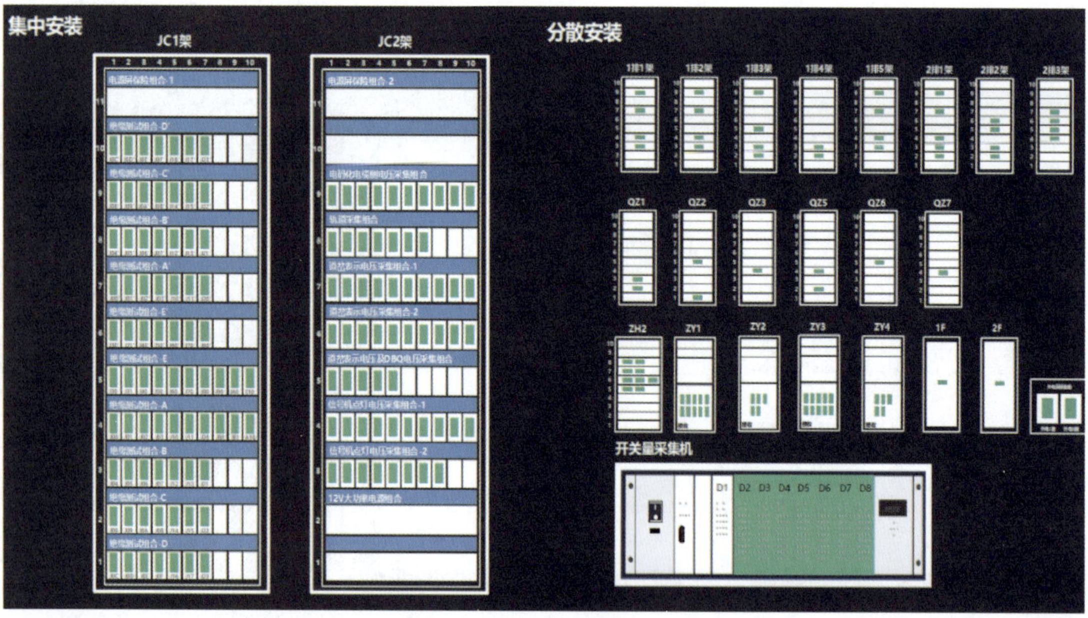

图 3-30 CSM 采集设备状态图

史动态电路路径、开关量状态、电气特性模拟量数据、报警故障定位信息，实现动态“跑电路”，为用户的故障分析、日常培训学习等提供了极大的便利。

ZYJ7 型电液转辙机电子图纸如图 3-31 所示，图中显示了设备名称，室内和室外设备及连接关系，1DQJ、DBJ、FBJ、1DQJF、BHJ 等开关量实时状态，定位、反位表示电压数据及采样位置，同时绿色高亮方式显示当前表示电路连通图。

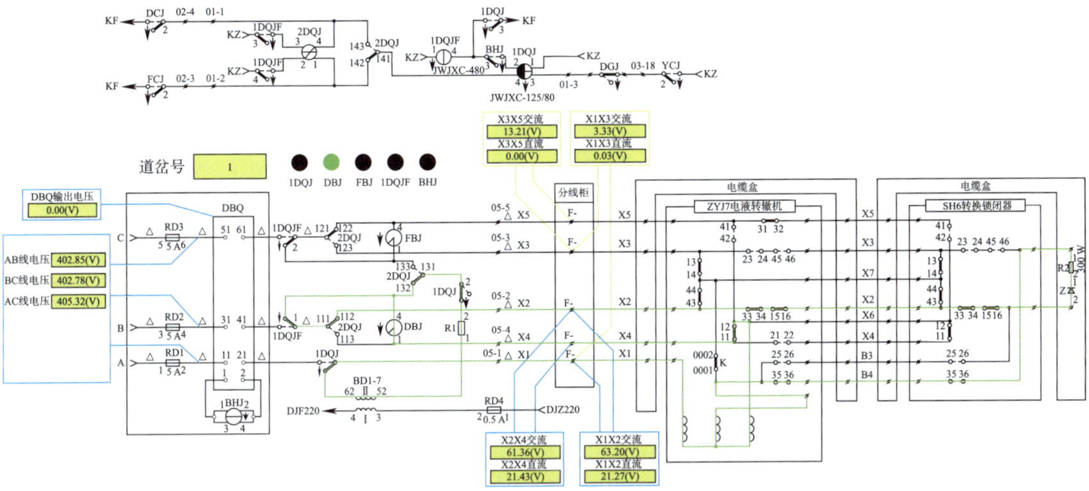

图 3-31　ZYJ7 型电液转辙机电子图纸

设备故障时，以红色闪烁方式在图纸上标注故障范围，比如室外 X2 开路导致道岔定位失表示时，室外 X2 覆盖的电路会红色闪烁。道岔失表示故障时电子图纸如图 3-32 所示。

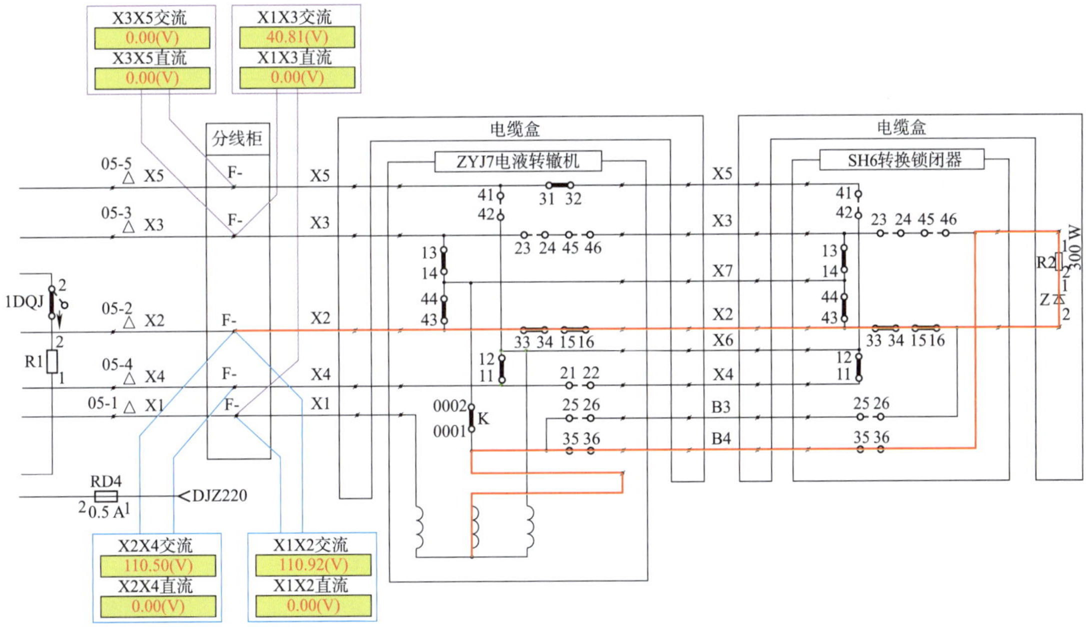

图 3-32　道岔失表示故障时电子图纸

（六）分析报告

为便于信号设备的管理维护，CSM 站机对设备运行状态进行分析并形成分析报告，集中展示设备运行状态的总体情况、设备报警及处理情况、设备运用状态的分析统计以及车站日志浏览记录等，使维护和管理人员掌握设备的整体使用情况，便于制定针对性更强的巡视及检修方案。设备运行状态分析报告界面如图 3-33 所示。

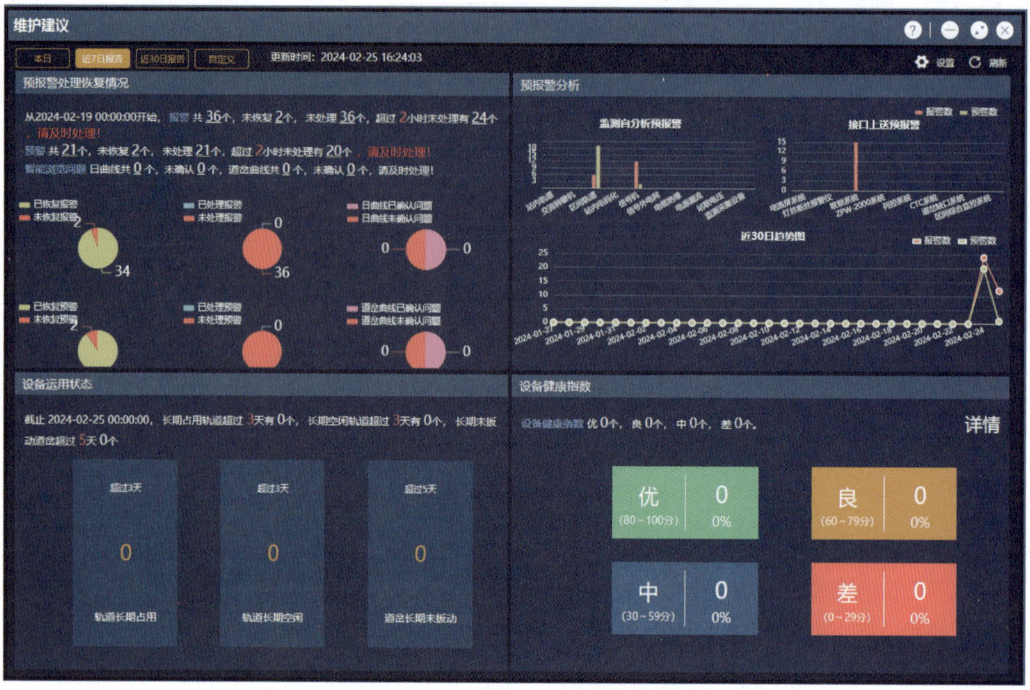

图 3-33 设备运行状态分析报告界面

在分析报告中对报警、预警进行汇总分析，提醒维护人员现场发生了哪些报警和预警，哪些还未恢复和闭环处理。

对监测自主分析、接口上送的报警分别进行统计，并显示趋势曲线，供维护人员了解近期设备质量情况。

对设备运用状态进行分析，比如对长期占用的轨道设备、长期空闲的轨道设备、长期未动作的道岔设备进行汇总，提醒用户及时进行维护。

对设备健康情况进行统计和提醒，包括设备的优、良、中、差评分统计。

（七）运用统计

运用统计功能主要用来统计关键设备全寿命周期范围使用次数、关键事件发生次数、使用时长，从侧面反映设备老化的情况。主要的统计项目有道岔动作次数统计、信号机开放次数统计、区段占用次数统计、破封按钮运用次数统计、控制台按钮运用次数统计、故障通知按钮运用次数统计、设备故障次数统计。可以按需求从类型中选择关注的项目，选择时间段查看、打印或将统计信息以 Excel 格式导出。设备运用统计显示界面如图 3-34 所示。

（八）回　　放

回放功能作为 CSM 重要的组成部分，对故障分析有着举足轻重的意义。可以通过回放监测历史数据，直观地重现现场设备的历史运行情况。历史数据回放显示界面如图 3-35 所示。

通过回放时间的选择，可以将某个历史时刻的站场平面状态信息、设备状态、动态逻辑电子图纸、设备电气特性数据同时再现。在回放过程中通过按键的选择，可将几个关联设备所有信息进行组合调看，还可以播放历史曲线，再现变化趋势，使变化开关量状态信息能够按照时间变化顺序单独显示，以方便查找故障；还可将回放数据保存到移动存储设备，在任

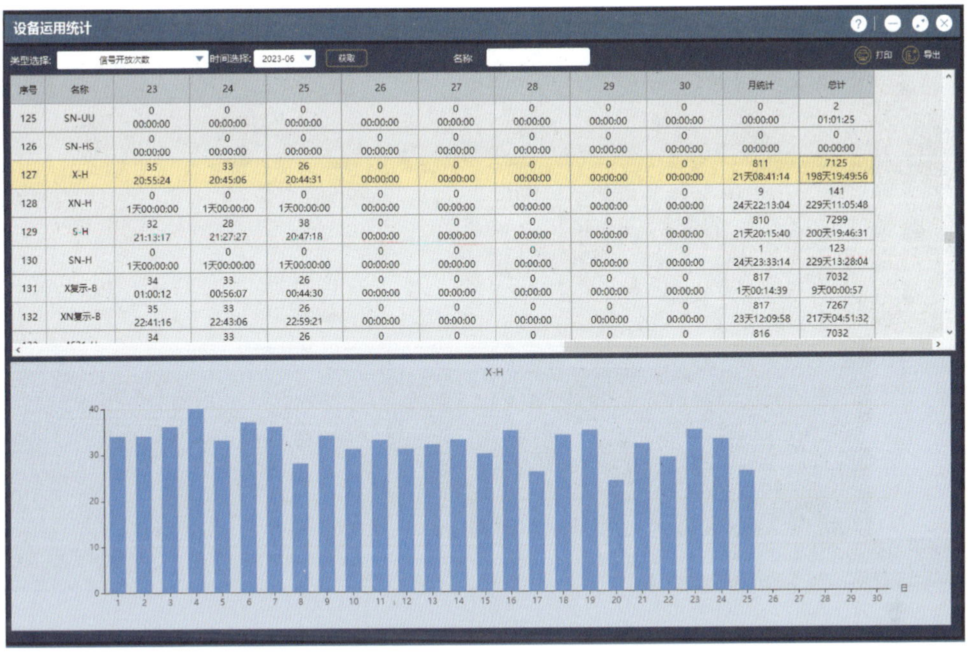

图 3-34　设备运用统计显示界面

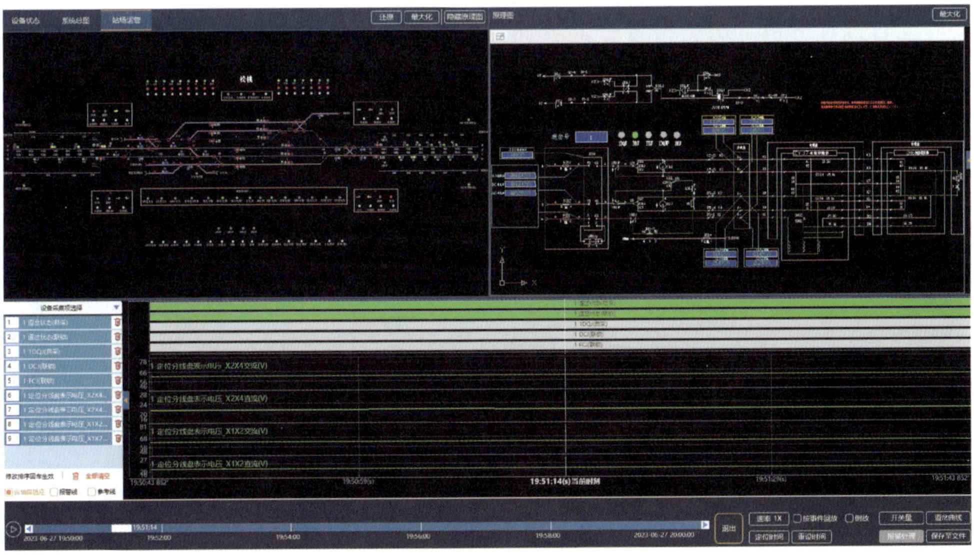

图 3-35　历史数据回放显示界面

意计算机上进行历史信息回放。

通过报警数据可以直接进行历史故障再现，此时系统自动调取报警发生前 5 min、后 10 min 历史数据，自动显示与该报警相关的开关量、状态量、模拟量数据。同时在站场图上通过设备名称放大并以红色闪烁方式进行报警设备的显示，对道岔、轨道电路、信号机设备故障再现时自动显示动态逻辑电子图纸，并定位故障范围。设备故障再现界面如图 3-36 所示，使维护人员对故障的原因一目了然，提高故障分析效率。

（九）报　　警

报警功能是指系统按照故障性质产生三类报警和预警信息，实时通告用户，同时具备历史报警信息查看功能，包括实时报警、历史报警查询、报警处理、报警统计等。

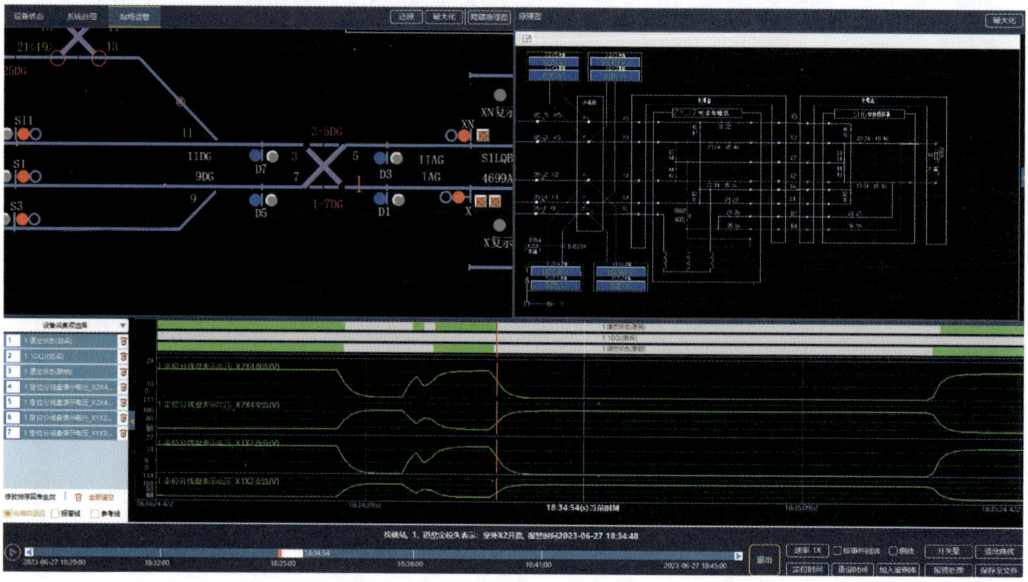

图 3-36　设备故障再现界面

车站有报警发生时，弹出实时报警框，在主界面右上角报警闪红灯提示，同时可通过历史报警界面查询和分析。历史报警查询界面如图 3-37 所示。报警和预警分开显示，报警查询列表显示了报警的序号、设备类型、设备名称、报警内容、报警级别、报警来源、天窗状态、报警时间、恢复时间、报警次数、处理状态等信息。报警查询支持用户按照设备类型、报警类型、处理状态、处理人、报警来源等条件进行过滤查询，并提供了按照本日、本周、本月及自定义时间段查询方式，极大提高了日常报警查询和分析的效率。

图 3-37　历史报警查询界面

在实时和历史报警查询界面通过点击处理状态单元格打开报警处理界面，进行报警的闭环管理，报警处理界面提供了报警描述、报警摘要数据显示供分析确认，同时系统自动提供了报警可能原因和维修建议，支持进行处理过程和维护建议的填写。对于同类报警的维修建议可以实现全局共享，并根据发生的频率进行排序显示。报警处理界面如图 3-38 所示。

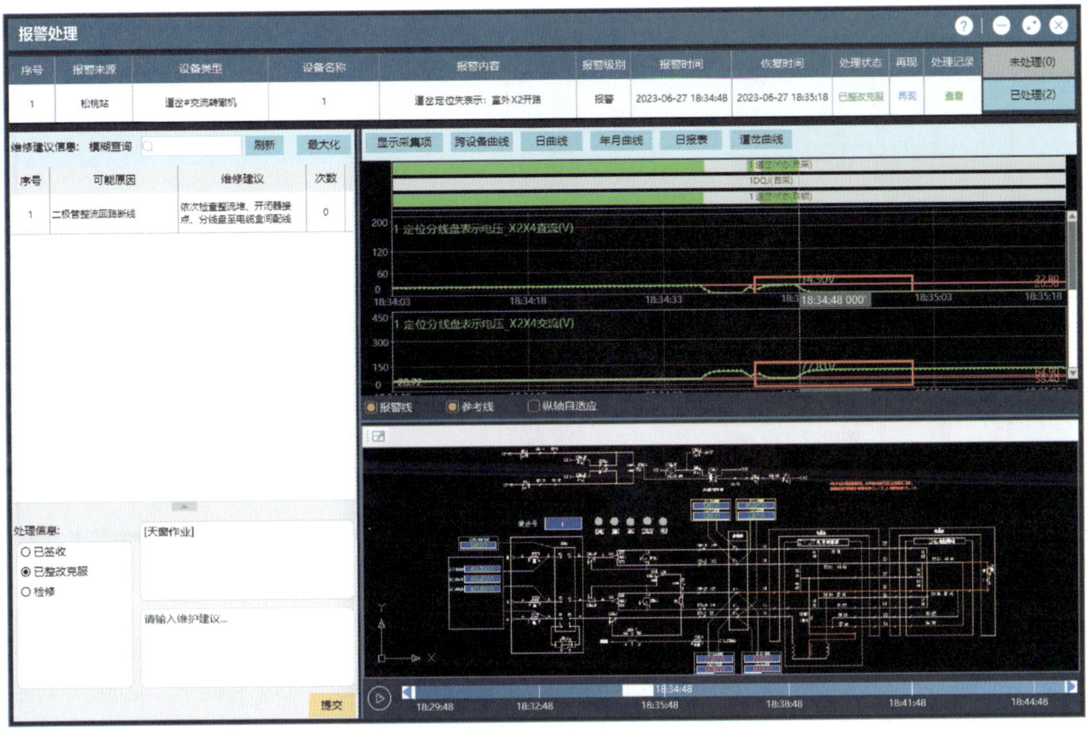

图 3-38　报警处理界面

（十）开关量显示

开关量界面主要用来显示采集的各种开关量、状态量数据的状态、名称、类型、数据来源，支持实时显示和历史开关量查询，如图 3-39 所示。同时，系统提供按不同接口来源进行筛选，输入设备名称进行模糊查询功能。当需要重点跟踪某个开关量时，可以将其加入右侧特选开关量界面进行定制化显示。

系统同时支持开关量数据的打印、导出表格功能。

（十一）车站数据存储

车站采集、接入、分析、统计等各种数据在上传局集团公司中心子系统的同时，在本地进行存储，以满足在车站进行历史数据的调阅、报警分析、事件查看和管理。车站存储采用滚动存储方式，开关量、状态量、模拟量数据存储时长为 1 个月，曲线、报警、预警、浏览记录、统计、报表、报告、处理记录等存储时长为 1 年。

同时，车站采用双硬盘冗余的方式，提升了数据存储可靠性。

三、车站层安全监督功能

信号各子系统之间接口复杂，其结合部的隐患防范和故障监督尤为重要。CSM 站机通过自采集收集道岔、轨道电路、信号机、继电电路等关键开关量和模拟量信息，通过与联

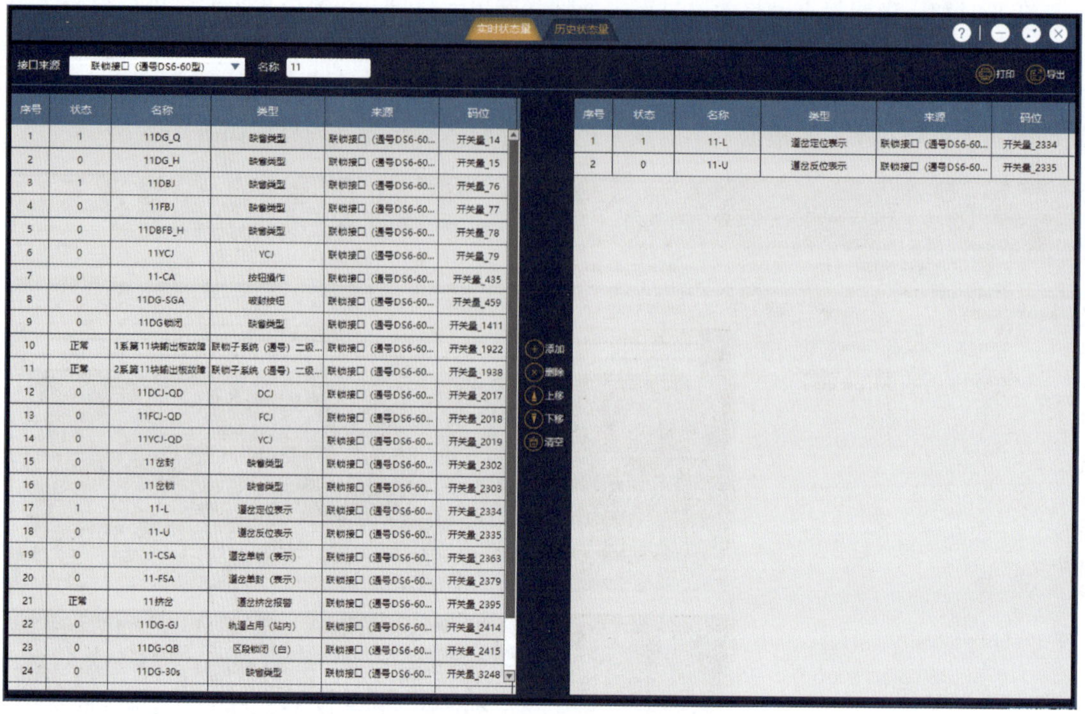

图 3-39　开关量界面

锁、TCC、ZPW-2000 系列轨道电路、CTC 等系统接口收集各子系统采集数据和运行数据，通过对信号子系统接口间的关键数据进行比对及逻辑分析，实现安全风险提示，起到安全监督作用。安全监督功能主要包括：校核各信号子系统间同源信息的一致性；校核各信号子系统间逻辑关系的一致性；检查信息在各信号子系统间流转的闭环性。

1. 区段占用信息一致性比对

CSM 车站层实现联锁、TCC、轨道电路、CTC 及 CSM 自采集区段占用状态的一致性比对。区间区段占用通过对 TCC、轨道电路、CTC 采集区段状态进行比对；站内区段占用通过对联锁、轨道电路（或监测自采集）、CTC 采集区段状态进行比对。如发现区段占用状态不一致则及时进行报警。

2. TCC 进路信息与联锁进路信息一致性比对

CSM 对从 TCC 接入的进路信息与联锁系统中的道岔、轨道电路、信号机等基础信号设备状态进行实时比对，如发现不一致则及时进行报警。

3. 车站联锁执行 TCC 信号机降级命令一致性比对

CSM 对从 TCC 接入的信号机降级命令与联锁系统中实际信号机状态进行实时比对分析，如发现不一致则及时进行报警。

4. 各子系统间连接状态综合比对

CSM 车站层实现联锁、TCC、ZPW-2000 系列轨道电路、CTC 之间的连接状态的一致性比对，如发现不一致则及时进行报警。以联锁与 TCC 为例，联锁双系与 TCC 双系同时建立连接，联锁将其与 TCC 之间的双系双网的逻辑连接状态发送给 CSM，TCC 也将其与联锁之间的双系双网的逻辑连接状态发送给 CSM。CSM 对二者之间的连接状态进行比对，如发现不一致则及时进行报警。

5. 相邻站 TCC 方向一致性比对

CSM 实现相邻站 TCC 方向的一致性比对，在由于 TCC 站间通信故障等原因造成本站和邻站区间方向不一致时能够及时以报警形式提示用户。本站 TCC 方向通过 TCC 接入，邻站 TCC 方向通过 CSM 站间通信从邻站 CSM 站机获取，如发现不一致则及时进行报警。

6. TCC 与联锁线路方向信息一致性比对

CSM 实现 TCC 与联锁的线路方向的一致性比对，检查从 TCC 接入的区间线路方向信息与从联锁接入的接发车信息是否一致，如发现不一致则及时进行报警。

7. TCC 邻站邻接区段占用逻辑一致性比对

CSM 实现相邻站的邻接区段占用状态的逻辑一致性比对，如发现不一致则及时进行报警。

8. 区间信号机与区间方向的逻辑一致性比对

CSM 实现区间信号机与区间方向的逻辑一致性比对，当正向行车时不满足区间信号机点灯状态或者反向行车时不满足区间信号机灭灯状态，及时进行报警。

9. 轨道电路码序的逻辑一致性比对

CSM 实现轨道电路码序（包括 TCC 码序）的合理性检查和一致性比对，检查和比对内容包括：区段占用与后方区段发码的逻辑一致性比对、区段与相邻区段码序的逻辑一致性比对，如发现码序逻辑不一致则及时进行报警。

（1）区段占用与后方区段发码的逻辑一致性比对，基本检查逻辑如下：

①区间部分，本闭塞分区处于占用状态，对应后方闭塞分区不为 HU 码，系统进行报警。

②站区一体化站内正线部分，正线发车进路中各区段占用时，对应的正线接车进路不为 HU 码或 JC 码，系统进行报警。

③区间的一个闭塞分区内各区段，若本闭塞分区所有区段空闲，各区段发码与本闭塞分区发码相同；若本闭塞分区有区段占用，占用区段及前方区段发码与本闭塞分区发码相同，占用后方本闭塞分区内区段发 JC 码。

（2）区段与相邻区段码序的逻辑一致性比对，基本检查逻辑如下：

①单个闭塞分区（含闭塞分区内不同区段）发码，对 TCC 编码和 ZPW-2000 系列轨道电路实际码位进行一致性检查（包括低频、载频），如不一致进行报警。

②对相邻闭塞分区进行连续闭塞分区间的码序检查，当不满足逻辑规则时进行报警。以 C3 线路为例，其正向运行的一般码序规则参考表 3-1。

表 3-1　C3 线路码序追踪

序号	类　型	追踪码序
1	正常追踪	L5→L4→L3→L2→L→LU→U→HU
2	侧向进路追踪	L5→L4→L3→L2→L→LU→U2→UU
3	侧向进路追踪	L5→L4→L3→L2→L→LU→U2S→UUS
4	引导进路追踪	L5→L4→L3→L2→L→LU→U→HB
5	异物侵限防护	L5→L4→L3→L2→L→LU→U→HU→H

码序逻辑不一致的报警示意如图 3-40 所示，2061AG 发黄码（U），前方区段 2075BG

发绿黄码（LU），系统发现发码逻辑不符合码序追踪规则，产生报警。

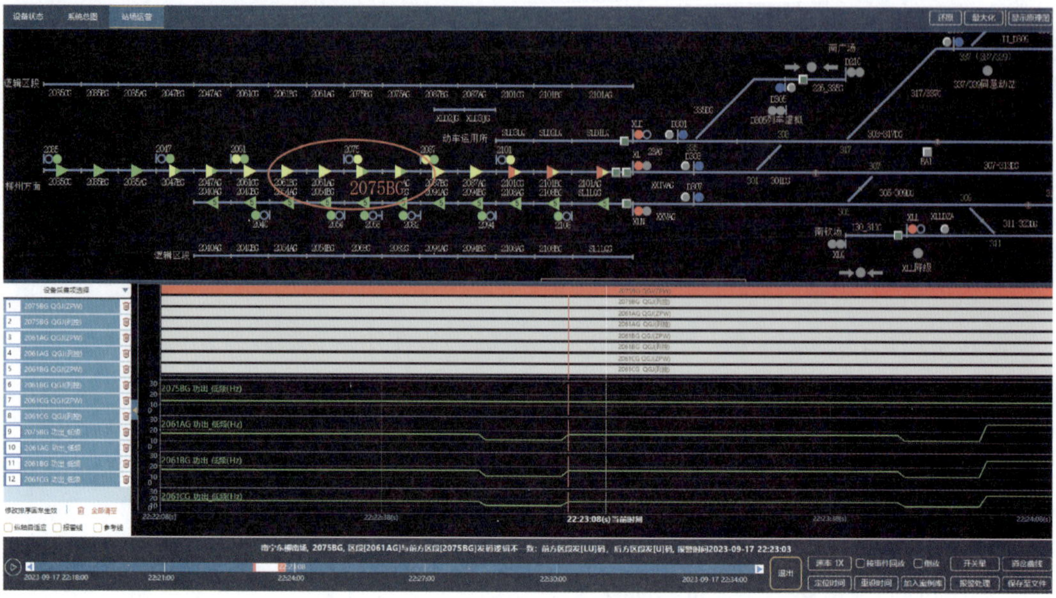

图 3-40 码序逻辑不一致的报警示意

10. 区间信号灯序的逻辑一致性比对逻辑

CSM 实现区间信号灯序的合理性检查和逻辑一致性比对，以便及时发现信号显示升级错误，检查和比对内容包括区段占用与后方信号机显示的逻辑一致性比对、信号机与相邻信号机灯序的逻辑一致性比对。如发现灯序逻辑不一致则及时进行报警。

（1）区段占用与后方信号机显示的逻辑一致性比对，基本检查逻辑如下：

①某一区间闭塞分区处于占用状态时，对应的区间防护信号机不为红灯或灭灯，系统进行报警。

②区间正向运行时，正线出发信号机内方至第一架区间信号机间任一区段占用，此出发信号机不为红灯或灭灯，系统进行报警。

③进站信号机内方至正线股道、正线出发信号机间任一区段占用，进站信号机显示正线接车或正线通过信号时，系统进行报警。

（2）信号机与相邻信号机灯序的逻辑一致性比对，基本检查逻辑如下：

①检查连续闭塞分区的信号机灯序是否符合规则，如不一致进行报警，以自动闭塞区间四显示为例，灯序规则参考表 3-2。

表 3-2 自动闭塞区间四显示常用灯序

序号	灯　序
1	L→LU→U→H（停车）
2	L→LU→U→UU（侧线停车）
3	L→LU→U→UUS（侧线通过）
4	L→LU→U→HB
5	H→H

②红灯转移逻辑：若区间信号机红灯灭灯时，同方向后方信号机不为红灯，进行报警。

灯序逻辑不一致的报警示意如图 3-41 所示，区间信号机 2061 点绿黄灯，前方信号机 2075 点红灯，系统发现灯序逻辑不符合正常规则，产生报警。

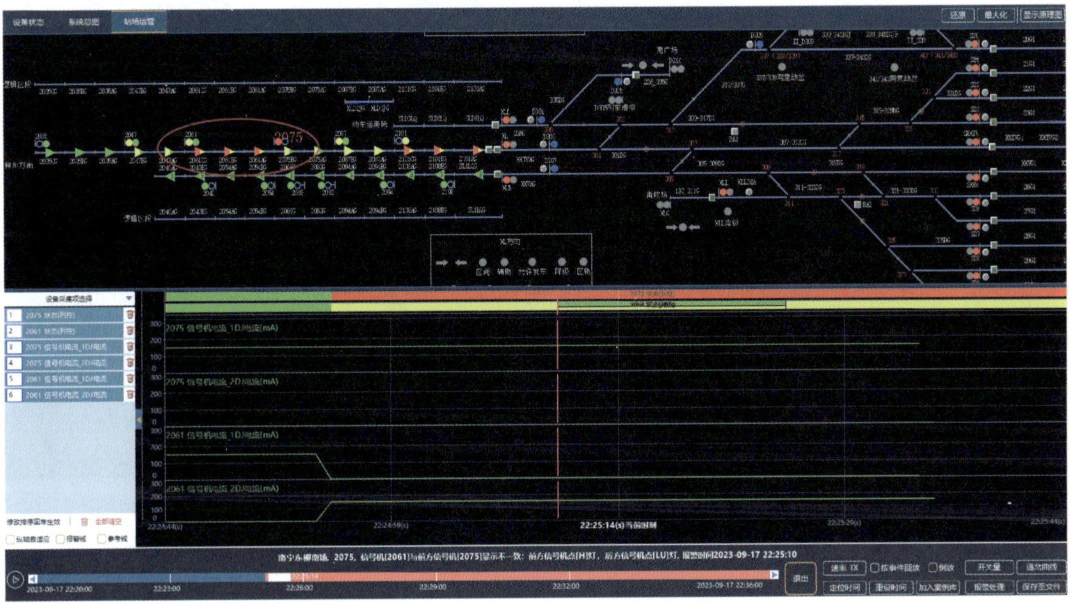

图 3-41 灯序逻辑不一致的报警示意

11. 信号显示与区段发码的逻辑一致性比对

CSM 实现灯序、码序的逻辑一致性检查，即区段发码与前方信号机显示的逻辑一致性比对，如发现灯序、码序逻辑不一致则及时进行报警。基本检查逻辑如下：

(1) 站区一体化轨道进站信号机（常态开放时）：检查其接近区段的低频码是否满足码序要求，对应关系见表 3-3。

表 3-3 接近区段低频码与进站信号机显示对应关系

信号机亮灯	低频码
黄灯	U、U2、U2S
双黄	UU
绿黄	LU、LU2
双黄闪	UUS
绿灯	L、L2、L3、L4、L5、L6
红灯	H、HU、占用检查
红白	HB

(2) 站区一体化轨道站内正线出发信号机：检查正线股道区段的低频码是否满足码序要求。

(3) 区间的一个闭塞分区内各区段间：若本闭塞所有区段空闲，各区段低频发码一致。

信号显示与区段发码逻辑不一致报警如图 3-42 所示，区段 SL1LQG 发 UU 码，其前方信号机 XLN 点黄闪黄灯，逻辑不符合正常规则，产生报警。

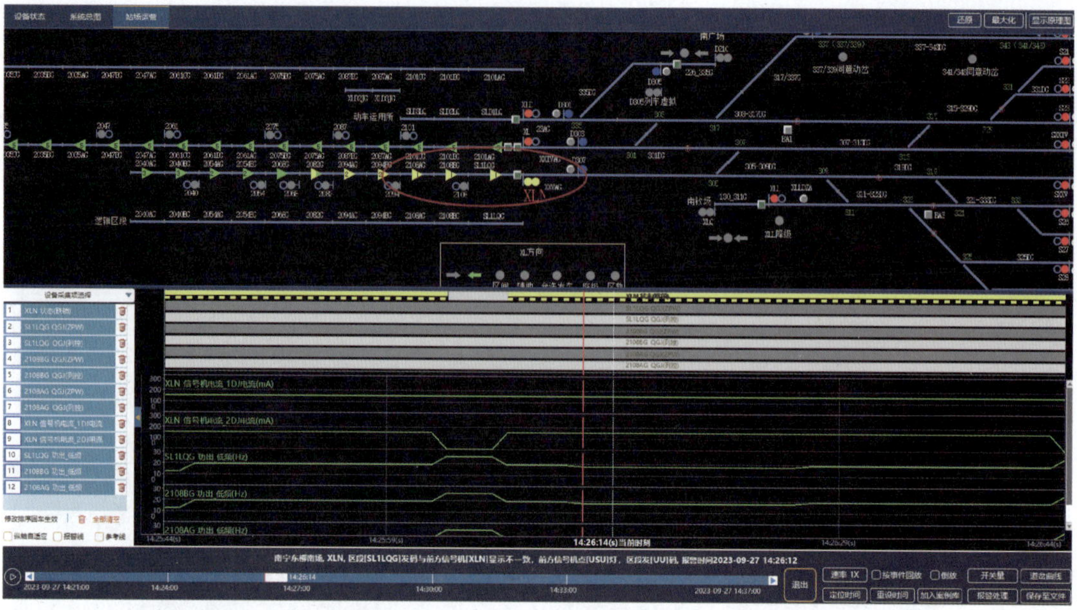

图 3-42 信号显示与区段发码逻辑不一致报警

12. 道岔总表示和分表示一致性比对

CSM 实现多机牵引道岔和双动（多动）道岔的总表示和分表示的一致性比对和检查，当发现道岔位置错误时及时进行报警。道岔总表示信息来源于联锁，分表示信息来源于 CSM 自采集开关量。基本检查逻辑如下：

（1）道岔转换期间不做此判断。

（2）若分表示全部为定位（DBJ 吸起、FBJ 落下）或全部为反位（DBJ 落下、FBJ 吸起），总表示不为对应的定位、反位，进行报警。

（3）若各分表示状态不一致（不全为定位或不全为反位），此时如果总表示为定位或反位，进行报警。

13. 联锁关系一致性比对

CSM 实现联锁进路从建立到解锁全过程中信号、道岔、轨道区段等状态核对，如发现联锁进路状态错误则及时进行报警。联锁关系核对逻辑如下：

（1）列车进路建立且处于锁闭期间，防护信号机处于开放状态，进路上的任意区段（含道岔区段）占用，或进路中道岔位置不正确，进行报警。

（2）对于包含有延续进路的接车进路，防护信号机处于开放状态时、持续检查其延续进路包含的轨道区段是否空闲、道岔位置是否正确，如不正确进行报警。

（3）对于发车进路（含正线和侧线股道）出发信号机处于开放状态时，检查 1LQ 区段（或站间闭塞区间）是否处于空闲状态，检查区间方向是否与发车进路一致，如不一致进行报警。

（4）检查本进路的防护道岔状态，如信号开放时，防护道岔位置不正确，进行报警。

信号开放与联锁关系不一致报警如图 3-43 所示，进路上 XL 信号机内方区段占用，XL 信号机仍处于开放状态，系统发现联锁进路状态错误，产生报警。

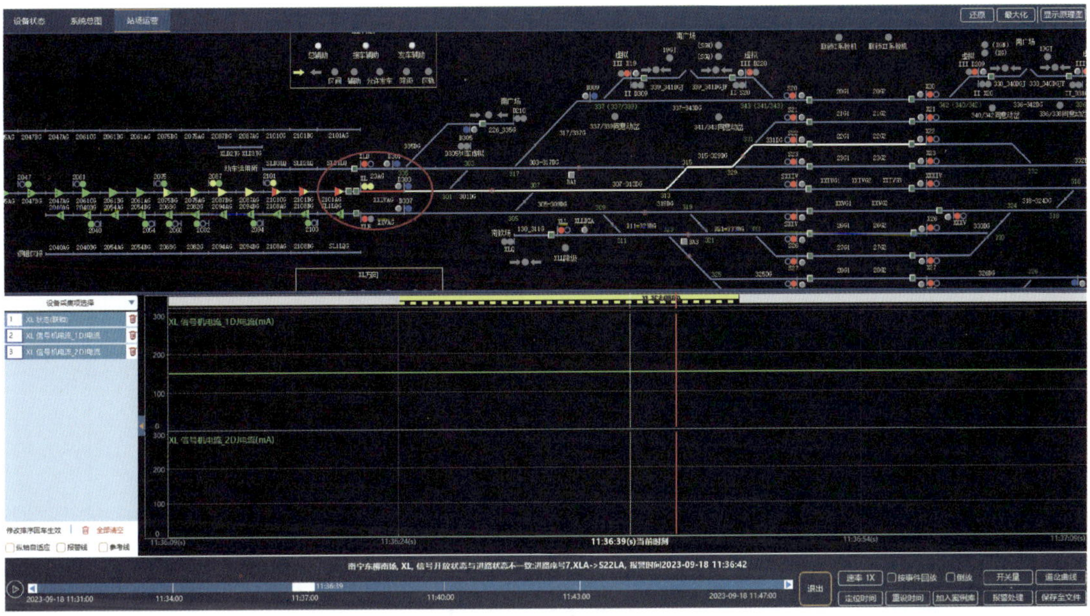

图 3-43 信号开放与联锁关系不一致报警

四、智能诊断功能

CSM 的智能诊断功能依托 CSM 的软硬件平台和信息资源，将采集的各项开关量、状态量、模拟量、曲线量等数据归纳、分类，采用灵活的推理控制策略，应用专家分析的手段，从一个有经验的信号专家的角度来分析问题，为现场信号维护人员提供及时有效的诊断信息和解决问题的大致方向。

智能诊断功能主要包括智能报警和智能预警，当发生影响行车安全的故障时，及时进行报警提示，帮助维修人员迅速定位故障范围，快速进行故障处理。在日常监测中，系统实时分析设备电气特性超限、波动等异常变化，发现设备出现劣化趋势时，提示维护人员及时维护，消除隐患，避免故障发生。

智能诊断功能的原理如图 3-44 所示。系统将道岔、信号机、轨道电路等设备故障模型存储到知识库中，并与实时采集站场信号设备数据结合，基于设备的工作原理、设备间的关联关系以及站场设备关联关系，对采集数据进行逻辑分析，判断设备是否发生故障，并结合故障模型定位故障发生范围。系统诊断出的异常结果报告以维护指导建议的形式发布，指导信号设备维护人员的工作。

（一）道岔转辙机

道岔转辙机智能诊断功能用到的采集数据包括：联锁采集的道岔表示 DBJ、FBJ 状态，单操，DCJ、FCJ 状态，监测自采集 DBJ、FBJ、1DQJ 状态，直流转辙机 X1-X3 定位交直流电压、X2-X3 反位交直流电压、道岔动作电流曲线，交流转辙机 X2-X4 定位交直流电压、X1-X2 定位交直流电压、X3-X5 反位交直流电压、X1-X3 反位交直流电压、三相线电压、道岔动作三相电流曲线和总功率曲线。

1. 道岔转辙机报警

道岔转辙机报警主要为道岔操纵后失去表示报警、未操纵失去表示报警，以及道岔挤岔

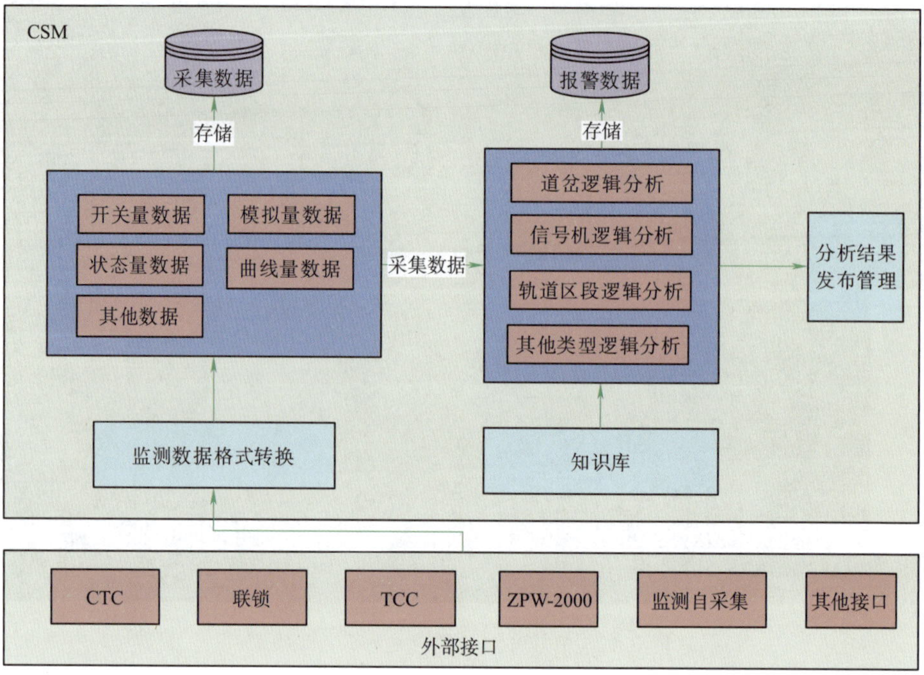

图 3-44 智能诊断功能的原理

报警及诊断分析。

（1）道岔操纵后失去表示

系统实时检查道岔的定操和反操状态、1DQJ 状态、定位表示和反位表示状态，当道岔定操或反操，1DQJ 动作，道岔失去表示，判断道岔已经动作，当道岔操纵结束，1DQJ 落下，反位或定位表示没有恢复，诊断为道岔操纵后失去表示。

系统进一步诊断分析故障原因，结合道岔动作过程曲线、道岔定位表示电压、反位表示电压、转辙机缺口等模拟量数据进一步诊断动作电路故障、表示电路故障及其原因。以交流转辙机转动或锁闭过程卡阻为例，道岔卡阻导致失去表示（图 3-45），道岔动作后失去表示，约 15 s 后电路保护断开，道岔动作结束，采集到曲线动作方向为反位到故障位；从动作曲线上分析，道岔在锁闭阶段电流和功率呈摩擦曲线的形状，说明道岔转动过程卡阻。

（2）道岔未操纵失去表示

系统实时检查道岔的定操和反操状态、1DQJ 状态、定位表示和反位表示状态，当未进行定操和反操、1DQJ 未动作、定位表示和反位表示均为无表示状态时，判断为道岔未操纵失去表示。系统进一步结合定位和反位表示电压进行室内和室外故障原因诊断。

以交流转辙机室内线圈支路开路为例，如图 3-46 所示，1DQJ 未动作，道岔在反位时失去表示，说明是表示电路故障；分线盘有正常的直流电压，说明室外电路正常；分线盘交流电压正常说明 X1-X3 电路正常；X3-X5、X1-X3 直流电压有明显升高变化，说明负载条件出现问题，原因是继电器线圈表示支路开路。

（3）道岔挤岔

道岔定位和反位均失去表示，同时对应的道岔所在区段发生占用，进行道岔挤岔报警。

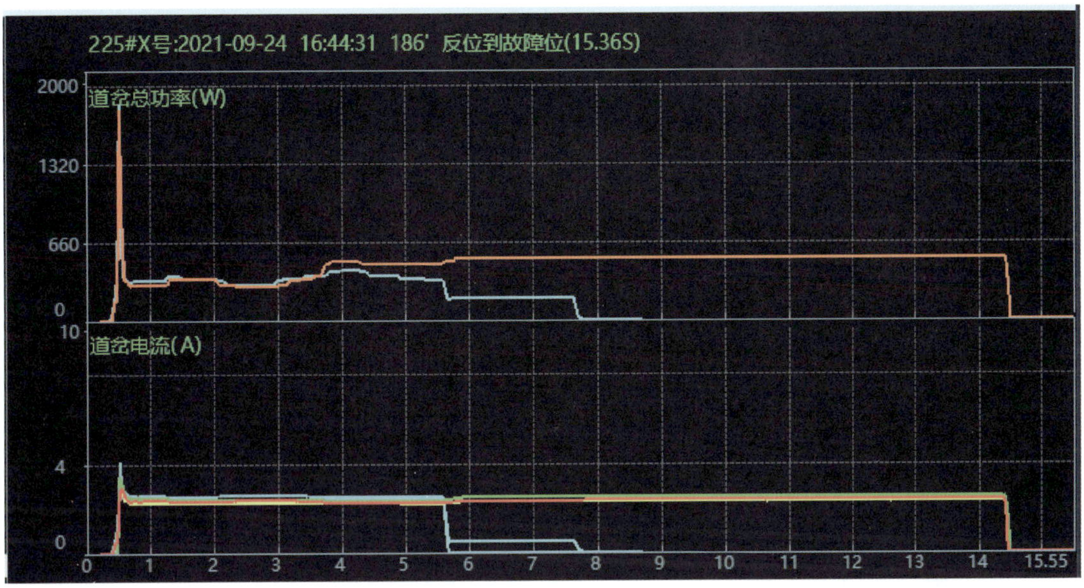

图 3-45　道岔卡阻导致失去表示

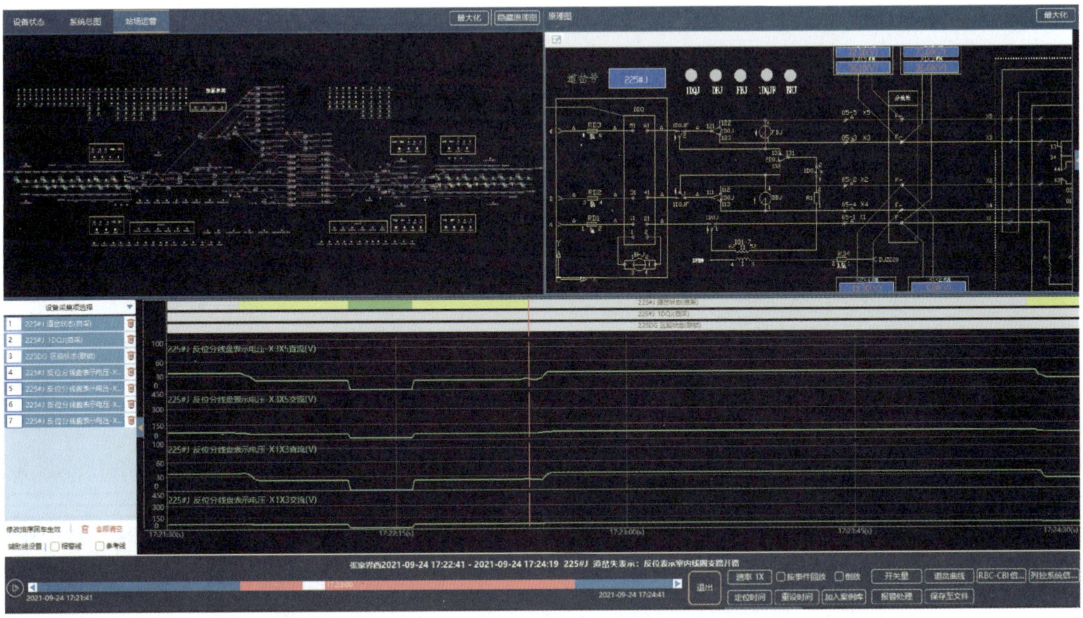

图 3-46　道岔未操纵失表示（室内线圈支路开路）

2. 道岔转辙机预警

（1）道岔动作曲线异常

道岔正常操纵到位，将道岔动作曲线与参考曲线的动作总时长、转动阶段时长，功率和电流值等数据进行比较，差值超过设置的限值时进行预警提示。曲线预警内容主要包括解锁或转动阶段阻力大、转动或锁闭阶段阻力大、曲线动作时间过长或过短、动作电流值超限、动作电流曲线波动等。

（2）道岔动作次数超限

当道岔的表示状态由定位变为反位，或者由反位变为定位时，统计一次道岔动作。当动作次数超过预设动作次数上限时，进行道岔动作次数超限预警提示。

（3）模拟量超限预警

对道岔转辙机的表示电压、DBQ输出电压进行超限分析，当采集到的电压值超过设定的上限时，进行超上限预警，低于下限时，进行超下限预警。道岔定位时分析定位表示电压，道岔反位时分析反位表示电压，道岔动作时分析DBQ输出电压。系统分析时应将道岔状态切换时的数据过滤掉，提高诊断分析结果的准确性。

（4）道岔表示电压异常、DBQ输出电压异常

道岔表示电压和DBQ输出电压的异常分析主要包括波动分析和趋势分析。在短时间内电压发生反复波动或突变，进行预警提示；当采集电压在较长时间内持续递增或递减并超过设定阈值时，进行趋势预警提示。

（二）25 Hz相敏轨道电路

1. 25 Hz相敏轨道电路报警

（1）故障红光带

根据列车运行及三点检查逻辑进行判断，区段出现非正常行车占用状态，判断为故障红光带。故障发生后，系统对采集的轨道电压、轨道相位角、分线盘发送电压等数据进行进一步分析，诊断故障发生原因，如相位角异常、受端轨测盘至轨道模块故障、送端室内开路或送端室外一次侧短路、室外道岔跳线断开或受端开路等。

以送端室内电源开路或送端室外一次侧短路为例，如图3-47所示，W1-W2DG故障红光带，轨道分线盘发送电压突然变成0 V说明送端室内电源开路或室外一次侧短路。

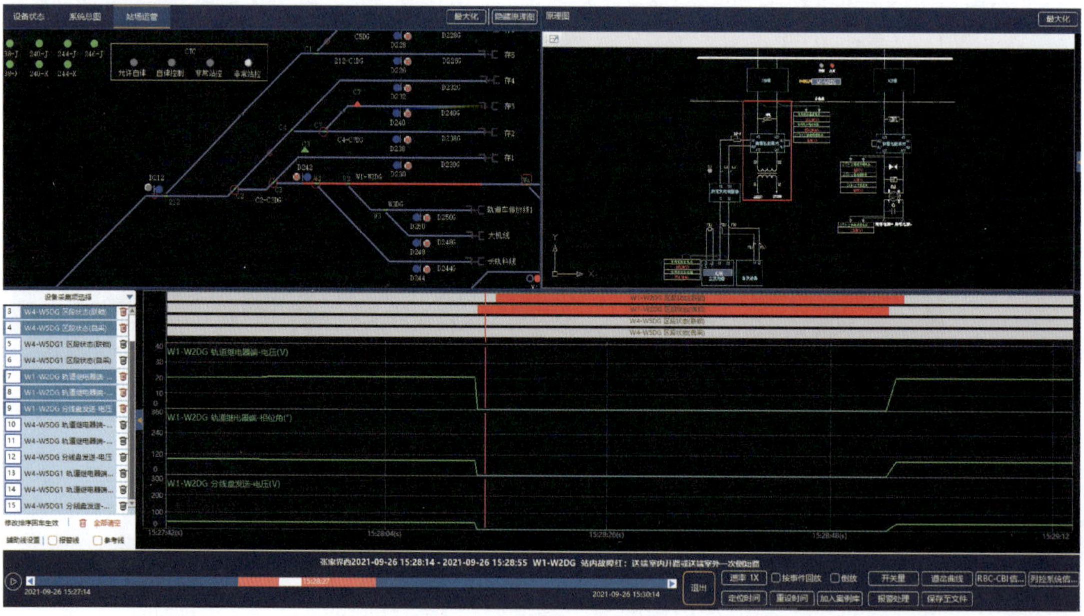

图3-47 故障红光带（送端室内电源开路或送端室外一次侧短路）

（2）大面积红光带

相同供电端的多个区段或同咽喉的多个区段同时发生故障红光带报警。

2. 25 Hz 相敏轨道电路预警

(1) 相邻区段轨道电压同时下降

本轨和相邻区段在空闲状态下，轨道电压同时下降，进行相邻区段轨道电压同时下降预警。

相邻区段轨道电压同时下降如图 3-48 所示。机械绝缘的 25 Hz 站内轨道电路，在同一时刻相邻区段轨道电压同时下降，多是由于机械绝缘节破损导致电压侵入至相邻区段。

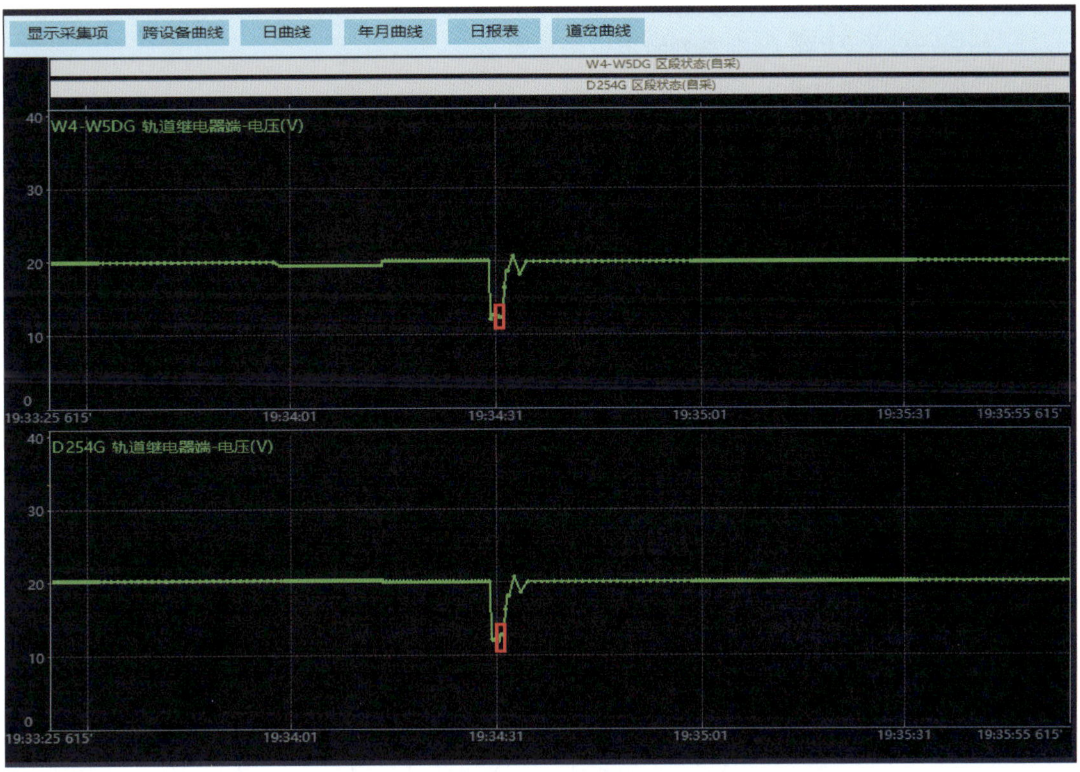

图 3-48 相邻区段轨道电压同时下降

(2) 轨道电路分路不良

对轨道区段正常占用但红光带消失情况进行预警，当本区段红光带消失后短时间内再次占用，则进行本区段分路不良预警；当本区段红光带消失后短时间内没有再次占用，且列车运行前方区段未占用或者间隔一段时间后发生占用，则进行本区段或前方区段分路不良预警。

(3) 模拟量超限预警

对轨道区段的轨道电压、轨道相位角、分线盘发送电压等模拟量进行超限分析，当采集值超过设定的上限时，进行超上限预警，低于下限时，进行超下限预警。其中轨道电压区分调整态和分路态，设置调整上下限和分路上限，分别进行超限分析。

(4) 轨道电路调整电压异常

对调整态下的轨道电压进行波动和趋势分析。在短时间内电压发生反复波动或突变，进行预警提示；当采集电压在较长时间内持续递增或递减并超过设定阈值时，进行趋势预警提示。

（三）站内一体化 ZPW-2000 系列轨道电路

1. 站内一体化 ZPW-2000 系列轨道电路报警

故障红光带。室内外故障判断。

根据列车运行及三点检查逻辑进行判断，区段出现非正常行车占用状态，判断为故障红光带。结合 ZPW-2000 系列轨道电路原理，对采集的功出电压、功出电流、送端电缆侧电压、送端电缆侧电流、受端电缆侧电压、受端设备侧主轨电压、接收入口主轨电压、小轨电压等进行分析，诊断故障发生原因。

2. 站内一体化 ZPW-2000 系列轨道电路预警

（1）相邻区段轨道电压同时下降

本轨和相邻区段在空闲状态下，轨道电压同时下降，进行相邻区段轨道电压同时下降预警。

（2）轨道电路分路不良

同站内 25 Hz 相敏轨道电路。

（3）模拟量超限预警

对站内一体化 ZPW-2000 系列轨道电路的功出电流、功出电压、送端电缆侧电压、送端电缆侧电流、受端电缆侧主轨电压、受端设备侧主轨电压、接收入口主轨电压等进行超限分析，当采集值超过设定的上限时，进行超上限预警，低于下限时，进行超下限预警。

（4）功出电压异常、接收入口主轨电压异常

对于采集的功出电压和接收入口主轨电压进行波动分析和趋势分析。在短时间内电压发生反复波动或突变，进行预警提示；当采集电压在较长时间内持续递增或递减并超过设定阈值时，进行趋势预警提示。

（四）区间轨道电路

1. 区间轨道电路报警

故障红光带。根据列车在区间的运行方向及三点检查逻辑进行判断，区段出现非正常行车占用状态，判断为故障红光带。结合区间轨道电路原理，对采集的功出电压、功出电流、送端电缆侧电压、送端电缆侧电流、受端电缆侧电压、受端设备侧主轨电压、接收入口主轨电压等数据进行分析，诊断分析故障发生原因。

2. 区间轨道电路预警

（1）模拟量超限预警

对区间轨道电路的功出电流、功出电压、送端电缆侧电压、送端电缆侧电流、受端电缆侧主轨电压、受端设备侧主轨电压、接收入口主轨电压、接收入口小轨电压等数据进行超限分析，当采集值超过设定的上限时，进行超上限预警，低于下限时，进行超下限预警。

（2）功出电压异常，接收入口主轨电压异常

同站内一体化 ZPW-2000 系列轨道电路。

（五）信号机及进路

1. 信号机报警

（1）列车信号非正常关闭

列车信号正常关闭有两种情况：一是人工取消进路造成信号机关闭，即列车信号关闭时，对应的总人解、总取消按钮按压过和信号机始端按钮按压过；二是正常行车造成信号关闭，即列车信号关闭时，该信号机的接近区段和内方第一区段曾经占用过。

当列车信号关闭且不属于以上两种正常关闭情况时，则为信号非正常关闭，若进路上的区段发生故障红光带或道岔发生失去表示故障，则判断为由区段故障红光带或道岔失去表示导致列车信号非正常关闭。

以区段故障红光带导致列车信号非正常关闭为例，如图 3-49 所示，发车进路 S10 信号机开放绿灯信号，由于进路上 205DG 故障红光带，导致 S10 绿灯信号非正常关闭。

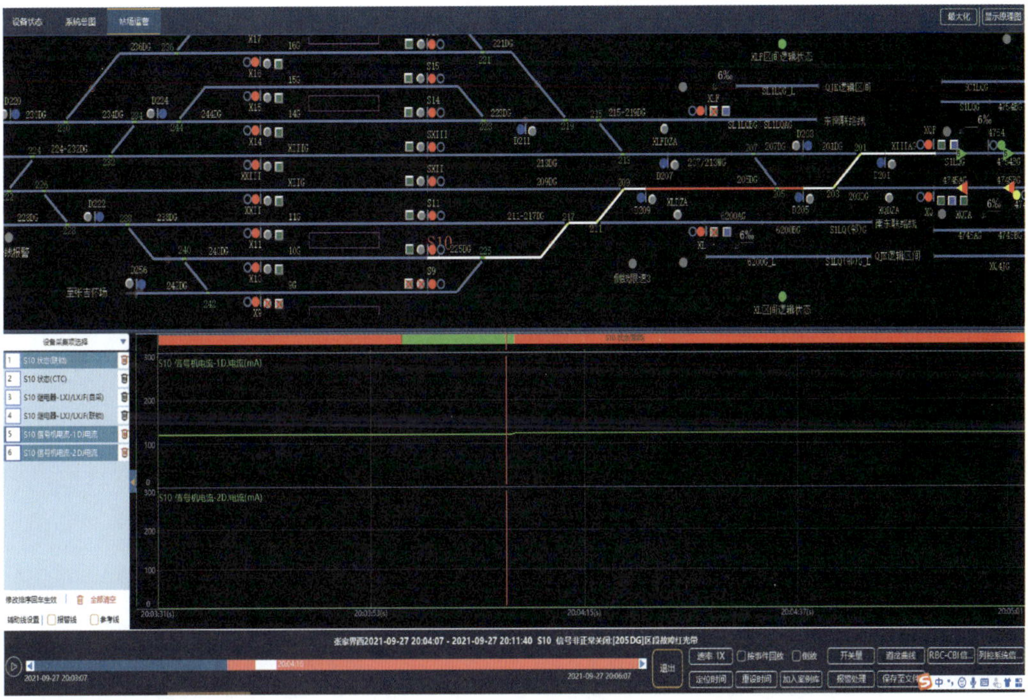

图 3-49　信号非正常关闭

2. 信号机预警

（1）模拟量超限预警

对信号机的 DJ 电流和 2DJ 电流等进行超限分析，当采集值超过设定的上限时，进行超上限预警，低于下限时，进行超下限预警，对 DJ 电流模拟量分析需要过滤灯位切换时的电流突变数据。

（2）信号机 DJ、2DJ 电流异常预警

对采集的 DJ 电流和 2DJ 电流进行波动分析和趋势分析。在短时间内 DJ 电流发生反复波动或突变，进行预警提示；当采集电流在较长时间内持续递增或递减并超过设定阈值时，进行趋势预警提示。

（六）电源设备

1. 电源设备报警

（1）UPS 正在放电报警

当 UPS 处于旁路工作状态并且处于放电时，进行 UPS 正在放电报警。

（2）外电网断电/断相报警

当外电网输入电压低于额定值的 65%，且时间超过 1 000 ms 时，采集机送给监测系统的断电/断相开关量状态成立，进行断电/断相报警。

（3）错序报警

当三相电源之间相位差超出 120°±3°时，采集机送给监测系统的错序开关量状态成立，且同时判断没有断相，则进行错序报警。

（4）瞬间断电

对于三相电源车站，输入电压低于额定值的 65%，时间超过 140 ms 但不超过 1 000 ms 时，采集机送给监测系统的瞬时断电开关量状态成立，进行瞬时断电报警。

2. 电源设备预警

（1）外电网、电源屏输入/输出、UPS 输入/输出、电池模拟量超限预警

对电源设备的外电网、电源屏输入/输出、UPS 输入/输出等进行超限分析，当采集值超过设定的上限时，进行超上限预警，低于下限时，进行超下限预警。

（2）外电网、电源屏输入/输出、UPS 输入/输出、电池模拟量异常变化预警

对于采集的外电网、电源屏输入/输出、UPS 输入/输出进行波动分析和趋势分析。在短时间内监测数据发生反复波动或突变，进行预警提示；当采集数据在较长时间内持续递增或递减并超过设定的阈值时，进行趋势预警提示。

（七）自诊断设备报警

对于车站联锁、TCC、车站 TDCS/CTC、ZPW-2000 系列轨道电路、电源屏、道岔缺口监测、智能灯丝报警仪、区间综合监控等具备自诊断功能的系统，当监测收到自诊断系统上送的自诊断报警信息时，直接进行报警提示。

五、综合分析功能

（一）整合分析

整合分析功能主要针对多条报警信息之间存在以下三方面关系时，进行关联整合以及关联显示。

1. 对存在因果关系的报警信息进行整合，并提示出根源性的报警。例如，外电网断电故障发生时会导致外电网相电压下降，同时会产生超下限预警，针对该场景，监测系统可以准确报出根源性报警——外电网断电，并可关联查看相关联的因果关系报警——相电压超下限等。

2. 对存在从属关系的报警信息进行整合，并通过主从关联层次关系展示报警。例如，道岔的某个转辙机发生故障时，监测系统进行报警分析，能够将该转辙机所属的道岔状态与同组道岔的所有转辙机状态都自动关联展示。

3. 对存在归并关系的报警信息进行整合，并将多条报警归并为一条报警进行提示。例如，在进路开放后，进路中道岔发生无表示，导致信号机灯位关闭。现场故障会有两个，一个是信号机非正常关闭，另一个是道岔无表示。监测系统能够将两个报警进行整合，能报出因某道岔无表示，导致信号机非正常关闭。

（二）质量分析

质量分析主要实现以下功能：

1. 根据单个设备电气特性模拟量、状态量及器材不良情况为单个设备生成质量评价指标、趋势曲线，质量指标通常是一个 0～100 的评分，按分数划分为四个等级（优、良、中、差）。该质量指标作为设备维护的参考依据。

2. 对每种设备类型生成总质量评价指标、趋势曲线、占比分析，为电务维护决策提供依据。

3. 针对单个设备，可以提供设备得分、扣分原因、得分趋势曲线等信息，设备质量评价界面如图 3-50 所示。

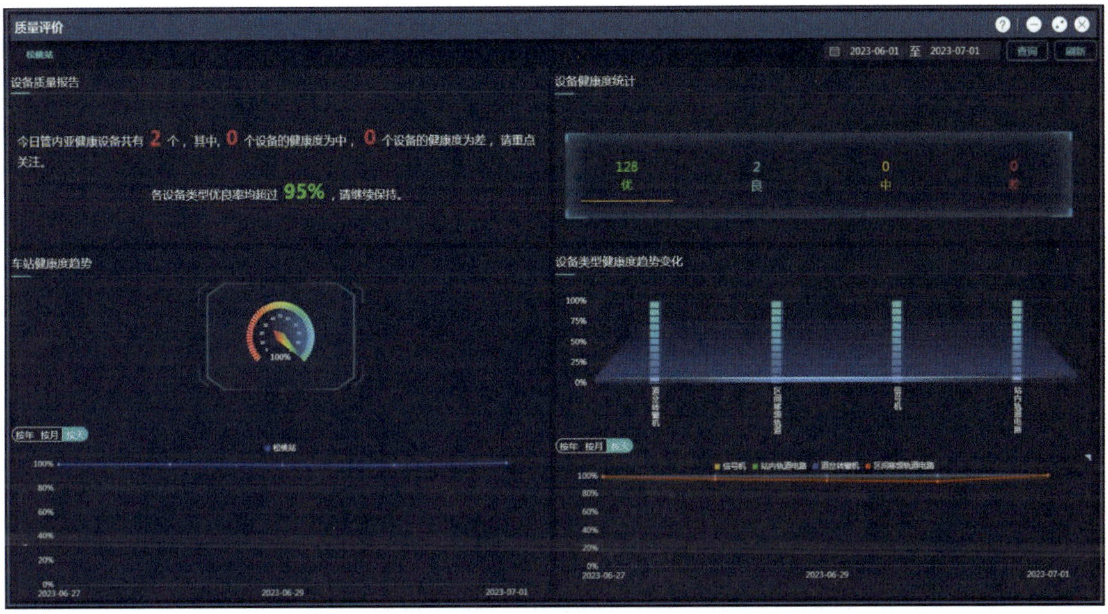

图 3-50　设备质量评价界面

（三）处理情况与原因综合分析

处理情况和原因综合分析主要针对报警设备、报警类型，以及报警产生时的相关参数、指标；并对所采取的处理方法、处理效果的情况进行分析，对分析结果进行自学习，形成相关的处理经验案例，用于日后类似报警的处理建议和方法指导。

信号集中监测系统通过在局集团公司监测中心对监测分析发现的设备故障建立案例库，并提供案例检索查询功能，在监测分析及故障处理时能够通过检索查看历史类似的故障的原因和处理过程，提高了分析人员故障分析和处理的效率。

当同类设备故障报警再次发生时，可自动匹配案例库中的历史报警信息，并调出相关案例及相关数据。案例数据主要包括案例发生的时间、发生站点、案例名称、设备类型、案例类型、设备名称、发生时间、案例描述、故障原因、处置过程、录入人以及故障案例摘要数据。其中，摘要数据具体包括：故障设备及相关设备的开关量、状态量、模拟量、曲线、回放文件等。

（四）同环比分析

同环比分析主要是在报警类型、报警原因、报警数量、管界范围等方面，对同比与环比两类指标方面进行对比分析、趋势分析，并可生成相关的图形化图表等。站机软件和终端软件上提供同比和环比两个分析界面，站机软件针对本站进行同环比分析，终端软件则针对本终端的管辖车站进行同环比分析。

环比分析提供按报警类型、设备类型、报警来源、报警原因等维度的统计分析功能，统计时间范围可按日、周、月、年，默认按月。

同比分析提供按报警类型、设备类型、报警来源、报警原因等维度的统计分析功能，统计时间范围可按周、月、年，默认按月。

（五）辅助人工分析

辅助人工分析主要实现了根据人工设置的波动范围等分析参数自动筛选满足条件的模拟量曲线片段的功能。站机和终端软件提供了人机交互界面，供车站和分析中心人员使用。分析功能主要包括监测采集的模拟量日曲线分析、道岔曲线分析。

日曲线的分析主要包括模拟量波动以及趋势上升和下降的片段识别，支持分析参数设置，包括波动的幅度和趋势的幅度。日曲线分析支持过滤天窗修时间功能，设置过滤天窗修后，后台将不再分析天窗修时段检修设备的模拟量信息。日曲线分析的采集项内容支持定制，可定制常用的需要分析的采集项。

道岔曲线的分析主要包括道岔转动时长、功率曲线和电流曲线的异常分析；支持过滤天窗修时间功能，设置过滤天窗修后，后台将不再分析天窗修时段检修道岔设备的动作曲线。

辅助分析结束后形成分析报告，分析人员可对报告中异常问题结果进行确认，通过报告内容快速跳转到异常模拟量曲线或者道岔曲线，异常数据段会用红色框选出来；支持从分析结果列表跳转查看异常道岔曲线详细信息。辅助分析报告如图 3-51 所示。

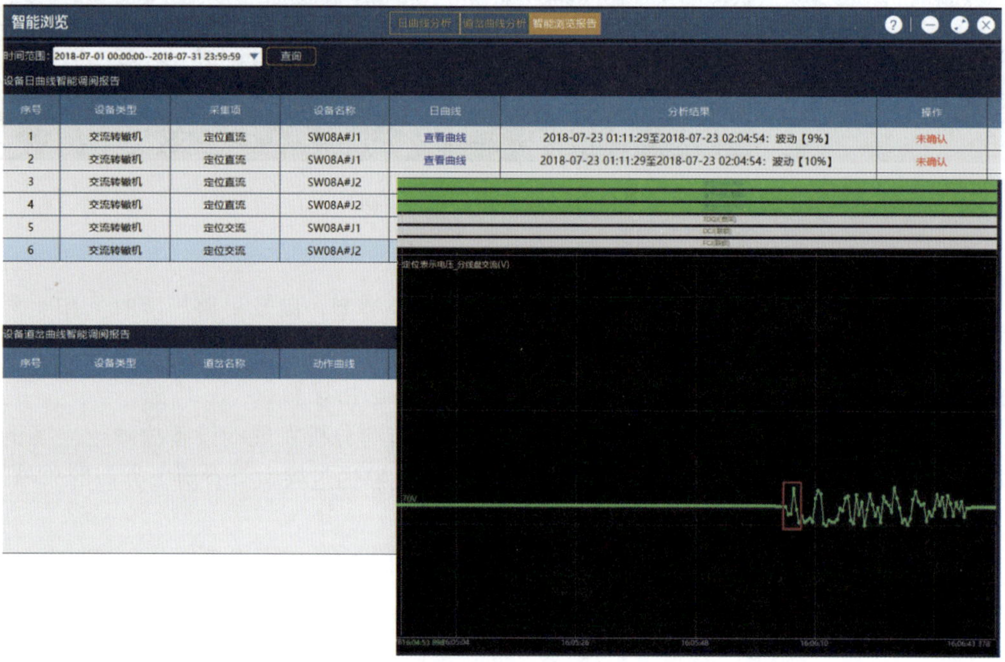

图 3-51 辅助分析报告

六、预报警管理功能

预警和报警是指铁路信号系统中，通过对信号设备状态的监测和分析，提前发现可能发生故障或异常的迹象，并给出相应的警告信息的一种功能。预报警的目的是预防信号系统的故障和事故发生，保障铁路运输的安全性和可靠性。

（一）预报警等级划分

CSM 根据预报警发生的影响范围及处理紧急程度分为一级报警、二级报警、三级报警和预警。

一级报警：涉及行车安全及行车组织，须立即处理的报警。报警方式为实时语音报警，具备处理权限的人员确认后停止报警。

二级报警：影响正常行车或设备正常工作，须尽快处理的报警。报警方式为实时语音报警，报警后延时适当时间或语音播报适当次数后自动停报。

三级报警：设备电气及机械特性超标。报警方式为实时报警。

预警：根据电气特性变化趋势、设备状态及运用趋势等进行逻辑判断，设备当前虽然正常工作，但已经出现趋势性的性能劣化时进行预警提示。预警方式为实时预警。

（二）预报警事件管理

CSM 车站层监测子系统根据自身采集数据以及其他接口子系统传输的数据，实时综合分析诊断，满足故障情况时及时弹窗展示报警信息，提醒电务人员关注相关设备的运行状态，同时向上层服务器发送报警数据。上层服务器针对报警数据进行全生命周期的管理。

双击需要处理的报警或者点击报警处理功能后即可打开报警处理信息窗口，界面展示预报警时段附近的相关信息，包括可能原因、维护建议、电气特性曲线、关键参数曲线、关联设备采集曲线等信息。针对特殊设备还可以提供额外信息的展示，如原理图、缺口图像等，原理图上可将故障范围进行特殊标识。电务人员可以根据实际报警情况，自行增加报警可能原因以及维护建议的描述。

通过用户管理的方式，控制登录用户可处理预报警的权限功能。用户角色与处理权限可以动态配置。

CSM 提供了未开通设备、不合格设备、长期跟踪设备设置和管理功能。当车站部分设备未开通或者开通后由于某些原因出现故障或劣化，但未维修好时，可设置到未开通设备、不合格设备、长期跟踪设备中，如图 3-52 所示。对已被设置为未开通设备、不合格设备的预报警信息，则不在正常的实时报警和历史查询中管理，通过未开通或不合格设备界面进行单独的筛选查询。

图 3-52　未开通设备设置

（三）天　窗　修

CSM 提供了天窗设置功能，作业人员可以在天窗前进行天窗内作业任务、检修设备、天窗类型设置。天窗修设置界面如图 3-53 所示。

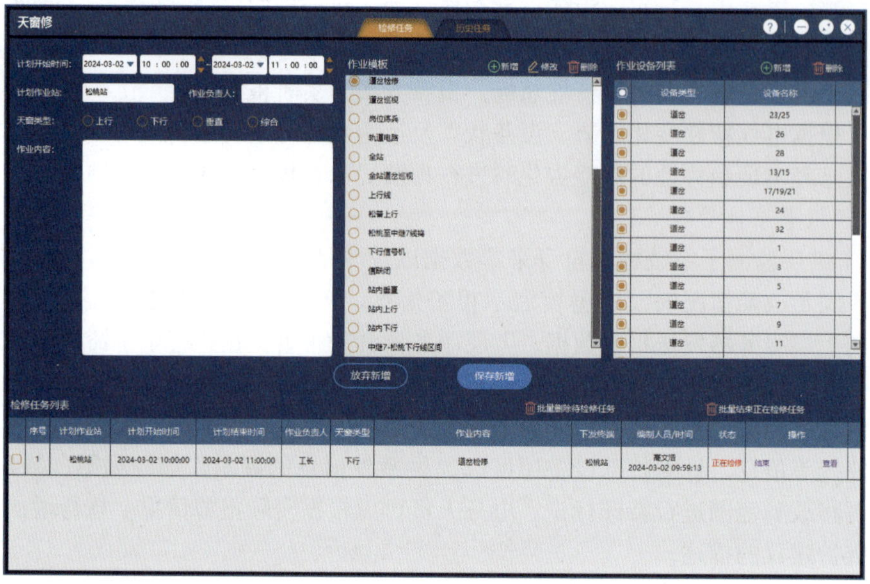

图 3-53 天窗修设置界面

当进入检修时间段内，检修范围内的设备产生的预报警信息内容均带上检修标志位，与正常运行时段内产生的预报警信息进行区分，同时也可以作为筛选查询的特殊字段，用来做不同维护信息统计。

未开始的检修任务可以根据实际的检修计划安排，进行删除、修改和查看的操作，灵活调整检修任务信息。已开始的检修任务在检修计划结束之后正常进入全面监测功能，也可以在实际检修工作完成后手动立刻结束。历史任务中可以查看该站历史天窗设置详情，历史天窗查询界面如图 3-54 所示。

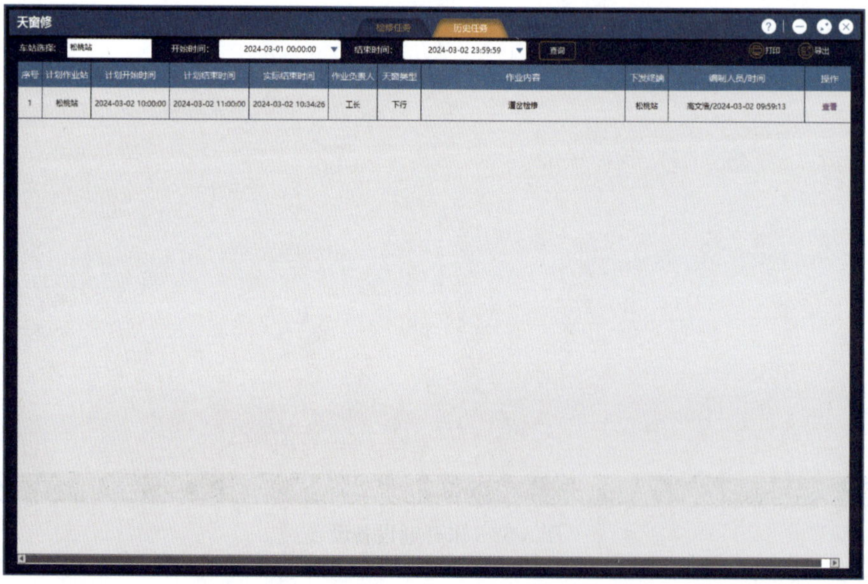

图 3-54 历史天窗查询界面

第二节 局集团公司层监测子系统功能

局集团公司层监测子系统配置计算资源设备、存储设备、网络设备、网络安全设备、电源设备、防雷设备、维护工作站、调阅终端。计算资源设备包括通信前置服务器、应用服务器、综合分析服务器、数据库服务器、网管服务器、Web服务器、防病毒服务器、时间服务器、接口服务器等。调阅终端包括局集团公司终端、电务段调度终端、电务段试验室终端、车间终端、工区（含值班室）终端，同时可根据维修管理需要配置相应的终端。

一、与中心层子系统接口

CSM作为信号设备状态的集中监测和诊断分析平台，全面汇聚了地面信号设备状态信息、车载信号设备状态信息。除在车站实现与信号子系统接口外，在局集团公司层通过部署接口服务器，实现与TDCS/CTC中心子系统、RBC、TSRS子系统接口接入行车维护数据，以及与列控车载动态监测及传输系统（DMS)、LKJ设备运行监测管理系统(LMD)、机车信号远程监测、铁路电源与设备房屋环境监控系统等子系统接口接入信号监测类数据。

二、数据管理与服务

在CSM中，局集团公司层监测子系统是数据集中管理的中心，管内所有车站的采集数据、报警数据、统计数据以及事件数据通过车站基层网传输到局集团公司层监测子系统进行集中存储和管理。通过与局集团公司层监测子系统接口接入的各类数据也在局集团公司层监测子系统进行集中存储和管理。为了保证海量数据的可靠存储，在局集团公司层监测中心子系统中配置双套冗余数据库，采用统一存储系统，配置冗余RAID控制器，512 GB缓存，初始存储容量不少于100 TB，并支持按需扩展。

数据存储采用两种不同的机制，对实时类数据进行滚动管理，包括开关量、多状态量、模拟量、曲线等数据，至少存储1年；对报警、统计、事件类数据进行全寿命周期存储，包括报警、预警、浏览记录、统计、报表、报告、案例、经验值、处理记录等。

局集团公司层监测子系统中配置计算资源池，统一提供应用与计算服务，计算资源池初始配置6台物理服务器节点，共提供224个物理CPU核，1.5 TB内存资源，提供以下数据服务。

1. 通信前置服务：通过前置服务器与所辖站机建立通信连接，实现中心与车站数据的通信与交互、数据调度和路由。通信前置服务器采用冗余配置和负载均衡方式，当一台出现异常时所辖车站自动切换到另一台。由于CSM-2020型信号集中监测系统站机直接接入局集团公司层监测中心子系统，数量较多时，可以通过设置多套通信前置服务器进行车站接入，比如按电务段管辖范围设置。

2. 应用服务：通过应用服务器提供局集团公司层监测子系统业务应用功能，包括以下功能。

（1）提供车站实时数据的转发服务，如实时上送的开关量、报警数据，通过应用服务器转发至各级终端。

（2）提供终端向站机下发命令及响应数据转发服务，如终端从车站调阅历史数据命令，通过应用服务器转发至车站，同时负责将车站响应数据发送给对应的终端。

（3）提供终端与数据库服务器之间的数据传输服务，如终端的浏览记录、参数设置等数据通过应用服务器写入数据库进行存储。

（4）提供终端与网管服务器之间的数据传输服务，通过应用服务器与网管服务器通信，实现网管数据转发到终端。

（5）提供网络通信时数据压缩、解压服务。

（6）提供局集团公司层监测中心子系统接口服务器数据接入服务，局集团公司监测中心子系统数据经过接口服务器解析后，通过应用服务器实现集中存储和转发。

（7）提供向国铁集团层监测子系统转发命令及响应数据服务。

3. 数据库服务：通过数据库服务器实现 CSM 数据存储和读取管理，包括存储应用服务器处理并转发的相关数据，响应应用服务器传输的读取历史数据命令，并将响应的历史数据传回应用服务器。

4. 网管服务：通过网管服务器实现管辖范围内所有站机、终端、服务器、网络设备等监测自身设备状态及连接状态。

5. Web 服务：通过 Web 服务器实现 Web 浏览功能，主要包括实时报警及历史报警查询，报警信息处理情况录入、报警信息分析统计，以及用户登录、修改配置等权限管理功能。

6. 时钟服务：通过时钟服务器实现与 TDCS/CTC 时钟服务器接口获取标准时间，为局集团公司层监测中心子系统各服务器、各级终端以及管辖范围各站机提供时间服务，确保 CSM 全网各节点时钟统一。

局集团公司层监测子系统处于整个 CSM 的核心位置，承担全局车站层监测子系统数据的收集，涉及的通信节点少则数百个，多则一千多个。原有的监测网络数据吞吐能力较薄弱，当出现大量并发数据通信的情况下，会出现信息延时、连接中断等影响用户使用的情况。在 CSM-2020 型 CSM 系统中，对网络带宽和设备进行提升，局集团公司层监测中心子系统通过配置双套冗余的三层核心交换机接入数据通信网，信号机房至通信机房应采用双路光纤连接，接口类型为 GE（o），确保业务应用的可靠。

三、中心层安全监督功能

CSM 中心层通过与 RBC 系统接口，实时获取 RBC 的列车行车许可（MA）信息等关键信号数据，结合 CSM 车站层自采集的道岔、信号机、轨道电路等基础信号设备状态，以及与联锁、TCC、ZPW-2000 系列轨道电路、CTC 等系统接口获取的各类信号数据，实现对车地关键数据进行一致性逻辑比对等安全监督分析，当出现问题时通过报警形式及时提示用户。CSM 中心层安全监督功能主要包括：

1. RBC 提供的列车所在闭塞分区信息与区段占用的逻辑一致性比对。

CSM 将从 RBC 生成的 MA 信息中获取列车所在闭塞分区信息，从车站 TCC、ZPW-2000 系列轨道电路等系统接入所有区段的占用信息，进行逻辑一致性比对。当发现列车所在闭塞分区内占用状态与 TCC、ZPW-2000 系列轨道电路采集状态不一致时进行报警。

2. 联锁进路与 RBC 系统接收 SA 一致性比对。

RBC 系统接收的联锁 SA 与进路实际状态不一致时，将危及行车安全。造成 SA 与进路实际状态不一致的可能原因包括联锁系统处理错误、联锁数据配置错误。

CSM对RBC接收到的联锁SA信息与基础信号设备状态进行实时比对，包括联锁SA与进路上的道岔、信号机等基础信号设备状态的一致性比对、联锁SA进路状态与实际区间闭塞分区状态一致性比对，如发现不一致则及时报警。同时，CSM将在SA有效期内实时监督基础信号设备状态的变化，并监督联锁系统是否将相应的变化发给RBC。

具体监督分析内容分为联锁SA与进路实际状态不一致、联锁SA与实际区间闭塞分区状态不一致。联锁SA与进路实际状态不一致如图3-55所示，CSM从基础信号设备状态中获取实际X-S3进路中（白光带表示）道岔位置为反位，但从联锁给出的对应SA中（天蓝色包边表示）道岔位置为定位，出现了不一致的情况产生报警。

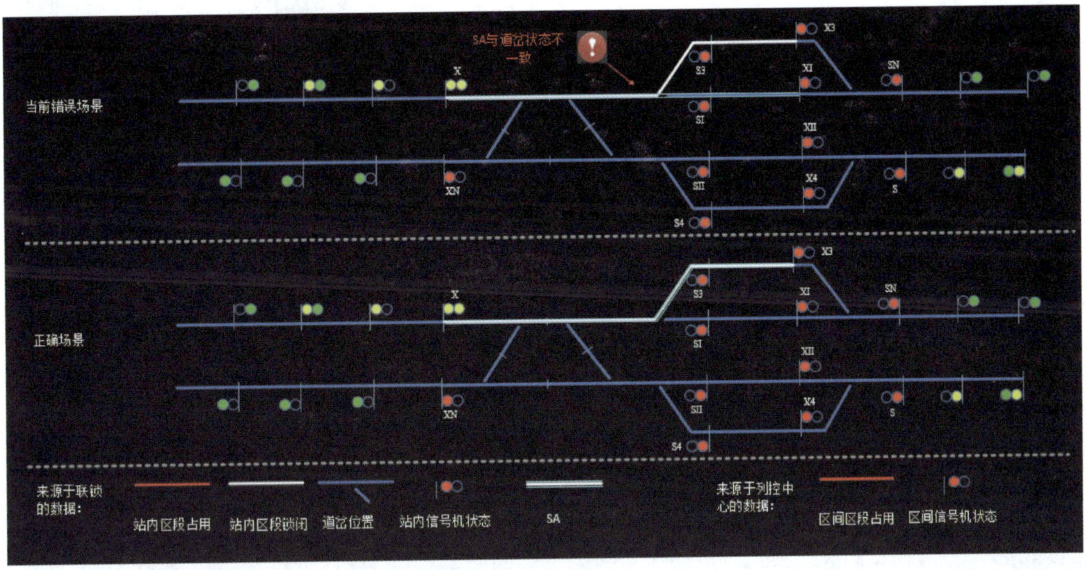

图3-55 联锁SA与进路实际状态不一致

3. 联锁进路与RBC系统MA逻辑一致性比对。

联锁进路与RBC系统MA逻辑不一致时，将危及行车安全。联锁进路与MA逻辑不一致的场景包括MA在生成时已经错误，与实际的道岔、信号机等基础信号设备状态不一致；MA径路没有根据联锁进路、道岔、信号机等基础信号设备的状态变化而变化。造成上述不一致的可能原因包括联锁配置文件错误、联锁软件功能错误、RBC配置文件错误、RBC软件功能错误等。

CSM对RBC系统MA的全过程进行监督，从收到RBC生成的MA时刻起，将RBC收到的MA与联锁和TCC采集的道岔、信号机等基础信号设备状态进行实时比对，包括与MA径路上信号机状态一致性比对、MA径路上区间区段占用状态一致性比对、MA径路上道岔位置一致性比对，如发现不一致则及时报警。由于报警时刻先于列车行进，可以实现一定范围内的提前预警，为调度员的确认和采取措施预留时间。

具体分为下面三种场景。

（1）MA越过禁止信号。如图3-56所示，CSM从RBC获取的列车MA（绿色包边显示）覆盖了X-SⅠ正线接车进路；但基础信号设备状态显示X信号机为红灯禁止列车进入。系统发现不一致的情况，产生报警。

（2）MA经过已占用的区间区段。如图3-57所示，CSM从RBC获取的列车MA（绿色

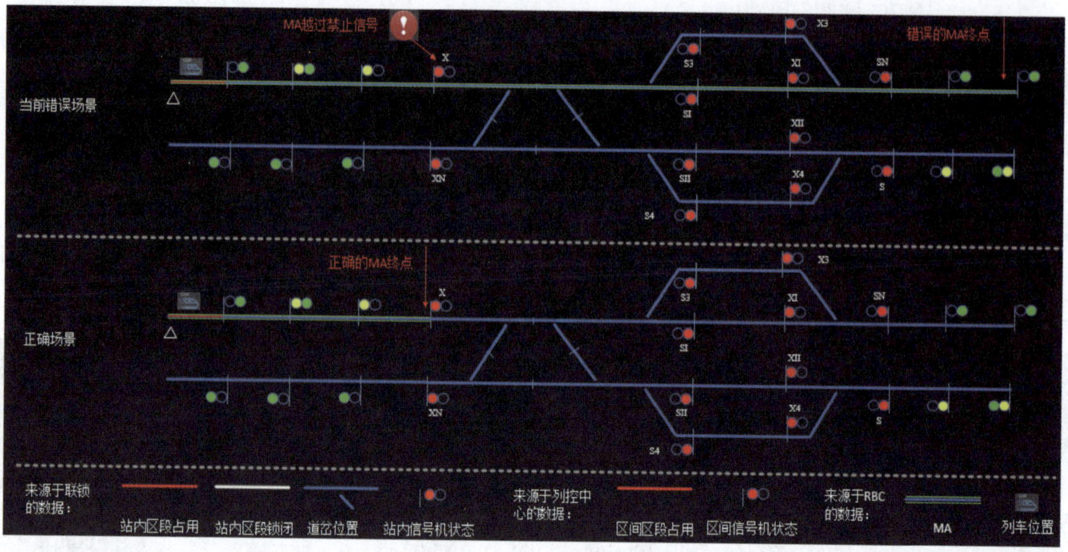

图 3-56 MA 越过禁止信号

包边显示）经过下行 3 接近区段；但基础信号设备状态显示下行 3 接近区段为占用状态，禁止其他列车进入。系统发现不一致的情况，产生报警。

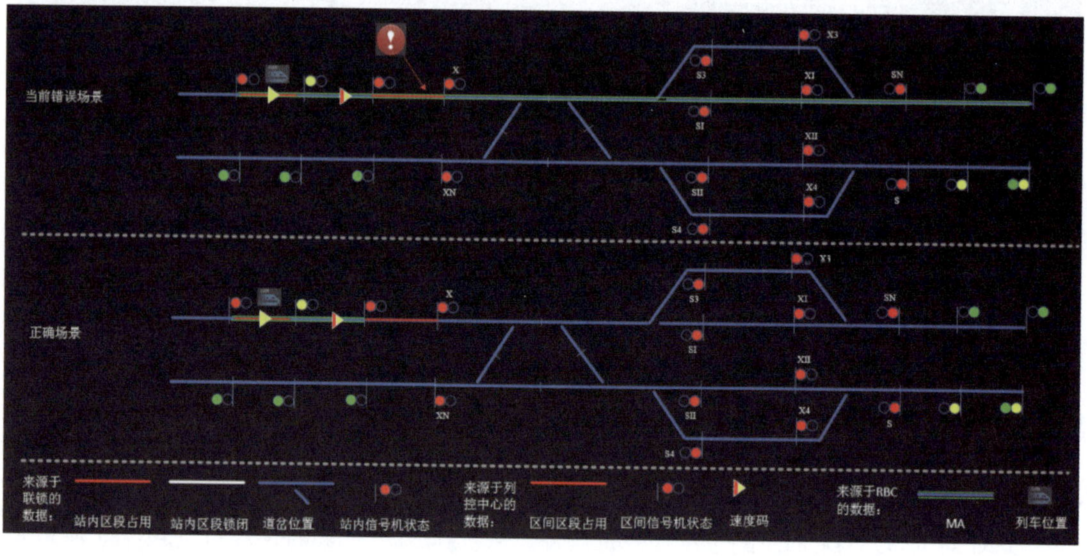

图 3-57 MA 经过已占用的区间区段

（3）MA 道岔位置与联锁实际道岔位置不一致。如图 3-58 所示，CSM 从 RBC 获取的列车 MA 经过站内 X-SⅠ正线接车进路，箭头所指道岔位置为定位；但基础信号设备状态显示该道岔实际位置为反位，系统发现道岔位置不一致的情况，产生报警。

4. 各子系统间连接状态综合比对。

CSM 在中心层实现 RBC、TSRS、联锁、TCC 等系统间连接状态的一致性比对。以 RBC 与 TSRS 为例，二者之间的数据与命令传输的安全性和时效性直接影响到铁路列车行驶的安全，因此系统间连接状态不一致时会有较大安全隐患。RBC 双系通过信号安全数据网与 TSRS 双系同时建立连接，RBC 将其与 TSRS 之间的双系双网的详细连接状态发送给

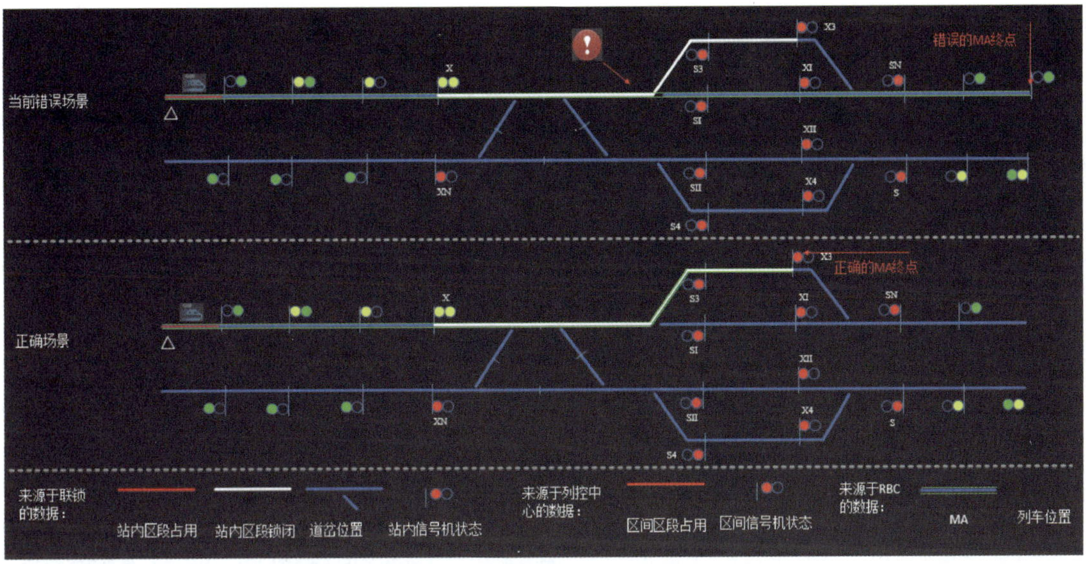

图 3-58　MA 道岔位置与联锁实际道岔位置不一致

CSM，TSRS 也将其与 RBC 之间的双系双网的详细连接状态发送给 CSM。CSM 对二者之间的详细连接状态进行比对，如发现不一致则及时进行报警。

四、数据调阅分析

监测终端作为局集团公司层监测子系统中各车站和中心数据的展示窗口，实现各种采集数据的集中展示、历史数据的调阅分析，并根据对信号设备监测分析的结果，通过人机界面实现车站作业状态及设备运用状态的实时展示。

1. 通过管辖图直接显示管辖范围内所有站点、设备和作业状态信息，终端管辖图如图 3-59 所示，其中每个圆圈表示一个车站。

（1）未天窗作业站状态：车站图元状态用于提醒维护人员是否有设备故障（报警）或异常（预警），车站图元红/黄闪表示该站设备正在报/预警、灰色表示车站未连接至中心。

（2）正在天窗作业站状态：在该站点附近浮现旗帜标记以标明该站正在作业。如天窗作业结束后系统检测到存在遗留故障/隐患，车站图元红/黄闪以示提醒。如天窗作业期间出现了计划外设备故障/隐患，车站图元红/黄闪以示提醒。

2. 按照线路显示所辖车站和中继站区段画面数据，包括车站站场名称、示意文字、站内道岔、信号机、轨道区段状态，车站接发车表示灯状态，区间区段的占用状态、低频编码和方向，区间信号机/区间信号牌，列车信息，行车许可，RBC 接收的进路状态，异物侵限/地震信息，绝缘节等信息。点击列车图标显示出列车 ID、列车速度、等级模式、工作模式、行车许可等文字信息，如图 3-60 所示。

通过终端实现车站站场、车站采集实时数据、历史数据、事件等数据的调阅分析，其显示方式和站机基本相同。

通过终端实现管辖范围内站点的实时报警盯控和综合统计。各站点报警通过中心服务器实时转发到各级终端，并通过音响进行语音播报提醒。同时，维护人员可通过终端进行管辖范围内站点的历史报警的综合查询、统计和分析。

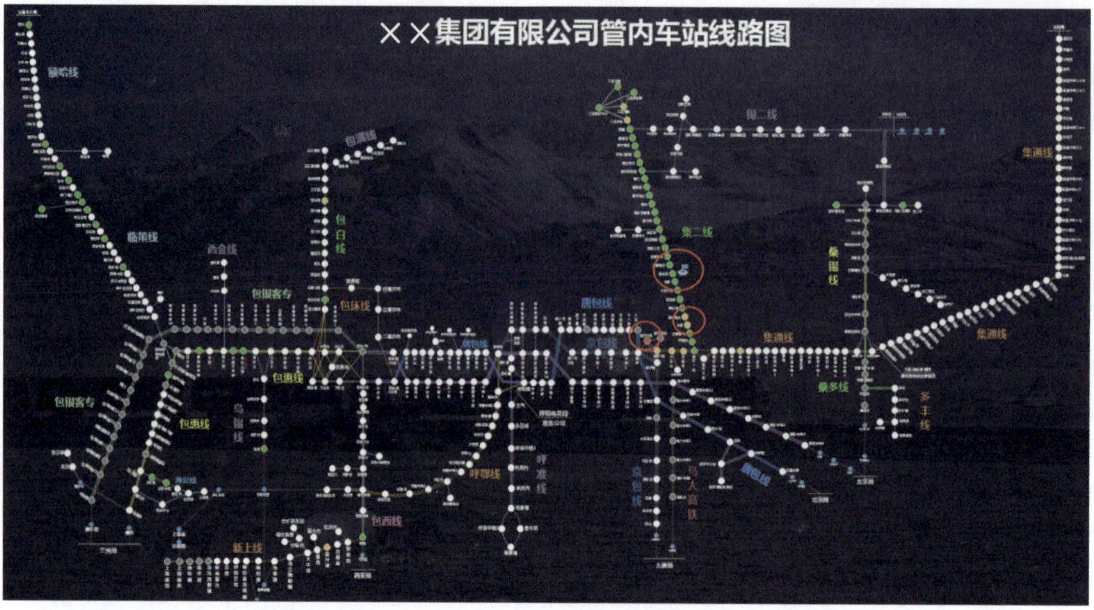

图 3-59　终端管辖图

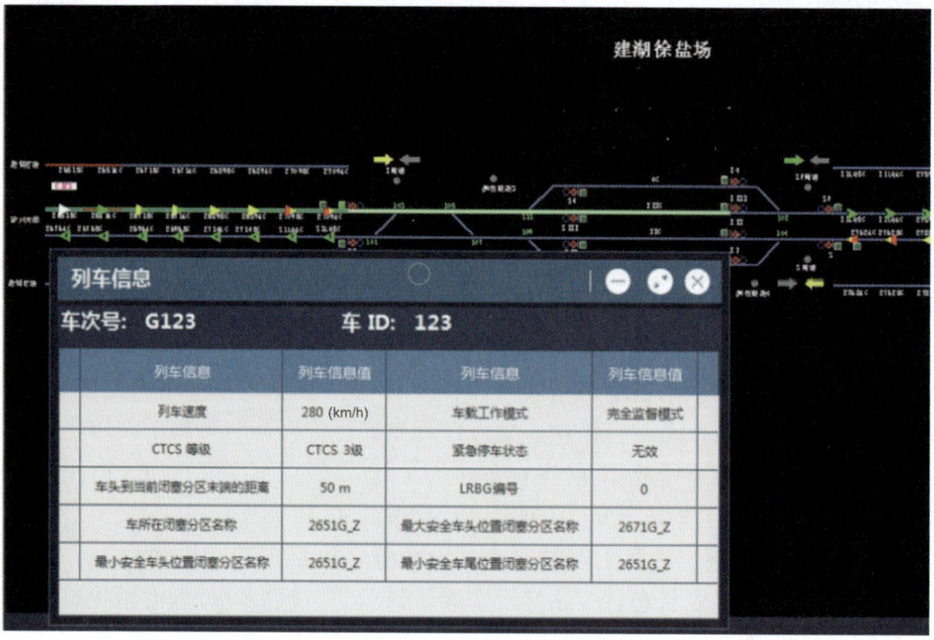

图 3-60　列车信息显示

通过终端实现中心层子系统设备状态和连接状态显示。TSRS 设备状态及连接状态如图 3-61 所示，直观显示 TSRS 自身设备状态，以及与相邻 TSRS、车站 TCC 等系统连接状态。

五、设备维护

局集团公司层监测子系统通过配置维护工作站实现 CSM 中心、车站自身设备的维护，

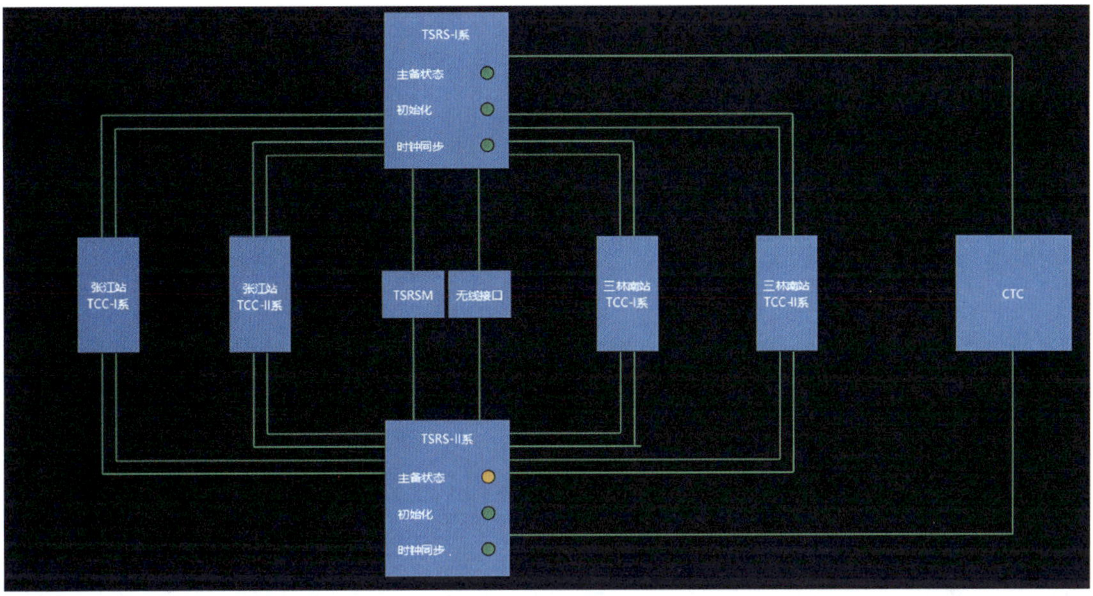

图 3-61　TSRS 设备状态及连接状态

包括以下功能。

1. 远程配置功能：通过局集团公司中心进行服务器配置及维护、站机采集设备参数及逻辑功能参数的远程设置、网管设备配置参数的修改及维护，以及网络安全设备的配置及维护。

2. 网管功能：通过网管终端进行管辖范围内网络节点工作状态和网络通道的实时监测，网络节点包括计算机、路由器、交换机等，网管终端界面如图 3-62 所示。在网络拓扑图上动态显示各网络节点单元的报警，并通过声音、拓扑图颜色变化来反映当前网络的报警信息，同时可查询各网络设备的配置等信息。

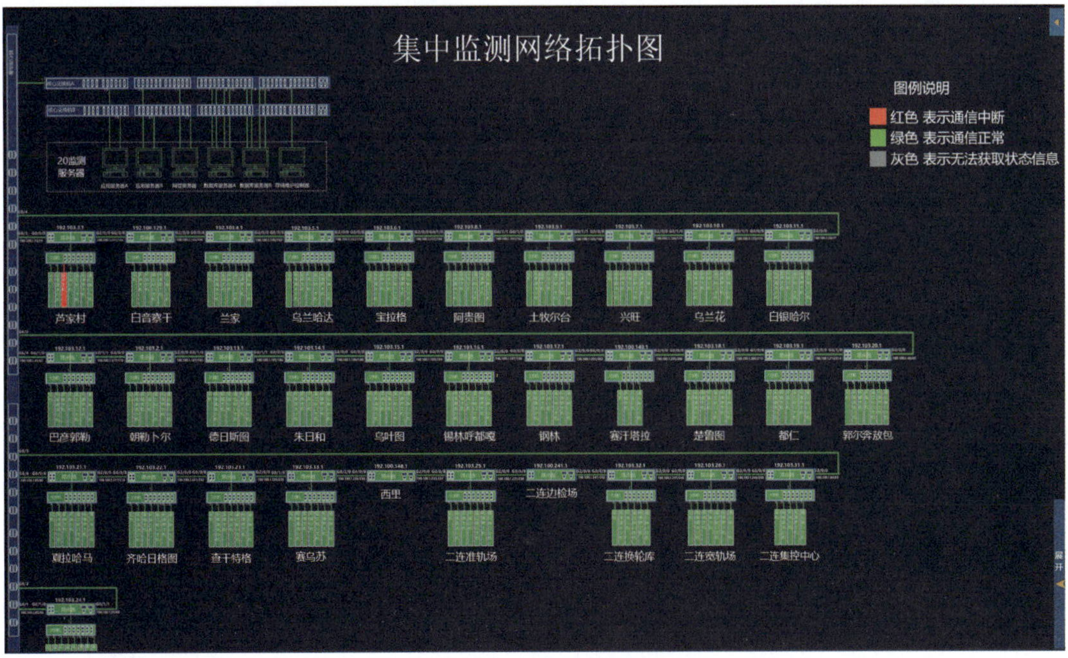

图 3-62　网管终端界面

第三节 国铁集团层监测子系统功能

按照系统层级的“三级三层”结构划分，国铁集团层监测子系统位于系统的最高层级，向下接入各局集团公司层监测子系统及下辖的各车站层监测子系统。

国铁集团层监测子系统配置通信前置服务器、应用服务器、数据库服务器、存储设备、网络设备、电源设备、防雷设备、终端及维护工作站。以下对其部分设备进行介绍。

(1) 通信前置服务器采用双机冗余备份技术，作为整个国铁集团层监测子系统通信管理中心。通信服务器以星形方式与各局集团公司或电务段子系统连接，管理国铁集团层监测子系统的网络通信连接，负责与所辖局集团公司中心服务器、国铁集团层监测子系统应用服务器等节点建立通信连接，进行网络通信和数据交互，并实现数据流调度和信息路由等功能。

(2) 应用服务器采用双机冗余备份技术，作为整个国铁集团层监测子系统 CSM 监管中心，负责收集全路的实时数据、报警数据、报警处理等信息，自动生成报警汇总表、报警处理报告等。应用服务器和国铁集团层监测子系统通信前置服务器及数据库服务器进行连接。所有与各局集团公司层监测子系统及下辖的各车站层监测子系统进行的请求命令和转发数据都通过通信前置服务器进行管理。应用服务器预留与电务管理信息系统的接口。

(3) 数据库服务器采用双机冗余备份技术，作为整个国铁集团层监测子系统的数据存储入口，负责将应用服务器收到的实时数据、报警数据、处理信息、操作记录等信息存储到数据库中。

(4) 用于存储所有监测数据的存储设备，采用数据库服务器与独立的光存储系统，具有实时应用集群特性，能够双机同时运行，单台故障时自动切换故障机的数据负载至正常设备运行，不会造成系统中的数据库服务中断，最大限度地保障 CSM 数据存储的可靠性。存储磁盘阵列与数据库服务器、应用服务器之间均采用光纤连接，使数据通道具有极强的抗干扰能力和稳定的高速传输带宽。

国铁集团层监测子系统监测终端通过访问应用服务器对下辖各车站层监测子系统的数据进行调阅和处理，管理全路的联网车站，实时查看车站信号设备的工作状态，回放站场存储信息和报表信息，显示和处理车站的报警信息。

国铁集团子系统实现以下功能。

一、故障透明

国铁集团层监测子系统监测终端以全路线路图或电子地图作为日常显示画面，以不同的颜色表示各局集团公司的信号设备运用状态。绿色表示局集团公司内信号设备处于比较好的运用情况；黄色表示局集团公司内信号设备预警较多；红色表示局集团公司内某车站出现需要国铁集团电务维护中心进行特别关注的故障。

对于其他故障报警信息，应用服务器每天自动定时向局集团公司服务器进行查询，形成局、段、站故障报警信息汇总表。调度终端和电务维护中心终端可以查询分析故障报警汇总表。

国铁集团层监测子系统监测终端实时接收各个车站的信号设备故障信息，使电务维护中心能够第一时间了解车站的现场情况。当车站出现信号设备故障时，国铁集团电务维护中心能够通过监测终端及时获取车站的故障报警信息。监测终端可以实现对车站设备实时状态的显示和查询，包括站场图信息，信号设备的实时值、报表、曲线，转辙机动作曲线，设备运用统计报表等信息。可以按线路图、局段或线别、站名等多种选站方式，快速筛选出想调阅的车站，也可以通过双击报警窗中的站名直接连接到所查看的车站。

通过对车站严重故障的及时上报，一、二级故障报警信息的上报汇总，站场所有实时监测信息的透明查看，实现对全路信号设备的透明化监督，重点关注设备的远程监视，压缩信号设备故障持续时间。

二、故障监督

国铁集团层监测子系统需要对全路信号设备的故障处理情况进行监督。通过对各局集团公司、段、站故障处理情况的监督，及时督促、指导故障处理，也为掌握设备使用状态、人员考核提供依据。

国铁集团层监测子系统应用服务器对各局上报的信息进行汇总，向监测终端提供各局CSM报警处理报告，内容包括报警的数量、已确认的数量、已处理的数量、系统误报的数量及比例，表现形式可以是报表或饼图，通过查看报警处理详细信息可以查询每一个报警的处理过程。

国铁集团层监测子系统应用服务器还可以按照月、季度、年等时间维度，或者按照局集团公司、段、站等空间维度，或者按照设备类型等，对故障处理的信息实现多种查询方式。

通过对报警、预警处理情况的监督汇总和查询，可以实现各局集团公司信号设备的运用质量监督；各局集团公司信号设备的维护情况（故障处理的及时性和全面性）监督；各个单项设备的运用状态监督。

三、系统维护

国铁集团层监测子系统对全路CSM自身的运行状态进行监督。通过对CSM自身运行状态以及CSM车站子系统接口连接状态的监督，督促各局集团公司、电务段对CSM进行及时维护，保证CSM自身正常运行。

监测终端可以实时监视CSM站机的运行状态、CSM车站层监测子系统接口的连接状态、CSM各局集团公司层监测子系统服务器的运行状态。

通过对CSM自身运行状态的监督汇总和查询，可以实现各局集团公司层监测子系统运行情况监督；各局集团公司层监测子系统故障情况监督；各监测厂家CSM故障率监督。

国铁集团层监测子系统对全路的CSM网络通道运行状态进行监督。在网络拓扑图上动态、实时地监视各网络节点的工作状态，可以在线显示网络流量、网络传输出错率。通过对网络通道状态的监视，可以保证网络通道的畅通，为CSM实现故障透明、远程监视、效益最大化提供基础的保证。

第四章　铁路信号集中监测系统采集原理

信号集中监测系统实现了对车站、区间各主要信号设备的电气特性采集，包括轨道电路、道岔、转辙机、信号机、外电网、电缆、电源、防灾等设备。采集内容包含电压、电流、频率、相位角、温湿度、关键继电器状态、电缆绝缘、道岔缺口等。主要通过强电转换为弱电、电流信号转换为电压信号、模拟信号转换为数字信号等手段实现对上述电气特性参数的采集、处理和编码传输。随着信号行业对安全性要求的进一步提高，信号集中监测系统也越来越重视采集与被测信号之间的隔离防护，使用了各种隔离技术并制定了绝缘耐压防护标准，以确保采集设备不会对被测对象产生影响。

第一节　轨道电路监测采集原理

一、25 Hz 相敏轨道电路监测采集原理

（一）监测必要性

轨道电路测试是实现状态修的一个重要手段，CSM 站机对轨道电路电气特性进行在线实时监测，提高轨道电路的维护效率，最大限度地保证行车安全。通过实时监测 25 Hz 相敏轨道电路发送端电压值和接收端电压、相位角及 50 Hz 干扰电压值的变化，结合轨道状态和电气特性曲线进行分析，可及时掌握 25 Hz 相敏轨道电路调整状态和分路状态的工作情况。

（二）采集原理

25 Hz 相敏轨道电路按接收端设备可分为 97 型 25 Hz 相敏轨道电路和 JXW25 型微电子相敏轨道电路，两者在采集原理上基本是一致的。

如图 4-1 和图 4-2 所示，对 25 Hz 相敏轨道电路发送端，CSM 从分线盘处采集；对 25 Hz 相敏轨道电路接收端，CSM 采集从分线盘送回到轨道继电器线圈两端的电压，实际采样配线点通常在轨道测试盘侧面，当没有轨道测试盘时可采集交流二元继电器 GJ 组合或微电子接收器组合侧面端子。

发送端电压采样路径：室外电缆→防雷分线盘→CSM 采集设备。

接收端电压采样路径：室外电缆→防雷分线盘→轨道组合侧面端子→防护盒→防雷硒堆→轨道继电器组合架→轨道测试盘侧面端子→CSM 采集设备。

如图 4-3 所示，CSM 轨道电路采集采用高阻隔离和电压互感器隔离等方式，将采样后的信号调成 CPU 能直接采集的信号，对采样后数据进行处理运算，得到每路轨道信号电压有效值和相位角，然后将轨道电源电压相位角与局部电源电压相位角比较得到相位差。

25 Hz 相敏轨道电路采样周期为 250 ms。

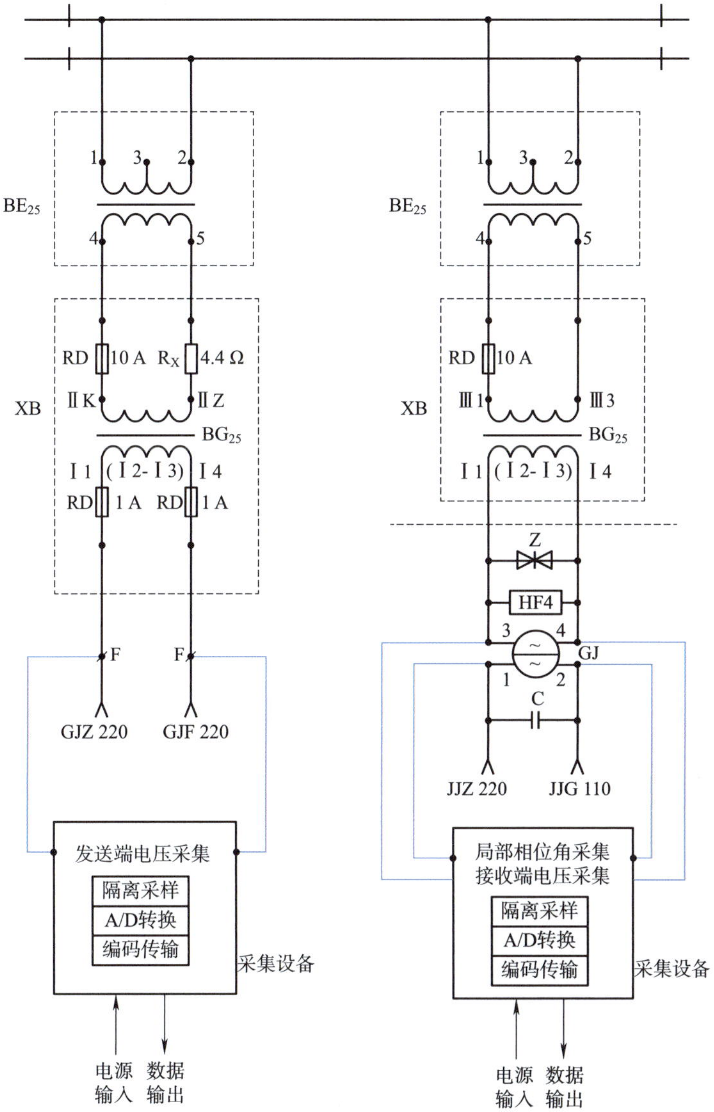

图 4-1　97 型 25 Hz 相敏轨道电路电压采样原理

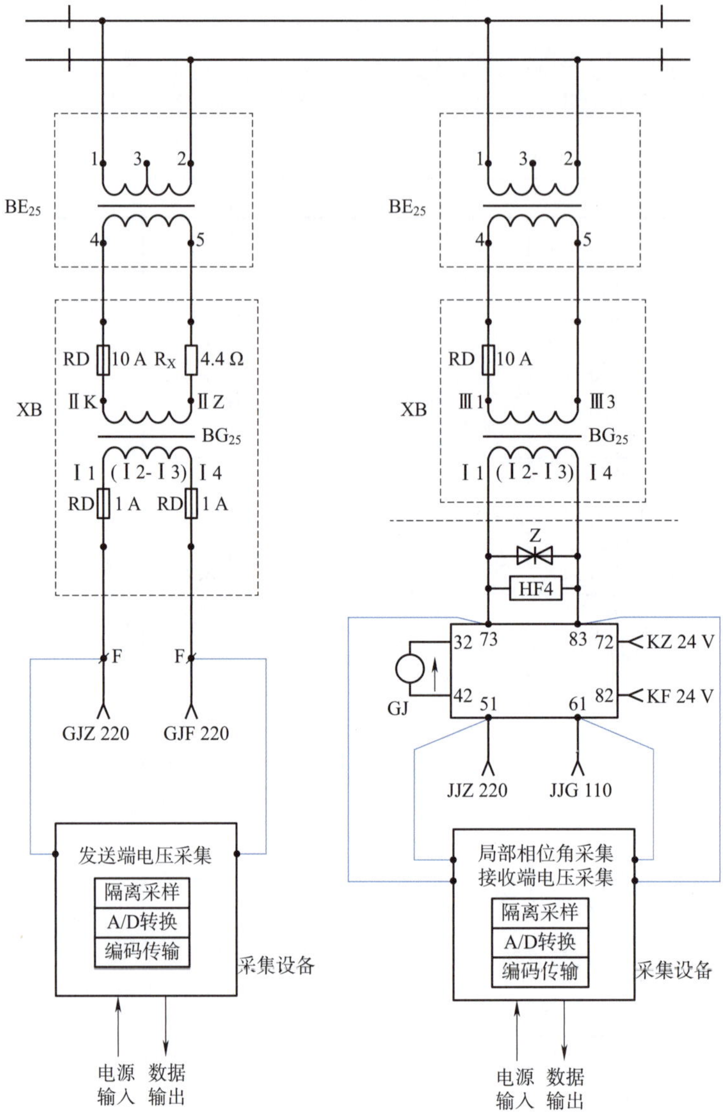

图 4-2 JXW25 微电子相敏轨道电路电压采样原理

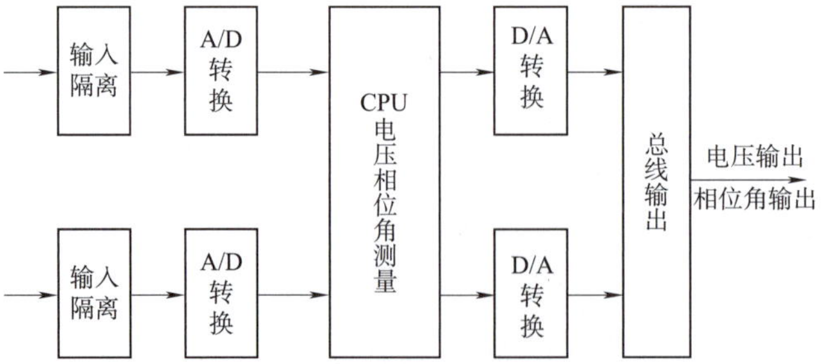

图 4-3 25 Hz 相敏轨道电路电压测试结构

（三）安全隔离

1. 外电对模块的冲击有三层防护：第一层为扼流变压器的防护，钢轨侧来的强干扰源很难串至扼流变压器Ⅰ次侧；第二层为轨道变压器的防护，当强干扰源通过扼流变压器串至轨道变压器Ⅱ次侧时，很难串至Ⅰ次侧；第三层防护为熔丝的防护，强干扰源会将轨道箱内熔丝熔断，从而断开室内外电气设备的连接。

2. 轨道电路在分线盘处接有防雷设备，大部分能量从防雷设备入地，不会对主体设备造成影响。

3. 采集设备内部防护措施

（1）如图 4-4 所示，交流电压信号的采集采用电压互感器（PT）隔离方式，前端选取 0.5 W 金属氧化膜限流电阻，根据监测电压量程，保证输入取样电流小于 1 mA。

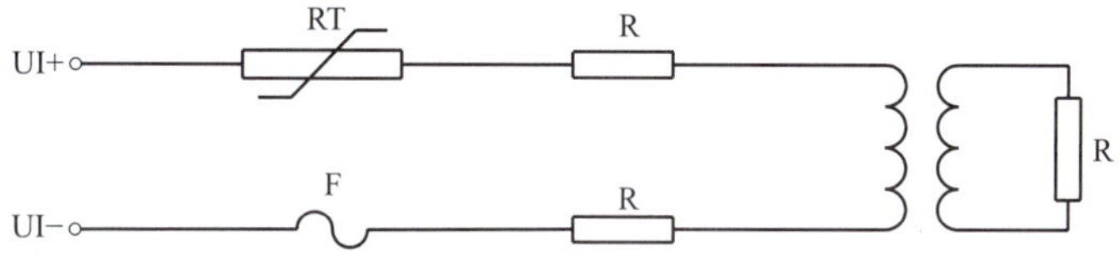

图 4-4　电压测试隔离方式

PT 作为可靠的隔离器件，广泛应用于交流电压的采集电路中，其特点是与被监测设备之间隔离性好、安全性高。

电压互感器内部结构类似变压器，外壳采用金属阻燃材料封装，内部真空，因此不会出现燃烧损坏的情况。当输入极端高压而损坏时（可能是内部铜线熔断），不会对安全造成影响。为防止极限情况下短路（互感器内部线圈分层绕制，各层之间有绝缘，该种情况极少出现），在电压输入先串入限流器件热敏电阻（PTC）和熔丝，PTC 将电流限制在 30 mA 以下，如果 PTC 损坏，当电流达到 100 mA 时，熔丝也会熔断，因此也不会对被测设备造成影响。

（2）所有对外接口全部采用电磁隔离或光电隔离。隔离耐压要求：

①输入与输出之间 DC 2 500 V，1 min。

②输入与电源之间 DC 2 500 V，1 min。

③输出与电源之间 DC 2 500 V，1 min。

（3）通信端口保证输入端口指标达到脉冲群：2 kV；静电：8 kV。

（4）采集机工作电源输入侧，采用安全隔离，确保对浪涌电压的可靠防护。

二、工频交流连续式轨道电路监测采集原理

（一）监测必要性

JZXC-480 型交流轨道电路是普速铁路非电气化区段常用的轨道电路制式，采用 50 Hz 工频。通过实时监测工频交流轨道电路发送端电压值和接收端交直流电压值的变化，结合轨道状态和电气特性曲线进行分析，可及时掌握工频交流轨道电路调整状态和分路状态的工作情况。

（二）采集原理

JZXC-480 型轨道电路发送端，CSM 从分线盘处采集。JZXC-480 型轨道电路接收端电压交流部分采集室内轨道继电器端的 GJ 线圈 7、8 两端电压，直流部分采集 GJ 线圈的 3、2

两端电压，3 为正，2 为负。JZXC-480 型交流连续式轨道电路电压采集原理如图 4-5 所示。

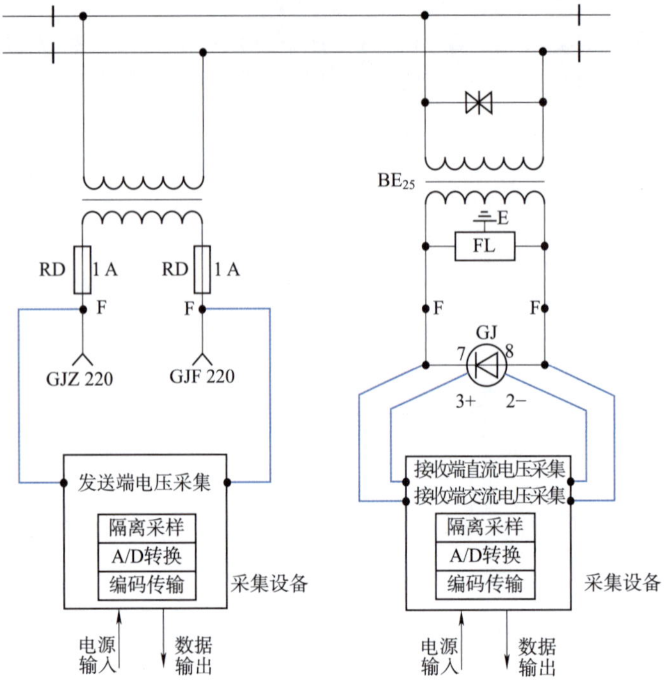

图 4-5 JZXC-480 型交流连续式轨道电路电压采集原理

发送端电压采样路径：室外电缆→防雷分线盘→CSM 采集设备。

接收端电压采样路径：室外电缆→分线盘→组合架轨道测试盘侧面端子（或轨道继电器端）→CSM 采集设备。

CSM 采集设备采用高阻隔离和电压互感器隔离等方式，分别将采样后的直流、交流信号调成低压模拟输出信号。采集设备将模拟信号高速采样后进行数据处理运算，得到每路轨道电路的交流电压和直流电压。

同时，CSM 的轨道采集设备具有 GJ 状态的采集功能，每个轨道电压对应一个 GJ 状态。采集 GJ，可用于轨道分路不良区段的判断，减少开关量、模拟量分别采集带来的时序差造成的误报警。电压采样周期为 250 ms。

JZXC-480 型交流连续式轨道电路 GJ 开关量测试原理如图 4-6 所示。

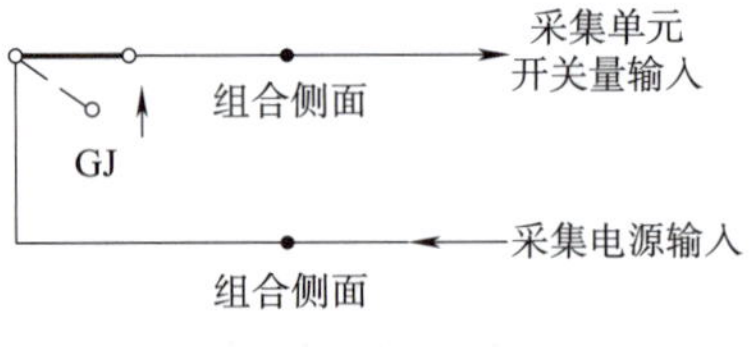

图 4-6 JZXC-480 型交流连续式轨道电路 GJ 开关量测试原理

（三）安全隔离

1. 轨道电路分线盘上接有防雷设备，大部分能量从防雷设备入地，不会对主体设备造成影响。在有雷击电流侵入时，防雷分线盘防雷组件击穿放电，起到一定的防护作用。

2. 轨道电路应用区段因为无牵引电流的干扰，所以产生大电流持续干扰的可能性较低。

3. 采集设备内部防护措施

见本节"一、25 Hz 相敏轨道电路监测采集原理"的安全隔离分析相关内容。

三、不对称高压脉冲轨道电路监测采集原理

（一）监测必要性

高压脉冲经过接收译码器（YMQ）转换为脉冲头和脉冲尾两路电压，两路电压共同驱动二元差动继电器，当钢轨上的脉冲极性不符或高压脉冲的波头、波尾的幅值比例不符合要求时，二元差动继电器落下。

监测二元差动继电器动作的控制电压，即译码器输入、输出电压和高压脉冲的波形情况，可以掌握该轨道电路的设备运行状况，为状态修提供数据支持。

不对称高压脉冲轨道电路的监测内容有译码器输入峰—峰值电压、电压波形、波头有效值电压和波尾有效值电压。

（二）采集原理

不对称高压脉冲轨道电路电压采集原理如图 4-7 所示。

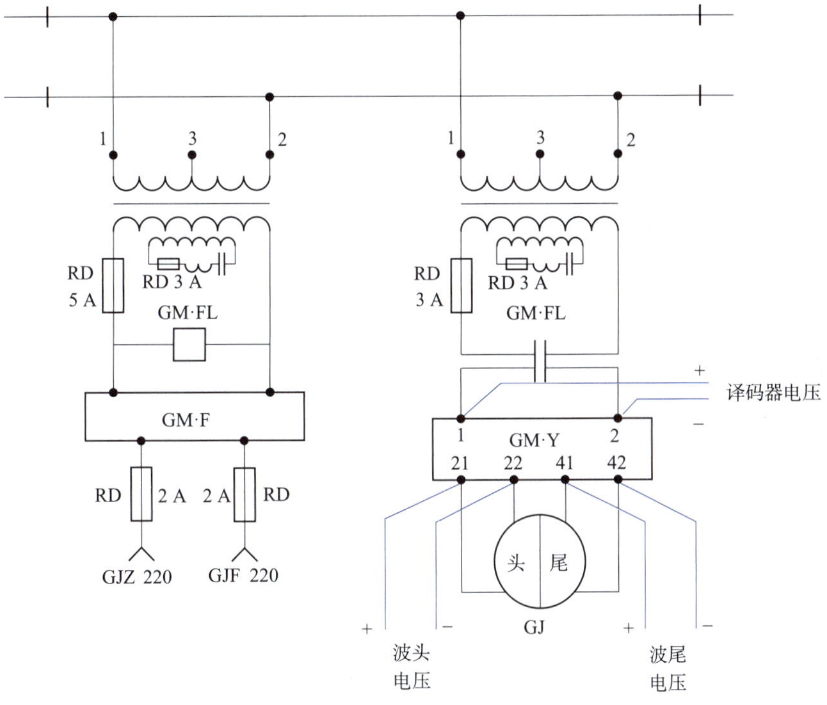

图 4-7　不对称高压脉冲轨道电路电压采集原理

不对称高压脉冲轨道电路的监测点在译码器的相应输入、输出端，其中：

1. 峰值电压、电压波形采样位置为译码器输入端 1、2（3）。
2. 接收端波头有效值电压的采样位置为译码器输出端 21、22。
3. 接收端波尾有效值电压的采样位置为译码器输出端 41、42。
4. 波头、波尾电压是译码器的输出电压，不直接与外线相接。

实际采集配线点通常在相应的轨道组合侧面配线端子上。

采样路径：室外电缆→防雷分线盘接线端子→译码器组合侧面端子→CSM 采集器。

在组合架上安装采集器，每个采集器可以采集一个轨道电路的峰值电压、电压波形、波头电压有效值和波尾电压有效值的信号，通过数字总线将采集信息上传到 CSM 站机。

采集器对信号采用高阻隔离加光电隔离等方式进行隔离，在采集器内部使用数字信号处理器，对信号进行高速采样、运算；计算信号的峰值电压、有效值电压，通过现场总线连接到接口通信分机和站机。通过人工命令方式对译码器输入（轨入）信号的波形进行调看。不对称高压脉冲轨道电路电压采集电路原理如图 4-8 所示。

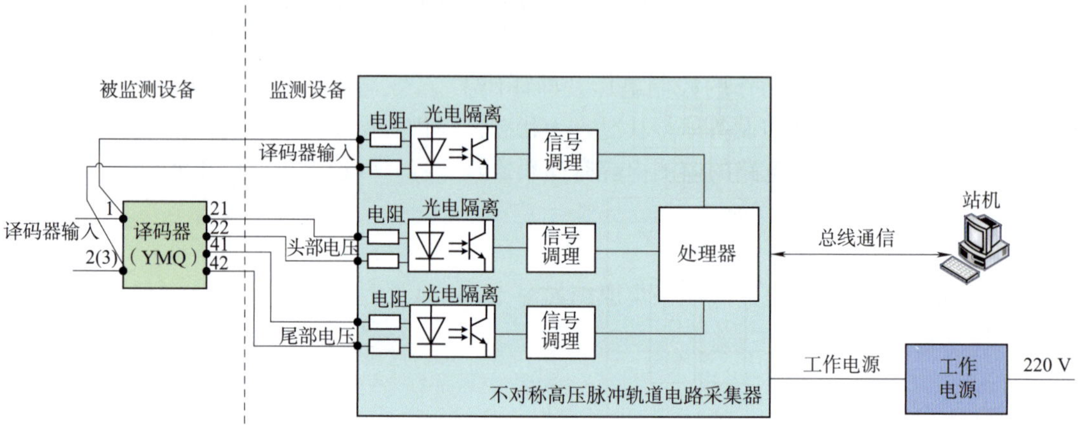

图 4-8 不对称高压脉冲轨道电路电压采集电路原理

为了方便描画脉冲曲线，电压波形的采集周期为 0.2 ms；波头、波尾有效值和峰—峰值电压的采样周期为 1 s。

（三）安全隔离

1. 不对称高压脉冲轨道电路采集的输入端采用高阻输入，防止采集设备的接入对高压不对称脉冲的波形造成影响。

2. 采集设备内部防护措施

见本节“一、25 Hz 相敏轨道电路监测采集原理”的安全隔离分析相关内容。

四、区间 ZPW-2000 系列轨道电路室外监测采集原理

（一）监测必要性

区间 ZPW-2000 系列轨道电路是信号设备的重要组成部分，是影响铁路运输安全的关键设备之一。移频轨道电路一般用于区间，室外设备一旦发生故障，由于远离信号工区，往往处理时间比较长，导致故障延时长，对运输效率影响大。

以往信号集中监测系统中对移频轨道电路的监测主要是室内设备，缺少对室外轨旁设备的电气特性监测，不能充分反映移频轨道电路室外信号设备的真实运行状态。发生故障时，信号人员只有到达区间现场才能知道具体什么设备故障，无法预先准备相应的工具和备用设备，给故障处理带来困难。

ZPW-2000 系列轨道电路室外监测主要监测内容有室外设备发送端、接收端电缆侧电流、钢轨引接线（钢包铜线）电流（长内、长外、短内、短外）及温度等信息。

（二）采集原理

区间 ZPW-2000 系列轨道电路室外监测采集电路原理如图 4-9 所示。

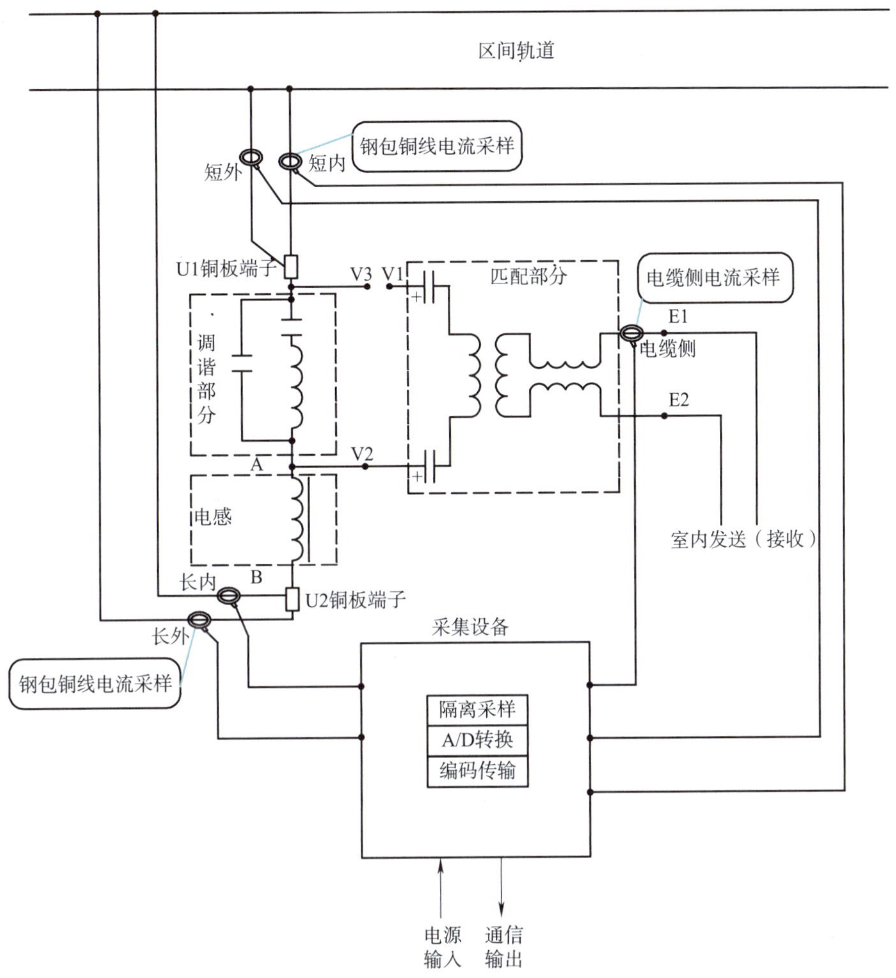

图 4-9　区间 ZPW-2000 系列轨道电路室外监测采集电路原理

匹配单元内电缆侧电流：使用电流互感器穿芯方式采集匹配单元内连接到 E1 端子的电缆上的电流。

采样路径：匹配单元 E1、E2 端子回路→电流互感器线圈穿芯→区间 ZPW-2000 系列轨道电路室外监测采集单元。

钢包铜线电流（长外、长内、短外、短内）：使用电流互感器穿芯方式采集 4 根引接线上的电流

采样路径：匹配单元至钢轨引接线回路→电流互感器线圈穿芯→区间 ZPW-2000 系列轨道电路室外监测采集单元。

使用温度传感器非接触方式采集防护盒内温度。

（三）安全隔离

1. 钢轨引接线电流采集互感器均采用可开口式互感器，彻底与钢轨引接线回路隔离。量程为 0～30 A。

2. 电缆侧电流采集互感器可采用闭口式互感器，彻底与电缆回路隔离。量程为 0～600 mA。

第二节　转辙机监测采集原理

一、直流转辙机监测采集原理

（一）监测必要性

直流转辙机分为 ZD6 系列四线制直流转辙机和 ZD6-E/J 型六线制直流转辙机。该系列转辙机用于列车速度小于 120 km/h 线路上的道岔。

直流转辙机的监测包含动作电流、故障电流、动作时间、1DQJ 状态、定反位表示状态。四线制直流转辙机道岔电流采集原理如图 4-10 所示，六线制直流转辙机道岔电流采集原理如图 4-11 所示。

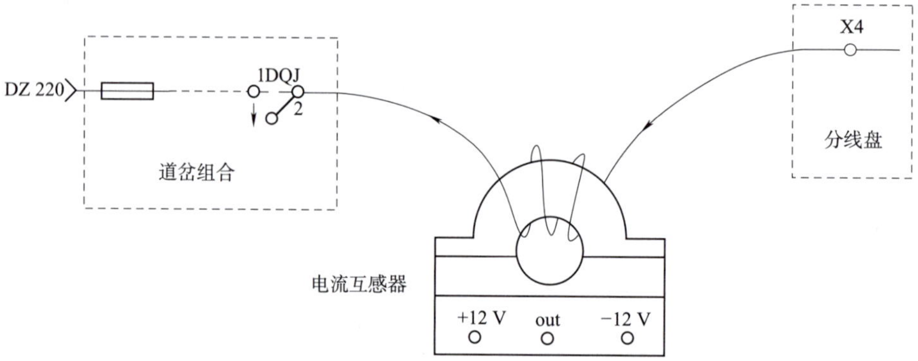

图 4-10　四线制直流转辙机道岔电流采集原理

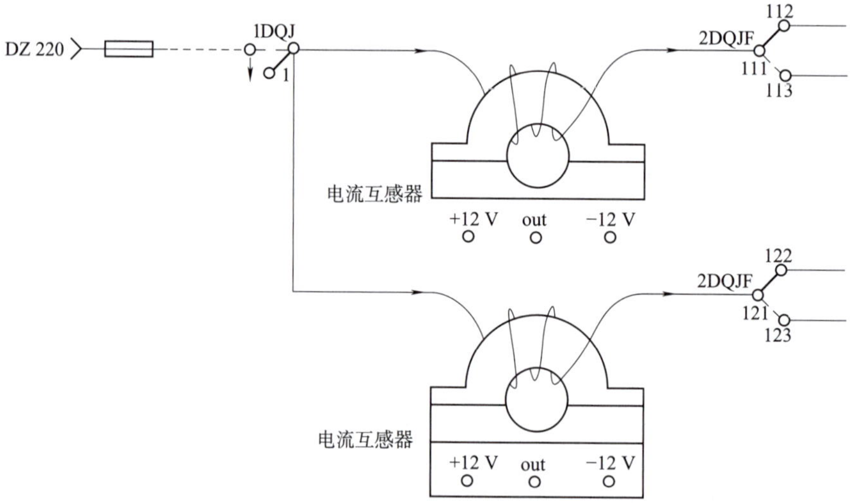

图 4-11　六线制直流转辙机道岔电流采集原理

（二）采集原理

四线制直流转辙机道岔电流在分线盘选取动作电流回线采集，可使用电流互感器穿芯方式采集从分线盘 X4 到道岔组合侧面的电缆。

采样路径：分线盘电路回线→电流互感器线圈穿芯→CSM 采集单元。

电流采集单元可集中安装在分线盘的空位或一层空的组合架位置上。

ZD6-E/J 型直流六线制转辙机采集动作电路里的去线，使用两个电流互感器分别采集 1DQJ 至 2DQJF 的 111 和 121 之间的两根电流去线。电流互感器分散安装于道岔组合内部。

（三）安全隔离

1. 电流互感器均采用可开口式互感器，彻底与道岔动作电流回路隔离。测试量程为 0～10 A。

2. 每一组道岔动作电流回路对应一个互感器。需要注意的是直流电动机的动作回路的采样线穿过电流互感器时是有方向要求的，电流反向流过穿线孔时，互感器输出为负，经滤波电路后输出为零，具体的穿线方向参照互感器标识。

3. 电流互感器是根据霍尔原理制成的，既可以检测交流，也可以检测直流，其原理如图 4-12 所示。

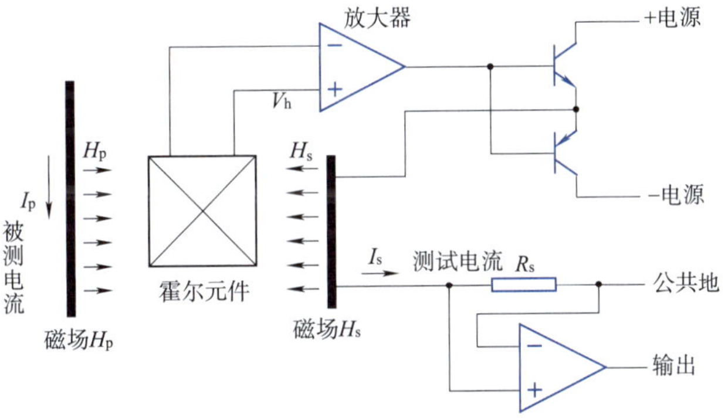

图 4-12　霍尔组件工作原理

电流互感器特点：

（1）可测量任意波形的电流。如直流、交流和脉冲波形等，也可以对瞬态峰值进行测量，副边电路可以真实地反映原边电流的波形。

（2）精度高。互感器模块在工作区域内的精度优于 1%，该精度适合于任何波形的测量。

（3）线性度优于 0.1%。

（4）动态性能好。互感器的动态响应时间小于 1 μs，跟踪速度高于 50 A/μs。

（5）工作频带宽。可在 0～100 kHz 频率范围内正常工作。

（6）可靠性高。平均无故障时间大于 50 000 h。

4. 同时将电流采集和开关量采集集中到同一个采集单元上，可以增加 1DQJ 开关量、定反位表示开关量与电流曲线模拟量之间的联动关系。避免错误标识转辙机转换曲线的方向。

5. 直流转辙机道岔电流曲线的采样周期为 40 ms。

二、交流转辙机监测采集原理

（一）监测必要性

近年来，三相交流转辙机已经被广泛应用于高速铁路、普速铁路及城市轨道交通领域，然而，由于列车运行速度的不断提高以及运输任务的日益繁忙，在运用过程中，交流提速道岔出现了不少隐患。究其根源，主要是由于无法及时发现提速道岔故障及缺乏维护经验。三相交流转辙机主要包含 S700K 系列、ZDJ9 系列电动转辙机和 ZYJ 系列电液转辙机，其 CSM 采样原理基本相同。交流转辙机采用三相异步电动机，其结构如图 4-13 所示。

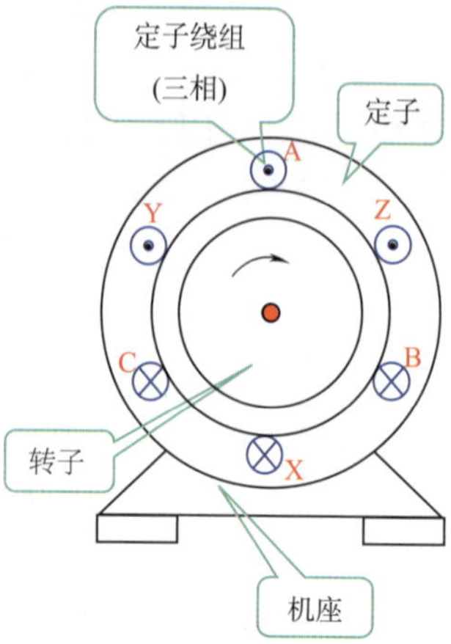

图 4-13 三相异步电动机内部结构

在三相交流电动机定子上布置有结构完全相同、空间位置各相差 120°的三相绕组，分别通入三相交流电，在定子与转子的空隙间所产生的合成磁场是沿定子内圆旋转的，故称旋转磁场。旋转磁场的旋转方向取决于通入定子绕组中的三相交流电源的相序。只要任意调换电动机两相绕组所接交流电源的相序，旋转磁场即反转。电动机的转子由转子铁芯、转子绕组和转轴构成，在旋转磁场作用下，产生感应电动势或电流从而带动尖轨转换。

CSM 监测转辙机的目的是掌握道岔动作过程中所受的阻力情况，对应的是电动机的输出功率。在交流电路中，电压与电流的乘积为视在功率，包含有功功率和无功功率两部分。其中无功功率用于建立交变磁场和感应磁通，并不转化为机械能，即不对外做功。

因此能正确反映交流转辙机工作阻力情况的是转辙机的有功功率，可用三相电动机的三相分功率或总功率作为指标来反映转辙机的工作阻力状况。总功率是由三相分功率分别计量并叠加而成。每相有功功率的计算公式为

$$P=U\cdot I\cdot \cos\varphi$$

其中，U 为相电压，I 为相电流，φ 为电压与电流间的相角，$\cos\varphi$ 即为功率因数。

道岔正常转动过程中，相电压约为 220 V，相电流一般为 1.8 A 左右，电路中的电流既承载了有功功率又承载了无功功率，因此基本恒定，无法反映道岔所受阻力的变化。而道岔在非卡阻的情况下，异步电动机负载较小，功率因数较小，约为 0.3～0.4，并且受阻力影响变化迅速。阻力大时功率因数增大，阻力小时功率因数减小。

因此，对于提速道岔的监测只测试电流是不够的，需要测试其电压、电流和功率因数，并绘制出功率曲线才能实时反映道岔的动作情况、故障情况，才可以指导维修。

交流转辙机的采集内容包含道岔的动作电压、电流、功率、动作时间、1DQJ 状态、1DQJF 状态、定反位表示状态、BHJ 电压和状态。

（二）采集原理

如图 4-14 所示，三相交流转辙机功率采集单元设置在组合架附近，一个采集单元采集一组转辙机的三相电压、电流、1DQJ 和定反位表示开关量。电压的采样点平时在不扳动道岔时不直接与外线相接，只有在道岔扳动时，1DQJ 吸起后，该采样点与外线接通。

三相电压采集配线位置在断相保护器（DBQ）前级端子 11、31、51 点上。

三相电流采集配线位置为 DBQ 输出与 1DQJ 之间。采用互感器方式，穿芯采集。

1DQJ/1DQJF 继电器的状态采样，需采集 1DQJ 继电器的一组空接点。但 1DQJ 继电器通常没有空接点，因此需要使用开关量采集器隔离采集 1DQJ 或 1DQJF 的一组低压半空接点的中接点和后接点。目前常用的采集位置在 1DQJ/1DQJF 的第 4 组接点上。

道岔定反位表示状态采集通常采对应 DBJ 和 FBJ 上的一组空接点。将采集电源送至对

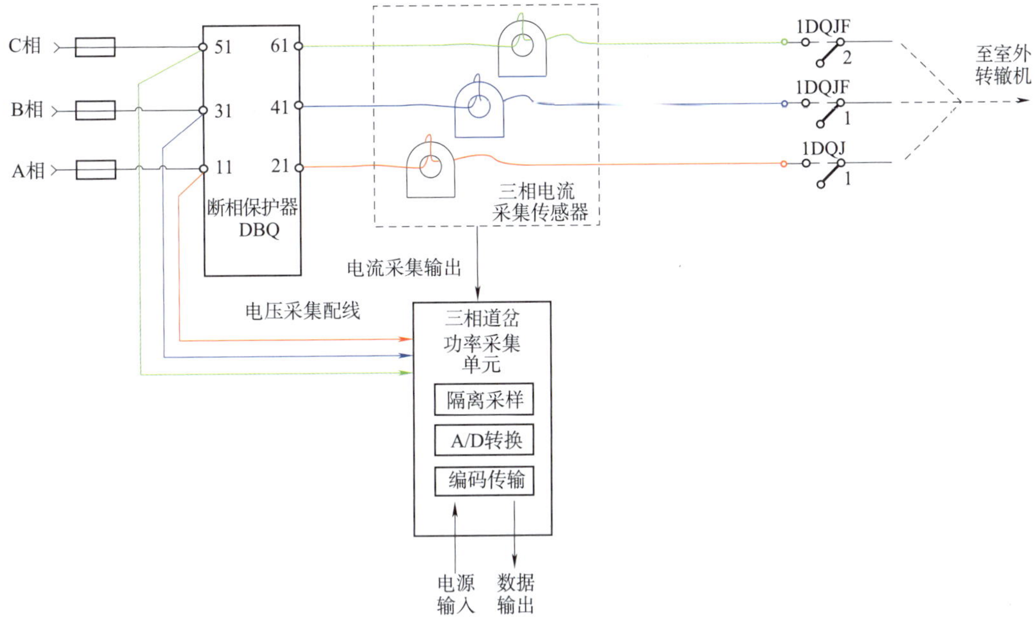

图 4-14　三相交流转辙机电流功率采样原理

应的中接点上，从前接点配线至采集单元。

电压、电流采样路径：道岔组合输入空气开关→断相保护器前级（电压采集）→断相保护器后级（电流采集）→CSM 采集单元。

1DQJ 状态采样路径：1DQJ 半空接点→开关量采集模块→CSM 采集单元。

定反位表示状态采样路径：DBJ/FBJ 空接点→CSM 采集单元。

BHJ 电压采样路径：道岔组合侧面→CSM 采集单元。

BHJ 状态采样路径：道岔组合侧面→CSM 采集单元。

1DQJ/1DQJF、DBJ、FBJ、BHJ 等继电器状态的采样原理见本章“第十节　其他监测内容采集原理”中开关量采集的相关内容。

当 1DQJ 动作时，会产生开关量状态的变化，开关量变化启动采集单元采集电动机动作时的电压值和电流值，在采集单元内部进行隔离转换，每 40 ms 计算出有功功率，并顺次记录下来；等待一组完整动作结束（以 1DQJ 落下为标志，单条曲线最长可采集 40 s），将电流曲线（40 ms 一个点）以及有功功率曲线（40 ms 一个点）、1DQJ 以及定反位表示状态送往站机进行显示及处理。

（三）安全隔离

1. 因为采样点经过了 1DQJ 和 2DQJ 的反向隔离，雷电不会串至采集单元。

2. 有 1DQJ 和 2DQJ 的防护，由于采样点 51、31、11 平时在不扳动道岔时不直接与外线相接，经由 1DQJ 和 1DQJF 接点断开外线，只有在道岔扳动时，1DQJ 励磁过程中，该采样点与外线接通。因此道岔功率模块的防护标准可按照室内设备的标准执行。

3. 电流采样采用穿芯方式，与被采集系统电气上是隔离的。采样电路的短路及开路都不会对信号设备有任何影响。

4. 如果断相保护器动作电压采样点处短路，只会引起断相保护器的熔断器烧断，使道岔扳不动，不会造成更加危险的后果。

三、道岔表示电压监测采集原理

（一）监测必要性

道岔表示信息是道岔维护的重要内容，道岔失去表示会导致道岔无法转动，从而影响行车。解决道岔表示故障，最关键是判断室内外故障，如果判断不准，将延长故障处理时间。根据需求，在分线盘对每组道岔的道岔表示电压进行在线测量，及时发现故障并给出二级报警，通过 CSM 网络传送到监测终端。

另外，道岔表示继电器两端电压的大小受室外道岔二极管电路的影响，如果二极管电路中有一个二极管损坏，室内道岔表示继电器就会处于故障临界状态。二极管位于室外，电务维修人员很难及时发现该故障隐患，从而导致故障延时加大。

（二）道岔表示采样配线位置上存在高压的分析

在测试交流转辙机道岔表示电压时，会有极高的反向电势存在，该电压瞬间可高达 2 500 V 以上，它的存在会对 CSM 道岔表示电压采集电路造成巨大冲击，所以对于交流转辙机道岔表示电压的采集要做特殊处理和加强防护。

以定位时室外 1、3 排接点闭合的 ZYJ 系列电液转辙机定位操纵情况为例，动作过程如下。

道岔动作前处于反位，室外 2、4 排接点闭合，1、3 排接点断开。

道岔定位操纵启动时，1DQJ 吸起，2DQJ 立刻转极，此时三相动作电源 A 相经分线盘 X1 端子向室外转辙机供电，B 相经分线盘 X2 端子向室外转辙机供电，C 相经分线盘 X5 端子向室外转辙机供电。ZYJ 系列电液转辙机定位操纵时动作电流回路如图 4-15 所示。

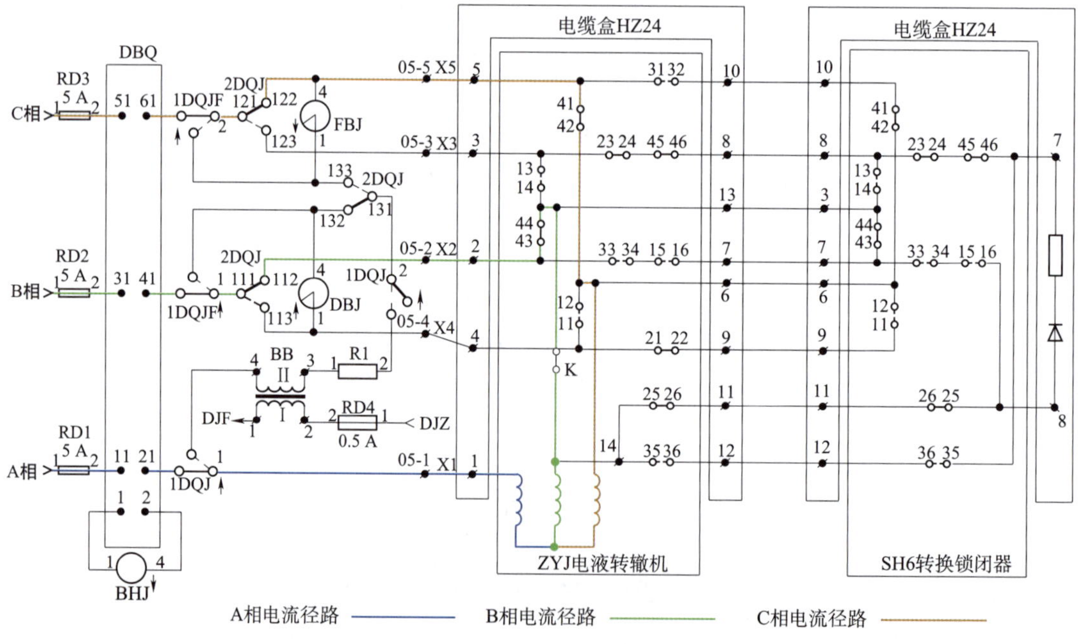

图 4-15　ZYJ 系列电液转辙机定位操纵时动作电流回路

在道岔启动时主副机 1、2 排动接点完成转换，此时室外道岔动接点的连接状态为 1、4 排接点连通，2、3 排接点断开，三相电动机线圈主要通过第 4 排接点（41-42，43-44）供电。

但由于主机的 1 排接点也处于连通状态。X2 上的 B 相经 13-14 接点连通到 X3，X5 上的 C 相经过 11-12 接点连通到 X4，如图 4-16 所示。

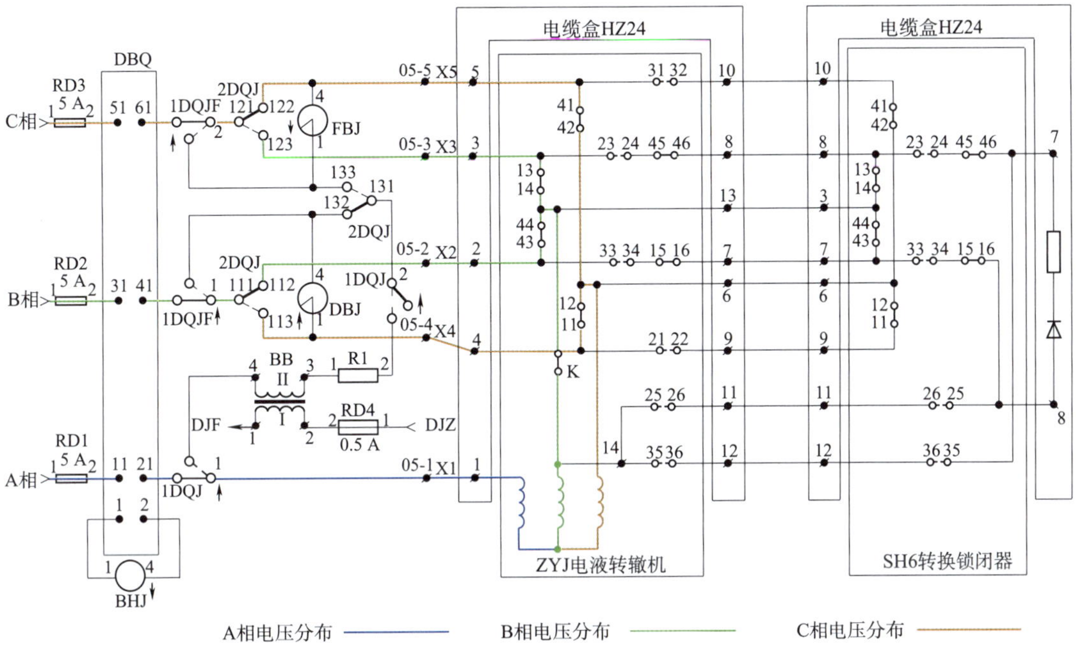

图 4-16　道岔定操过程中电路 380 V 电压分布

因此在整个道岔动作过程中 X3 与 X5、X4 与 X2 之间都存在 380 V 电压，这个电压来自 B 相和 C 相，且 X4 和 X5 等电位，X3 和 X2 等电位。

当主机动作结束时，第 4 排接点断开，第 3 排接点闭合。若此时副机并未到位，副机的第 4 排接点仍闭合，三相电源的 B、C 相电压将通过主机的第 1、3 排接点（31-32，33-34，15-16）和副机的第 4 排接点（41-42，43-44）接回转辙机线圈形成续操电路，维持转辙机的继续运行。但正因为第 3、4 排动接点的转换，三相电路瞬间切断又瞬间恢复，X3 和 X4 上的 B、C 两相电压，受接点转换影响也出现瞬间断电又恢复的情况。此时电路中的电压分布如图 4-17 所示。

最后副机转动到位，副机 41-42 接点断开切断 C 相。室内断相保护器使 1DQJ 落下断开三相电路。

由上述转辙机动作过程可知，电路瞬间通断有以下几个时刻：

1. 道岔启动，2DQJ 转极，此时道岔动作电路刚接通。

2. 主机动作到位，第 3、4 排接点转换，瞬间切断又连接三相回路组成续操电路。

3. 转辙机最后转动到位，此时由室外动接点断开三相中的一相。

在上述三种情况下，动作回路中的三相电源出现闪断或闪通，受转辙机线圈电感的影响，在回路中将产生极强的感应电动势。因此 X1 对 X3、X1 对 X2、X4 对 X2、X3 对 X5 这四组道岔表示电压的采样点上会出现瞬间高压，道岔表示采集过程中必须注意和防护高压。

（三）采集原理

对于直流转辙机道岔控制电路，不论是四线制还是六线制电路，X3 都是表示回线，连接到 DBJ 和 FBJ 继电器线圈两端的电路也相同。当道岔处于定位时，1DQJ 落下，2DQJ 吸起，DBJ 线圈两端经过继电器接点分别连到分线盘的 X1 和 X3，与室外构成表示回路。当

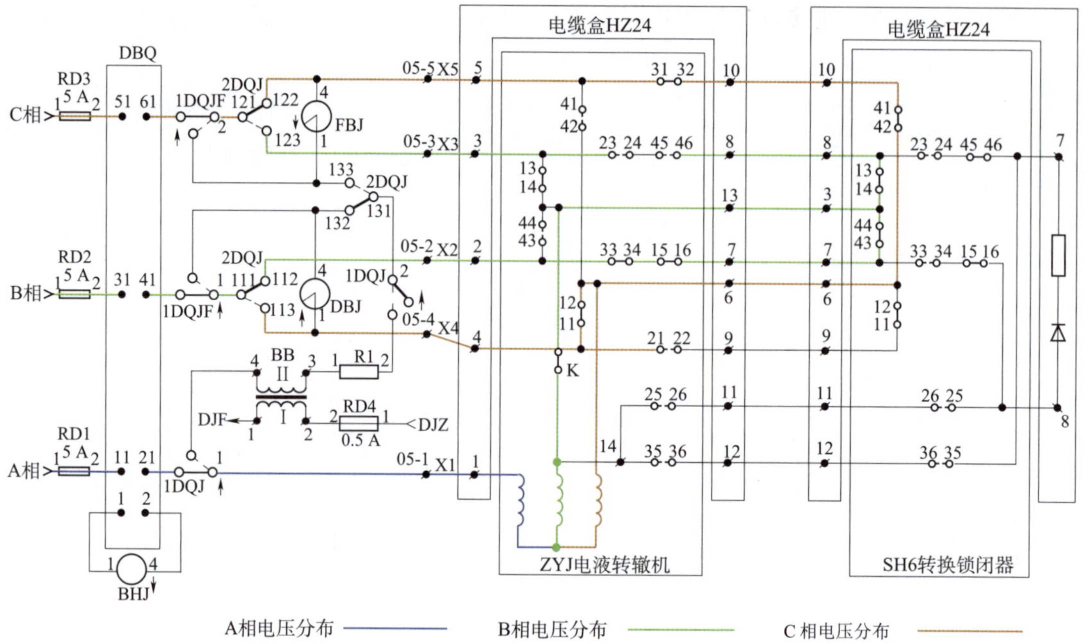

图 4-17 定操时续操电路电压分布

道岔处于反位时，1DQJ 落下，2DQJ 落下，FBJ 线圈两端通过继电器接点分别连到分线盘的 X3 和 X2，与室外构成表示回路。直流转辙机道岔表示电压采集原理如图 4-18 所示。

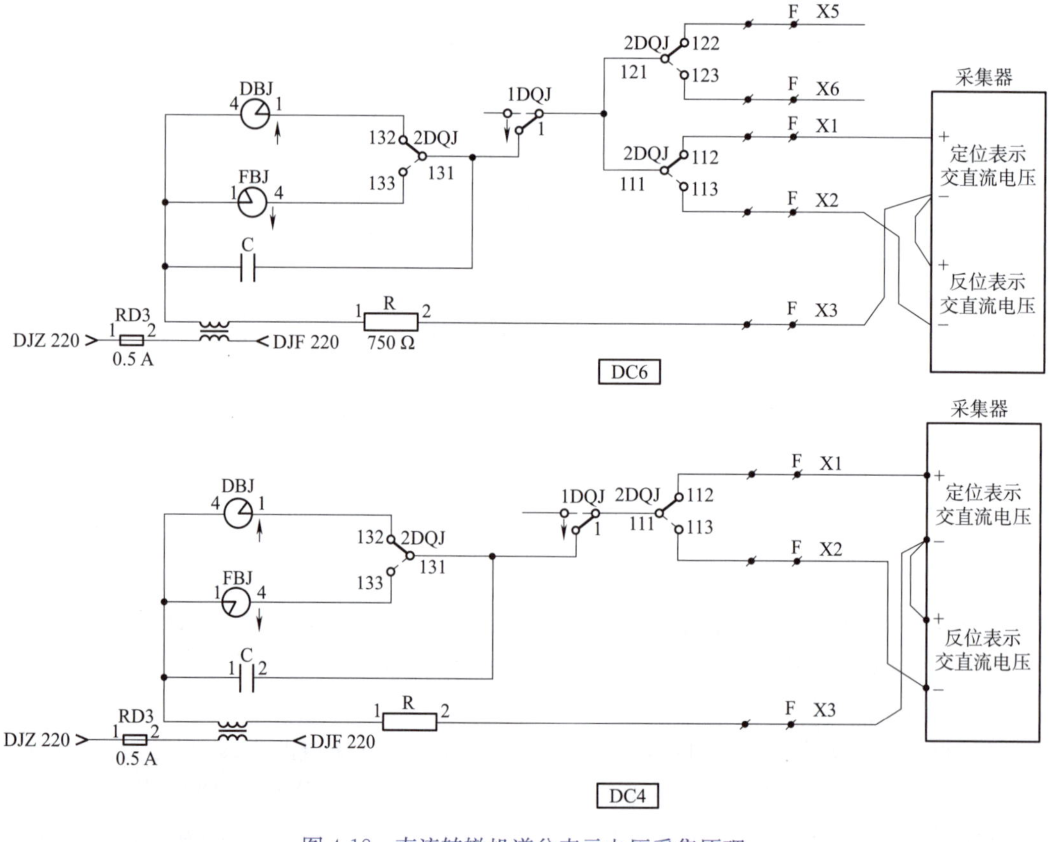

图 4-18 直流转辙机道岔表示电压采集原理

因此直流转辙机道岔表示电压采样位置为：

1. 直流转辙机道岔定表电压采集分线盘 X1、X3。X1 为正，X3 为负。

2. 直流转辙机道岔反表电压采集分线盘 X2、X3。X3 为正，X2 为负。

交流转辙机道岔控制电路中 X1 既是表示回线又是电流回线。当道岔处于定位时，1DQJ 落下，2DQJ 吸起，DBJ 两端分别连分线盘 X4 和 X2，其中 X2 与 X1 连接，与室外构成表示回路。当道岔处于反位时，1DQJ 落下，2DQJ 落下，FBJ 两端分别连分线盘 X3 和 X5，其中 X3 与 X1 连接，与室外构成表示回路。交流转辙机道岔表示电压采集原理如图 4-19 所示。

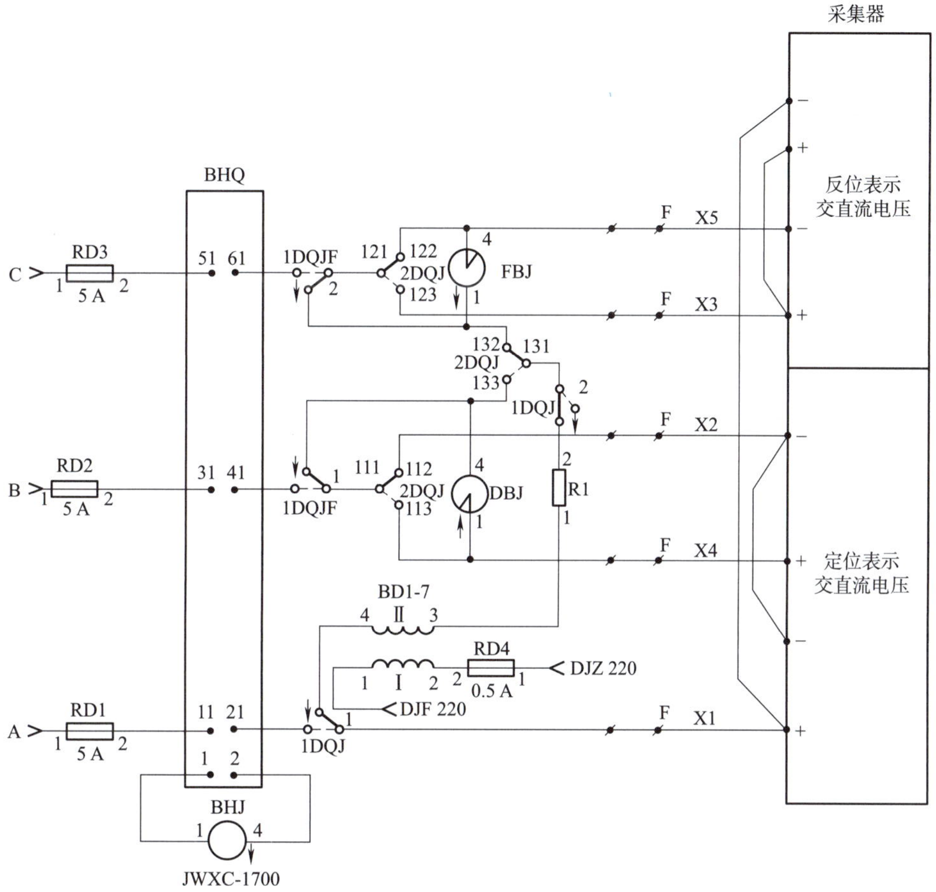

图 4-19　交流转辙机道岔表示电压采集原理

因此交流转辙机道岔表示电压采样位置为：

1. 交流转辙机道岔定表电压采集分线盘 X1、X2，X1 为正，X2 为负；X2、X4，X4 为正，X2 为负。

2. 交流转辙机道岔反表电压采集分线盘 X1、X3，X1 为负，X3 为正；X3、X5，X3 为正，X5 为负。

采样路径：分线盘端子→CSM 采集器。

CSM 采集器应靠近采集点就近安装于组合架（柜）。道岔表示零散定型组合工艺标准如下：

1. 道岔表示零散定型组合工艺标准参见《组合、组合架及综合架》（TB/T 1281—1978）。

2. 组合底座应符合《铁路信号继电器　AX 系列继电器》（TB/T 3383—2023）要求。

3. 提高焊接工艺，杜绝焊点过大、虚焊等现象的发生，出厂时严格检验。

4. 选用防脱、耐压性能良好的套管保护焊点。

道岔表示电压采集的四根线引入道岔表示零散定型组合侧面，经继电器底座后进入继电器内部，经过隔离防护后进入采集器主板。

出于对道岔表示电压采集设备耐压能力的要求，直流和交流转辙机的道岔表示电压采集器底座配线均有明确要求。

电压输入端子的排列，要求同一组道岔可能产生高压的端子隔开排列，不同组转辙机表示线的输入端子之间空出两排端子。

经过隔离转换后，采用现场总线方式通过光电隔离后进入接口通信分机。接口通信分机的主要作用是将采集器采集的信息处理后送至 CSM 站机。

采集器的工作电源经过熔断器防护后，配线到道岔表示采集零散定型组合。道岔表示电压的采样周期为 500 ms。

（四）安全隔离

道岔启动和表示电路不设防雷，存在雷电干扰的可能，所以要采取如下隔离防范措施进行安全采集。

1. 继电器封装方式

（1）被采集电压在组合架通过继电器封装方式隔离后再进入监测机柜。

（2）外壳采用国铁集团指定铁路信号专用继电器外壳和底座，符合相关标准，相邻簧片纵向之间的耐压值大于 AC 2 000 V，横向之间的耐压值大于 AC 3 000 V。继电器外壳的外部端子与内部电路板用阻燃的胶木隔离，且间隔距离大于 50 mm，即使外部接触端子由于击穿而打火，也不会影响继电器内部的电路板及元器件。

（3）道岔表示电压采集线如图 4-18、图 4-19 所示，同一组道岔可能产生高压的采集端子排列在对角位置；不同组道岔的采样线的输入端子之间空出一排或两排端子。

（4）每组道岔采样线之间隔一个端子，耐压为 AC 4 000 V 以上。

2. 从输入端至主板之间增加多种隔离保护措施

（1）电压输入回路如图 4-20 所示，采集器输入高低端之间需分别增加熔丝（标称值为 64 mA），可在电流超过 100 mA 时瞬间熔断，防止输入端子之间短路。

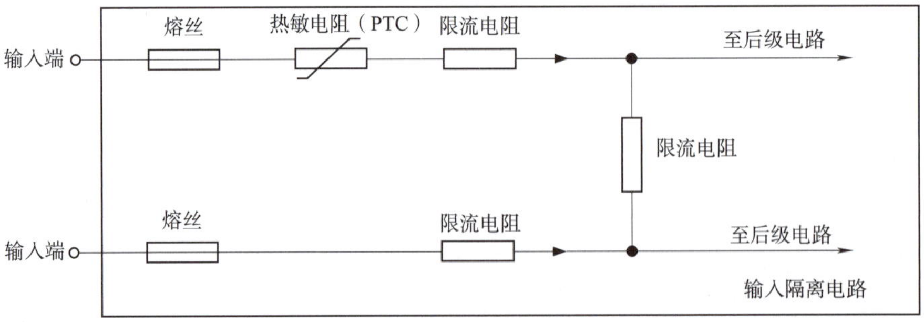

图 4-20　电压输入回路

（2）分压回路中需串入 PTC 热敏电阻，在输入端回路电流超过 64 mA 时发挥作用，在几十至几百毫秒内将阻值增至几兆欧，直至自身烧毁开路。

（3）限流电阻高低端各采用 1 MΩ、2 W 的金属氧化膜电阻，强电高压输入经限流电阻分压取样后，降为弱电压信号（几百毫伏量级）进入后级处理电路。

（4）限流电阻应以图 4-21 所示方式焊接在电路板上，有效提高输入电压信号高低端之间的距离，同时也防止电阻发热烧穿电路板，增加了安全性。

（5）隔离电路与继电器输入端子的接线采用 200 ℃高温阻燃导线。

（6）限流电阻在电路板上排列的间距大于 8 mm，增加了不同输入电压组之间的耐压值，即使一组信号故障后不会影响到其他组的信号。同时，竖起的电阻用一块固定板固定，保证电阻不会因过车震动而碰在一起。电阻焊接及固定方式如图 4-22 所示。

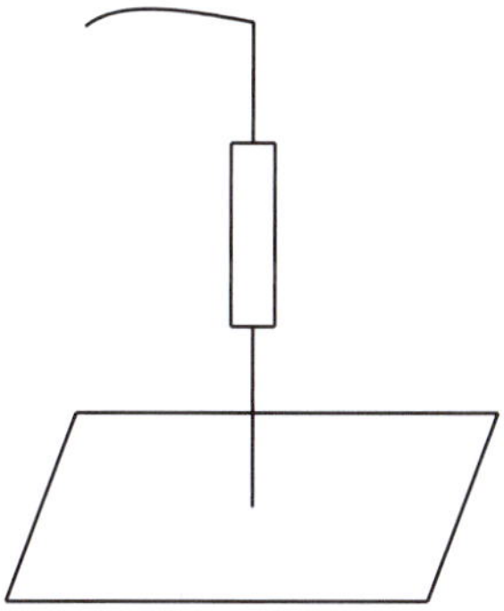

图 4-21　限流电阻安装方式

图 4-22　电阻焊接及固定方式

3. 其他安全防范措施

（1）电路板的布线严格遵照电磁兼容的设计准则

高压部分与低压部分走线区域严格区分，表示电压输入部分的走线间隔大于 6.1 mm；不同组道岔的输入线焊盘之间间隔大于 6.1 mm。如果不满足安全间隙，开宽度大于 1 mm 的隔离槽，既提高模块的安全性能，又减少了高压线路对低压部分的干扰，提高了线路的抗干扰能力。

（2）采集器内部可采用厚膜集成电路

厚膜集成电路可以提高产品的集成度，减少占用的面积，可以留出更大空间用于输入端隔离电路，保证焊盘之间的安全距离，提高产品整体安全性。厚膜集成电路示意如图 4-23 所示。

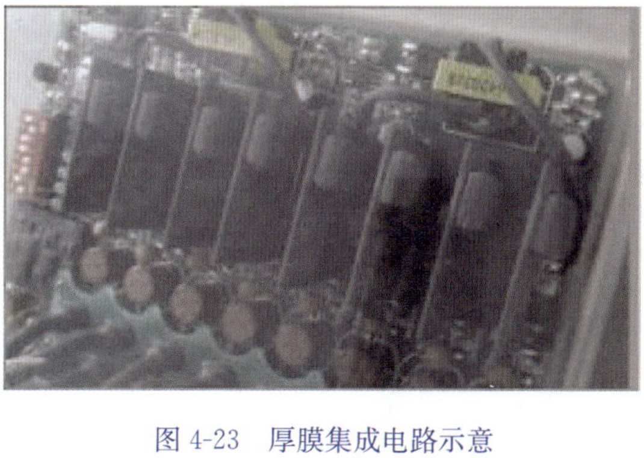

图 4-23　厚膜集成电路示意

（3）一、二次侧隔离耐压措施

传感器一次侧与二次侧之间采用光耦与 DC/DC 变压器隔离，耐压标准达到 DC 2 500 V，并在二次侧的模块工作电源处串入熔丝，即使存在高压将一次与二次电路击穿，熔丝也将及时熔断，不会形成一、二次的电流回路，避免了高压串入后级的机柜中。

同时，后级电路中需配备 TVS 管、线性光耦，防止高压冲击而串入后级的测量电路中，提高模块耐高压的能力。后级防护电路如图 4-24 所示。

图 4-24　后级防护电路

四、交流转辙机断相保护器输出直流电压监测采集原理

（一）监测必要性

断相保护器主要作用是监测并保护铁路电气化线路上的三相电力供应，确保电气设备和铁路运输的安全稳定。具体来说，它能够检测电源是否存在断相或缺相等异常情况，并在发现问题时迅速自动切断电源，以防止由于断相或过电压引起的故障。铁路断相保护器通常由断相检测电路、保护电路和隔开电路组成，这些组成部分共同协作，确保信号系统的正确运作并防止事故发生。

通过测试断相保护器输出电路电气特性，CSM 可以在道岔控制逻辑中的电气特性偏离正常工作值但未形成故障之前，发现故障隐患，将故障消灭在萌芽状态。

（二）采集原理

对于交流转辙机道岔控制电路，断相保护器采集单元设置在组合架附近，采集断相保护器驱动 BHJ 的直流电压。电压采集点在断相保护器 1、2 端子。断相保护器电压采样原理如图 4-25 所示。

采集径路：断相保护器端子→CSM 采集器。

断相保护器输出直流电压采样周期为 250 ms。

（三）安全隔离

1. 被采集电压在组合架通过继电器封装方式隔离后再进入监测机柜。

2. 采用国铁集团指定铁路信号专用继电器外壳和底座，符合《铁路信号继电器　AX 系列继电器》（TB/T 3383—2023）标准。

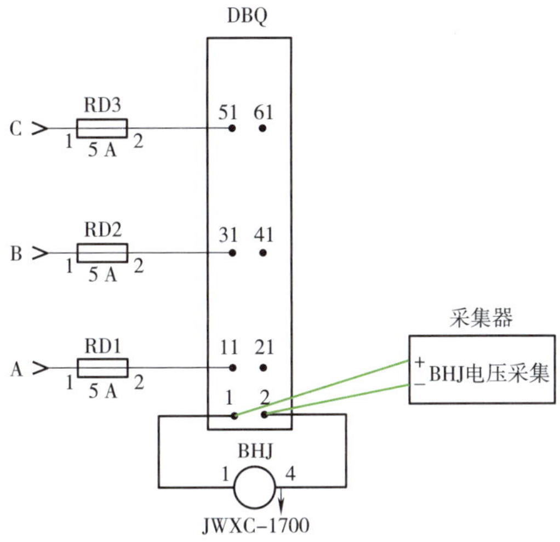

图 4-25　DBQ 电压采样原理

3. 输入端走线间隔不小于 2 mm。
4. 电压输入端串入熔断器（100 mA）、热敏熔丝进行双重过流防护。
5. 电压输入端取样电流小于 1 mA。
6. 电压输入与内部采样电路采用光电耦合器电气隔离。

第三节　列车信号机点灯回路电流监测采集原理

一、监测必要性

信号机点灯电路灯丝继电器的落下虽能说明并显示点灯电路的状态，但仅反映了故障发生以后的状态。CSM 可以在点灯电路中的电气特性偏离正常工作值但未形成故障之前，发现故障隐患，将故障消灭在萌芽状态。

测试信号机点灯电路电气特性，只采样信号机的点灯状态是不够的，因为灯丝继电器是电流型继电器，其电气特性主要是交流电流，显然监测交流电流最为合理。

二、采集原理

CSM 采用电流互感器测试点灯回路电流的方案：将 DJ 的点灯去线穿过电流互感器，在互感器输出两端产生感应电压，采集设备通过测试感应电压得出回路中的电流值。列车信号机点灯电流采集原理如图 4-26 所示。

站内及区间信号机电流采集点灯电路始端电流，通常选择熔丝至 DJ 之间点灯回路的线缆，或 DJ 输出至后级回路的线缆，通过电流互感器穿芯采集。

采样路径：DJ 电流传输线→信号机电流采集互感器→CSM 采集设备。

信号机电流采样周期为 500 ms。

三、安全隔离

采集设备与被监测设备没有任何电气连接，被监测电流信号以穿芯方式通过模块，模块

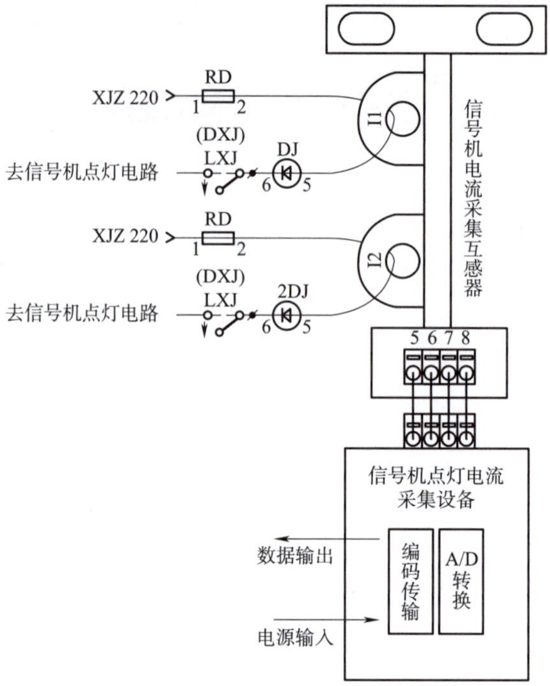

图 4-26 列车信号机点灯电流采集原理

采用电磁隔离方式，采集设备发生断路和短路故障均不会对被监测设备产生不良影响。

第四节 外电网综合质量监测采集原理

一、监测必要性

在铁路信号系统中，电源是非常重要的基础设备。外电网为电源屏供电，电源屏提供信号设备所需的各种电源。外电网的质量会影响电源屏的输出质量，进而影响信号设备的工作，特别是瞬间断电（断电时间在 140～1 000 ms，输入电压低于额定电压 65%），会造成信号设备故障，但由于时间短暂不容易被发现。监测系统通过对外电网的监测，为信号设备的供电质量分析提供依据。

外电网综合质量监测的采集对象通常为外电网输入电压和电流，并计算频率、相位角、有功功率、无功功率，提供断电、断相、错序报警、记录瞬间断电波形。

二、采集原理

外电网综合质量监测的采集内容分为电压和电流两部分，电压采样点在配电箱闸刀外侧外电电源引入端子处，电流可使用开口式电流互感器夹在配电箱闸刀内侧，输入开关的输入端或输出端采集，如图 4-27 所示。

采集路径：Ⅰ、Ⅱ路外电输入→输入闸刀外侧→CSM 监测模块。

电流互感器为无源模块，输出配线不能太长，在 1.5 m 以内，因此外电网质量监测箱必须就近安装在配电箱的附近。

断相、错位、瞬间断电报警的采样周期为 50 ms，瞬间断电波形采集周期小于或等于

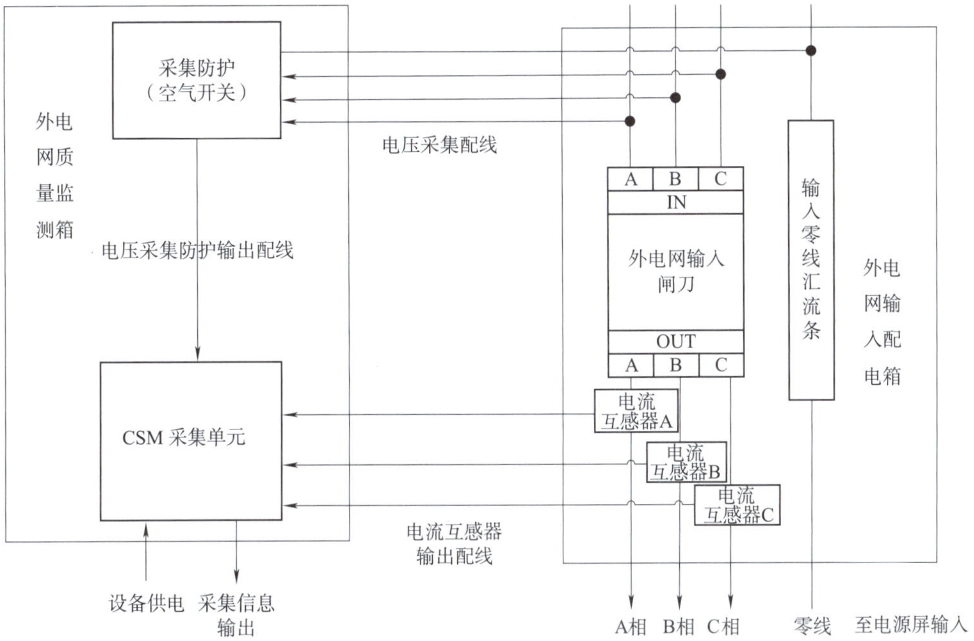

图 4-27　外电网综合质量采集原理

2.5 ms，电压、电流采集周期为 250 ms。瞬间断电波形如图 4-28 所示。外电网电源质量可以记录采样周期为 2.5 ms 的波形曲线，非常细微的电源波动都能实时记录下来，如图 4-29 所示。

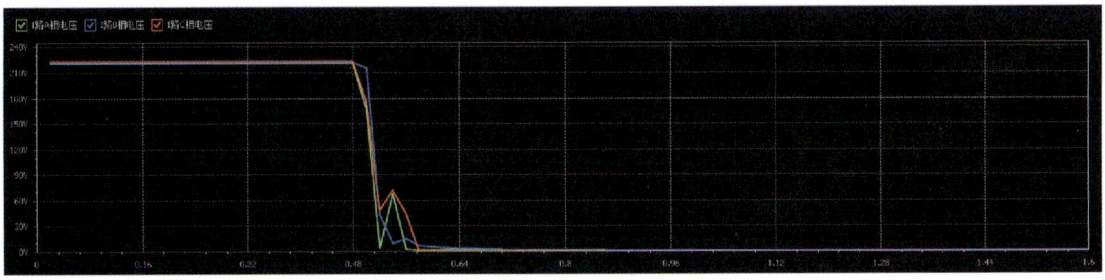

图 4-28　瞬间断电波形

三、安全隔离

1. 电压采集是将 380 V、A/B/C 三相电压引入线引入外电网质量监测箱的空气开关（熔丝）上，经过空气开关（熔丝）隔离后进入外电网综合质量采集单元。电流采集采用非接触式的开口式互感器，与设备不直接接触，其输出线通过低压端子进入外电网质量监测箱。

2. 空气开关（熔丝）、外电网综合质量采集单元等采集设备安装在胶木板上，与外壳绝缘（其绝缘电阻大于 25 MΩ）。

3. 外电网质量监测箱与机柜之间通过现场总线传递信息，CSM 站机接口处设有光电隔离设备，使内部电路与外壳隔离（其绝缘电阻大于 25 MΩ）并阻燃。采集设备电源输入端

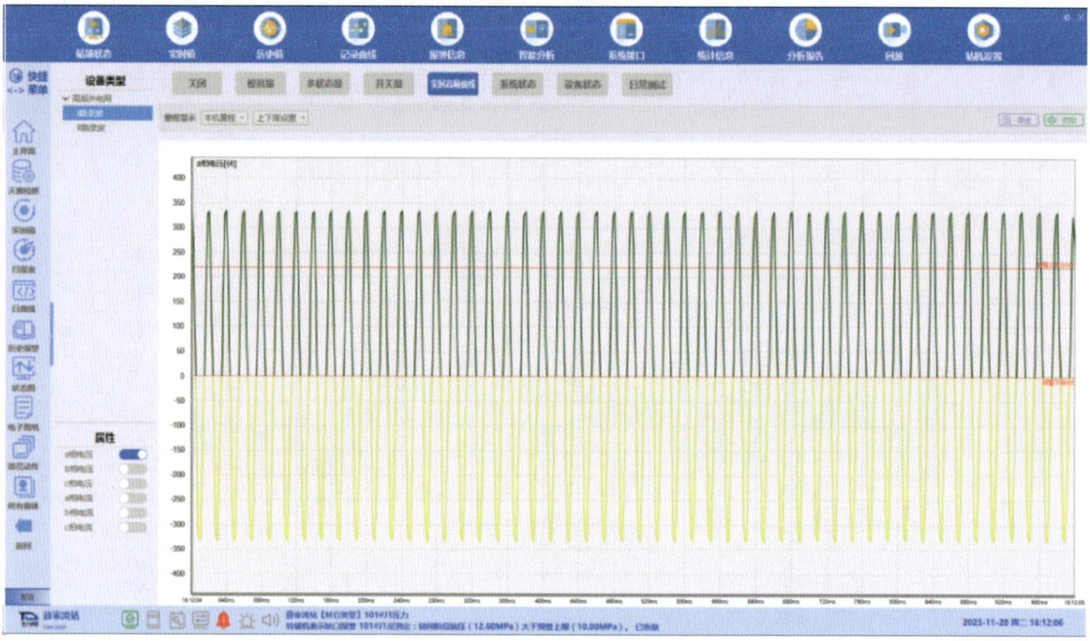

图 4-29 外电网电源质量记录曲线

设有隔离防护措施。

4. 配线箱内的防雷设备是第一级防护设备，如果击穿防雷设备，外电网质量监测箱中的空气开关（熔丝）进行第二级防护。

5. 监测设备短路或开路故障对采样点都无影响，空气开关（熔丝）断开，反向隔离对被监测设备的影响。

6. 采集设备内部防护措施。

（1）外壳材料为阻燃 ABS，阻燃等级 V-0 级。

（2）总线保护：可承受 400 W 的瞬时脉冲电压自动热关断和 ESD 保护等功能。

（3）所有对外接口全部采用电磁隔离或者光电隔离。隔离耐压要求：

①输入与输出之间 DC 2 500 V，1 min；

②电源与输入之间 DC 2 500 V，1 min。

（4）IO 端口的保护，用瞬态电压抑制器（TVS）等抗电磁干扰措施，保证输入端口指标达到：脉冲群，2 kV；静电，8 kV。

（5）串行通信芯片采用抗雷击串行收发器，芯片内置 4 个瞬时高压保护管、可承受高达 600 W 的 TVS，并外加保护器件，确保抗干扰能力。

（6）电源输入侧，采用全隔离方式确保浪涌的可靠保护。极间绝缘电阻大于 2 MΩ，其他绝缘电阻大于 5 MΩ。

（7）外电网质量监测箱配件耐热能力：960 ℃不燃烧。

（8）走线区域指标。A、B、C 三相之间电压超过 380 V，走线间隔应满足至少 6.1 mm，如不能满足走线间隔要求，应开隔离槽进行防护。

（9）隔离方式。

电压输入端串入熔断器（100 mA）、热敏熔丝进行双重过流保护。

电压输入端输入取样电流小于 1 mA。

两倍标称输入电压，持续 1 s，间隔 10 s，重复 10 次，完成后不影响产品性能。

电压输入与内部采样电路采用互感器电气隔离。

第五节　电缆绝缘监测采集原理

一、监测必要性

信号设备分为室内设备和室外设备，两者之间通过控制电缆进行连接。如果电缆对地绝缘不好，轻则影响设备的正常工作，重则引起电源屏熔丝熔断，引发规模性设备故障。所以，电缆绝缘测试是 CSM 的重要功能之一。

二、采集原理

电缆绝缘测试流程如图 4-30 所示。

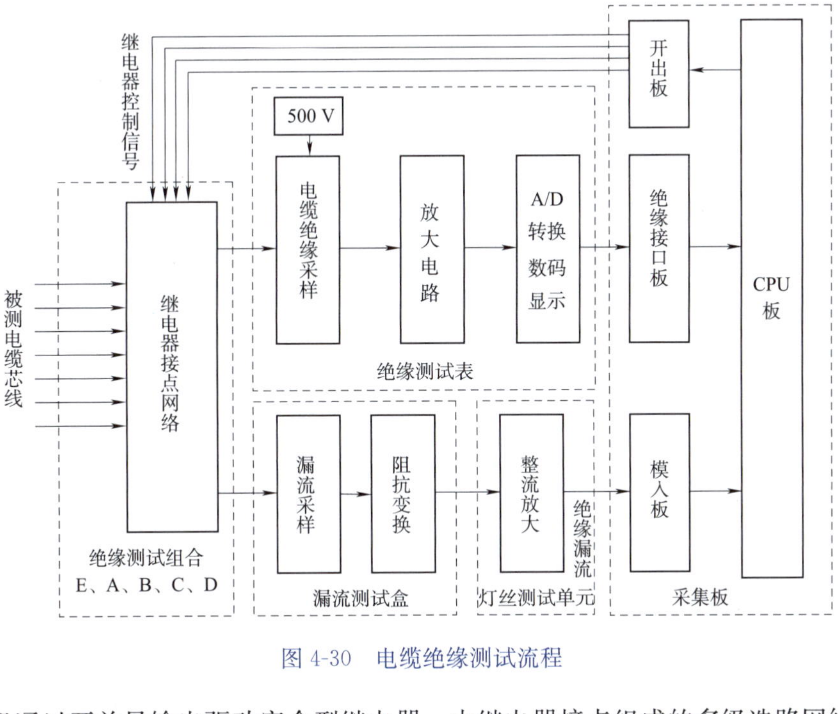

图 4-30　电缆绝缘测试流程

采集机通过开关量输出驱动安全型继电器，由继电器接点组成的多级选路网络将所选的电缆芯线接入绝缘转换单元。选路网络具有互切特性，保证同一时刻只有一条电缆芯线被选通，不会发生混线现象。绝缘表通过直流 500 V 电压对接入的电缆测试采样，再将采样电压转换成脉冲信号后送入采集板，经选通送至 CPU 进行 A/D 转换和数据处理。漏流测试采样的选通回路也使用同样的继电器接点网络接入测试。

绝缘转换单元采用 500 V 直流高压在线测试方法，绝缘测试原理如图 4-31 所示，将 500 V 直流高压加至电缆芯线，把电缆芯线全程对地绝缘电阻 R_x 接入测试回路，R_x 和回路内取样电阻串联，从取样电阻上获得取样电压。R_x的大小决定回路电流的大小，亦即决定取样电压的大小。

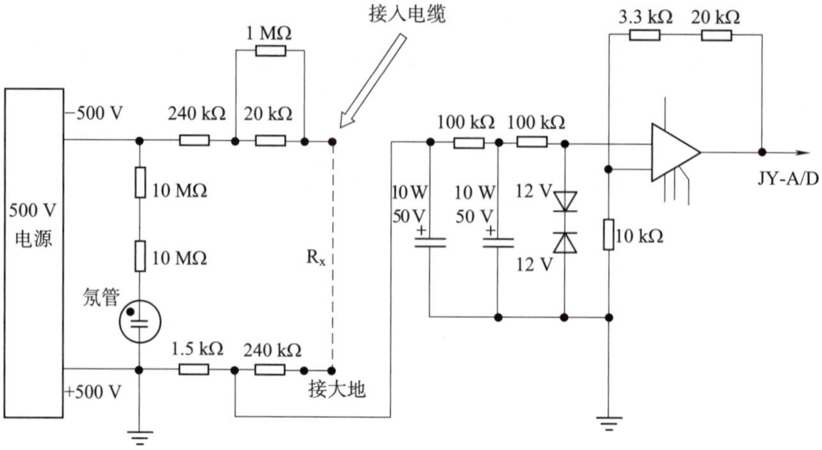

图 4-31 绝缘测试原理

采样路径：分线盘配线端子→继电器接点网络→CSM 绝缘测试表→采集板。

三、安全隔离

在 CSM 中，轨道电路、信号机等绝缘测试电缆都是经过防雷后引入绝缘测试组合 A、B、C 和 D 的侧面端子 01～04 列上。当人工启动电缆绝缘测试时，利用继电器接点网络的逻辑切换，逐一将需要测试的电缆接入绝缘测试的采集电路，因此在人工启动电缆绝缘测试之前，测试电缆与绝缘测试采集设备（如开出板、CPU 板）之间是完全隔离的。绝缘测试接线如图 4-32 所示，E 组合是控制组合，控制组合 A、B、C、D。A、B、C、D 是被测电缆引入组合，每一个组合可以采集 64 芯电缆。

继电器接点网络实际上是一个二叉树网络，测试电缆均通过继电器的前后接点隔开，因此在测试网络中继电器任意吸起，组合也不会将室外的两芯电缆通过接点网络短接在一起，如图 4-32 所示。

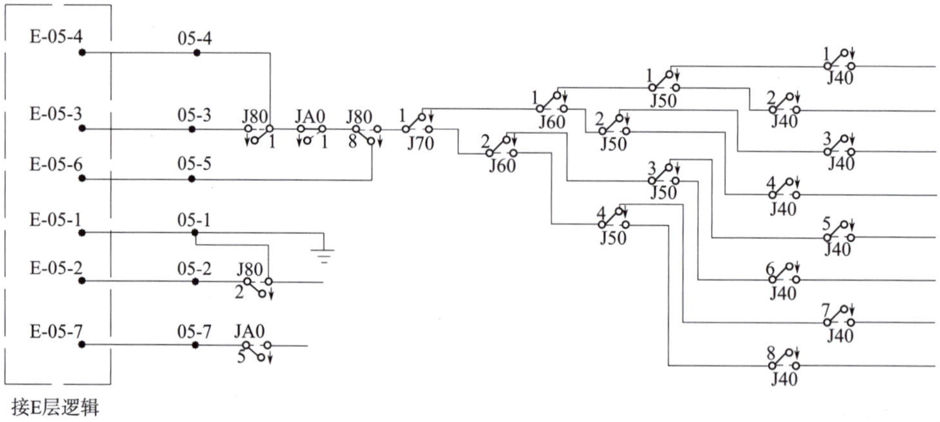

图 4-32 绝缘测试接线

在电气化铁路中，道岔电缆绝缘的测试存在新的问题。转辙机的控制线是向室外铺设的，电缆绝缘的采样点与外线电缆相连接，由于分线盘道岔控制线没有防雷设备的保护，外来的强干扰信号有侵入的可能。在测试电路中虽然通过控制 J80（位于 E 组合中，是绝缘测试的总开关，只有 J80 吸起才能正常启动绝缘测试）的状态保证电缆不会接入机柜的采集机，但存在牵引回流等强干扰信号通过道岔电缆串入绝缘测试组合，有可能击穿继电器接点，进而影响其他绝缘测试设备。因此，必须对道岔电缆绝缘测试部分进行特殊设计，以防止故障的发生。

1. 将道岔电缆集中配置在单独的绝缘测试组合，不与别的电缆在一层混用。

2. 道岔电缆统一配置在绝缘选路继电器的吸起接点上，对应侧面端子为 01-9～01-16、02-9～02-16、03-9～03-16、04-9～04-16，绝缘测试落下接点对应的侧面端子不配线，以增强线缆之间的耐压能力。

第六节　电源对地漏泄电流监测采集原理

一、监测必要性

电源屏电缆或端子对地绝缘不良时，存在经过绝缘阻抗后对地溢出的电流，称之为漏泄电流（以下简称漏流）。漏流会对电气设备造成电气伤害。漏流测试与耐压测试、接地保护测试的不同之处在于设备是在运用状态下做测试。漏流测试电路中会加上一个模拟阻抗电路，交流漏流测试在 50 Ω 电阻上取样，直流漏流测试在 1 kΩ 电阻上取样。

二、采集原理

电源对地漏流测试原理如图 4-33 所示，电源屏电源通过继电器接点网络引入漏流测试盒。

漏流测试盒内的测试电路中串入了保护电阻（1 kΩ＋50 Ω）和保护熔丝。

电源屏输出电源有交、直流之分，为了提高测试精度，加装两个继电器，对于不同的电源切换到不同的电路：

1. 测交流电源漏流时 JA0 吸起、J90 落下（JA0、J90 是漏流测试的控制总开关，通过这两者的配合完成直流和交流漏流的测试），在 50 Ω 电阻上取样。

2. 测直流电源漏流时 JA0 吸起、J90 吸起，在 1 kΩ 电阻上取样。

将取样电压信号量化转换成标准模拟电平，送至 CPU 进行 A/D 转换和数据处理。

采样路径（图 4-30）：电源屏输出端子→继电器接点网络→漏流测试盒→绝缘漏流灯丝测试单元→采集板。

电源屏输出电源对地漏流的测试电路与电缆绝缘测试共享一套测试继电器组合，只是在电缆绝缘测试继电器组合的基本层（E 层），增加两个漏流测试继电器。JA0 作为测试电缆绝缘和测试电源漏流的区分条件，J90 作为测试交流漏流和直流漏流的区分条件。

漏流测试通常检测电源屏隔离输出的电源，包括信号机电源、轨道电路电源、道岔动作电源、道岔表示电源、闭塞电源、联锁电源、列控电源、TDCS/CTC 电源、CSM 电源、电码化电源、稳压备用电源等交直流电源。电源屏输入和不稳压备用为非隔离电源，不测试漏流。

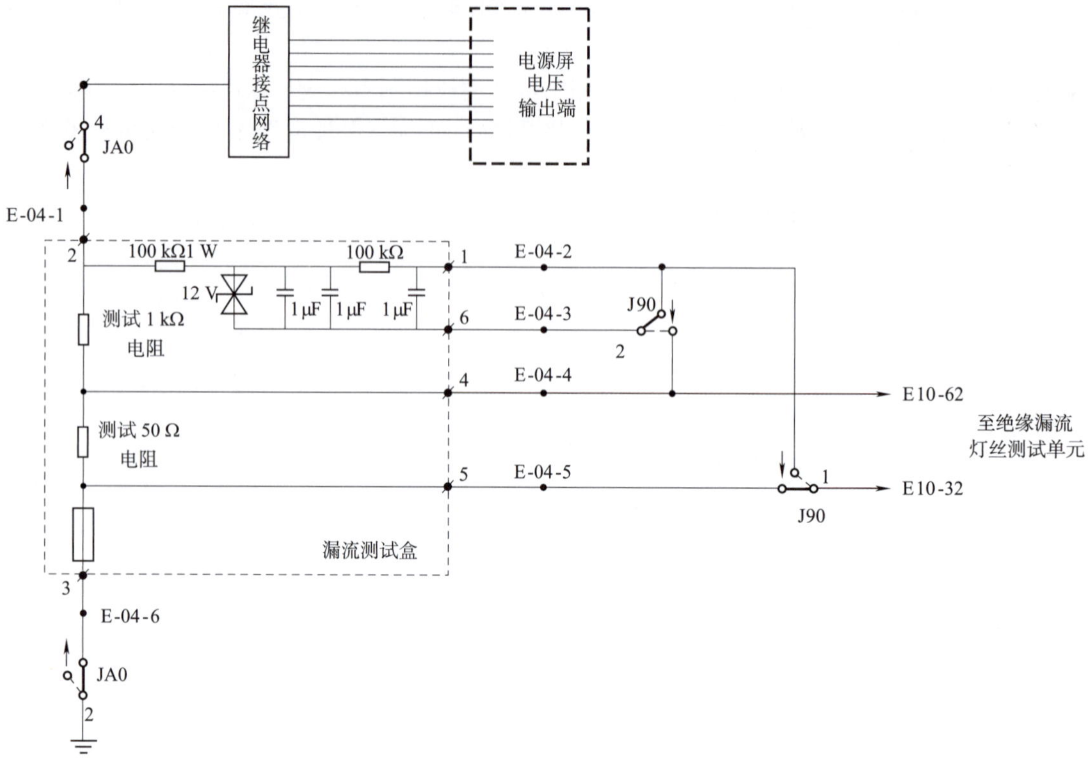

图 4-33 电源对地漏流测试原理

三、安全隔离

1. 因为电源屏输出电压都是通过电源屏输出熔断器（或空气开关）后再经过监测熔丝组合接到漏流测试组合侧面，同时通过继电器接点断开既有设备的连接，雷电和牵引回流等瞬间干扰、大干扰不会窜至采集机或机柜中。

2. 电源屏电压输出自身有空气开关防护。CSM 的绝缘漏流采样点设在电源屏输出熔断器（或空气开关）后端。被测电源再经过 CSM 设置的 0.3 A 熔丝隔离后，进入绝缘漏流测试组合。一旦绝缘漏流测试回路配线发生短路，熔丝将熔断，使电源屏端子与绝缘组合配线断开，不影响电源屏工作。熔丝组合结构示意如图 4-34 所示。

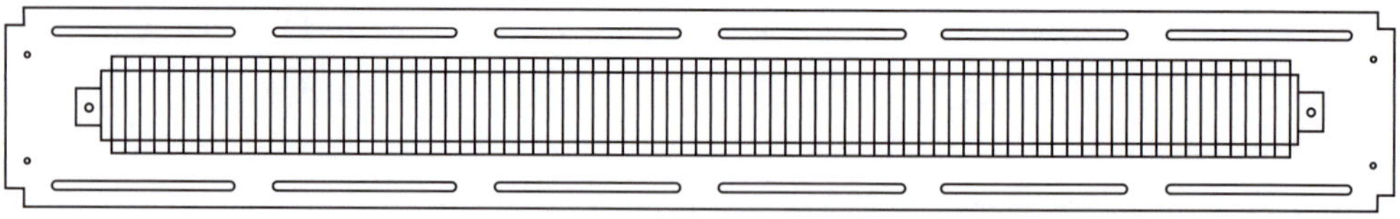

（a）熔丝组合前视图

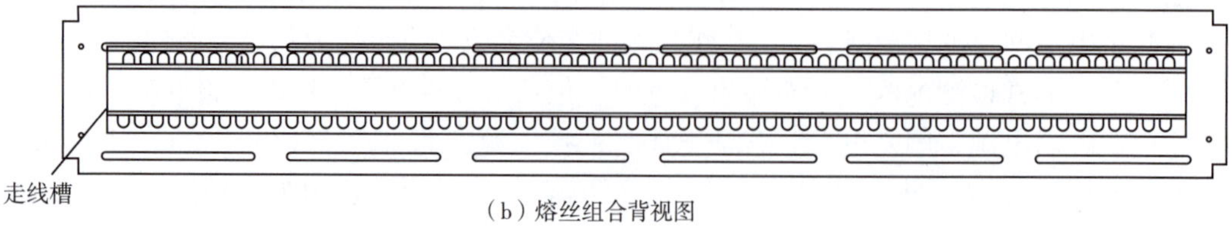

（b）熔丝组合背视图

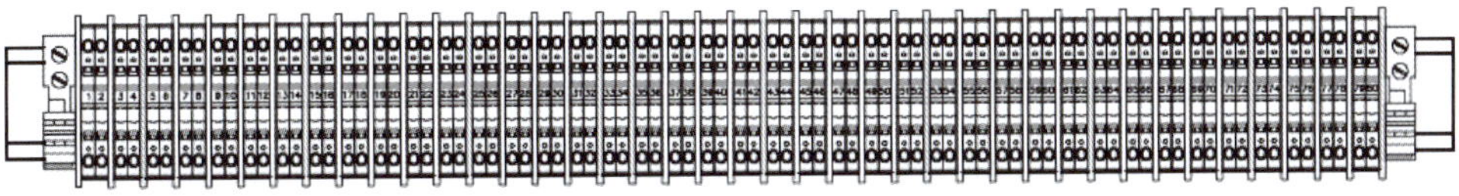

（c）熔丝组合线排制作示意图

注:1.使用铁标组合的一层空底板，上方开横槽走线孔，前方安装80片带熔断器的万可端子，用绝缘隔片隔开。后方安装走线槽，用于固定线缆。

2.熔丝容量为0.3 A。

图 4-34　熔丝组合结构示意

3. 不测试漏流时，监测电路与被测电源之间通过继电器接点断开；测试漏流时，只能接通一路被测电源，不会造成各路电源之间的短路。

4. 电源屏各种输出电源对地漏流的测试是关系到安全生产的，从管理的角度一般规定在天窗时间内人工启动测量。在测试启动前，增加“天窗点内人工启动”提示，测试人员确认后输入须用户名及密码，才能进行电源对地漏流测试。

第七节　防灾异物侵限监测采集原理

一、监测必要性

防灾异物侵限监测用来监测铁路自然灾害及异物侵限监测系统与信号系统分界处接口直流电压，对于判定故障位置有很大的作用。

二、采集原理

防灾异物侵限继电器电压采集室外送回到室内 YWJ 线圈上的电压，通常采样配线点在分线盘对应的端子上。防灾异物侵限继电器电压测试原理如图 4-35 所示。

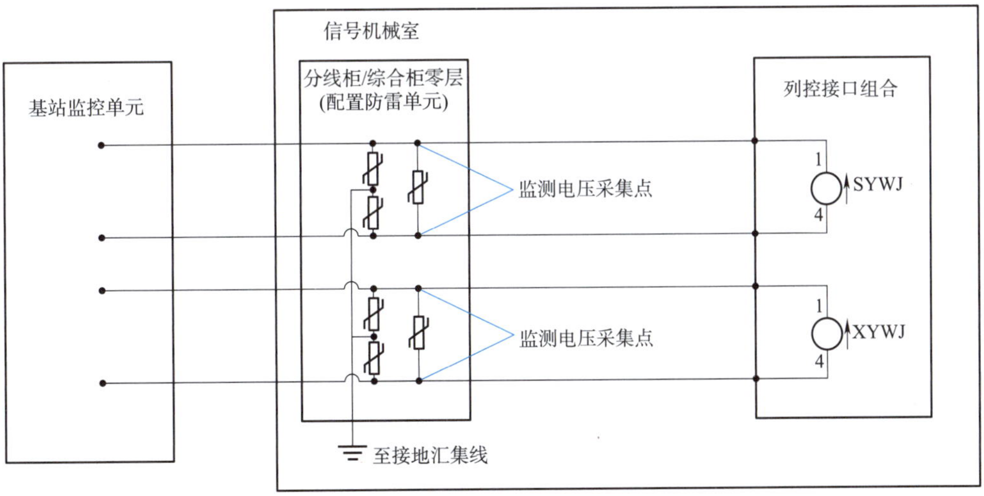

图 4-35　防灾异物侵限继电器电压测试原理

采样路径：分线盘配线端子→CSM 采集设备。

采用高阻加光电隔离传感器进行隔离采样，采样信号经过调整后变为 CPU 能采集的输入范围，经过处理后通过现场总线送给站机显示。防灾异物侵限继电器电压隔离采样示意如图 4-36 所示。

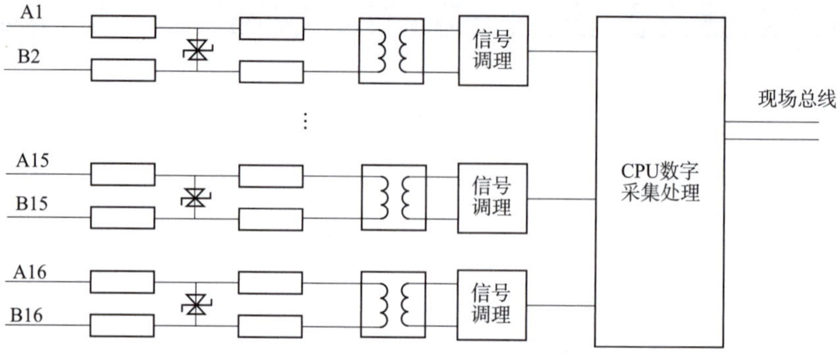

图 4-36　防灾异物侵限继电器电压隔离采样示意

防灾异物侵限继电器电压的采样周期为 250 ms。

三、安全隔离

1. 电缆输入路径为通信机械室至信号机械室，在通信机械室有防雷设备，雷电传递到信号机械室的概率较小。

2. 信号机械室分线盘输入处接有防雷设备，大部分能量从防雷设备入地，对监测设备造成影响的概率较低。

3. 因为防灾异物侵限继电器电压采集电路与室外设备间采取隔离措施，所以不会受到持续信号对采集设备进行的冲击。

4. 采集设备内部防护措施。

见本章“第一节　轨道电路监测采集原理”中安全隔离分析相关内容。

第八节　电缆成端监测采集原理

一、监测必要性

信号电缆是保证铁路正常运行的重要行车设备。电气化区段线路，信号电缆受电磁环境影响较大，信号电缆的回流感应现象会使钢带护套产生大电流，温度升高到一定程度或遭遇雷击时可能会发生燃烧，从而诱发信号机械室内部火灾。电缆成端监测对铁路信号电缆护套端的工频干扰电流、雷电流、表面温度等进行在线实时监测，在未形成电缆事故之前发现故障隐患，将故障消灭在萌芽状态。

二、采集原理

电缆成端监测是在一次成端、二次成端处，安装智能监测模块和传感器的方式，实现成端关键电气参数、环境参数的监测，采集信息最终通过通信接口传送给监测系统。

监测对象主要由雷击电流监测、工频电流监测及机柜环境监测等组成。电缆成端监测采样原理如图 4-37 所示。

雷击电流监测采用雷击电流采集器加雷电流互感器的方式实现。雷电流互感器采用穿芯互感器，与被测地线进行有效隔离，互感器输出线连接到雷击电流采集器，由雷击电流采集

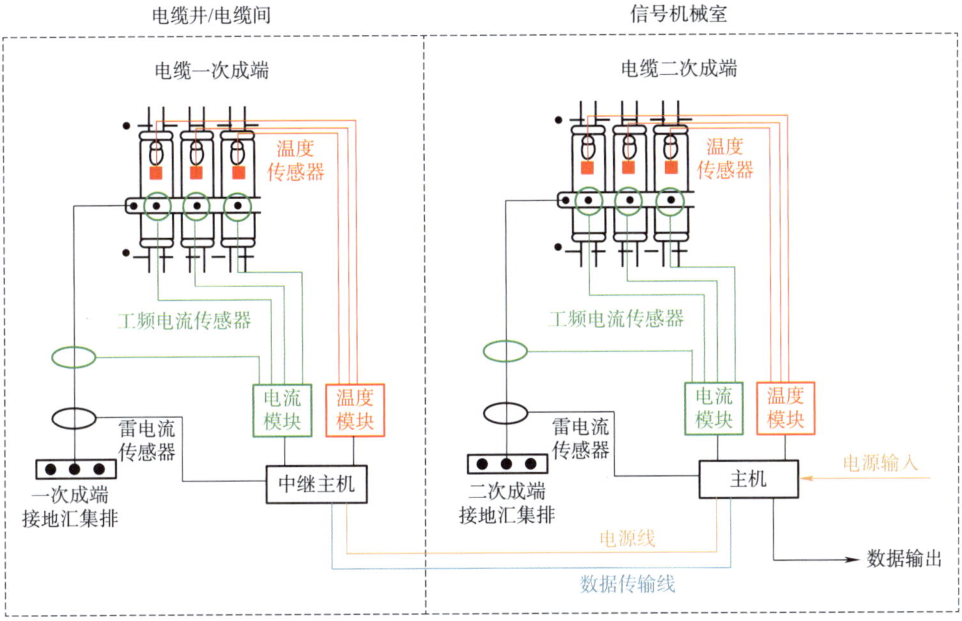

图 4-37　电缆成端监测采样原理

器完成雷击信息的采集。将接地汇流排至综合地网接地引接线穿入雷电流互感器，实时采集接地线的雷击次数、雷击波形、雷击能量等信息。

采样路径：接地汇流排至综合地网接地引接线→雷电流互感器→雷击电流采集器。

工频电流监测采用工频电流采集器加电流互感器的方式实现。电流互感器采用穿芯互感器，与被测地线进行有效隔离，互感器输出线连接到工频电流采集器，由工频电流采集器完成工频电流的采集。每根电缆防护层地线上，安装一套工频电流互感器，实时在线监测每根电缆防护层地线上的工频电流信息。

采样路径：防护层地线→电流互感器→工频电流采集器。

机柜环境监测采用表面温度采集器加电缆温度采集传感器的方式实现。电缆表面温度传感器是在每个成端盒接地端子上安装一个，用于感应端子上的温度。

采样路径：成端盒接地端子→温度传感器→温度采集器。

雷击电流采集器、工频电流采集器及温度采集器通过现场总线方式将信息传递给成端监测处理单元，成端监测处理单元通过接口将信息打包传输给 CSM 设备。

三、安全隔离

采集设备与被监测设备没有电气联系，被监测的设备雷击电流、工频信号以穿芯方式通过电流环模块，模块采用电磁隔离方式。被监测设备表面温度以传导的方式传递给温度采集模块，采集设备发生断路和短路故障均不会对被监测设备产生不良影响。

第九节　缺口监测采集原理

一、监测必要性

随着铁路高速、高密度行车区段不断增加，为确保行车安全，对道岔运用质量与状态稳定性要求越来越高。同时，随着高速繁忙干线电务维修“天窗”的全面推行，对道岔运用状态进行有效、实时监测尤显迫切，道岔缺口监测主要是解决上述问题的。按照道岔转辙机类型，一般分为直流道岔缺口监测，如 ZD6 系列电动转辙机，还有交流道岔缺口监测，如 S700K 型电动转辙机等。虽然转辙机的类型不同、结构不同、安装方式不同，但道岔缺口监测的基本原理是一致的，一般都是通过摄像头直接拍摄道岔定反位的表示缺口间隙图像，通过图像识别技术来计算、分析道岔缺口的大小，进而给出预警或报警的。

缺口监测通过对道岔缺口的图像、转辙机内部环境温湿度以及电液转辙机的油压、液位等信息进行采集，将这些采集到的信息通过 ADSL＋PLC 的通信方式传输到室内缺口监测主机，并在主机上通过图形化的方式展示出来。当某组道岔的缺口变化量超过系统设定的报警阈值时，发出声光报警。道岔缺口监测系统具有自检功能，当系统组成设备发生异常时，发出相关的报警信息。

二、采集原理

缺口监测系统设备按放置位置分为室外部分和室内部分。室外部分设备主要有图像采集传感器、电流传感器、采集通信分机和集中器。室内监测设备主要是由缺口监测主机、显示器、通信交换机（光交换机）、电源箱、机柜和相应分析软件组成。道岔缺口监测基本架构如图 4-38 所示。

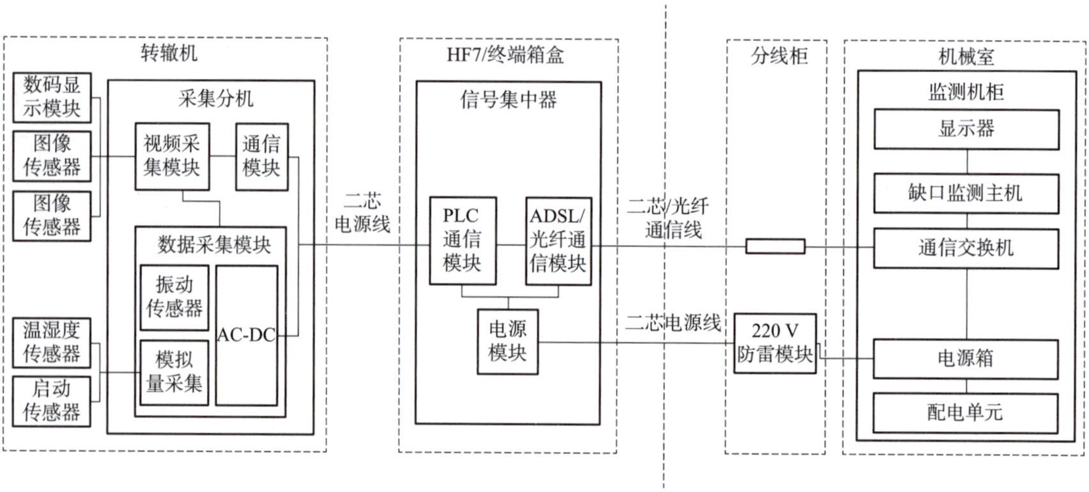

图 4-38　道岔缺口监测基本架构

室外的图像采集传感器采用专用摄像头，平时处于待机状态，按室内缺口监测主机的要求来启动拍摄；电流传感器主要采集转辙机定反位的启动电流；采集通信分机负责和室内缺口监测主机通信，将摄像头采集的信息发送给主机。室内部分电源箱负责为室外采集分机及集中器提供电源；通信交换机负责连接室外信号集中器和室内缺口主机，是一个数据汇总转发站；缺口监测主机采用工业计算机，主要运行缺口监测应用软件，负责将接收到的室外数据进行存储，并对采集数据进行计算、显示、分析和汇总，超限时给出预警或报警。同时缺口监测主机和集中监测站机通信，将道岔缺口信息发送给

CSM 集中展示。

通信交换机通过 ADSL 方式与室外信号集中器通信，将各终端分机信息通过以太网转发给站内主机；通信交换机支持 16 路。

道岔缺口监测系统主要具备如下功能：

1. 能够通过站机的配置改变采集周期时长，周期采集缺口位置静态图像，进行图像分析后，给出缺口图片、缺口偏移量，通过识别缺口位置及监测分机互感器判断生成定反位状态。

2. 能够通过站机的配置改变采集周期时长，周期性采集转辙机内温湿度、液位及振动信息，并记录监测数据，在 CSM 站机生成变化曲线，进行预警和报警。

3. 可以通过缺口监测分机采集的转辙机启动电流条件判断转辙机扳动情况，采集扳动录像、扳动后的图像及转辙机油压曲线，并上传给 CSM 站机。

4. 可以通过缺口监测分机采集的振动以采集道岔缺口在过车时的视频。

5. 可查看缺口实时视频，可手动拍摄实时图像，可查询转辙机内部实时状态信息。

转辙机内缺口监测设备安装示意如图 4-39 所示。图像采集器在监测软件控制下，采集并压缩各个表示缺口实时图像、动态视频、过车视频，经过通信转换器转换成 ADSL 信号后，再通过干线信号电缆传输进入到机械室内的 ADSL 接入设备，然后通过以太网与工控机进行数据交换。工控机上的监测软件自动接收、保存这些图像数据，识别、分析并记录每个转辙机即时的表示缺口间隙值，当间隙值大于预设间隙值时自动给出报警信息；监测软件还可提供对每台转辙机各时间段的表示缺口间隙值进行列表、统计分析、图片查询、图示缺口间隙变化曲线等功能，供信号维护人员维护转辙机缺口参考。

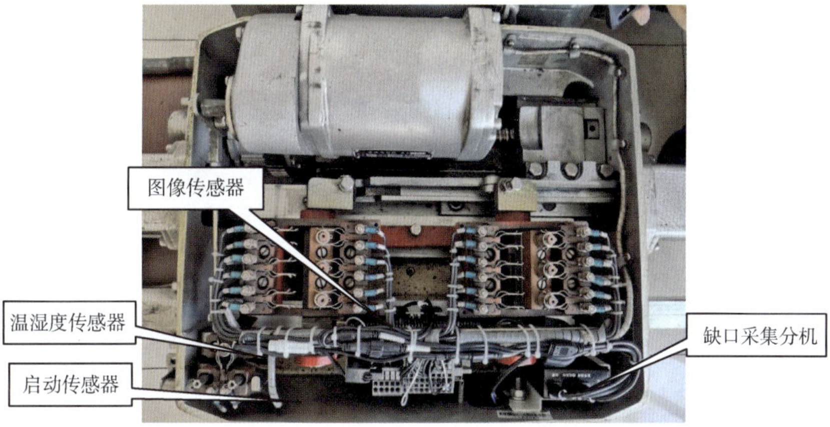

图 4-39　转辙机内缺口监测设备安装示意

当转辙机开始定→反或者反→定转换时，触发相应的电流传感器，图像采集器自动把道岔缺口整个转换过程录像，并在转换完成后，启动拍照，记录扳动后第一张未受力的缺口图像。图像采集器把扳动视频和转换后的照片，通过载波和 ADSL 通信总线通知工控机。工控机及时获取图像采集器的扳动视频和扳动图片等数据。当列车接近道岔所在位置时，图像采集器通过加速度传感器触发视频录像，把列车经过道岔时的整个缺口变化过程录下来。

三、安全隔离

道岔缺口监测系统适用于各种型号道岔转换设备，对于表示缺口监测采用图像传感器直拍缺口的方式实现，动作电流采用非接触式互感器采集，不影响道岔转换设备及其他设备的正常使用。

第十节 其他监测内容采集原理

一、集中式移频轨道电路监测采集原理

以 ZPW-2000A 型轨道电路为例进行说明。

（一）监测必要性

ZPW-2000A 型轨道电路系统的监测信息通过与 ZPW-2000A 系统维护机接口获得。通信接口采用 TCP/IP 网络通信协议。CSM 采集 ZPW-2000A 系统的电压、电流、载频、低频信息，以及系统的维护信息和报警信息。维护人员可以对指定的区间区段信息进行长时间的详细观察与记录。

对于没有接口的移频设备，需 CSM 采集。

（二）采集原理

ZPW-2000A 型轨道电路发送电压、电流采集原理如图 4-40 所示，每个移频发送器需采集发送电压、电流，同时计算出相应的载频、低频，通过编码送至 CSM 站机。

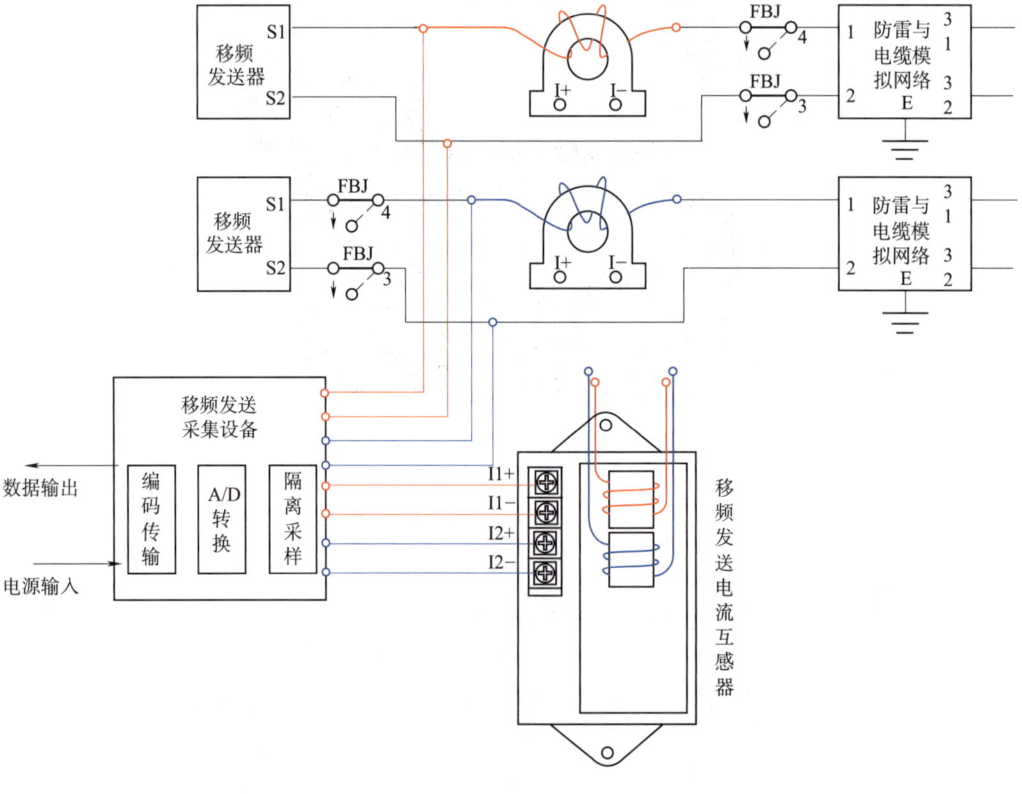

图 4-40　ZPW-2000A 型轨道电路发送电压、电流采集原理

对于 ZPW-2000A 型轨道电路的移频接收端，在接收端需采集轨入、轨出 1、轨出 2、GJ 状态等 4 个电压，如图 4-41 所示。其他制式的移频只需采集接收端的轨入电压。

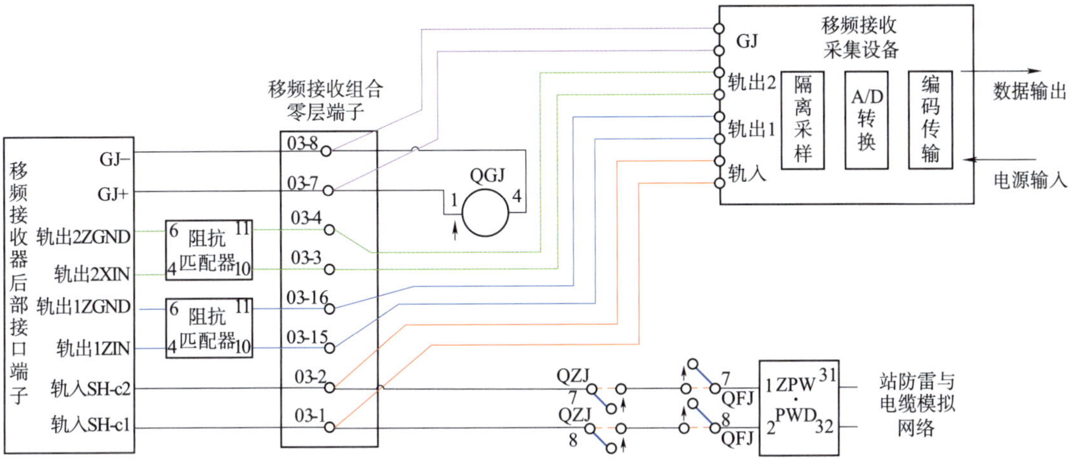

图 4-41　ZPW-2000A 型轨道电路接收端采集原理

站内电码化及集中式移频轨道电路发送端的监测，通过采集发送器功出端电压、电流实现，如图 4-42 所示，其中电流采集需使用发送盒至防雷间的输出线改接至采集组合，从内部穿过电流互感器采集后返回防雷架。

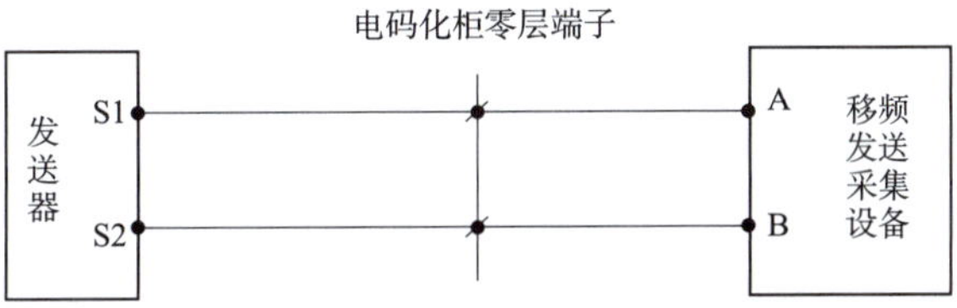

图 4-42　站内电码化及集中式移频发送端采集原理

采样路径：移频发送器→CSM 采集设备。

移频轨道电路接收轨入电压采集接收端的电压，位置通常在衰耗器处，如图 4-43 所示。

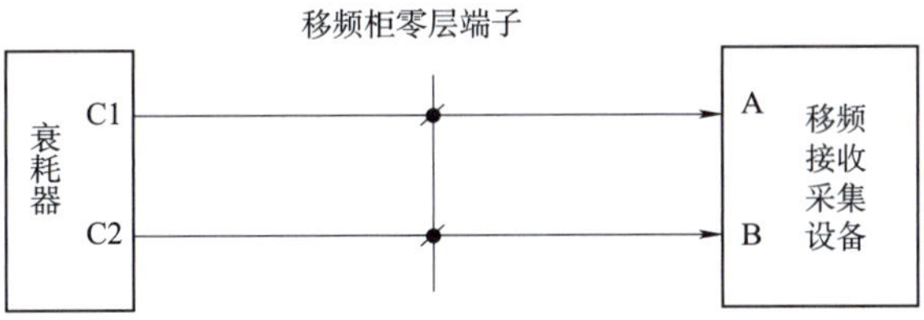

图 4-43　移频轨道电路接收轨入电压采集原理

采样路径：移频衰耗器→CSM 采集设备。

集中式移频信息监测需增加分线盘电缆侧的发送和接收电压采集。移频发送通道电缆侧电压采集原理如图 4-44 所示。移频轨道电路接收通道电缆侧电压采集原理如图 4-45 所示。

站内电码化及移频轨道电路的电压、电流、频率采样周期为 250 ms。

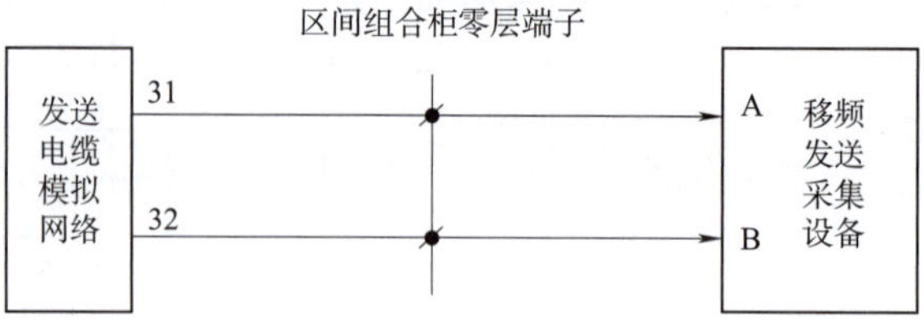

图 4-44　移频轨道电路发送通道电缆侧电压采集原理

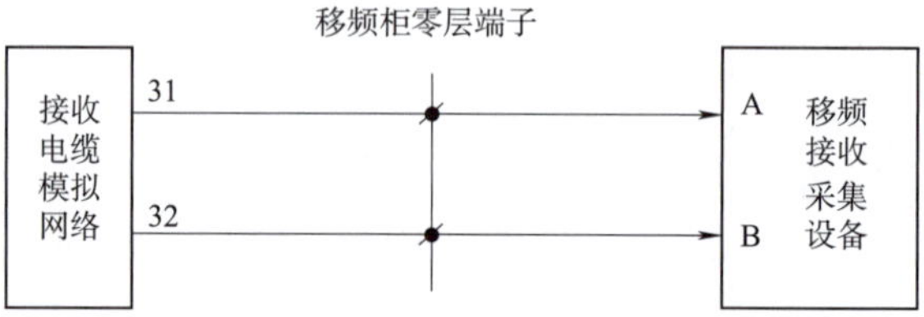

图 4-45　移频轨道电路接收通道电缆侧电压采集原理

（三）安全隔离

1. 移频轨道电路室外已经接有防雷设备，大部分能量从防雷设备入地，不会对室内主体和监测设备造成影响。

2. 牵引回流高压侵入来自室外时，匹配变压器将其隔离，当干扰通过匹配变压器窜至防雷模拟网络时，防雷设备也会将剩余能量入地，从而有效保护设备。

3. 电流采集设备与被监测设备没有任何电气连接，被测电流信号通过穿芯方式通过采集模块，采集模块采用电磁隔离方式，采集设备发生短路故障不会对被监测设备产生不良的影响。

4. 电压采集设备内部防护措施。

见本章“第一节　轨道电路监测采集原理”中安全隔离分析相关内容。

二、半自动闭塞监测采集原理

（一）监测必要性

电务维护人员可以通过对半自动闭塞电压实时值及历史记录曲线的分析，及时预测可能出现的问题，并找出电路中的故障点。

半自动闭塞的监测内容包含发送电压和电流。

（二）采集原理

半自动闭塞电压、电流采集原理如图 4-46 所示。外线电压、电流监测位置为组合侧面至分线盘的发送端。电压采样配线点可选在组合侧面的输出点上，电流采集需将发送线中的一根经电流互感器穿芯采集。

采样路径：半自动闭塞组合侧面→CSM 采集设备。

电压采集和电流采集过程中可以实现对采样信号极性变化的自适应测量。一个半自动闭塞采集设备可以采集一路正反向电压和一路正反向电流。

半自动闭塞外线电压从分线盘端子引入采集设备，经单元内部的隔离模块隔离、运算放大处理后，再进行 A/D 转换、CPU 处理，最后通过现场总线送 CSM 站机显示、存储。

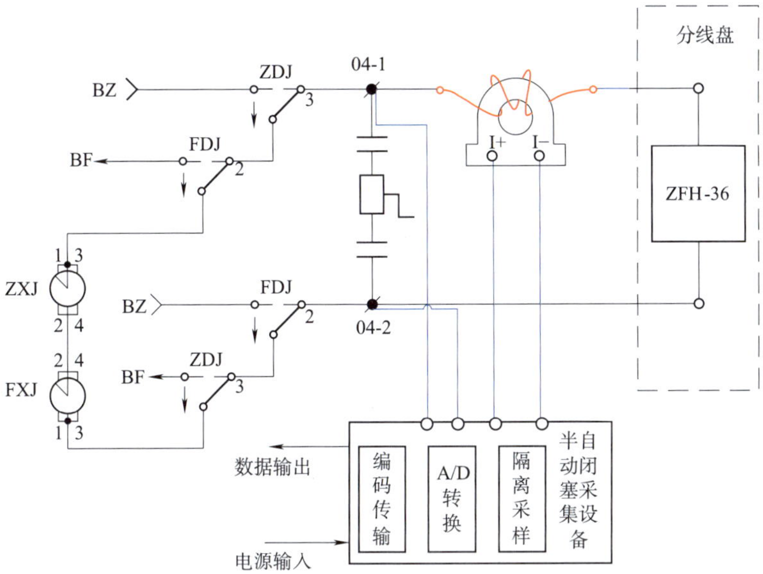

图 4-46　半自动闭塞电压、电流采集原理

半自动闭塞电压、电流的采样周期为 100 ms。

（三）安全隔离

1. 闭塞外线已经接有防雷设备，大部分能量从防雷设备入地，不会对监测设备造成影响。

2. 电流采集设备与被监测设备没有任何电气连接，被监测电流信号通过穿芯方式通过采集模块，采集模块采用电磁隔离方式，采集设备发生短路故障不会对被监测设备产生不良影响。

3. 电压采集设备内部防护措施。

见本章“第一节　轨道电路监测采集原理”中安全隔离分析相关内容。

三、站（场）间联系电压监测采集原理

（一）监测必要性

站（场）间联系电路是两站之间重要信息传递的纽带，直接关系到行车安全和效率。CSM 可 24 h 不间断对其各条线路监测，一有故障马上报警，提醒维护人员及时处理。

（二）采集原理

站（场）间联系电压采集原理如图 4-47 所示。

站（场）间联系电压采集对应相邻两站区间分界处联系点的 GJ 和 DJ 两端电压。

采样点通常在室外分线盘端子或联系点所在组合侧面端子。

采集信息经过隔离转换后，采用现场总线方式经过光电隔离模块进入 CSM 站机。

（三）安全隔离

见本章“第一节　轨道电路监测采集原理”中相关内容。

四、站场运用状态开关量采集原理

（一）监测必要性

开关量状态监测是 CSM 的基本功能之一，主要是实现对站场信息的监督，记录站场行

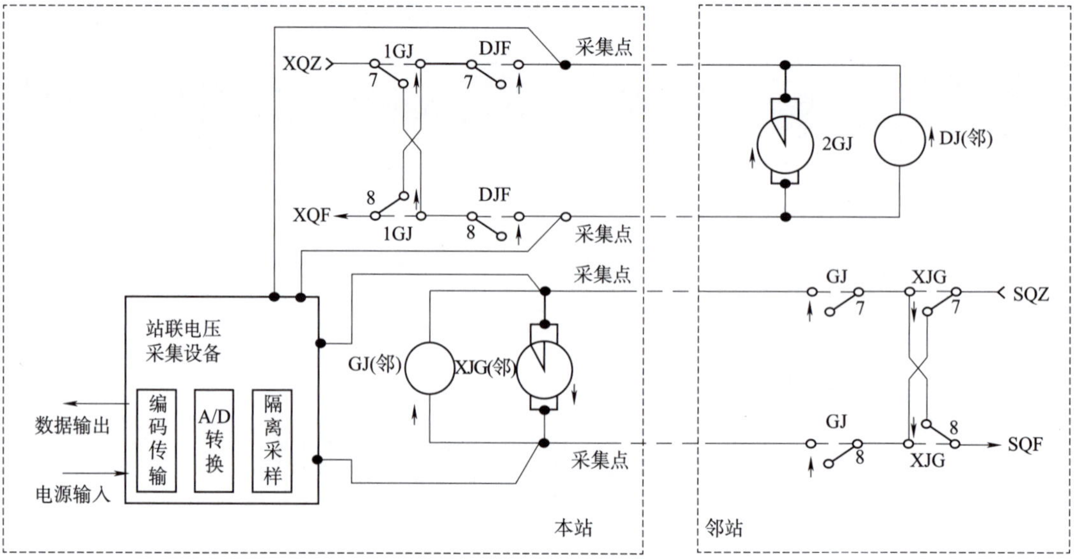

图 4-47　站（场）间联系电压采集原理

车信息和值班员的操作信息，为其他监测项目提供采集条件。

对于计算机联锁车站，站场开关量通过联锁接口获取；对于继电联锁车站，按钮状态、控制台表示状态、关键继电器状态等站场开关量，CSM 使用自身的开关量采集板采集。

（二）采集原理

开关量采集板采集原理如图 4-48 所示。

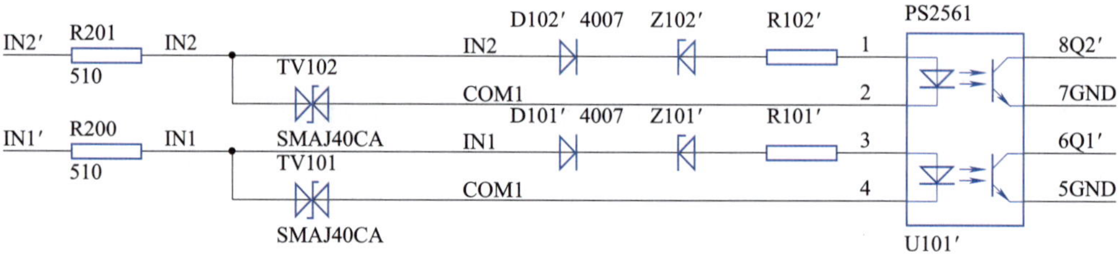

图 4-48　开关量采集板采集原理

开关量采样周期通常小于或等于 150 ms。

1. 继电器空接点采集方式如图 4-49 所示。

2. 控制台表示灯采集方式如图 4-50 所示。

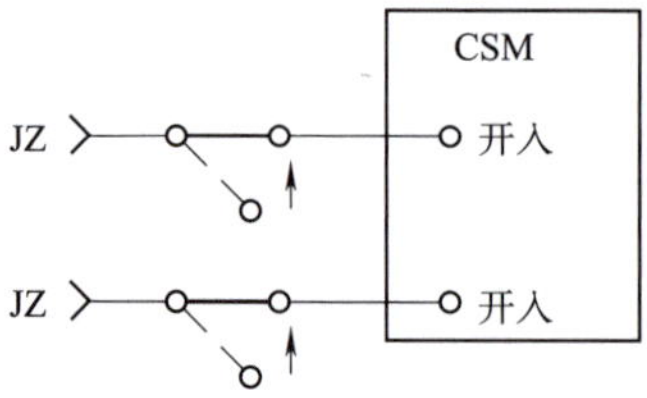

图 4-49　继电器空接点采集原理

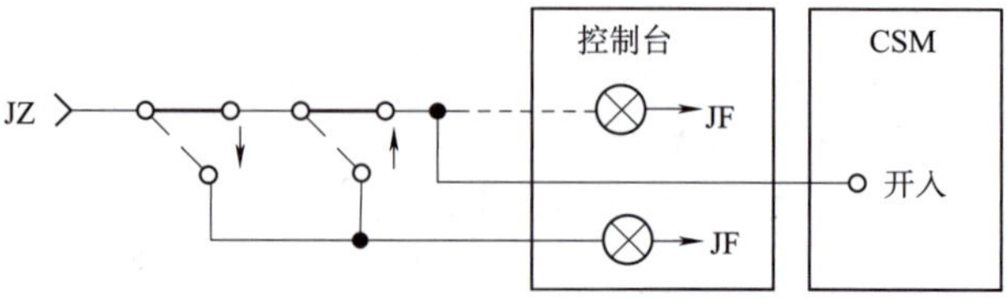

图 4-50　控制台表示灯采集原理

3. 主电源、副电源及其他表示灯采集方式如图 4-51 所示。

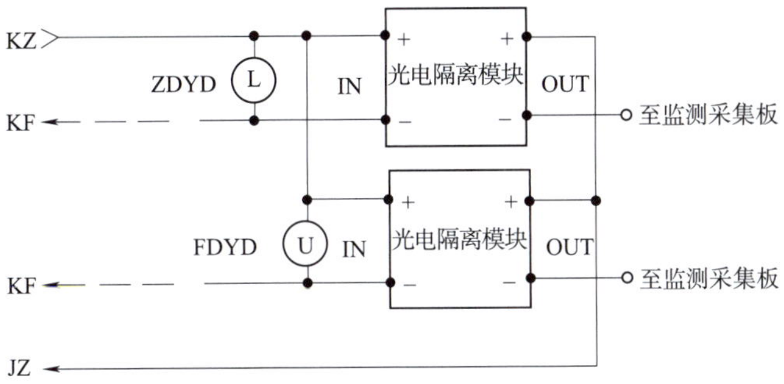

图 4-51　主电源、副电源及其他表示灯采集原理

4. 继电器半组接点采集方式如图 4-52 所示。

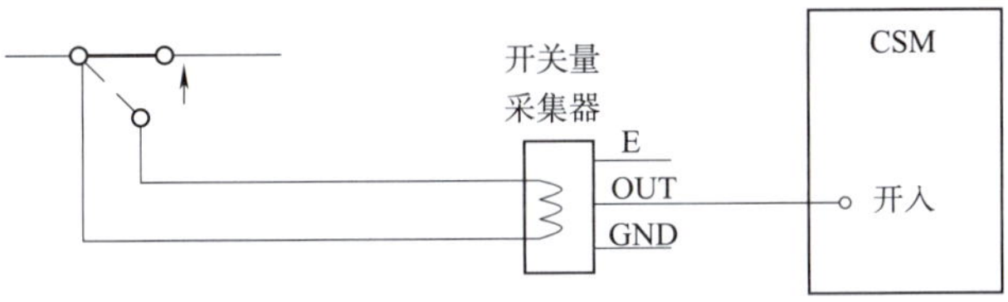

图 4-52　继电器半组接点采集原理

（三）安全隔离分析

开关量采集采用空接点和半组接点方式时，短路、开路故障均不会对电路产生任何影响。

开关量采集板采用高阻隔离和光电隔离的原理，发生断路故障的概率远远大于发生短路故障的概率。

开关量采集采用采集控制台表示灯方式时，如果采样线短路，造成控制面板光管的显示出现故障，虽然不会影响联锁关系，但对值班员的工作造成干扰。

开关量采集采用固态光电隔离的方式时，如果采样线短路，导致继电器落下，虽然符合故障—安全原则，但还是对值班员的工作造成影响，因此应避免采用固态光电隔离的方式。对于无空接点的继电器应增设复示继电器以供采集，这样即使发生短路、断路故障也不对电路产生任何影响。

五、熔丝断丝报警监测采集原理

（一）监测必要性

熔丝断丝报警的监测是为了监测信号机械室内各组合架上的相关熔丝情况，当出现熔丝断丝时，及时将对应断丝位置信息显示在监测终端上。

（二）采集原理

对安装多功能熔丝转换单元的车站，一般都配套加装熔丝报警设备，所以 CSM 没有必要对每个熔丝的状态进行监测。一般的采样方法有：

1. 监测控制台总熔丝报警状态（直接从计算机联锁系统获取状态信息）。

2. 采集熔丝断丝报警排架灯。

熔丝断丝报警排架灯采集原理如图 4-53 所示。

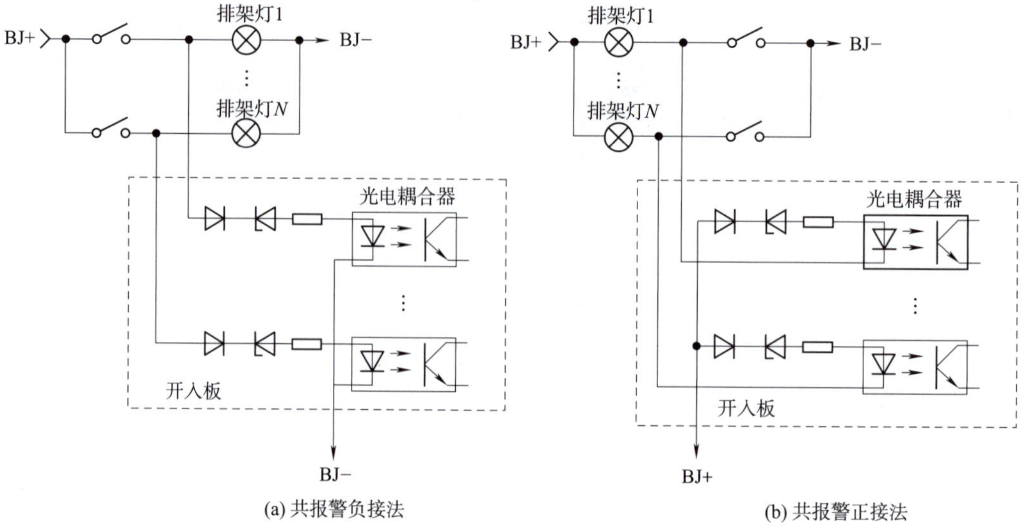

图 4-53　熔丝断丝报警排架灯采集原理

熔丝断丝报警电源一般有直流 12 V、24 V、50 V 三种，根据报警电源的大小，需要选择不同的开入板输入参数。开入板输入端稳压管和限流电阻与熔丝断丝报警电源大小的对应关系如下：

1. 报警电源为 DC 24 V 时，稳压管电压为 12 V，限流电阻为 6.8 kΩ。
2. 报警电源为 DC 12 V 时，稳压管电压为 6.2 V，限流电阻为 3.3 kΩ。
3. 报警电源为 DC 50 V 时，稳压管电压为 12 V，限流电阻为 36 kΩ。

（三）安全隔离方式

采集隔离使用开关量采集板隔离，具体见本节“四、站场运用状态开关量采集原理”相关内容。

六、环境状态监测采集原理

（一）监测必要性

随着计算机联锁、列控系统等电子设备的大量应用，信号设备对环境的要求也越来越高，环境状态的自动监测也就越来越重要。其中主要涉及机械室的明火烟雾监测、门禁监测及温湿度监测。

（二）采集原理

1. 明火烟雾监测

（1）采集原理

烟雾及火光监测的基本原理是将各烟雾和火光传感器安装在信号设备房的顶部，当检测到有烟雾和火光时，传感器连通内部的报警接点，将报警电源经接点送回 CSM 开关量采集设备。CSM 采样周期为 150 ms。

（2）安装方式

烟雾和火光传感器安装在机械室房屋的顶部，如图 4-54 所示，布线采用 PVC 管防护，烟雾和火光传感器安装在一起。

烟雾和火光传感器电源同是 DC 24 V，这样每处安装位置只需要放一对电源线。两个模块各有一根输出线进入监测机柜。

对于机械室不是吊顶的情况，也可采用图 4-55 在组合架上安装支架的方式，支架是中空的，这种方式解决了传感器模块很难在屋顶安装的问题，而且容易走线，但要注意其高度需满足探测范围的要求。

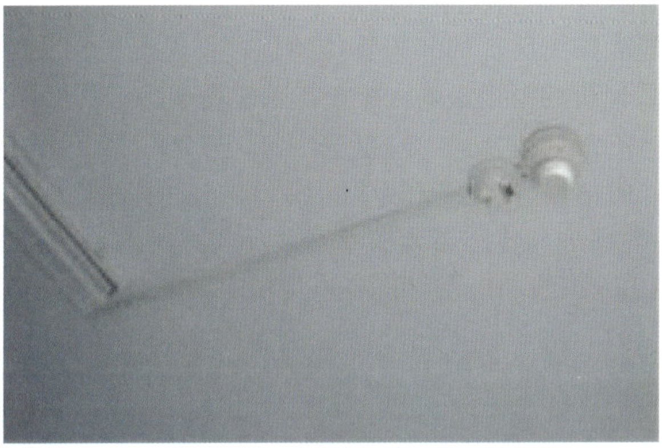

图 4-54 明火和烟雾传感器安装示意

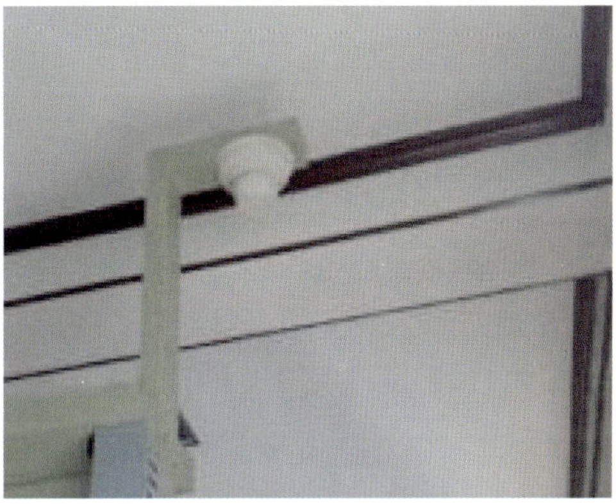

图 4-55 明火和烟雾支架安装示意

2. 门禁监测

(1) 采集原理

在设备机房入口处安装红外门禁传感器，当有人在门禁传感器的感应范围内经过时，传感器上的报警接点连通，将报警电源经接点送回 CSM 开关量采集设备，用于记录报警状态。CSM 采样周期为 150 ms。

(2) 安装方式

门禁红外线传感器没有自带的安装装置，并且底座没有安装孔，现场安装时需要找固定的装置并现场钻孔。

一般红外探头是安装在机械室门口的墙上，高度是 2 m 左右。安装在墙上的红外探头布线应加以防护。

如果机械室墙体很难钻孔，并且信号组合架离机械室门口很近，也可以按图 4-56 所示方式安装在正对机械室门的组合架走线槽上。安装在走线槽上，一是方便走线，二是安装固定相对容易。

图 4-56 门禁红外传感器安装示意

3. 温湿度监测

(1) 采集原理

基于金属导体的电阻值随温度增加而增加这一特性，温度探头采用热电阻测量温度。温度传感器热电阻大都由纯金属材料制成，目前应用最多的是铂和铜。湿度传感器分为电阻式和电容式两种，产品的基本形式都是在基片涂覆感湿材料形成感湿膜，空气中的水蒸气吸附于感湿材料后，元件的阻抗介质常数发生变化，从而制成湿敏元件。

CSM 温湿度的监测原理就是在温度和湿度探头后部加装采集传感器，将温湿度探头的电阻变化转换成电压模拟量，并送至 CSM 采集机的模拟量输入板上，采样周期为 150 ms。

(2) 安装方式

温湿度传感器一个站一般有 2～3 套，其中信号机械室安装 1 套或 2 套，计算机联锁车站的微机室安装 1 套。安装时要注意传感器的探头和传感器紧挨着安装（图 4-57)，一是探头上的输出线很短，方便接线；二是尽量减少输出线的电阻，提高采集精度。安装的地点以能够准确反映室内的温度和湿度为宜。

图 4-57 温湿度传感器安装示意

温湿度传感器的工作电源是集中监测机柜综合层隔离电源供出的直流＋12 V、－12 V 和 GND，传感器工作电源线和输出到机柜的采集线可以用 $23\times\phi0.15$ mm 的阻燃塑料软线。

(三) 安全隔离

此类监测项目包括环境监测各种模拟量和开关量的采集，该监测项目只对机房内的环境信息监测，与信号设备无任何连接，不会对信号设备造成异常影响。

第五章　铁路信号集中监测系统接口

CSM功能实现所需要的状态数据除由自身的采集机提供外，还需要从其他系统获取。随着铁路提速工程和高速铁路工程的建设，新型信号设备不断上道应用，根据新型信号设备的不同特性，CSM扩充了诸多信息接入接口，如图5-1所示。除此之外，CSM还预留与其他系统的接口。

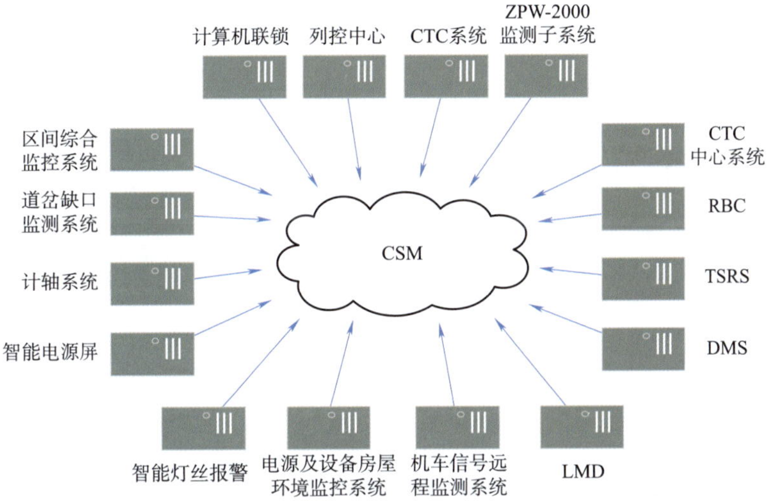

图5-1　CSM信息接入接口

CSM车站子系统接口的系统有计算机联锁系统、列控中心、CTC系统、ZPW-2000监测子系统、区间综合监控系统、道岔缺口监测系统、智能电源屏、计轴系统、电源及设备房屋环境监控系统及智能灯丝报警设备。车站子系统通信接口物理连接如图5-2所示。

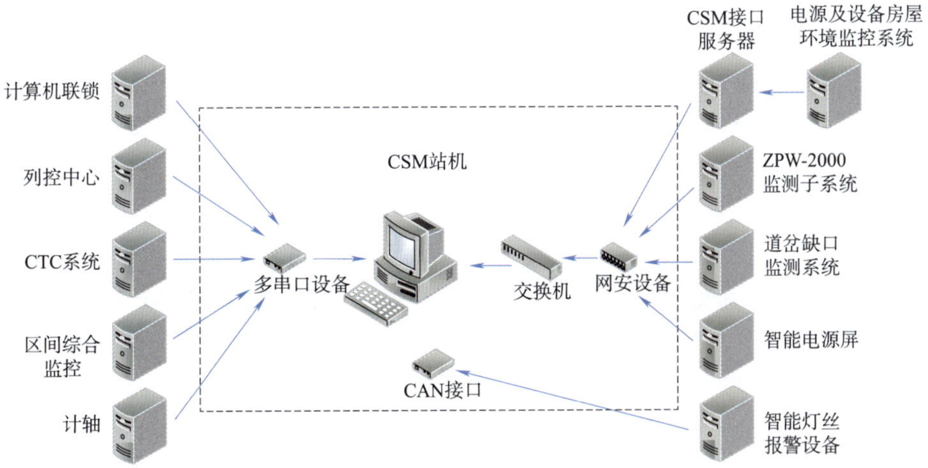

图5-2　车站子系统通信接口物理连接

CSM中心子系统接口的系统有RBC、TSRS、CTC中心运维平台、DMS、LMD及机车信号远程监测系统。中心子系统通信接口物理连接如图5-3所示。

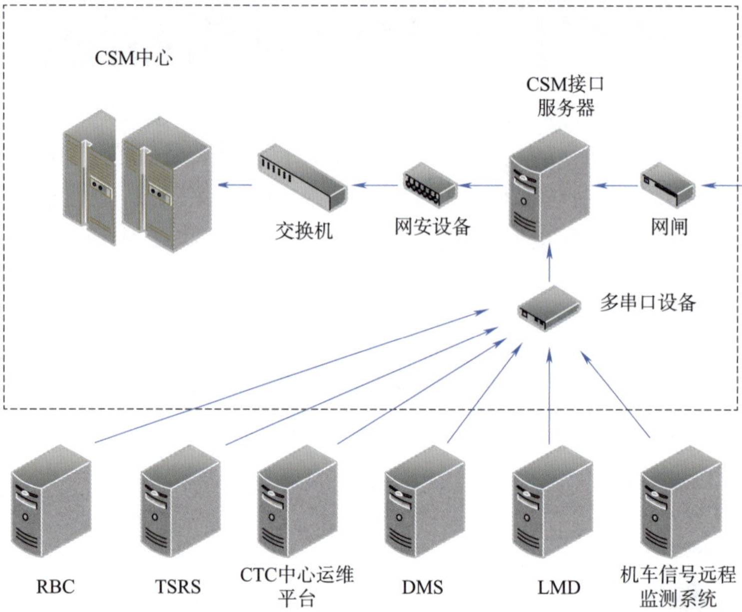

图5-3 中心子系统通信接口物理连接

第一节 与计算机联锁系统的接口

计算机联锁系统是以信号机、转辙机和轨道电路作为室外三大基础设备，以电子设备实现联锁运算功能，采取集中控制方式控制信号机和道岔的系统。

一、接口方式

计算机联锁系统与CSM的接口是通过计算机联锁系统的电务维修机与CSM站机交互实现的。两者之间采用RS-422串口通信，通信双方均增加光电隔离及防病毒措施，接口方式如图5-4所示。由计算机联锁电务维修机向CSM站机单向发送数据。站场表示、操作信息、设备状态及采集驱动信息使用一个标准串行接口发送给CSM，数据传送周期不大于500 ms。CBI-RBC信息使用一个标准串行接口发送给CSM，数据传送的周期不大于1 s。

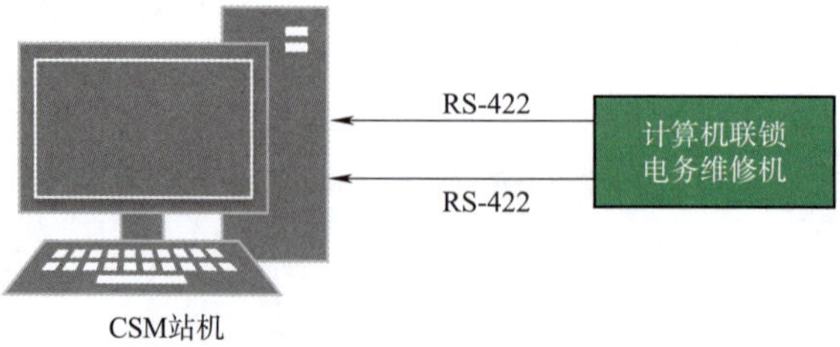

图5-4 与计算机联锁系统的接口方式

二、数据传输内容

电务维修机的数据采样周期不大于 150 ms，当站场开关量信息发生变化时，电务维修机自动存储变化的信息并及时向 CSM 发送，与 CSM 的通信周期不大于 1 s。CSM 将接收的数据处理后复示显示。

CSM 可从计算机联锁系统的电务维修机获取站场表示信息、操作信息、设备状态、采集驱动信息及 CBI-RBC 信息。

1. 轨道区段信息：包括轨道区段占用状态、轨道区段锁闭状态和轨道区段空闲状态。

2. 道岔信息：包括道岔定位和反位表示，道岔总定位、总反位状态，道岔引导总锁闭状态，道岔单独解锁、单独操纵、单独封锁状态，以及道岔心轨和尖轨单独操纵状态。

3. 信号机信息：各种信号显示，包括绿灯、红灯、黄灯显示；引导白灯、双绿灯、绿黄灯、双黄灯、黄闪黄以及灭灯显示；调车信号机的白灯、蓝灯、白闪、红闪、黄闪、绿闪及断丝闪灯显示。

4. 脱轨器信息：包括脱轨器的定位和反位状态。

5. 表示灯信息：包括主电源灯、副电源灯、区间监督、接车表示灯、发车表示灯、辅助灯、自律模式、允许转为自律、非常站控、同意动岔灯、邻站照查灯、洗车同意灯、机务段同意灯、信号降级灯、异物侵限表示灯、股道停稳计时灯等的信息。

6. 按钮状态信息：包括控制台上总人解按钮、总取消按钮、事故解锁按钮、按钮单封（戴帽）状态、故障通知按钮的状态信息；列车按钮，调车按钮、灭灯按钮的状态信息以及接车辅助、发车辅助、总辅助、允许改方（或允许反向）等按钮的状态信息。

7. 设备状态信息：包括联锁机主备用状态、操作机工作状态、联锁板级（采集板、驱动板等）故障状态。

8. 报警信息。

（1）站场信息报警：包括轨道停电报警、挤岔报警、主灯丝断丝报警、熔丝断丝报警及移频报警。

（2）计算机联锁系统自身故障报警：包括计算机联锁系统控显机故障报警、输入板故障报警、CPU 板故障报警、输出板故障报警、主机和备机故障报警。

（3）计算机联锁系统与其他系统的通信故障报警：包括计算机联锁系统与列控中心系统、TDCS/CTC 系统通信故障报警等。

9. CBI-RBC 信息：包括 CBI 发送给 RBC 的列车进路状态、闭塞分区状态及异物侵限灾害等。

CSM 接收到上述数据后进行实时处理，并以站场图的形式直观、及时地向电务维护人员提供准确、可靠和丰富的设备运行状态显示。

除了接收计算机联锁系统传输的信号设备基础数据，CSM 还可对计算机联锁系统自身的工作状态进行监视和记录。

三、数据通信

由计算机联锁系统的电务维修机单向发送，CSM 接收。CSM 站机将接收到的信息进行实时处理，真实反映计算机联锁系统获取的车站设备状态及计算机联锁设备的报警信息，并显示计算机联锁系统与其他系统连接状态，发现故障及时以声光报警方式提醒用户。

第二节 与车站列控中心系统的接口

车站列控中心系统是设于各个车站的列控核心安全设备，采用冗余的硬件结构。根据调度命令、进路状态、线路参数及临时限速等产生相关控车信息。

一、接口方式

车站列控中心系统与CSM的接口是通过车站列控中心维护终端与CSM站机交互实现的。两者之间采用RS-422串口通信，通信双方均增加光电隔离及防病毒措施，接口方式如图5-5所示。

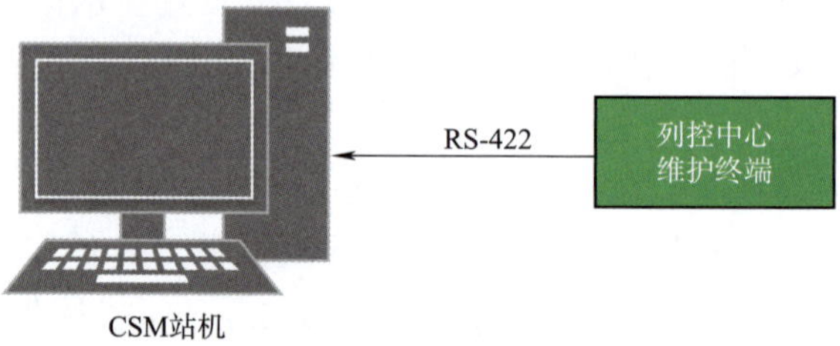

图5-5 与车站列控中心系统的接口方式

二、数据传输内容

车站列控中心维护终端与CSM站机间数据通信采用统一的数据帧格式。车站列控中心的维护终端向CSM站机提供全体列控地面子系统设备监测数据服务，一方面为CSM提供车站列控中心系统的维护信息，另一方面在客运专线监测中为CSM提供区间状态信息（区间信号状态、区间区段状态）。

用户可以在CSM站机软件中观察车站设备的编码信息，对车站列控中心自身工作状态进行监视和记录。

1. 列控平台设备工作状态和系统通信接口状态

此类状态包括各类硬件板卡的工作状态、列控中心与各子系统（如计算机联锁系统、CTC、TSRS、邻站列控中心）之间通信的接口状态。

2. 车站列控中心业务数据流信息

此类信息包括计算机联锁系统传输的进路信息（图5-6）、联锁改方信息、信号降级信息、CTC/TSRS接口临时限速信息（图5-7）、邻站列控中心边界设置信息、站间改方信息；还包括车站和区间区段空闲和区段占用的码位信息，区间线路方向状态、站内区段方向状态以及灾害防护继电器状态的显示信息，区间信号机红灯、绿灯、黄灯、绿黄灯及灭灯信息。

3. 车站列控中心系统控制输出结果信息

此类信息包括轨道电路的编码信息和继电器驱动输出（方向驱动、区间点灯驱动）的结果信息，其中轨道区段编码显示界面如图5-8所示。

刷新　时间：2024年06月19日　打印　导出

	列控进路编号	股道	始端信号机	终端信号机	时间	进路状态	信号机状态	经过的轨道区段
☑	点击这里进行查询...							
1	33	至9股道	XQ	X9	2024/6/19 20:41:55	办理进路	绿黄	203DG;205DG;209DG;211-217DG;225DG;9G1;9G2
2	35	至11股道	XQ	X11	2024/6/19 20:41:55	取消进路	绿黄	203DG;205DG;209DG;211-217DG;11G1;11G2
3	1049	由10股道	S10	XQF	2024/6/19 20:41:45	取消进路	绿灯	225DG;211-217DG;209DG;205DG;203DG;201DG;XIIIAG
4	1049	由10股道	S10	XQF	2024/6/19 20:41:42	办理进路	绿灯	225DG;211-217DG;209DG;205DG;203DG;201DG;XIIIAG
5	35	至11股道	XQ	X11	2024/6/19 20:41:18	办理进路	绿黄	203DG;205DG;209DG;211-217DG;11G1;11G2
6	1067	由10股道	S10	XQ	2024/6/19 20:40:56	取消进路	绿灯	225DG;211-217DG;209DG;205DG;203DG
7	1067	由10股道	S10	XQ	2024/6/19 20:26:16	办理进路	绿灯	225DG;211-217DG;209DG;205DG;203DG
8	41	至17股道	XQ	X17	2024/6/19 20:25:51	取消进路	绿黄	203DG;205DG;207DG;207/213WG;213DG;215-219DG;221DG;17G1;17G2
9	15	至9股道	XQF	X9	2024/6/19 20:25:32	取消进路	双黄	XIIIAG;201DG;203DG;205DG;209DG;211-217DG;225DG;9G1;9G2
10	15	至9股道	XQF	X9	2024/6/19 20:25:00	办理进路	双黄	XIIIAG;201DG;203DG;205DG;209DG;211-217DG;225DG;9G1;9G2
11	41	至17股道	XQ	X17	2024/6/19 20:24:40	办理进路	绿黄	203DG;205DG;207DG;207/213WG;213DG;215-219DG;221DG;17G1;17G2

图 5-6　车站列控中心列车进路记录

刷新　时间：2024年06月19日 — 2024年06月19日　打印　导出

	时间	TSR状态	调度命令号	TSR_ID	限速值(km/h)	线路号	限速原因	起点里程系	起点里程标(m)	终点里程系	终点里程标(m)
☑	点击这里进行查询...										
1	2024/6/19 20:44:40	建立	4	4	35	4	风雨雪	正线限速，里程标系标识：33	44	侧线限速，里程标系标识：0	1
2	2024/6/19 20:43:47	取消	64	2	30	2	施工	正线限速，里程标系标识：2	0	侧线限速，里程标系标识：0	100
3	2024/6/19 20:19:56	建立	64	2	30	2	施工	正线限速，里程标系标识：2	0	侧线限速，里程标系标识：0	100
4	2024/6/19 20:18:50	取消	7	3	45	3	突发灾害	正线限速，里程标系标识：22	5	侧线限速，里程标系标识：0	25
5	2024/6/19 20:16:10	建立	7	3	45	3	突发灾害	正线限速，里程标系标识：22	5	侧线限速，里程标系标识：0	25
6	2024/6/19 20:14:39	取消	71	4	15	4	突发灾害	正线限速，里程标系标识：33	44	侧线限速，里程标系标识：0	1
7	2024/6/19 20:13:19	建立	71	4	15	4	突发灾害	正线限速，里程标系标识：33	44	侧线限速，里程标系标识：0	1

图 5-7　车站列控中心执行临时限速命令记录

	状态量名称	状态	信号设备类型	接口系统
☑	点击这里进行查询...			
1	4683BG主轨载频编码	2001.4Hz	轨道电路	列控
2	4683BG小轨载频编码	1998.7Hz	轨道电路	列控
3	4702AG主轨载频编码	2298.7Hz	轨道电路	列控
4	4702AG小轨载频编码	2301.4Hz	轨道电路	列控
5	4683AG主轨载频编码	2301.4Hz	轨道电路	列控
6	4683AG小轨载频编码	1998.7Hz	轨道电路	列控
7	4702BG主轨载频编码	2301.4Hz	轨道电路	列控
8	4702BG小轨载频编码	2298.7Hz	轨道电路	列控
9	4699BG主轨载频编码	1998.7Hz	轨道电路	列控
10	4699BG小轨载频编码	2301.4Hz	轨道电路	列控
11	4716AG主轨载频编码	2001.4Hz	轨道电路	列控
12	4716AG小轨载频编码	1998.7Hz	轨道电路	列控
13	4699AG主轨载频编码	1998.7Hz	轨道电路	列控
14	4699AG小轨载频编码	2301.4Hz	轨道电路	列控
15	4716BG主轨载频编码	2298.7Hz	轨道电路	列控
16	4716BG小轨载频编码	2301.4Hz	轨道电路	列控
17	4713BG主轨载频编码	1998.7Hz	轨道电路	列控
18	4713BG小轨载频编码	2301.4Hz	轨道电路	列控
19	4728AG主轨载频编码	2301.4Hz	轨道电路	列控
20	4728AG小轨载频编码	2301.4Hz	轨道电路	列控
21	4713AG主轨载频编码	2298.7Hz	轨道电路	列控
22	4713AG小轨载频编码	2301.4Hz	轨道电路	列控
23	4728BG主轨载频编码	2001.4Hz	轨道电路	列控

图 5-8　车站列控中心轨道区段编码信息

4. 车站列控中心系统维护报警信息

报警信息包括维护终端与列控中心主机通信故障、列控中心与其他系统通信故障、列控中心主要板卡及模块故障、系统初始化失败报警、LEU 切换单元故障、IO 板卡故障、电源报警、异物侵限报警、地震报警、各类型控制对象状态报警（信号机、轨道区段、区间线路、LEU、站台门、继电器采集等）等类型报警。

三、数据通信

车站列控中心维护终端向 CSM 站机单向发送数据，根据不同的数据类型按照 1～3 s 固定周期发送。CSM 站机超过 10 s 没有接收到任何信息时，判断为连接中断。

第三节　与 CTC 系统的接口

CTC 系统是铁路运输指挥的核心系统，是控制中心（调度员）对某一调度区段的信号设备进行集中控制，对列车运行直接指挥、管理的技术装备。CTC 系统作为核心的信息来源，可与列控、运营、客服、统计分析等外部信息系统共享信息，协同工作。

一、接口方式

CTC 系统与 CSM 之间的通信是通过 CTC 系统的电务维护终端与 CSM 站机实现的。CSM 站机与 CTC 系统的电务维护终端之间采用带光电隔离的 RS-422 串口连接，接口方式如图 5-9 所示。

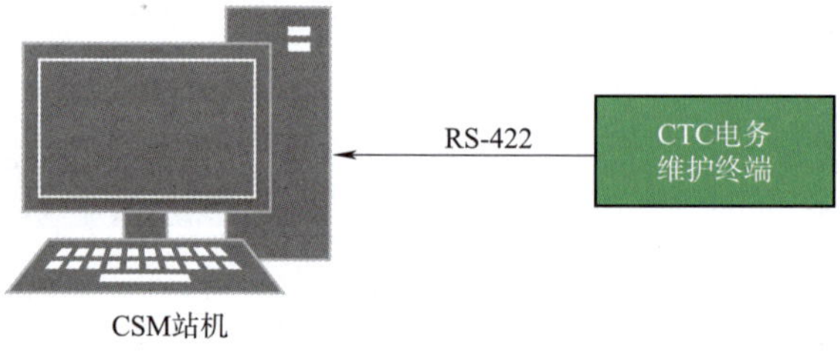

图 5-9　与 CTC 系统的接口方式

二、数据传输内容

CSM 可以从 CTC 系统获取 CTC 系统的站场表示信息、设备状态及 CTC 系统的报警信息。

1. 站场表示信息

（1）轨道区段信息：包括轨道区段占用状态、轨道区段锁闭状态和轨道区段空闲状态。

（2）道岔信息：包括道岔定位和反位表示，道岔总定位、总反位状态，道岔引导总锁闭状态，道岔单独解锁、单独操纵、单独封锁状态，以及道岔心轨和尖轨单独操纵状态。

（3）信号机信息：各种信号显示，包括绿灯、红灯、黄灯显示；引导白灯、双绿灯、绿黄灯、双黄灯、黄闪黄以及灭灯显示；调车信号机的白灯、蓝灯、白闪、红闪、黄闪、绿闪及断丝闪灯显示。

（4）表示灯信息：包括主电源灯、副电源灯、区间监督、接车表示灯、发车表示灯、辅助灯、自律模式、允许转为自律、非常站控、同意动岔灯、邻站照查灯、洗车同意灯、机务段同意灯、信号降级灯、异物侵限表示灯、股道停稳计时灯等的信息。

(5) 按钮状态信息：包括控制台上总人解按钮、总取消按钮、事故解锁按钮、按钮单封(戴帽)状态、故障通知按钮的状态信息；列车按钮，调车按钮、灭灯按钮的状态信息以及接车辅助、发车辅助、总辅助、允许改方(或允许反向)等按钮的状态信息。

2. CTC 系统设备状态

CTC 系统的设备状态包括 CTC 系统自律机主备机状态、自律机采集板状态、自律机与联锁机通信状态、自律机与列控机通信状态、自律机与外部系统通信状态、自律机网络状态等。

3. CTC 系统的报警信息

(1) 报警级别可分为系统紧急报警、一般系统报警和一般系统通告信息。

(2) 报警种类可分为一般系统告警、系统错误告警、网络故障告警、自律机与计算机联锁通信故障告警、自律机采集设备故障告警、自律机与列控系统通信故障告警以及其他串口设备故障告警。

三、数据通信

CTC 系统的电务维护终端定时向 CSM 站机发送数据，由 CSM 单向接收数据。电务维护终端每 10 s 把全部站场表示信息传输给 CSM 站机，若站场表示信息变化，电务维护终端则自主发送变化的站场表示信息给 CSM 站机。CTC 系统的设备状态和报警信息发送周期为 1 s。CSM 超过 10 s 没有收到 CTC 系统的正常数据，则判定通信中断，清除站场表示和所有状态信息。

第四节　与 ZPW-2000 监测子系统的接口

ZPW-2000 监测子系统是为 ZPW-2000 系列轨道电路配备的一体化监测设备。ZPW-2000 监测子系统完成 ZPW-2000 系列轨道电路设备相关开关量和模拟量信息的采集，根据设备状态进行维护报警，并将相关设备数据和维护报警信息转发给 CSM。

一、接口方式

ZPW-2000 监测子系统与 CSM 站机之间采用 2 个以太网 RJ-45 通信接口连接，连接电缆采用超五类网线，通信双方均增加防病毒措施，接口方式如图 5-10 所示。ZPW-2000 监测子系统为服务端，CSM 站机为客户端。接口 1 与 ZPW-2000 维护终端接口，用于获取客专通信盘状态、区段设备状态、区段占用状态、区段模拟量、接收的 TCC 编码、采集分级状态等信息。接口 2 与 ZPW-2000 轨道电路诊断主机接口，用于获取轨道电路室内外设备故障诊断定位报警信息。

二、数据传输内容

ZPW-2000 监测子系统维护终端每 250 ms 向 CSM 站机发送一次全体数据包。ZPW-2000 轨道电路诊断主机每 1 s 向 CSM 站机发送一次报警数据包。与 ZPW-2000 监测子系统的接口信息分为以下三类。

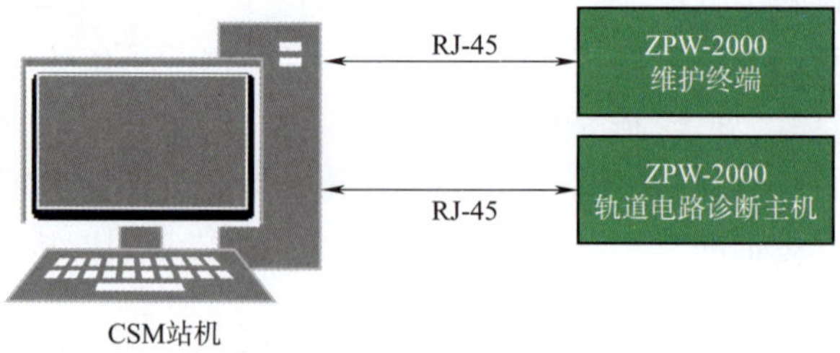

图 5-10　与 ZPW-2000 监测子系统接口方式

1. 轨道电路设备数量及设备状态信息

（1）轨道电路设备数量：包括轨道电路移频柜数量、通信编码 ZPW-2000 区段数量、既有继电编码 ZPW-2000 区段数量、ZPW-2000 设备数量、脉冲叠加轨道电路区段数量和报警数量等。

（2）轨道电路通信盘 CI-TC 状态：包括主备通信盘的工作状态，通信盘是否故障，A、B 两通信盘 CANA、CANB、CANC、CAND、CANE 的状态信息。

（3）通信编码区段主备发送设备状态：包括移频柜内的主备发送器、接收器的工作状态和 CAND、CANE 通信状态。

（4）继电编码区段设备状态：包括并机轨道继电器状态、主机轨道继电器状态，XGZ、XGB、XG、XGJ、FBJ、FS-24 V 等状态。

（5）ZPW-2000 设备状态：包括衰耗器、发送器、电缆模拟网络状态。

（6）通信编码区段接收 TCC 编码控制命令：包括主轨和小轨的载频、低频编码命令。

（7）轨道电路特征量：包括主轨道状态和小轨道状态。

用户也可以利用软件菜单，从设备状态中查看到上述信息的状态。ZPW-2000 监测子系统轨道机柜状态显示界面如图 5-11 所示。

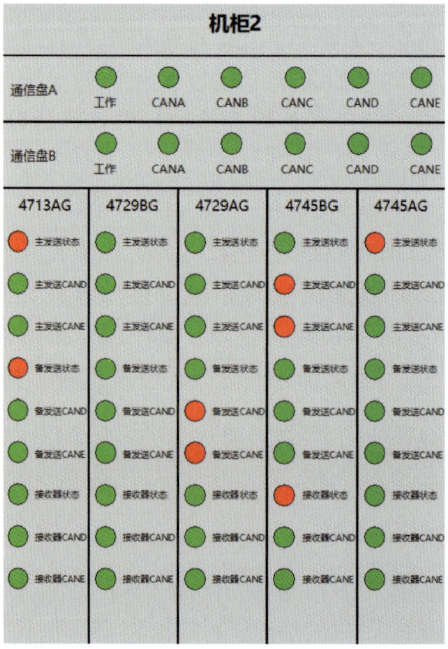

图 5-11　ZPW-2000 监测子系统轨道机柜状态

2. 轨道电路模拟量

（1）ZPW-2000 区段信息：包括发送功出电压、电流、载频、低频；送端电缆模拟网络电缆侧电压、电流、载频、低频；受端电缆模拟网络电缆侧主轨道电压、载频、低频，小轨道电压、载频、低频；受端电缆模拟网络设备侧（轨入）主轨道电压、载频、低频，小轨道电压、载频、低频；接收入口（轨出）主轨道电压、载频、低频，小轨道电压、载频、低频；道床电阻。

（2）站内区段脉冲叠加信息：包括接收脉冲头尾比设置、发送脉冲信号频率、发送脉冲信号幅度、接收脉冲频率、接收脉冲峰头电压、送端电缆侧脉冲信号频率、送端电缆侧脉冲峰头电压、送端电缆侧脉冲峰尾电压、受端电缆侧脉冲信号频率、受端电缆侧脉冲峰头电压、受端电缆侧脉冲峰尾电压、受端设备侧脉冲信号频率、受端设备侧脉冲峰头电压、受端设备侧脉冲峰尾电压。

（3）一体化区段工频干扰信息：包括送端电缆侧工频电压、送端设备侧工频电压、受端电缆侧工频电压、受端设备侧工频电压。

3. ZPW-2000 报警信息区

报警信息分为 ZPW-2000 系列轨道电路设备工作状态报警、采集机工作状态报警、轨道区段维护报警、发送器预警及轨道电路室内外设备故障诊断定位报警信息。

三、数据通信

ZPW-2000 监测子系统的两个接口与 CSM 站机数据通信机制一致。以 ZPW-2000 维护终端与 CSM 站机接口为例，由 ZPW-2000 维护终端建立服务端，CSM 站机作为客户端连接该服务端，从而建立 TCP 连接。ZPW-2000 维护终端在与 CSM 站机的连接建立后，自主发送心跳帧和数据帧信息。ZPW-2000 监测子系统从底层采集到一个周期（250 ms）的数据后，将数据做逻辑处理以及报警处理，以全体包的形式发送给 CSM。ZPW-2000 维护终端给 CSM 发送的监测数据周期为 250 ms（小于监测技术条件要求的最大时间 1 s）。CSM 则以每 3 s 向 ZPW-2000 维护终端发送一次心跳包，以确定与 ZPW-2000 维护终端的连接正常。CSM 与 ZPW-2000 监测子系统通信数据流时序如图 5-12 所示。

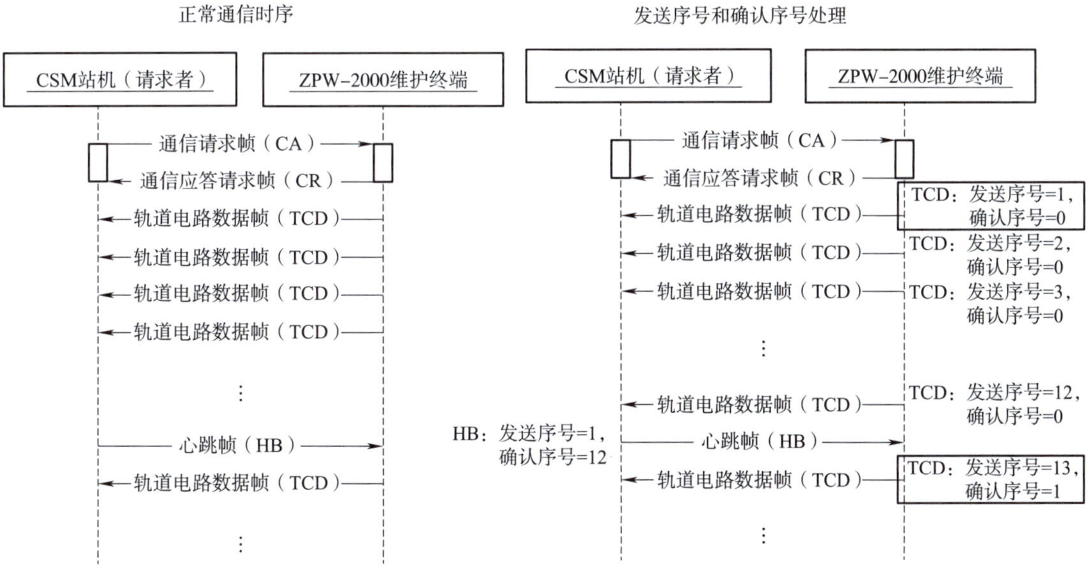

图 5-12　CSM 与 ZPW-2000 监测子系统通信数据流时序

ZPW-2000 维护终端将 ZPW-2000 监测子系统采集到的数据内容分块编组，依次存入数据区中发送。ZPW-2000 维护终端发送的每一帧数据都是实时的，不会因丢失或延时而补发，因此不会导致数据延时。CSM 站机按通信协议要求对接收的数据进行识别和处理，以供用户查询。

第五节　与智能电源屏的接口

智能电源屏是高可靠、高稳定、安全的信号电源系统，其监测单元是对电源屏运行状态及参数进行实时监测、显示、记录、存储故障报警的设备，周期性地采集屏内的各类信息，并向 CSM 传送信息。CSM 通过接口获取智能电源屏的各种信息，监视监测单元的工作状态。

一、接口方式

智能电源屏与 CSM 站机之间采用 RJ-45 通信，通信双方均增加光电隔离及防病毒措施，接口方式如图 5-13 所示。

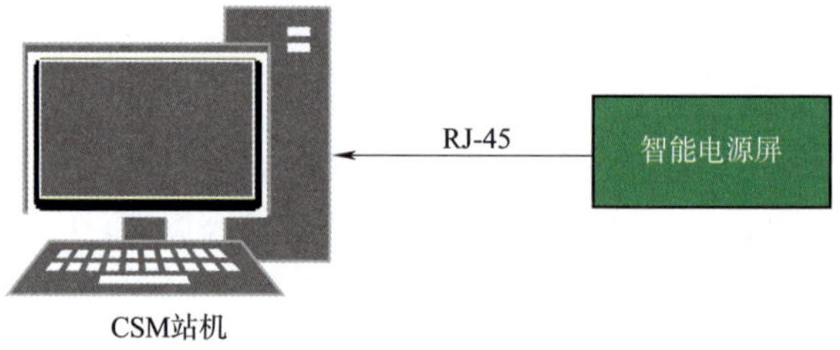

图 5-13　与智能电源屏接口方式

二、数据传输内容

CSM 从智能电源屏获取车站智能电源屏信息和车站 UPS 信息。其中智能电源屏的监测信息包括智能电源屏模块状态信息、模拟量监测内容和智能电源屏报警信息；UPS 信息则包括模拟量信息和 UPS 报警信息。

1. 智能电源屏的监测信息

智能电源屏模块状态信息：各个模块的工作、保护、故障状态，交流接触器状态。

模拟量监测信息：各电源屏输入电压、电流；电源屏各路输出电压、电流；25 Hz 电源输出电压、频率、相位角、电源屏输入电压突变曲线。

智能电源屏报警信息：交流输入停电、系统输入停电、电源输出支路断电、各个模块故障。

2. UPS 电源相关信息

模拟量信息：UPS 输入相电压、电流、频率、功率；UPS 电池组电压、旁路相电压；UPS 后备时间或后备容量；UPS 输出电压、频率、功率、峰值比。

报警信息：交流输入停电、系统输入停电、UPS 输出断电故障、UPS 故障、UPS 告警。

三、数据通信

智能电源屏系统的监测单元为服务端，CSM 站机为客户端，监测单元每 1 s 向 CSM 站机发送一次全部帧数据，模拟量数据按照 250 ms 一个采样点，每秒发送四个采样数据。CSM 站机接收数据及时处理后复示显示，如有报警亦复示报警。CSM 站机 10 s 收不到任何正常帧或无法与监测单元建立 TCP 连接，认为通信失败。通信失败后 CSM 站机每 5 s 尝试进行一次重连。

第六节　与区间综合监控系统的接口

区间综合监控系统主要负责对铁路区间进行安全监控和管理，实现了站间安全信息传输、区间方向控制、区间占用逻辑检查控制等核心功能。

一、接口方式

区间综合监控系统与 CSM 的接口是通过区间综合监控维护终端与 CSM 站机交互实现的。两者之间采用 RS-422 串口通信，通信双方均增加光电隔离及防病毒措施，接口方式如图 5-14 所示。

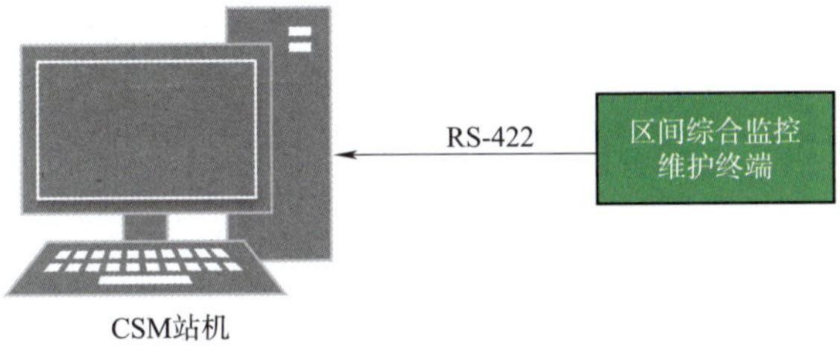

图 5-14　与区间综合监控系统接口方式

二、数据传输内容

CSM 可以从区间综合监控系统获取硬件平台状态信息、继电器状态、区段逻辑检查状态、解锁盘信息以及区段 SA。

1. 硬件平台、解锁盘关键继电器状态信息

此类信息包括区间综合监控系统Ⅰ系、Ⅱ系的采集板、驱动板、通信板、其他关键板卡状态（电源板、CPU 板等）、与邻站通信状态、主控单元状态、解锁盘状态、解锁盘按钮状态、解锁盘表示灯状态。

2. 继电器状态信息

此类信息包括区间综合监控系统的驱采单元输入继电器状态、驱采单元输出继电器状态。

3. 系统业务数据信息

此类信息包括区段逻辑检查状态、线路启用区间逻辑检查状态、线路采集和驱动方向、线路方向、区段 SA。

4. 报警信息

包括区间综合监控系统的设备故障报警、区段逻辑状态报警。

三、数据通信

区间综合监控系统维护终端周期向 CSM 站机发送全体监测数据，发送周期为 1 s，超过 30 s 没有正确接收到任何数据时，CSM 站机则判断与区间综合监控系统通信中断。

第七节　与计轴系统的接口

计轴系统通过传感器探测进入和出清轨道区段的车轮对数，进而判别轨道区段的占用和出清，其作用与轨道电路等效。同时可根据相邻两站办理发车进路情况及区间空闲条件，自动实现闭塞申请，同意接车及到达确认，实现站间自动闭塞。

一、接口方式

计轴系统与 CSM 站机之间采用 RS-422 串口通信，通信双方均增加光电隔离及防病毒措施，接口方式如图 5-15 所示。

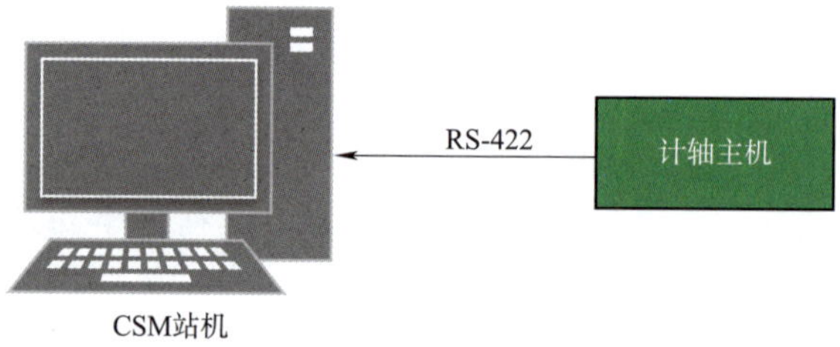

图 5-15　与计轴系统的接口方式

二、数据传输内容

CSM 可从计轴系统获取计轴区段状态、计轴设备硬件平台及通信状态等信息。

1. 计轴区段状态：包括计轴区段轴数信息、计轴区段的占用出清状态信息。

2. 计轴设备硬件平台及通信状态：包括室内与室外设备通信状态，站间通信状态，计轴维护机与主机通信状态、室外设备故障信息、室内设备故障信息、室内板卡表示灯信息。

三、数据通信

计轴主机每 1 s 向 CSM 发送一次接口数据，CSM 站机每 3 s 向计轴主机发送一次心跳帧，CSM 站机 30 s 内收不到正常数据则认为通信中断。若一个站有多台计轴设备，须通过一个接口送给 CSM 站机。

第八节　与智能灯丝报警单元的接口

智能灯丝报警单元是实时监控信号机主灯丝是否断丝的设备，CSM 通过与智能灯丝报警单元接口获取报警信息。

一、接口方式

智能灯丝报警单元与CSM之间采用CAN通信，通信双方均增加光电隔离措施，接口方式如图5-16所示。

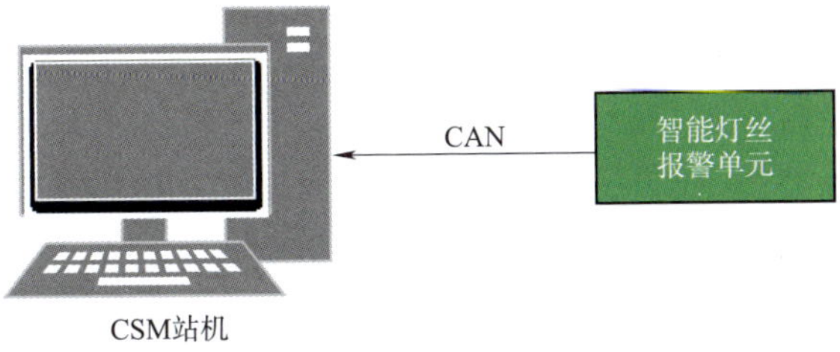

图5-16　与智能灯丝报警单元的接口方式

二、数据传输内容

CSM从智能灯丝报警单元获取列车信号机主灯丝断丝报警信息，CSM接收到智能灯丝报警单元传送的各个信号机的各个灯位的灯丝状态信息，进行实时处理，实现对信号机灯位级别的断丝报警。若列车信号机主灯丝完好，CSM则正常显示，一旦列车信号机主灯丝出现断丝，CSM便立即将断丝信号机的报警信息以声光报警方式复示，提醒用户前往现场处理。

三、数据通信

CSM站机采用周期应答的方式向智能灯丝报警单元发送命令帧，当车站的列车信号机主灯丝出现断丝时，智能灯丝报警单元将报警信息发送给CSM，当列车信号机主灯丝没有出现断丝，发送的报警数量为0。

第九节　与道岔缺口监测系统的接口

道岔缺口监测系统提供转辙机表示缺口变化量和环境温度、湿度参数，是实现道岔转换设备状态修的基础数据。

一、接口方式

道岔缺口监测系统与CSM物理连接采用RJ-45接口方式，传输采用TCP协议，IP地址由CSM统一分配。道岔缺口监测系统侧设置网络隔离装置，接口方式如图5-17所示。

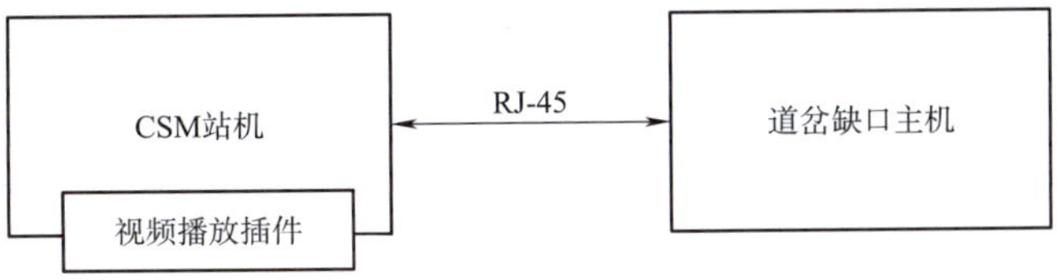

图5-17　与道岔缺口监测系统接口方式

二、数据传输内容

CSM 从道岔缺口监测系统获取的内容，包括缺口值信息，缺口报警信息，缺口图像信息，缺口视频信息，缺口设备状态，转辙机内温度、湿度信息，1DQJ 状态，道岔区段状态，天窗修时间信息等。

1. 缺口值信息

缺口值信息包括动态缺口值和静态缺口值。

动态缺口值包括道岔定反位操纵后缺口值和过车时缺口值。道岔定反位操纵后缺口值即道岔操纵完成后且无过车影响时（轨道继电器 DGJ 或振动传感器判断）采集的缺口数值，原则上应在道岔操纵完成后采集。过车时缺口值即列车通过本道岔区段过程中采集到的缺口数值。

静态缺口值是指除道岔定反位操纵后缺口和过车时缺口之外，由系统定时轮询或按人工指令采集的缺口数值。

道岔在定位时采集定位缺口值，道岔在反位时采集反位缺口值。道岔缺口监测系统将采集的缺口值发送给 CSM，CSM 进行实时显示和统计。

2. 缺口报警信息

道岔缺口监测系统根据缺口值进行报警和预警。道岔缺口监测系统将报警信息及缺口图像一起传给 CSM，在 CSM 进行实时报警和语音报警提示。

3. 缺口图像和视频信息

缺口图像包括报警图像、扳动后图像、轮询图像和实时缺口图像。缺口图像包含缺口的基准线和缺口线，基准线用蓝色表示，定位时缺口线用绿色表示、反位时用黄色表示，如图 5-18 所示。报警图像是报警发生时道岔缺口监测系统主动送给 CSM。扳动后图像和轮询图像是 CSM 通过命令从道岔缺口监测系统调看。实时缺口图像是 CSM 向转辙机缺口监测系统发送实时抓拍命令，系统收到命令后立即进行缺口图像的抓拍和缺口计算，并上送给 CSM。

图 5-18 缺口图像

缺口视频包括道岔扳动过程视频和过车视频。视频通过 H. 264 进行编码压缩。CSM 向道岔缺口监测系统发送命令进行调看，并调用视频播放插件进行播放。

4. 缺口设备状态和温湿度信息

缺口设备状态主要为道岔缺口监测系统采集设备状态。道岔缺口监测系统通过在转辙机内安装温湿度传感器进行转辙机内温度、湿度的实时监测，以方便维护人员对转辙机内环境进行了解和维护。

5. 1DQJ 状态、道岔区段状态、天窗修时间信息

CSM 站机向道岔缺口发送 1DQJ 状态、道岔区段状态、天窗修时间。

当道岔开始动作时，CSM 站机给道岔缺口发送道岔开始动作时间；当道岔动作结束时，CSM 站机给道岔缺口发送道岔动作结束时间。

道岔所在区段压车及过车后，CSM 站机发送区段状态信息给道岔缺口监测系统。

CSM 站机设置了天窗修后，也需将天窗修时间发送给道岔缺口监测系统。

三、数据通信

CSM 与道岔缺口监测系统通过 RJ-45 进行接口，采用 TCP 协议，道岔缺口监测系统为服务端，CSM 为客户端，端口号为 9999。在运行过程中，双方通过心跳帧进行判断连接是否正常，如果 1 min 内没有收到对方的心跳帧，则判为接口中断。

在数据帧中，对于缺口值、报警、报警图像、设备状态和温湿度信息，道岔缺口监测系统采集后主动传送给 CSM，CSM 进行显示并存储；对于缺口最新值、扳动后图像、轮询图像、实时图像和视频信息，CSM 通过发送命令从道岔缺口监测系统调看，CSM 不存储。

第十节　与电源及设备房屋环境监控系统的接口

电源及设备房屋环境监控系统（以下简称动环系统）对分布在机房的电源柜、UPS、空调、蓄电池等多种动力设备及门磁、红外、窗破、水浸、温湿度、烟感等机房环境的各种参数进行遥测、遥信、遥调和遥控，实时监测其运行参数，诊断和处理故障，记录和分析相关数据，并对设备进行集中监控和维护。

一、接口方式

CSM 与动环系统的接口在电务段由 CSM 接口服务器与动环系统应用服务器进行接口，之后将数据转发到 CSM 站机，双方采用 TCP 协议，CSM 接口服务器为客户端，动环系统应用服务器为服务端，通信双方均增加防病毒措施，二者之间加设防火墙设备，接口方式如图 5-19 所示。

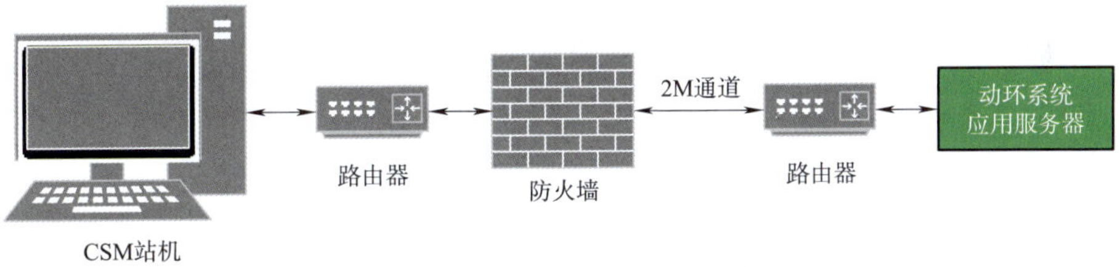

图 5-19　与动环系统的接口方式

二、数据传输内容

环境监测功能已经纳入动环系统中时，CSM 通过接口从动环系统获取环境监测信息。内容包括：

1. 信号机械室、电源屏室、计算机室环境温度、湿度。
2. 信号机械室、电源屏室、计算机室空调电压、电流、空调遥信量、空调遥测量。
3. 信号机械室、电源屏室、计算机室烟雾、水浸、门禁、玻璃破碎开关量。

三、数据通信

CSM 接口服务器与动环系统应用服务器建立连接后进行登录，然后 CSM 接口服务器周期向动环系统应用服务器发送数据请求，接收到回执数据后实时处理并发送给 CSM 站机进行复示显示。

第十一节 与 TDCS/CTC 中心系统的接口

铁路列车调度指挥系统（TDCS）和调度集中系统（CTC）是实现铁路行车调度指挥的重要设备。TDCS/CTC 系统由国铁集团、局集团公司 TDCS/CTC 中心系统和车站 TDCS/CTC 站机三级构成，综合运用铁路信号、计算机、网络通信和现代控制技术，系统具有点多线长、布局成网、分散维护和集中管理的特点。由于 TDCS/CTC 系统承担着重要的铁路调度指挥任务，任一节点软硬件故障，均会导致信息异常，影响铁路调度指挥和行车正常运行，故采用 TDCS/CTC 运维平台实现 TDCS/CTC 系统的设备监控、网络监控和应用程序监控，为 TDCS/CTC 提供硬件和软件的网络在线实时监测、故障诊断、远程协同、应急处置和维护管理。

CSM 不仅在车站与 TDCS/CTC 站机接口，还在局集团公司监测中心与 CTC 中心系统接口，获取 CTC 中心系统的临时限速状态和 C3 列车信息，在监测终端站场图界面上可显示源于 CTC 中心系统的列车信息和临时限速状态；电务人员可在监测终端上查看、回放和查询从 CTC 中心获取的临时限速状态和 C3 列车信息。

CSM 在局集团公司监测中心与 TDCS/CTC 中心运维平台接口，获取 TDCS/CTC 计算机设备工作状态和网络设备工作状态，实现中心与车站通信中断等报警；电务人员可在监测终端上查看、回放和查询从 TDCS/CTC 运维平台获得的设备状态和报警信息。

一、接口方式

CSM 在局集团公司 TDCS/CTC 机房设置与 TDCS/CTC 接口专用的接口服务器，通过 RJ-45 网口与 CTC 中心接口服务器接口，通过 RS-422 串口与 TDCS/CTC 中心运维平台接口。

1. 与 TDCS/CTC 中心系统接口

CSM 一般在局集团公司 TDCS/CTC 机房与 TDCS/CTC 中心系统接口，接口设备由 CSM 侧的接口服务器、网络安全隔离设备、TDCS/CTC 中心侧接口服务器、CTC 时钟接口服务器组成，其接口方式如图 5-20 所示。

TDCS/CTC 中心全局设置一台接口服务器，汇聚全局各线 TDCS/CTC 中心应用服务器需要向 CSM 发送的接口信息，统一实现与 CSM 的数据传输。CSM 就近在客专 CTC 机房 TDCS/CTC 接口服务器旁边设置 CSM 接口服务器一台，接收 TDCS/CTC 中心系统数据。CSM 接口服务器与 CSM 应用服务器之间采用 RJ-45 接口，局集团公司 CTC 机房与局集团公司监测机房距离较远时，可采用光纤直连或广域网通道实现连接。

TDCS/CTC 中心侧接口服务器可全局仅设置一台，接入全局各线 C3 列车信息和临时限速信息，部分路局 CTC 中心系统由多个厂家组成的，不同厂家需设一台接口服务器。TDCS/CTC 中心设置时钟接口服务器一台，通过 RJ-45 接口接入 CSM 局集团公司监测中心时钟服务器。

为保证网络安全，该接口在 CSM 侧、CTC 侧分设网络安全隔离设备。

2. 与 TDCS/CTC 中心运维平台接口

CSM 局集团公司监测中心 TDCS/CTC 运维平台接口由 CSM 接口服务器（CTC 接口）、

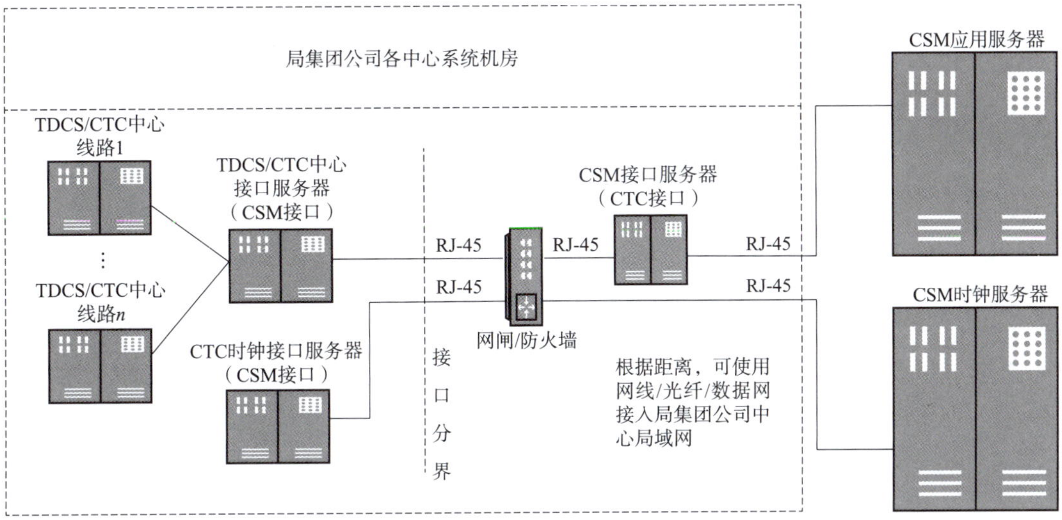

图 5-20　与 TDCS/CTC 中心系统接口方式

TDCS/CTC 运维平台接口服务器（CSM 接口）组成，其接口方式如图 5-21 所示。

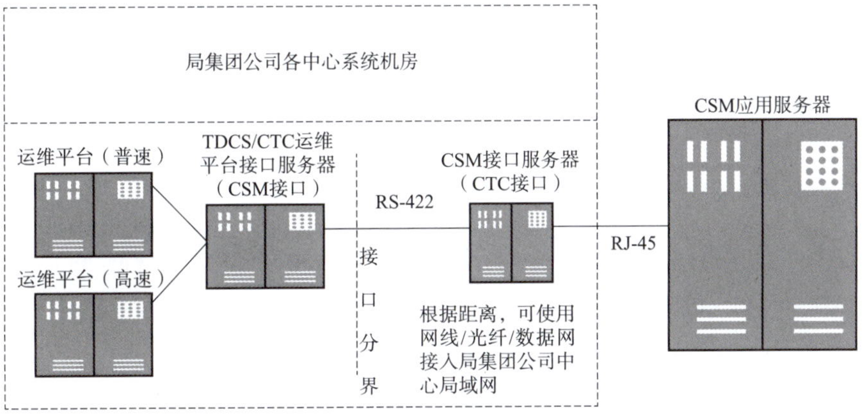

图 5-21　与 TDCS/CTC 中心系统运维平台接口方式

CSM 一般在局集团公司 TDCS/CTC 机房与 TDCS/CTC 运维平台接口，接口设备由 CSM 侧接口服务器（可与 TDCS/CTC 中心系统的 CSM 侧接口服务器复用）和 TDCS/CTC 运维平台侧接口服务器组成。

CSM 侧接口服务器与 TDCS/CTC 综合维护平台采用 RS-422 串行通信接口，就近安装在 TDCS/CTC 运维平台旁边。CSM 侧接口服务器与 CSM 应用服务器之间采用 RJ-45 接口，局集团公司 TDCS/CTC 机房与局集团公司监测机房距离较远时，可采用光纤直连或广域网通道实现连接。

TDCS/CTC 运维平台侧接口服务器全局（含普速铁路、高速铁路）设置一台，接入全局各线 TDCS/CTC 中心运维平台信息。部分局集团公司 TDCS/CTC 运维平台系统由多个厂家组成时，不同厂家各设一台 TDCS/CTC 运维平台与 CSM 的接口服务器。

二、数据传输内容

1. CSM与TDCS/CTC中心系统接口内容中，由TDCS/CTC中心运维平台发送信息包括以下内容。

（1）设备状态信息：包括计算机设备的CPU使用情况、硬盘使用情况、内存使用情况，网络设备状态。

（2）系统报警：TDCS/CTC中心与车站通信中断等。

2. 由TDCS/CTC中心系统接口发送信息包括以下内容。

（1）C3列车信息：包括RBC提供的列车唯一标示号、列车所属RBC编号、车次号、列车长度、最大速度、车载运营模式、CTCS等级、速度、位置有效性、紧急停车、列车运行方向、列车所在站站码、列车位置信号机名称。

（2）限速信息：包括限速原因、命令号、站号、线路号、开始公里标系、开始公里标值、结束公里标系、结束公里标值、开始时间、结束时间、限速值、调度台号、限速命令状态等。

三、数据通信

CSM与TDCS/CTC中心系统采用《铁路信号集中监测系统接口规范　第3部分：局集团公司/电务段层设备接口协议》（Q/CR 780.3—2020）要求的接口：物理接口采用RJ-45接口，接口协议采用UDP协议；TDCS/CTC中心接口服务器为广播端，端口可定义，默认为5551；TDCS/CTC中心接口服务器向CSM单向发送数据，接口应采用单向物理隔离网闸进行隔离。

CSM与TDCS/CTC中心运维平台采用《铁路信号集中监测系统接口规范　第3部分：局集团公司/电务段层设备接口协议》（Q/CR 780.3—2020）接口：物理接口方式采用RS-422接口方式；TDCS/CTC中心运维平台向CSM单向发送数据；通信速率采用38.4 kbit/s及以上，1个起始位，8个数据位，1个停止位，无奇偶校验。

TDCS/CTC运维平台定期发送设备工作状态至CSM，按设备所在位置发送全体包。状态量以5 s周期发送，模拟量以1 min周期发送，字符量以1 h周期发送，报警信息每5 s发送一次，没有报警时报警数量为0。

TDCS/CTC中心系统每5 min发送一次全部列车C3列车信息，变化信息实时发送。TDCS/CTC中心系统每15 s发送一次全部临时限速命令信息。

第十二节　与RBC系统的接口

无线闭塞中心（RBC）是CTCS-3级列控系统的核心设备，是高速铁路列车安全运行的“神经中枢”。RBC系统根据存储的线路信息和计算机联锁（CBI）、临时限速服务器（TSRS）、相邻RBC、调度集中（CTC）、列控车载设备（ATP）等发送的列车位置、设备状态、线路情况、调度命令及进路状态进行信号安全逻辑计算，并通过GSM-R无线通信方式向本RBC管辖范围内的所有列车发送列车运行许可（MA）和列车控制信息，保证列车安全、可靠、高效运行。

CSM与RBC系统接口，获取RBC系统的设备工作状态信息、外部接口信息、C3列车信息、临时限速状态信息、RBC 接收到联锁发给 RBC 的 SA 信息、RBC 设备报警信息，实现 RBC 与联锁、TCC、轨道电路、CTC 之间的区段占用一致性比对、联锁进路与 RBC 系统接收 SA 的一致性比对、RBC 与 TSRS/联锁之间的连接状态一致性比对等安全监督报警，在站场图界面上可选择显示源于 RBC 的列车位置和 MA 信息，电务人员可在监测终端上查看、回放和查询从 RBC 系统获得的各类数据和报警信息。

一、接口方式

CSM 与 RBC 系统接口由 CSM 侧接口服务器（与 RBC 接口）、RBC 维护终端及连接设备构成，接口间采用 RS-422 串口连接，接口方式如图 5-22 所示。

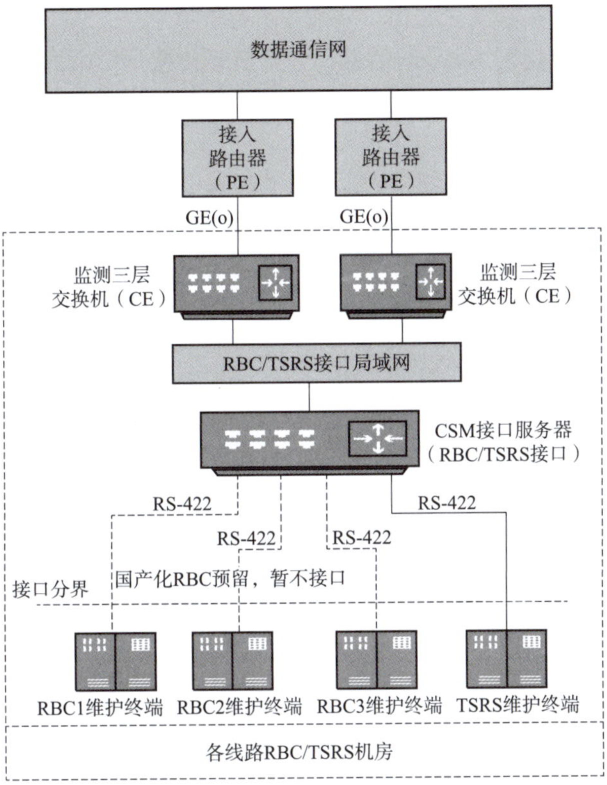

图 5-22　与 RBC 维护终端接口方式

CSM 侧的接口服务器（与 RBC 接口）一般就近安装于 RBC 机房。若同一 RBC 机房就近安装了多台 RBC 系统和 TSRS 系统，可就近设置一台 CSM 侧接口服务器，同时与多台 RBC 和 TSRS 接口。CSM 接口服务器（RBC 接口）、广域网通信设备、RBC 维护终端均部署于 RBC 工区。一条线安装多台 RBC 时，由每台 RBC 维护终端分别向就近安装的 CSM 接口服务器（RBC 接口）传送数据。

单台 CSM 接口服务器（RBC/TSRS 接口）支持接入本 RBC 工区内的最多 8 台 RBC/TSRS 维护终端，采用 RS-422 多串口卡与 RBC 系统接口。CSM 接口服务器（RBC 接口）与 CSM 局集团公司层监测子系统之间通过广域网连接。

受技术限制，国外引入的国产化型号 RBC 暂不具备接口条件，各自主化型号 RBC 可将所管线路的各 C3 列车信息、临时限速信息、MA 和 SA 等信息发送给 CSM。

二、数据传输内容

RBC 维护终端与 CSM 接口服务器的通信内容包含以下内容。

1. RBC 设备工作信息：内部设备状态。

2. RBC 外接口状态，包括 ISDN 连接状态、与 CTC 通信状态、与联锁通信状态、与 TSRS 通信状态、与其他 RBC 设备通信状态。

3. 列车信息：包括列车 ID、车次号、列车当前状态、列车速度、列车位置信息、行车许可信息（MA）、紧急停车状态等。

4. 临时限速状态信息：包括临时限速编号、限速状态、限速值、限速原因、调度命令号、线路号、受令车站号、起点里程标、终点里程标等。

5. RBC 接收到联锁发送给 RBC 的信息：包括信号授权（SA）、数据版本等原始信息。

6. RBC 设备报警信息：由 RBC 内部诊断设备报警。

三、数据通信

CSM 与 RBC 系统采用《铁路信号集中监测系统接口规范　第 3 部分：局集团公司/电务段层设备接口协议》（Q/CR 780.3—2020）要求的接口：物理接口采用 RS-422 接口方式；RBC 维护终端向 CSM 单向发送数据；通信速率宜采用 38.4 kbit/s 及以上，1 个起始位，8 个数据位，1 个停止位，无奇偶校验。

报警信息无变化时，RBC 按 3 s 周期发送报警信息；报警信息变化时 RBC 及时发送报警信息。周期发送报警数据和及时发送报警数据应按全体报警发，其他数据 RBC 宜按 3 s 周期发送。CSM 超过 10 s 没有收到正常数据判定为通信中断。

RBC 报警内容包括各系主机的工作状态报警、各系之间的各通道通信状态报警、主机内部各通道通信状态报警、与 CTC 各通道接口状态报警、与 TSRS 各通道接口状态报警、与 GSM-R 网络各通道通信状态报警、与相邻 RBC 各通道通信状态报警、与 CBI 各通道通信状态报警、主机与维护终端各通道通信状态报警等关键报警信息。

第十三节　与 TSRS 系统的接口

临时限速服务器（TSRS）是 CTCS-2/CTCS-3 级列控系统中实现临时限速命令发布和管理的核心设备。TSRS 负责提供临时限速命令的存储、校验、拆分、删除、下达、取消等逻辑执行功能，并管理全线临时限速命令执行的历史记录。它根据调度员的临时限速操作命令，实现对各 TCC、RBC 分配和集中管理临时限速指令，保证各类限速计划的顺利实施。

CSM 与 TSRS 系统接口，获取 TSRS 系统的设备工作状态信息、外部接口状态信息、临时限速状态信息、TSRS 报警信息、TSRS 错误回执等重要记录信息、车载 ATO 状态信息，实现 TSRS 与 TCC、RBC、CTC 之间的连接状态一致性比对等安全监督报警功能，在监测终端站场图界面上可显示源于 TSRS 的临时限速状态，电务人员可在监测终端上查看、回放和查询从 TSRS 系统获得的各类数据和报警信息。

一、接口方式

CSM 与 TSRS 系统接口由 CSM 接口服务器、TSRS 维护终端构成，接口方式如图 5-23 所示。

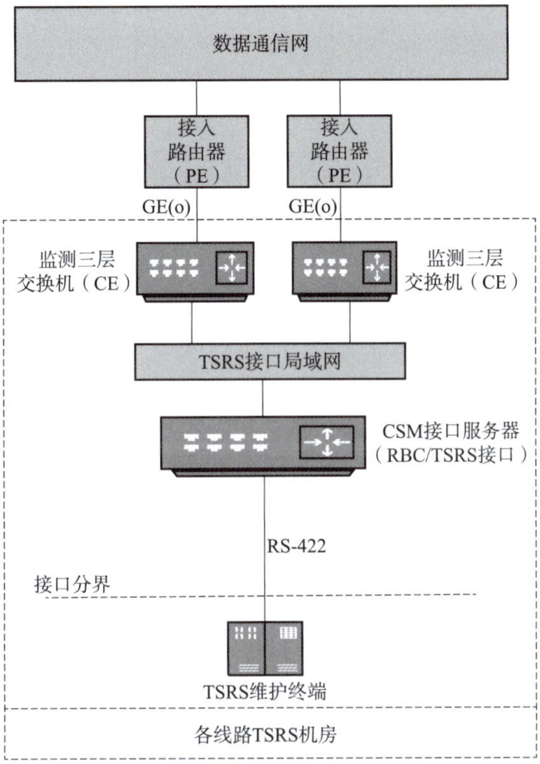

图 5-23　与 TSRS 维护终端接口方式

CSM 侧的接口服务器（与 TSRS 接口）一般就近安装于 TSRS 设备所在机房。若同一机房就近安装了多台 RBC 系统和 TSRS 系统，可就近设置一台 CSM 接口服务器同时与多台 RBC 和 TSRS 接口。若单独的 TSRS 的机房，可就近设置一台 CSM 接口服务器与本机房 TSRS 接口。CSM 接口服务器（TSRS 接口）、广域网通信设备、TSRS 维护终端均部署于 TSRS 所在机房。

单台 CSM 接口服务器（RBC/TSRS 接口）支持接入本 RBC 或 TSRS 工区内的 8 台 TSRS 维护终端，接口方式为 RS-422 串行通信接口。CSM 接口服务器（TSRS 接口）与 CSM 局集团公司监测中心之间通过广域网连接。

二、数据传输内容

TSRS 维护终端与 CSM 接口服务器的通信内容应包含以下信息。

1. TSRS 工作状态信息：包括主/备机状态、与 CTC 系统时间同步状态、内部通信接口状态、与外部通信接口状态信息。

2. TSRS 报警信息：包括 TSRS 与 CTC 通信中断、TSRS 与 TCC 通信中断、TSRS 与

RBC 通信中断、TSRS 与相邻 TSRS 通信中断。

3. 临时限速状态。

4. 重要记录信息：TSR 错误回执。

5. 车载 ATO 状态信息。

三、数据通信

CSM 与 TSRS 系统采用《铁路信号集中监测系统接口规范　第 3 部分：局集团公司/电务段层设备接口协议》（Q/CR 780.3—2020）要求的接口：物理接口采用 RS-422 接口方式；TSRS 维护终端向 CSM 单向发送数据；通信速率宜采用 38.4 kbit/s 及以上，1 个起始位，8 个数据位，1 个停止位，无奇偶校验。

报警信息无变化时 TSRS 按 3 s 周期发送，报警信息变化时 TSRS 应及时发送，周期发送报警数据和及时发送报警数据应按全体报警发送，其他数据 TSRS 按 2 s 周期发送。

CSM 超过 10 s 没有收到正常数据判定为通信中断。

TSRS 发送的报警内容包括各系主机的工作状态报警、各系之间的各通道通信状态报警、主机内部各通道通信状态报警、本系统初始化失败、TCC 初始化失败、RBC 初始化失败、相邻 TSRS 未完成初始化、CTC 同步超时 2 min、与 CTC 各通道接口状态报警、与相邻 TSRS 各通道接口状态报警、与 TCC 各通道通信状态报警、主机与维护终端各通道通信状态报警等。

第十四节　与 DMS 系统的接口

列控车载动态监测及传输系统（DMS），实时监测动车组运行过程中列控车载设备和地面设备的状态、应答器报文、RBC 交互消息和轨道电路等信息，将监测数据通过铁路专用网络或公众移动网络实时传回地面数据中心，经过分析处理后通过用户终端展现给用户，为列控车载设备的日常管理维护、故障处理提供信息化支持，实现维护故障处理工作的针对性和时效性，有效提高了设备检测的工作效率。

CSM 与 DMS 系统接口，获取 DMS 系统采集的应答器数据、ATP 数据、车载 ATP 与 RBC 交换信息，在站场图界面上可选择查看源于 DMS 的列车位置和状态信息，电务人员可在监测终端上查看、回放和查询从 DMS 系统获得的各类数据和报警信息。

一、接口方式

CSM 局集团公司监测中心与 DMS 系统接口由 CSM 接口服务器（DMS 接口）、DMS 接口服务器（CSM 接口）等组成，接口方式如图 5-24 所示。

CSM 一般在局集团公司 TDCS/CTC 机房实现与 DMS 接口。CSM 接口服务器（DMS 接口）和 DMS 接口服务器（CSM 接口）应部署于同一机房内。

CSM 接口服务器（DMS 接口）全局设置一台，就近与 DMS 采用 RS-422 串行通信接口。DMS 接口服务器（CSM 接口）全局设置一台，将全局各线 DMS 信息传送给 CSM。

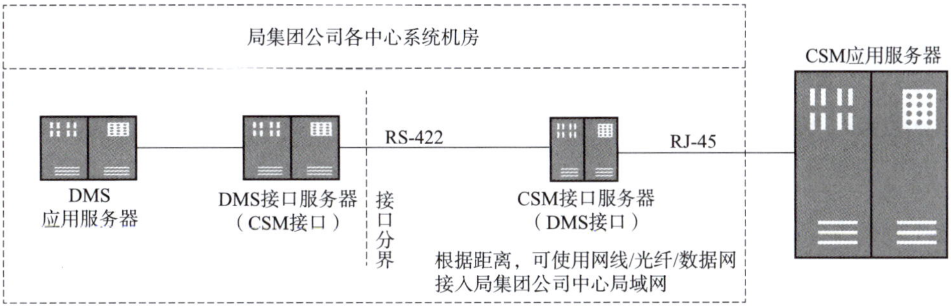

图 5-24　与 DMS 接口方式

二、数据传输内容

接口双方通信内容应包括以下信息。

1. 应答器数据：包括 ATP 时间、车次号、应答器编号、应答器报文（包括应答器链接、重定位信息、线路速度、等级转换、里程信息、调车危险、目视行车危险、轨道区段、临时限速、区间反向运行、绝对停车等报文）。

2. ATP 数据：包括 ATP 时间、ATP 类型、车次号、ATP 速度、允许速度、载频信息、低频信息、制动信息、目标速度、目标距离、ATP 模式、ATP 等级、GPS 信息、ATP 报警。

3. 与 RBC 交换信息：包括车到地无线消息（包括请求调车模式、请求 MA、列车位置报告、同意缩短 MA 的请求、拒绝缩短 MA 的请求、信息确认、紧急停车确认、前方轨道空闲确认、任务结束、无线注入请求、版本不兼容、通信会晤结束、SoM 位置报告、建立通信会晤等消息包），地到车无线消息（包括 SR 模式授权、MA、确认退出 TRIP 模式、提前停车请求、有条件紧急停车、无条件紧急停车、取消紧急停车、一般消息、拒绝 SH 模式、授权 SH 模式、参考位置调整后的 MA、注入 MA、通信会晤开始、通信会晤结束确认、列车超出控制区域、接收列车、RBC 确认 SoM 位置报告等消息包）。

4. 时钟信息：CSM 发给 DMS。

三、数据通信

CSM 与 DMS 系统采用《铁路信号集中监测系统接口规范　第 3 部分：局集团公司/电务段层设备接口协议》（Q/CR 780.3—2020）要求的接口：物理接口采用 RS-422 接口方式；通信速率宜采用 38.4 kbit/s 及以上，1 个起始位，8 个数据位，1 个停止位，无奇偶校验。

DMS 接口服务器以线路为单位，将相关数据按协议主动推送至 CSM；DMS 地面服务器收到列车运行信息后实时转发给 CSM；CSM 超过 30 s 没有收到正常数据判定为通信中断；CSM 每 60 s 发送一次时钟校核数据。

CSM 时钟信息由 CSM 发给 DMS 接口服务器，用于同步 DMS 地面服务器的时钟。

第十五节　与 LMD 系统的接口

LKJ 设备运行监测管理系统（LMD）可实时跟踪车载设备运用情况，如果机车上出现系统判定的异常可以通过LMD进行实时报警，作业人员可以通过系统提早了解设备异常情况，可以做到机车未入库的故障预处理。

CSM与LMD系统接口，获取LMD系统采集的LKJ工作信息、轨道电路信息、LKJ报警信息和LKJ数据版本信息，电务人员可在监测终端上查看、回放和查询从LMD系统获得的各类数据和报警信息。

一、接口方式

CSM局集团公司监测中心与LMD系统接口由CSM接口服务器（LMD接口）、LMD接口服务器（CSM接口）等组成，接口方式如图5-25所示。

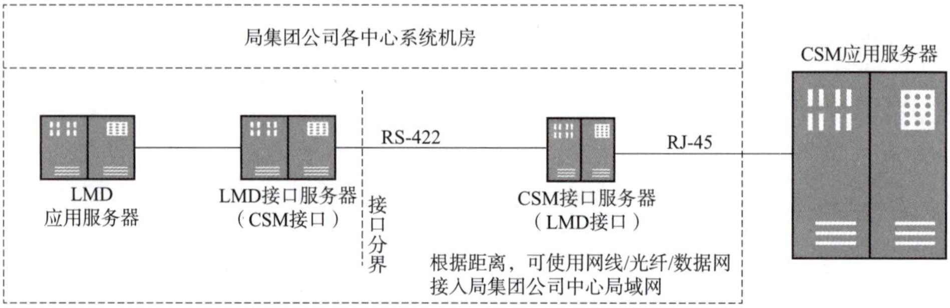

图5-25 与LMD系统接口方式

该接口分界面一般位于局集团公司电务机房。CSM接口服务器（LMD接口）和LMD接口服务器（CSM接口）应部署于同一机房内。

CSM接口服务器（LMD接口）全局设置一台，与LMD采用RS-422串行通信接口。

LMD接口服务器（CSM接口）全局设置一台，将全局各线LMD信息传送给CSM。

二、数据传输内容

通信内容应包括以下信息。

1. 运行状态信息：LKJ工作信息、轨道电路信息。
2. 报警信息：LKJ监控装置报警信息。
3. 版本信息：列车LKJ数据版本信息。

三、数据通信

CSM与LMD系统采用《铁路信号集中监测系统接口规范 第3部分：局集团公司/电务段层设备接口协议》（Q/CR 780.3—2020）要求的接口：物理接口采用RS-422接口方式；通信速率宜采用38.4 kbit/s及以上，1个起始位，8个数据位，1个停止位，无奇偶校验。

CSM与LMD建立连接后，CSM发送命令获取LKJ数据版本全部信息，后续版本变化时LMD主动发送；LMD地面服务器收到列车运行信息后实时转发给CSM；报警信息和报警恢复信息每5 s发送一次，连续发送3次；CSM在60 s内没有接收到LMD的任何正确数据帧，应判断为与LMD接口中断；CSM每60 s发送一次时钟校核数据。

LMD 向 CSM 传输包括：电源故障，单机故障，主备切换、LKJ 主机/板卡/接口故障报警等设备状态报警信息及机车信号掉码、载频/低频解码异常/信号超标、上下行载频锁频异常等用于车地分析报警。

CSM 发送 LKJ 数据版本命令信息，其内容长度为 0，LMD 收到后发送全部 LKJ 数据版本信息。

第十六节　与机车信号远程监控系统的接口

机车信号远程监控系统是机车信号车载设备的组成部分，利用无线通信技术，实时向地面传送机车信号设备的输出信息、轨道电路信号参数、机车信号设备工作状态实时数据，以及机务 TAX 箱辅助信息，为电务机车信号使用、维护和管理提供便捷手段。

CSM 与机车信号远程监控系统接口，获取机车信号远程监控系统采集的列车位置公里标、车载接收载频/低频、信号机显示等机车实时信息以及 LKJ 电源异常、主机异常、载频超标、低频超标等报警信息。电务人员可在监测终端上查看、回放和查询从机车信号远程监控系统获得的各类数据和报警信息。

一、接口方式

CSM 局集团公司监测中心与机车信号远程监控系统接口由 CSM 接口服务器（机车信号接口）、机车信号远程监控接口服务器（CSM 接口）等组成，接口方式如图 5-26 所示。

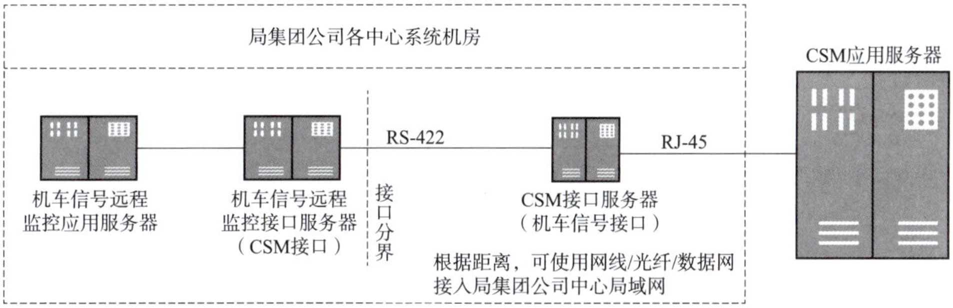

图 5-26　与机车信号远程监测系统接口方式

CSM 一般在局集团公司电务机房与机车信号远程监控系统接口。CSM 接口服务器（机车信号接口）和机车信号远程监控接口服务器（CSM 接口）应部署于同一机房内。

CSM 接口服务器（机车信号接口）全局设置一台，与机车信号远程监控系统采用 RS-422 串行通信接口。机车信号远程监控接口服务器（CSM 接口）全局设置一台，将全局各线机车信号信息传送给 CSM。

二、数据传输内容

机车信号远程监控系统发送给 CSM 的内容应包含以下信息。

1. 机车实时信息：载频信息、低频信息、信号机显示信息、信号机位置信息、车站信息、公里标信息等。

2. 报警信息：包括电源异常、主机异常、灭灯或多灯、主机切换、上下行与地面载频不一致、线圈异常、无 TAX 箱、上下行切换、端切换、载频超标、低频超标、幅度超标、主机设置线变化、双黄灯以外的灯掉白灯、运行/测试开关位发生变化、电源断电、机车信号与 TAX 时钟不符、存在异常波形、上下行同时有电、上下行同时无电、Ⅰ端和Ⅱ端同时有电。

三、数据通信

CSM 与机车信号远程监控系统采用《铁路信号集中监测系统接口规范　第 3 部分：局集团公司/电务段层设备接口协议》（Q/CR 780.3—2020）要求的接口：物理接口采用 RS-422 接口方式；通信速率宜采用 38.4 kbit/s 及以上，1 个起始位，8 个数据位，1 个停止位，无奇偶校验。

机车信号远程监控系统收到信息后实时转发给 CSM，报警信息和报警恢复信息每 5 s 发送一次，连续发 3 次；CSM 在 60 s 内没有正确接收到机车信号远程监控系统的任何数据应判为与机车信号远程监控系统通信中断；CSM 每 60 s 发送一次时钟校核数据。

第六章　铁路信号集中监测系统安全要求

根据CSM技术条件，CSM采集方案安全分析的范围包括CSM所提供的传感器（互感器、光耦模块等）、隔离设备（光隔、阻抗匹配器、熔丝、空气开关等）、机柜（采集组合、采集板卡）、工控机、联网设备等。用于安装和固定传感器的组合架、继电器底座、侧面弹簧压接端子以及采样线缆直接影响CSM的安全和质量，监测厂家须向设计院和施工单位提出相应的标准，并标注在施工图纸上。

CSM的安全目标包括以下几点：

1. 采集设备与被监测设备之间必须采取良好的电气隔离措施，任何情况下不得影响被监测设备的正常工作，符合故障—安全原则。

2. CSM应满足国铁集团颁布的铁路信号设备雷电及电磁兼容综合防护的相关规定。

3. 采集器以及采集板卡应具有良好的阻燃性和电气特性，不能产生火、毒、高温、电、辐射等影响人身安全的故障。

4. CSM内部安全分级为第一层次的采集项目，参照机械室内继电电路器材设备的耐压防护等级，设备绝缘耐压大于或等于AC 3 000 V。

5. CSM内部安全分级为第二、第三层次的采集项目，设备绝缘耐压大于或等于AC 1 200 V。

6. 为保证采集设备不影响被监测设备，传感器（或隔离设备）输入阻抗应大于R（R=输入量程×500 Ω），取样电流不大于DC 1 mA。

第一节　采集安全要求

一、采集电路设计的一般规定

1. 道岔表示电压采集单元的隔离设备和转换设备应就近（靠近采集点位置，如道岔表示电压采集靠近分线盘）安装于组合架（柜）上，经隔离转换后再传回集中监测机柜，采集单元外壳和封装采用铁路信号专用继电器外壳和底座，符合标准《铁路信号继电器　AX系列继电器》（TB/T 3383—2023）。内部器件必须对地绝缘（绝缘电阻大于25 MΩ）。

2. 从采集单元（板）端子引入内部母板之间的引线必须采用耐高温线（高温阻燃线，耐高温200 ℃）。采集单元（板）应符合《塑料　燃烧性能的测定　水平法和垂直法》（GB/T 2408—2021）的V-0级阻燃要求。

3. 采集板或采集单元电路板焊盘之间的距离符合*Railway Application-Insulation Co-ordination*（EN 50124）的规定，并在输入端加入熔丝，当输入电压超出额定输入3倍以上且电流大于200 mA时，输入回路高低端之间的熔丝断开，对外呈现断路状态。对于道岔表示电压采集，当输入信号超出AC 3 000 V且电流大于200 mA时，输入回路高低端之间的熔丝（输入高低端分别有熔丝）断开，对外呈现断路状态。输入只采用高阻隔离的方式应被禁止。

4. 采取如下措施保证采集单元或采集板内部输入与输出之间、输入与电源之间的耐压都高于 DC 2 500 V。

(1) 电路板的布线严格遵照 EN 50124 规定的电磁兼容的设计准则，即高压部分与低压部分走线区域严格区分，一次侧电压输入端走线间隔（包括线与线、线与焊盘、焊盘与焊盘）至少 2 mm，一次侧电压输入 500 V 以上的走线间隔大于 5 mm，如不能满足该要求则应开宽度大于 1 mm 的隔离槽进行防护。

(2) 采集单元或采集板输入端与输出端之间应采用电压互感器、线性光耦与 DC/DC 变压器隔离等器件，确保内部器件故障不反向传递到输入端。隔离电压标准须应到 DC 2 500 V。在二次侧电源处要求串接熔丝。

(3) 各采集项目监测内容和采集点位置参见第四章。

5. 防混线措施

(1) 零散定型组合在工厂内部生产完成，减少组合内部混线可能性。

(2) 从分线盘等采样端子至组合侧面采用插接化弹簧压接端子，减少混线的可能性。

(3) 各采集线用颜色区分，两端明示标签齐全。

二、CSM 测试项目施工配线安全规定

1. 采集项目采集点技术要求

(1) 外电网综合质量监测

外电网综合质量监测包括电压采集和电流采集。电压采集点在配电箱（电务部门管理）闸刀外侧电源引入端子。电流采集使用开口式电流传感器，采集点在配电箱闸刀内侧至电源屏输入之间。

外电网综合质量采集箱盒应靠近电务配电箱安装。

(2) 电缆绝缘测试

电缆绝缘测试采集点在室外分线盘端子。新建集中监测车站，电源屏电压电缆不进行绝缘测试，既有已经具备该功能的车站，先从软件上屏蔽该功能，在大中修时，拆除配线电缆。

电缆绝缘测试的规定如下：

①绝缘测试按照规定周期进行测试。

②集中监测绝缘测试界面上增加“天窗点内人工启动”提示，维护人员确认后输入用户名及密码（为区别系统用户名及密码，另设置输入专用密码和测试人姓名），才能进行绝缘测试。

室内至室外设备的电缆通常为成对的一组电源线，定义为去线和回线，CSM 通常只测回线端子。

①转辙机电缆绝缘测试

交流转辙机：X4、X5。

直流转辙机（含六线制道岔）：X3、X4。

②信号机点灯电缆绝缘测试

测试各类信号机的点灯回线。

进站/进路信号机：LUH、HH、YBH（根据实际设备增减）。

出站信号机：LUH、HBH（根据实际设备增减）。

区间信号机：LH、UH、HH（根据实际设备增减）。

调车信号机：BAH。

③轨道电路电缆绝缘测试

测试站内轨道区段的接收端回线。

轨道区段：DGH（包括一送多受区段的 DG_1H、DG_2H 等）。

电码化区段独立的发码回线：FMH（如四线制 ZPW-2000 发码区段）。

区间轨道区段：发送回线（FSH）和接收回线（JSH）。

④场间联系电路电缆绝缘测试

测试场间联系电路回线。

⑤半自动闭塞电缆绝缘测试

新建 CSM 车站，半自动闭塞外线不进行绝缘测试。

既有已经具备该功能的车站，先从软件上屏蔽该功能，在大中修时，拆除配线电缆。

⑥智能灯丝报警回线

测试 DS1、DS2、DS3。

⑦电话回线

电话回线不进行绝缘测试。

⑧其他

LEU、ZPW-2000 系列轨道电路的供电电源电缆不进行绝缘测试，异物侵限继电器（YWJ）接收电缆等其他独立输出电缆不进行绝缘测试。

（3）电源对地漏泄电流测试

测试电源屏隔离输出的电源电缆，包括信号机电源、轨道电源、道岔动作电源、道岔表示电源、闭塞电源、联锁电源、列控电源、TDCS/CTC 电源、CSM 电源、电码化电源、稳压备用电源等交直流电源。电源屏输入和不稳压备用为非隔离电源，不测漏流。

漏流必须从电源屏自身设置的熔丝或空气开关隔离输出后级端子上测试，并通过 CSM 在监测机柜（或接口柜）设置的不大于 315 mA 的熔丝隔离后再进入漏流测试组合。

电源对地漏泄电流测试规定如下：

①电源对地漏泄电流测试按照规定周期进行测试。

②CSM 电源对地漏泄电流测试界面上增加“天窗点内人工启动”提示，维护人员确认后输入用户名及密码，才能进行电源对地漏泄电流测试。

（4）转辙机监测

①交流转辙机监测

交流转辙机监测需分别采集道岔动作电压、断相保护器输出电压、道岔动作电流、1DQJ 状态、1DQJF 状态、道岔分表示状态以及 BHJ 状态。

道岔动作电压采集：断相保护器前级端子 11、31、51。

断相保护器输出电压采集：断相保护器 DBQ 的 1、2 接点。

道岔动作电流采集：将断相保护器 21、41、61 输出至后续电路的线缆，在电流互感器穿芯采集。

1DQJ 状态采集：使用开关量采集模块采集 1DQJ 和 1DQJF 的 41、43 接点或 31、33 接点。

道岔分表示状态采集：采集 DBJ 和 FBJ 的一组空接点的前接点。如没有空接点，应采用半组接点采集方式或增加复示继电器方式进行采集。

BHJ 状态采集：采集 BHJ 的一组空接点的前接点。如没有空接点，应采用半组接点采集方式或增加复示继电器方式进行采集。

②直流转辙机监测

直流转辙机监测需采集动作电流、1DQJ 状态以及道岔分表示状态。

四线制道岔控制电路电流采集：使用电流互感器穿芯方式，采集从分线盘 X4 至道岔组合 1DQJ 之间的电缆。孔内线上电流流向须与电流互感器标注方向一致。

六线制道岔控制电路电流采集：使用两个电流互感器分别采集 1DQJ 至 2DQJF 的 111 和 121 之间的两根电流去线。孔内线上电流流向须与电流互感器标注方向一致。

1DQJ 状态采集：使用开关量采集模块采集 1DQJ 的 41、43 接点或 31、33 接点。

道岔分表示状态采集：采集 DBJ 和 FBJ 的一组空接点的前接点。如没有空接点，应采用半组接点采集方式或增加复示继电器方式进行采集。

（5）道岔表示电压监测

道岔表示电压监测需采集室外分线盘上的表示线端子。

交流转辙机：

①定位采集 X4 和 X2，X4 为正，X2 为负；采集 X1 和 X2，X1 为正，X2 为负。

②反位采集 X3 和 X5，X3 为正，X5 为负；采集 X3 和 X1，X3 为正，X1 为负。

直流转辙机：

①定位采集 X1 和 X3，X1 为正，X3 为负。

②反位采集 X3 和 X2，X3 为正，X2 为负。

（6）轨道电路监测

交流连续式轨道电路受端电压监测需采集轨道测试盘上的交流电压和直流电压，也可采集轨道组合侧面端子；送端电压采样点在分线盘断路器后端。轨道电路模拟量不从智能轨测盘接口采集，应由 CSM 实采。

25 Hz 相敏轨道电路受端电压采集同交流连续式轨道电路，另需增加局部电源采集，并且与所采集的咽喉轨道区段相对应；送端电压采样点在分线盘断路器后端。注意同名端不能接反。

不对称高压脉冲轨道电路监测需采集峰值电压、电压波形和波头/波尾有效值电压。峰值电压及电压波形采集译码器端子 1、2（3）；接收端波头有效值电压采集译码器端子 21、22；接收端波尾有效值电压采集译码器端子 41、42。需定义采样线的颜色区分电压的正负。

轨道占用及空闲状态采集 GJ（或轨道复示继电器）的一组空接点（也可用开关量采集器采集半组接点）。交流二元继电器第 4 组接点为空接点，可采集轨道组合侧面。微电子相敏轨道电路只能采集 GJ（或轨道复示继电器）的空接点。

（7）集中式移频监测

集中式移频的监测需采集站内电码化发送电压以及集中式有绝缘轨道电路的发送器功出电压。将发送器功出两根线中的一根经电流互感器穿芯采集移频发送电流。

采集站内电码化电缆侧送端电压和电流，电压从分线盘上采集，电流采集组合架至分线盘之间的回路。

集中式有绝缘轨道电路移频接收电压采集移频接收器的限入电压（与测试孔并联）。

ZPW-2000 系列无绝缘轨道电路的采集，CSM 通过与 ZPW-2000 监测子系统接口实现采集功能，接口内容、精度、采集周期等符合技术条件的相应要求。

（8）信号机点灯回路电流监测

需采集列车信号机、预告信号机电流，采集信号点灯回路始端电流，通过电流互感器穿芯采集。

（9）半自动闭塞监测

半自动闭塞监测需分别采集半自动闭塞电压和电流。半自闭电压采集半自动闭塞分线盘

X1、X2；电流采集通过将 X1 经过电流互感器穿芯采集。

（10）熔丝断丝报警监测

熔丝断丝报警监测采集室内排架熔丝报警盒的报警端子。

（11）异物侵限电压监测

采集室外铁路自然灾害及异物侵限监测系统经分线盘防雷送至异物侵限继电器线圈两端的直流电压，即铁路自然灾害及异物侵限监测系统与列控系统间的分界口直流电压。

2. 采集项目采样线型标准表（表 6-1）

表 6-1　采样线型标准

配线名称	推荐型号	备　注
电缆绝缘采集配线	截面积 0.4 mm^2 阻燃软线，型号为 ZR-RV0.4（23×ϕ0.15）	
电源对地漏流采集配线	截面积 0.75 mm^2 阻燃软线，型号为 ZR-RV0.75（42×ϕ0.15）	
交流转辙机电压采集配线	截面积 0.4 mm^2 阻燃软线，型号为 ZR-RV0.4（23×ϕ0.15）	
交流转辙机电流穿芯采集配线	与原定型组合内部配线型号一致	
传感器输出采集配线	截面积 0.4 mm^2 阻燃软线，型号为 ZR-RV0.4（23×ϕ0.15）或 0.2 mm^2 阻燃护套线	
直流转辙机电流穿芯采集配线	与原定型组合配线型号一致	
道岔表示电压采集配线	截面积 0.75 mm^2 双绞塑胶阻燃软线，型号为 ZR-RVS2×0.75（42×ϕ0.15）	颜色为一红一蓝，红为正，蓝为负
轨道电压采集配线	截面积 0.4 mm^2 阻燃软线，型号为 ZR-RV0.4（23×ϕ0.15）	不对称高压脉冲轨道电路采集应用双色线
移频发送电压采集配线	双绞屏蔽软线（ZR-RVVSP2×12×ϕ0.15）	
移频发送电流采集配线	与原移频功出线配线型号一致	
移频接收电压采集配线	双绞屏蔽软线（ZR-RVVSP2×12×ϕ0.15）	屏蔽层在组合架端单端接地
信号机电流采集配线	与原信号机点灯去线配线型号一致	
半自动闭塞采集配线	电压采集配线使用截面积 0.4 mm^2 阻燃软线，型号为 ZR-RV0.4（23×ϕ0.15）（电流采集线与原配线型号相同）	
外电网综合质量电压采集配线	截面积 0.75 mm^2 阻燃软线，型号为 ZR-RV0.75（42×ϕ0.15）	
熔丝断丝报警采集配线	截面积 0.4 mm^2 阻燃软线，型号为 ZR-RV0.4（23×ϕ0.15）	
RS-485/RS-422 通信线	两芯线使用双芯截面积 0.4 mm^2 对绞屏蔽线，型号为 SRVVP2×0.4（23×ϕ0.15） 4 芯线使用 4 芯截面积 0.4 mm^2 屏蔽线型号为 RVVP4×0.4（23×ϕ0.15）	
CAN 通信线	双芯截面积 0.4 mm^2 对绞屏蔽线，型号为 SRVVP2×0.4（23×ϕ0.15）	
12 V 电源线	组合架（柜）间电源线使用截面积不小于 1 mm^2 阻燃软线，模块内部环线使用截面积不小于 0.4 mm^2 阻燃软线	

续上表

配线名称	推荐型号	备注
5 V电源线	组合架（柜）间电源线使用截面积不小于 0.75 mm^2阻燃护套线，模块内部环线使用截面积不小于 0.4 mm^2阻燃软线	
网线	超五类屏蔽网线	
机柜 220 V电源输入线	使用阻燃护套线，线径不得小于 2.5 mm^2	

三、CSM 采集项目安全等级要求

CSM 采集项目分成三个安全层次。

1. 第一层次的采集项目是直接与分线盘相连的采集项目，且信号设备本身没有防护措施，安全性要求最高。这类采集项目有：

（1）道岔表示电压；

（2）道岔电缆绝缘测试。

2. 第二层次的采集项目是与被监测设备直接连接，但信号设备本身具有防护措施，属于室内采集项目的，其安全性要求次之。这类采集项目有：

（1）外电网输入相电压、线电压；

（2）电源对地漏泄电流；

（3）交流连续式轨道电路轨道继电器交流电压、直流电压，发送端电压；

（4）25 Hz 相敏轨道电路接收端电压、发送端电压；

（5）不对称高压脉冲轨道电路接收端波头、波尾有效值电压，峰值电压，电压波形；

（6）移频电码化功出电压、电缆侧电压和移频发送、接收电压；

（7）半自动闭塞线路电压；

（8）站（场）间联系电压；

（9）防灾异物侵限继电器电压；

（10）交流转辙机动作功率；

（11）电缆绝缘（不含道岔电缆）；

（12）6502 电气集中联锁电路 SJ 封连报警。

3. 第三层次的采集项目是实施可靠的监测项目，实现方案比较成熟，基本采用半组接点、电流互感器采样或全空接点（光耦隔离）采样，不存在安全性问题。这类采集项目有：

（1）外电网输入电流（监测自采集）；

（2）直流转辙机动作电流；

（3）交流转辙机动作电流；

（4）列车信号机点灯回路电流；

（5）半自动闭塞线路电流；

（6）环境状态监测各模拟量和开关量；

（7）1DQJ 状态采集；

（8）熔丝断丝报警采集；

（9）控制台按钮和表示灯采集。

第二节　接口安全要求

一、接口安全分析

随着铁路信号技术的发展，越来越多的信号系统投入使用，且都逐步接入 CSM。接口实现时，必须保证系统间数据传输的实时性、正确性、完整性以及信息的抗干扰性。

CSM 主要采用以下技术保证接口安全：

1. 通信方式以单向为主，CSM 仅作接收端，必要时增加心跳信息。
2. 对接口原始数据进行完整存储，保证数据信息完整性。
3. 通信协议中增加校验机制，如序号校验法、CRC 校验等。
4. 时钟对比机制，保证历史回放数据同步。

该系统现场论证采用举例论证法进行验证，并对结果按表 6-2 进行分析。

表 6-2　接口安全论证分析表

序号	论证类型	论证内容	论证方式	预期结果
1	系统安全	数据正确性	长期使用，观察信息是否正常	正常
		系统稳定性	长期使用，观察系统是否稳定运行	正常
		报警准确性	长期使用，查看报警准确性	正常
2	接口安全	接口间是否互相影响	中断通信线	正常
			关闭 CSM	正常
		接口数据实时性	对比系统间界面实时刷新是否同步	正常
		接口数据完整性	回放同一时段信息，查看信息是否同步；长期使用，查看是否有不一致现象	正常
		接口历史数据存储	查看历史存储信息	正常
3	存储安全	数据完整性	历史回放，查看数据完整性	正常
		数据可靠性	系统断电，查看历史数据是否被破坏	正常
		原始数据完整性	查看历史信息，核对显示信息，确定是否完整	正常

二、车站/中心串口通信接口安全

接口方式：RS-422/RS-485，硬件光电隔离，由对方系统单向发送给 CSM。

测试方式：以全体包的方式传输，变化时也发送全体包。

安全校验：接口协议中增加 CRC 校验。

三、车站 CAN 总线通信接口安全

接口方式：采用 CAN 1.0 总线规范（ISO 11898 标准），结合国铁集团关于采集机的通信协议，硬件光电隔离。

测试方式：以应答帧加主动帧的方式，数据交互周期需满足国铁集团相关标准。

安全校验：接口协议中增加 CRC 校验。

四、车站网络通信接口安全

接口方式：对方系统设立独立的接口服务器，通过 RJ-45 方式接口，CSM 侧需增加硬件防火墙以保障系统安全通信，如图 6-1 所示。

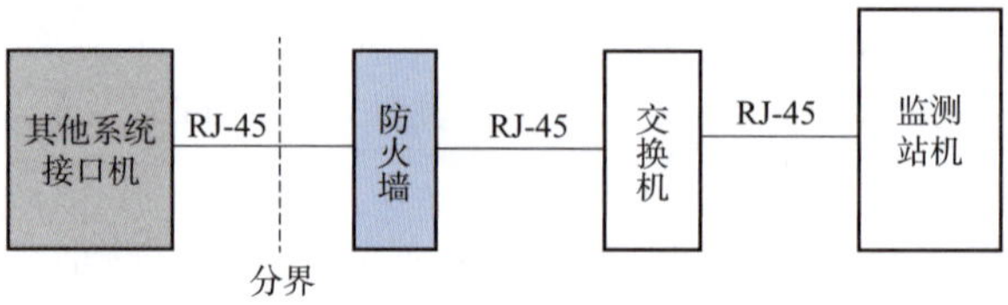

图 6-1 车站网络通信接口连接

测试方式：以对方系统主动上传为主，CSM 侧配置对应心跳包即可，传输周期不得超过 1 s。

安全防护：

1. CSM 侧增加硬件防火墙设备，保证网络通信不受病毒感染，保证数据传输稳定性。
2. 系统间接口不推荐使用网络型接口。

五、监测中心网络通信接口安全

接口方式：对方系统设立独立的接口服务器，通过 RJ-45 方式接口，对方系统与 CSM 增加网闸/防火墙以保障系统安全通信，如图 6-2 所示。

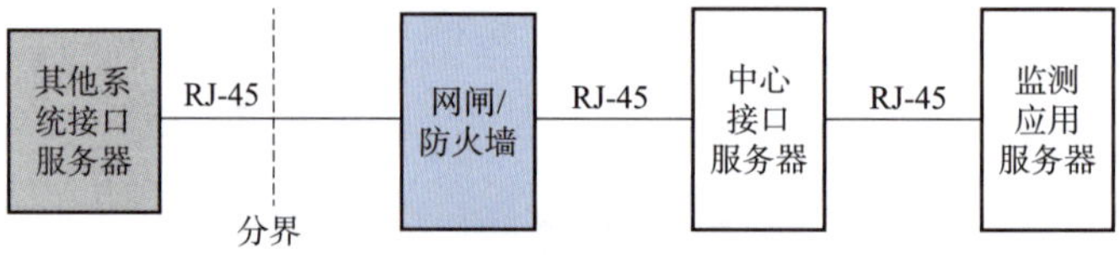

图 6-2 监测中心网络通信接口连接

测试方式：以对方系统主动上传为主，CSM 侧配置对应心跳包即可，传输周期不得超过 1 s。

安全防护：

1. 对方系统与 CSM 内增设网闸/防火墙设备，保证网络通信不受病毒感染，保证数据传输稳定性。
2. 系统间接口不推荐使用网络型接口。

第三节 软件安全要求

一、软件安全开发过程

1. 软件过程控制

系统软件开发采用 CMMI3 及 ISO 9001 过程控制。

CMMI（capability maturity model integration）是能力成熟度集成模型，主要是为解决软件项目过程改进难度增大的问题、实现软件工程的并行与多学科组合、实现过程改进的最佳效益。

CMMI 共分有五个等级，其中 CMMI3 称为定义级，已将软件管理和工程两方面的过程文档化、标准化，并综合成该组织的标准软件过程，所有的项目均使用经批准的软件过程来开发和维护软件，软件产品的生产在整个软件过程是可见的。

ISO 9001 是 ISO 9000 系列标准所包括的一组质量管理体系核心标准之一。ISO 9000 系列标准是国际标准化组织（ISO）在 1994 年提出的概念，是指由 ISO/TC 176（国际标准化组织质量管理和质量保证技术委员会）制定的国际标准。其作用是为系统开发提供一种具有科学性的质量管理和质量保证方法和手段，用以提高项目管理水平。

2. 软件生命周期

软件生命周期采用迭代模型中的瀑布 V 模型。

软件生命周期模型是建立确定软件生命周期内所有活动次序的一种标准，这些活动一般包括概念阶段、立项阶段、计划阶段、需求阶段、设计阶段、编码阶段、测试阶段、系统验收阶段、试运行阶段、交付和维护阶段，有时还有退役阶段。

瀑布 V 模型是一种线性，顺序模型，是项目自始至终按照一定顺序的步骤，从需求分析进展到系统测试直到提交用户使用，它提供了一种结构化的、自顶向下的软件开发方法，每阶段主要工作成果从一个阶段传递到下一个阶段，必须经过严格的评审或测试。瀑布 V 模型是所有软件生命周期模型的基础，其开发流程如图 6-3 所示。

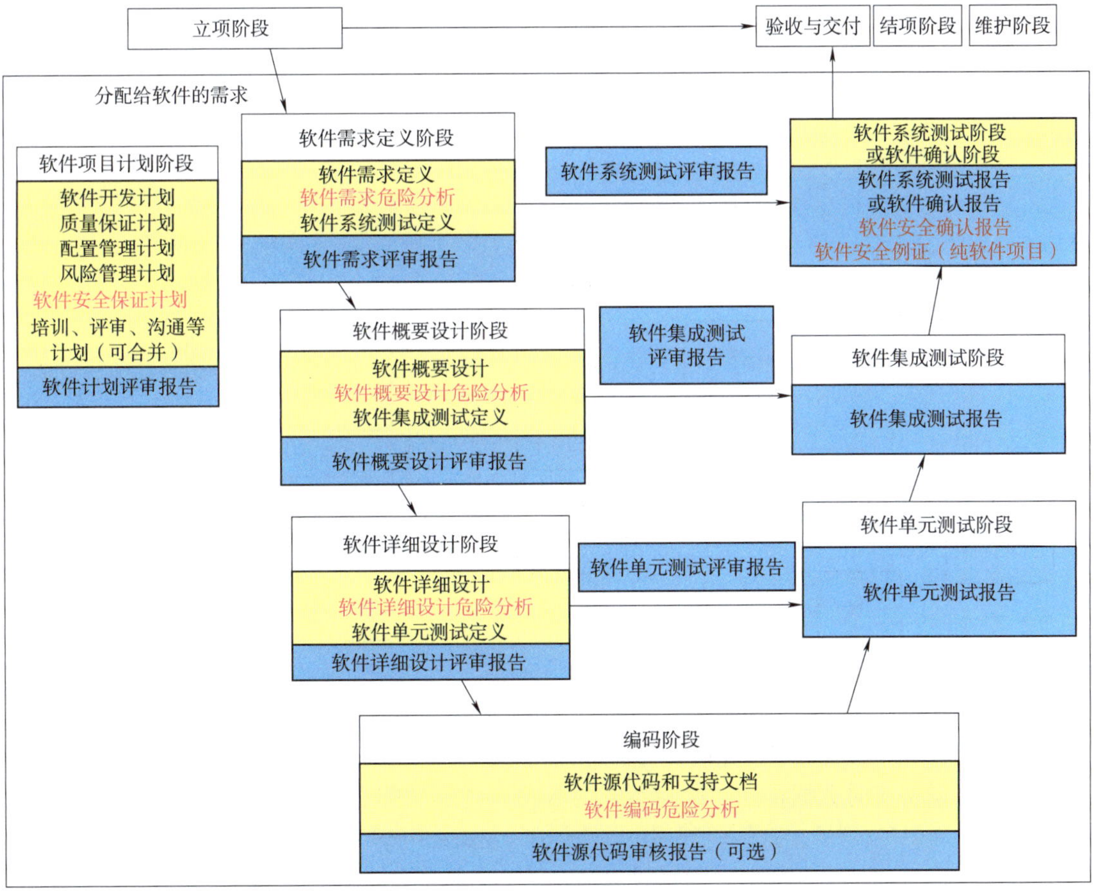

图 6-3　瀑布 V 模型开发流程

3. 软件开发过程

整个软件开发过程包括立项阶段、需求定义、概要设计、详细设计、编码阶段、单元测试、集成测试、系统测试/确认及验收与交付等九个阶段。

4. 软件开发相关文档

(1) 软件需求阶段文档：包括软件需求定义文件、软件需求跟踪矩阵等。

(2) 软件计划阶段文档：包括软件开发计划、质量保证计划、配置管理计划、风险管理计划、软件安全保证计划等。

(3) 软件设计阶段文档：包括软件设计文件、软件风险危险分析等。

(4) 软件编码阶段文档：包括软件源代码和支持文档、关键代码评审等。

(5) 软件测试文档：包括单元测试报告、集成测试报告、系统确认测试报告等。

二、软件安全设计

软件设计中，坚持面向对象的设计原则，必须将软件分为多个组件，各组件间互不影响，开发及维护均分开执行。系统软件安全架构如图 6-4 所示。

图 6-4 中，组件间数据流采用单向箭头模式，数据接收方与数据发送方间有固定的数据协议控制，保证数据完整性及准确性。

三、系统存储安全

CSM 作为电务维护及分析事故的主要工具，对数据完整性的要求非常高，CSM 数据构成如图 6-5 所示。

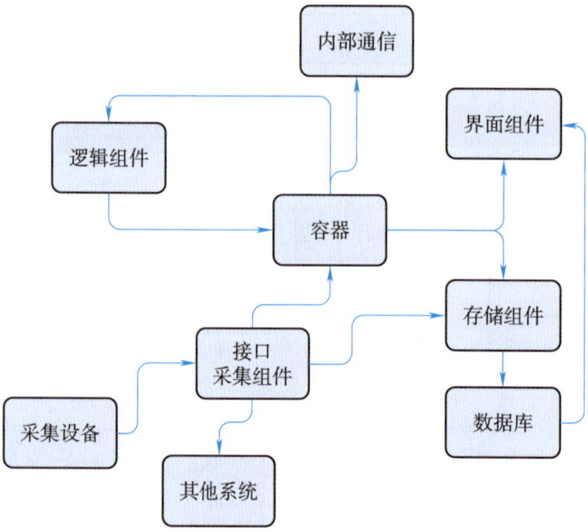

图 6-4 系统软件安全架构

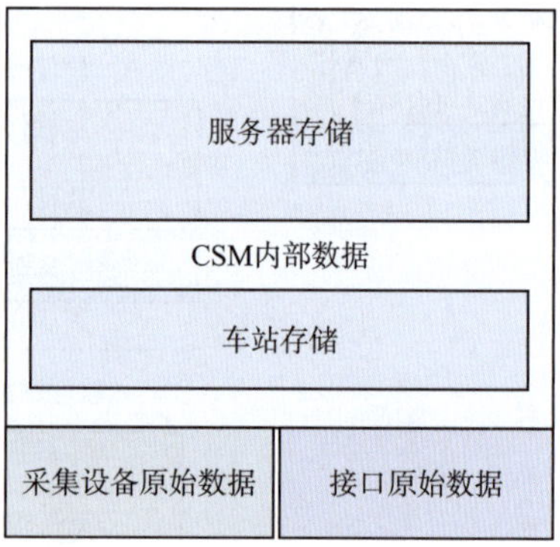

图 6-5 CSM 数据构成

为保证数据完整性，系统存储分为两部分：

1. 车站设备实时数据存储，称为系统内数据。内部数据分布在车站层和服务器层进行存储。

2. 数据信息初始来源数据，包括采集设备原始数据及接口原始数据。

此外，存储体系采用了先进的分布式文件安全存储技术。从系统的体系结构入手，分别在车站层和服务器层存储数据，保证车站设备全生命周期的数据存储；从存储文件的内容上来分，分为保存加密的二进制文件及普通的文本格式；从存储方式来说，分别采用独立开发文件系统及采用数据库软件的方式。该技术的引入，使用户在任何时候都可以查看车站信息，且历史数据不易破坏，具备可恢复性。

第四节　网络安全要求

一、网络安全技术体系

CSM网络安全建设以网络安全等级保护基本要求框架为基础，结合CSM的实际安全需求和业务需求，对其安全通信网络、安全区域边界、安全计算环境以及安全管理中心进行设计，以“一个中心，三重防护”为核心指导思想，构建集防护、检测、响应、恢复于一体的全面的纵深安全防御体系，如图6-6所示。

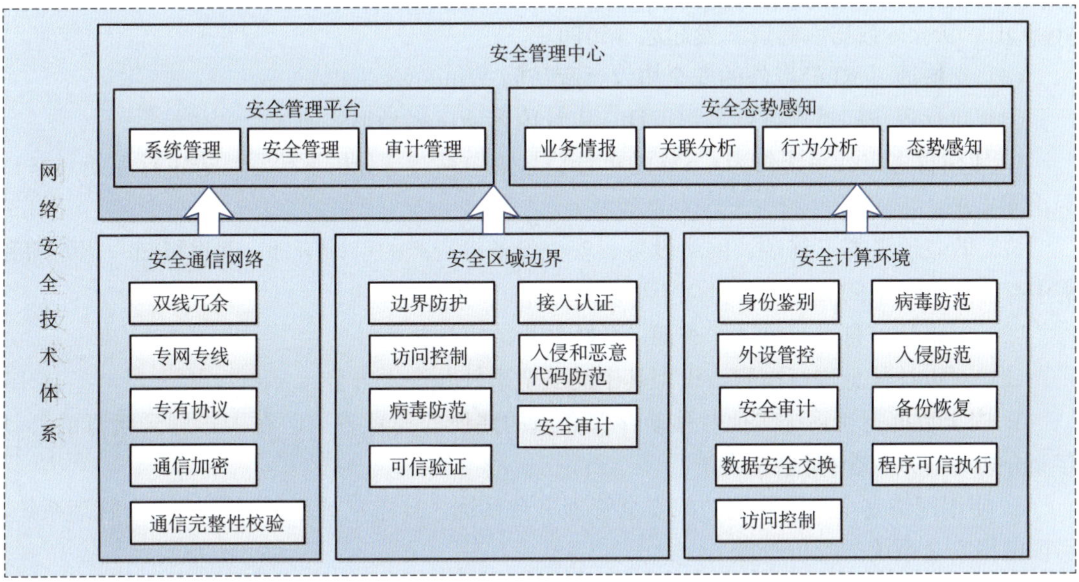

图6-6　CSM网络安全技术体系

CSM所采用的网络安全防护措施不应影响CSM的业务功能，不破坏CSM业务连续性，网络安全防护措施失效时，应优先保证CSM业务正常运行。所采用的网络安全防护措施应满足《铁路网络安全等级保护基本要求　安全通用要求》（Q/CR 772—2020）中网络安全等级保护三级相应的技术要求及国铁集团相关管理规定。

二、安全管理中心

通过部署统一安全管理中心并与系统内部署的网络安全设备或组件接口，可以实现CSM全系统安全策略的集中管理、集中制定和集中下发；各安全设备或组件的审计信息或安全事件的统一管理，实现安全事件的实时感知；可以对系统内网络设备、服务器、站机等设备的运行状态进行实时采集和监测，对系统异常运行情况告警并结合安全数据进行关联分析，整体实现安全管理中心的统一要求。

系统安全管理平台的架构包括系统管理、安全管理和审计管理等三个部分，并采用三权分立的管理模式，与功能相对应设立系统管理员、安全管理员与安全审计员，对各自的权限进行严格的分配和管理，授予其各自完成自己承担任务所需的最小权限。三个管理员之间既相互监督又相互制约，从而禁止“超级用户”的形成。

安全管理中心包含以下主要功能：

1. 安全管理中心通过加密传输方式对安全边界设备、主机安全加固组件、日志审计系统等网络安全设备的安全策略、安全功能、安全数据进行统一的维护和管理。

2. 安全管理中心对各安全组件上传的审计记录进行分析，识别其中的安全事件并产生告警，安全管理中心系统应对 CSM 资产进行集中管理，实现对各资产的名称、IP 地址、资产类型、部署位置等信息的展示，并具备资产分类统计能力。

3. 使用安全管理中心下的运维安全管理系统对 CSM 资产进行远程维护管理，运维安全管理系统具备以下功能要求：

(1) 支持 SSH 等多种远程访问协议；可对服务器，终端，网络设备，安全设备，MySQL、Oracle 数据库等资源发起远程访问。

(2) 支持通过 RDP 以外的安全协议远程访问 Windows 主机。

(3) 对远程访问过程进行全程审计，审计内容能以视频形式回放。

4. 使用日志审计系统作为 CSM 的审计信息集中存储与分析平台。日志审计系统具备以下功能要求：

(1) 收集服务器、终端、网络设备、安全设备等资产的审计信息，并进行归一化处理和集中存储，存储空间满足 6 个月以上要求。

(2) 对审计信息进行统计、查询、分析及生成审计报表。

(3) 对审计信息进行检测，识别其中的安全事件并产生告警。

5. 安全数据摆渡系统实现对移动存储介质的注册与病毒查杀，在未检测到病毒的移动存储介质中写入安全标记。

6. 使用网络安全维护终端访问安全管理平台系统、日志审计系统和运维安全管理系统，实现网络安全系统的维护管理。

三、安全通信网络

在网络架构层面上，对 CSM 网络划分安全域，为各区域分配不同的网络地址，对不同的安全区域采取不同的保护措施，对重要网络区域设置边界防护措施，架构设计考虑高峰时期网络承载力，并提供通信线路、关键网络设备的硬件冗余，保证系统的可用性。

CSM 为专网运行环境，其承载的业务固定且稳定，CSM 中心的服务器、主机以及网络设备按照双冗余配置，以满足系统的高可用性要求。

通信传输的完整性和保密性主要用于保证数据在传输过程中不被篡改和窃听。为保证通信传输的完整性和保密性，重要数据需在广域网通信传输中增加加密措施，网络设备、网络安全设备应启用 SSH、https 等加密通信协议；对通信数据增加完整性校验机制。

四、安全区域边界

边界是 CSM 网络安全的第一道防线，所有访问系统的数据均会通过网络边界进入系统内部，随着攻击手段的不断演进，边界所面临的安全风险越来越高，如频发、突发、隐蔽性强、手段多样、实施体系化的复合型攻击。安全区域边界主要包含边界防护、访问控制、入侵和恶意代码防范三方面内容：

1. 边界防护

为保证跨越边界的访问和数据流通过受控接口进行通信，需要通过技术手段防止非法内外联的发生，同时应限制无线网络的使用。

（1）受控接口通信和防止非法内联

由于 CSM 在专用内部网络上运行固定业务，可以通过将网络接口固化下来的思路实现受控接口的通信和防止非法内联，具体措施如下。

①将网络设备空闲接口关闭；

②将网络设备在用接口与设备 IP 地址绑定；

③通过安全管理中心的集中管控功能对接口进行监测。

通过以上措施，可以确保在用接口为固定业务设备提供通信，非法设备接入空闲接口时无法接入。当接口状态发生变化时，安全管理中心可以判别状况进行告警。

（2）非法外联及无线网络限制

系统内部设备安装主机安全加固软件。

主机安全加固软件是基于白名单规则进行终端安全防护的系统，安装了主机加固系统的主机或服务器，只可通过安全规则允许的端口访问安全规则允许的端口和地址，限制业务主机对外部网络的访问。

2. 访问控制

访问控制是防护边界安全威胁的基本安全措施，在保证数据信息实时传递的同时，实现强逻辑安全隔离，需要采用物理安全隔离与信息交换系统/网络防火墙，保障“内外网安全隔离”以及“适量的信息交换”。

边界网络隔离或防火墙设备可以设置访问控制规则，对经过的数据包的源地址、目的地址、源端口、目的端口和协议（五元组）进行检查，对不符合访问控制规则的数据进行拦截。在此基础上，安全边界设备支持基于应用层协议的包过滤能力，对应用层协议和应用层数据内容进行检查和审计，实现安全区域边界的访问控制要求，确保跨越边界进出业务系统的数据均为合法数据。具体的项目包括：

（1）安全边界设备对源地址、目的地址、源端口、目的端口和协议进行检查，以允许/拒绝数据包进出。

（2）安全边界设备对 21、23、135、137、138、139、445、3389 等高危端口进行拦截，防止针对高危端口的恶意访问。

（3）安全边界设备删除多余或无效的访问控制策略，保证访问控制策略数量最小化。

3. 入侵和恶意代码防范

入侵和恶意代码防范主要针对采用未知漏洞、未知恶意代码等新型攻击行为。通过边界防火墙内置的入侵防护功能，配合日志审计系统及安全管理中心的安全态势感知可以满足对区域边界入侵的防范要求，对该类攻击进行检测、发现和分析，并能够追踪溯源。为降低计算环境面临的风险，具体的项目包括：

（1）防火墙应具备入侵检测和恶意代码防范机制，并定期进行入侵检测和恶意代码防范机制的升级和更新。升级和更新应通过安全管理平台系统远程操作。

（2）保证安全边界设备访问控制策略数量的最小化，仅允许 CSM 业务数据、维护数据、安全数据等必要的数据通过。

（3）安全边界设备将操作日志和系统日志上传至日志审计系统进行分析。

五、安全计算环境

安全计算环境是 CSM 网络安全的重要组成，实现安全、可靠、稳定的计算环境，主要包括安全加固、身份鉴别、访问控制、安全审计、外设管控五个方面内容。

1. 安全加固

CSM 采用在服务器、主机上安装主机安全加固软件的方式作为对计算环境的防护手段。主机安全加固基于白名单机制，通过将正常状态下运行的进程作为白名单基线，当有未在白名单中的进程启动时，可判定为非法进程，进行阻截。另外，主机安全加固支持封闭系统通信端口，通过安全策略只允许该主机通过合法受限的端口与外部进行通信，同时可设置仅可与可信的、有限的 IP 地址进行通信，可防御入侵情况的发生。

安全加固满足以下功能。

（1）主机安全加固组件具备程序白名单、访问控制、外设管控、网络防护、身份鉴别等功能。

（2）主机安全加固组件的安全防护功能支持“开启”“关闭”“审计”三种模式。

（3）通过主机安全加固组件建立白名单程序列表，仅允许白名单程序列表内的程序执行，以主动防范恶意代码的攻击。

（4）通过主机安全加固组件制定访问控制策略，对服务器、终端的进程与文件、目录的访问权限进行控制，防止关键业务的文件、目录受到未经授权的访问或篡改。

（5）通过主机安全加固组件制定网络防护策略，依据业务需要开放服务器、终端环境的网络防护端口，防止网络入侵行为。

（6）主机安全加固组件对接入服务器、终端的移动存储介质进行管控，检测移动存储介质的注册状态和病毒查杀状态，阻止未经注册和病毒查杀的移动存储介质接入。

（7）主机安全加固组件提供服务器、终端操作系统的多因素身份鉴别机制。多因素身份鉴别机制宜通过基于密码技术的动态令牌、UKEY 等方式实现。

（8）主机安全加固组件对服务器、终端的安全基线进行核查和配置。

（9）主机安全加固组件对自身进程进行保护，防止未经授权的中断或卸载。

2. 身份鉴别

对于 CSM 的操作系统和应用系统，用户的身份鉴别使系统具有不易被冒用的特点。

为防止弱密码易被破解、身份鉴别信息在网络中明文传输易被窃听、存在多余或默认用户账号等问题。CSM 网安建设时，采取以下措施。

（1）修改用户账户密码，增加密码复杂度（如密码 8 位以上，同时包含大、小写字母、数字和特殊字符）。

（2）设置密码定期更换策略（策略为密码过期后给予提示，由人工对密码进行修改更新）。

（3）启用资产的登录失败处理功能，可采取限制非法登录次数、登录连接超时自动退出、结束会话等相关措施。

(4) 部署堡垒机，满足业务系统中网络设备、服务器、主机在远程管理中的用户身份双因素认证。

3. 访问控制

访问控制是CSM网络安全保障机制的核心内容之一，它是实现数据保密性和完整性机制的主要手段。访问控制是为了限制访问主体（或称为发起者，是一个主动的实体，如用户、进程、服务等）对访问客体（需要保护的资源）的访问权限，按用户身份及其所归属的某项定义组来限制用户对某些信息项的访问，或限制对某些控制功能的使用的一种技术。

通过以下措施实现计算环境的访问控制。

(1) 删除CSM各设备的默认用户、多余用户、过期用户、共享用户，对于无法删除或删除后影响业务的默认用户，修改口令或重命名账户名称。

(2) 除数据库系统外，其他资产禁用超级管理员用户。

(3) 配置安全管理员、系统管理员、审计管理员三个用户，不同用户间权限独立不交叉，对各账户权限采取分离设置，并细化用户权限，避免使用超权账户。

(4) 鉴别口令不能与用户名相同。

(5) 主机安全加固实现设定主体（包括用户、进程）对客体（包括进程、文件）的读写权限，实现主机层的访问控制策略。

(6) 通过堡垒机实现系统内设备在远程维护管理过程中的访问控制，堡垒机作为远程维护的唯一入口，可设置精准的访问控制策略。

4. 安全审计

CSM的安全计算环境需对设备、用户和应用进行行为审计和控制，及时发现或阻断非授权用户对数据发起的访问，检测非法用户对系统的入侵，显示合法用户的误操作。

建立主机审计系统，记录主机关键行为日志，帮助安全管理人员进行安全事件发生后的追溯。从主机层面生成记录并集中汇总，可以对系统形成完整的安全数据分析。

通过以下三种措施实现安全计算环境的安全审计。

(1) 对业务系统内的主机、服务器、网络设备、安全设备、数据库等设备开启审计功能，并配置日志的转发。

(2) 部署日志审计系统，接收来自业务系统内各设备的日志，并进行集中存储、检测、审计、分析、报警。

(3) 堡垒机可实现对用户远程操作的实时录屏保存功能，实现对系统设备远程维护的用户行为审计。

5. 外设管控

移动介质的不规范使用往往是系统内部引入风险的主要原因，也是最大的网络安全风险。在CSM实际业务运营过程中，常有业务程序升级、配置文件替换等应用场景，无法避免外设的使用，必须对系统的外设采取管控措施，防止移动介质的滥用。通过以下措施对外设进行管控。

(1) 系统终端、服务器安装主机安全加固软件，对外设进行限制，只允许注册且被批准的移动介质方可使用。

（2）通过安全管理中心的文件摆渡系统（杀毒机）将文件导入系统内部主机。

六、网络安全设备的部署要求

CSM 网络安全系统基于“三级三层”结构进行设计，每一层级部署相应的网络安全防护设备。CSM 网络安全系统层次结构如图 6-7 所示。

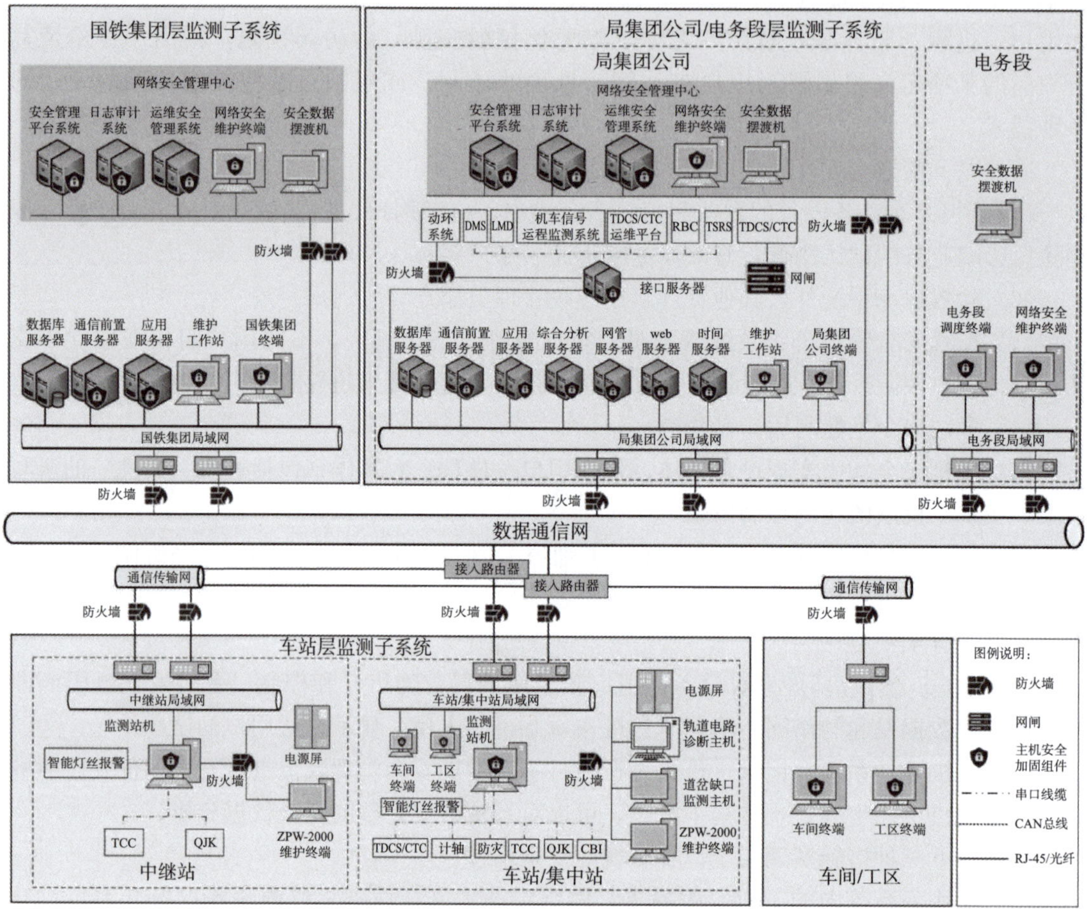

图 6-7 CSM 网络安全系统层次结构

网络安全设备部署的总体原则如下：

1. 在监测子系统与通信系统间部署防火墙进行隔离。

2. 在网络安全管理中心与监测局域网间部署防火墙进行隔离。

3. 在中心层监测接口服务器与 CTC、动环系统等以 RJ-45 接口的外部系统间部署防火墙/网闸进行隔离。

4. 在车站层监测子系统与电源屏、ZPW-2000 维护终端、轨道电路诊断主机、道岔缺口监测主机等以 RJ-45 接口的外部系统间部署防火墙进行隔离，其接入接口可支持旁路功能。

七、网络安全管理要求

1. 封闭终端、服务器相关机器的 USB 接口，不允许 U 盘直接接入。调试或更换数据时，使用的 USB 设备需经过文件摆渡系统（杀毒机）杀毒后，方可在监测设备上使用。

2. 不允许非法设备通过网络接入。调试设备接入 CSM 网络时，应使用为调试分配的专用 IP 地址，并经过病毒服务器杀毒软件检查。

3. 通过管理方式，对修改后的密码整理汇总保存，并录入堡垒机，将堡垒机作为系统维护的唯一入口。

第七章　铁路信号集中监测系统维护与管理

CSM在用于其他信号设备监测的同时，系统自身在车站、工区、车间、电务段、集团公司、国铁集团有众多硬件设备和软件系统，在监测系统自身的维护和使用上，各级部门应有不同的职责分工。本章对CSM的常用接口、硬件设备的维护方法进行说明，对站机、终端和中心服务器常用操作和维护方法进行介绍，以满足对CSM的日常维护和使用需求。

第一节　基本要求

为了加强CSM的修、管、用工作，充分发挥CSM在监测信号设备运用状态和预防故障等方面的作用，保证集中监测系统处于良好运用状态，电务部门应制定CSM维护管理办法，明确规定各级机构职责，确定日常维护项目、周期，明确报警信息、测试数据（曲线）的分析项目、周期。需要说明的是不同集团公司的管理规定会有不同，这也符合因地制宜的原则。对于具有智能分析功能的车站，分析项目及周期可适当调整。

一、职责分工

维护机构一般分为电务部（电务调度室及检测所）、电务段（技术科及电子设备车间、信息分析中心）、现场（车间及工区）三级。电务部及电务段技术科以管理为主，电务段电子设备车间、试验室兼顾管理、检修和分析，电务段信息分析中心以分析为主，现场以设备巡视和分析为主。

1. 电务部职责

集团公司电务部是管内集中监测设备的技术主管部门，应设置专业技术主管人员。主要职责是：

（1）贯彻执行国铁集团的技术政策、技术标准和规章制度，结合集团公司实际制定集中监测维护管理实施细则。

（2）负责指导管内集中监测的大修、更新改造工作。

（3）负责集中监测维护工作的管理，指导、监督、检查管内集中监测的维护管理工作。

（4）组织或有重点地参加基建、更新改造、大修涉及集中监测工程的技术方案论证、审查、设备选型、施工交底和验收开通等工作。

（5）规划并审定集中监测网络拓扑结构，审批集中监测IP地址实施方案，审核IP地址分配。

（6）按规定权限审批集中监测的采集电路、硬件和软件修改申请，审批通道需求及变更申请。

（7）定期检查管内集中监测的设备质量、运用质量和维护管理工作。

(8) 组织和协调有关单位处理集中监测的疑难故障。

集团公司工电检测所是集中监测运用的主管机构，应设置集中监测分析主管人员，主要职责是：

(1) 负责集团公司集中监测运用管理工作，掌握集中监测运行和使用情况，分析监测数据和报警信息，了解信号设备运用质量，提出维修工作指导意见。

(2) 负责集中监测数据分析工作，指导和检查电务段集中监测数据分析，针对存在问题，提出考核管内集中监测设备运用质量意见。

(3) 负责协调集中监测故障板卡的返厂修工作。

(4) 参与处理集中监测的疑难故障。

2. 电务段职责

电务段是集中监测设备维护单位，应设置专业技术主管人员。主要职责是：

(1) 执行国铁集团和集团公司的技术政策、技术标准和规章制度，结合电务段实际制定集中监测维护管理办法。

(2) 负责管内集中监测的技术、工程、维护、运用以及信息安全管理工作。

(3) 编制、提报管内集中监测设备的大修、更新改造建议计划。组织或参与集中监测工程的调试和验收工作。

(4) 负责集中监测维修工作。

(5) 负责组织处理集中监测故障。

(6) 负责集中监测故障板卡的返厂修工作。

(7) 定期分析集中监测数据，总结集中监测运用情况，上报集团公司，并进行通报。

(8) 负责组织制定并公布本段集中监测报警、预警上下限值设定标准，并组织车间完成报警、预警上下限值设定和模拟量测试精度校核工作。

(9) 负责审查管内集中监测设备软件、数据及硬件修改方案，审查管内集中监测组网方案及 IP 地址分配方案，审查相关设计文件等。

3. 信息分析中心职责

定期对管内各站集中监测设备的运行状况进行查看，负责受理集中监测设备的一、二级报警信息，及时收集处理结果，定期对查询问题进行分析总结（含典型问题及截图）。

(1) 每日查询一次各种设备日报表，数据波动超分析时限或变红色时查询相应设备曲线；具有智能分析功能的系统查看维修建议报告，对报告中提示的异常信息设备要查询相应曲线。

(2) 每日查询一次道岔动作曲线和漏泄区段电压曲线。

(3) 每周至少查询一次电源、轨道电路、信号灯丝、道岔表示、电码化曲线。

(4) 每月查看一次报警信息当月汇总表、电缆绝缘报表、分路残压报表。

(5) 每月查看一次轨道电路月趋势曲线，分析和跟踪分路残压变化。

(6) 遇有军专特运和重点列车，提前进行相关站相关进路浏览查询。

4. 电子设备车间职责

(1) 检查指导工区对集中监测设备一、二、三级报警的查找和处理。

(2) 负责管内集中监测设备的维修、大修及软件维护等工作。

(3) 抽查现场车间和信号工区集中监测设备的使用和管理。

(4) 对发现的车站电气特性变化幅度较大或上下限报警等问题应及时记载，并与工区沟通，督促或协助工区查找、调整并克服。

（5）按周期对管内各站设备电气特性进行测试。

（6）按周期查询网管信息。

（7）负责故障设备的修复及器材检测和更换工作，指导信号工区处理集中监测设备故障。

（8）每月对管内集中监测设备进行一次检修维护，检查杀毒软件、病毒库版本信息。

（9）每年使用高精度万用表对管内各站集中监测的数据进行一次校核，对误差超标的数据进行调整；更换传感器件后，要重新校核监测数据。

5. 信号车间职责

（1）每日查询一次各种设备日报表，数据波动超分析时限时查询相应设备曲线；具有智能分析功能的系统查看维修建议报告，对报告中提示的异常信息设备要查询相应曲线。

（2）每日查询一次所有道岔动作曲线和漏泄区段电压曲线。

（3）每日查询一次报警信息。

（4）每月查询一次电缆绝缘报表、分路残压报表。

（5）每月查询一次轨道月趋势曲线，分析和跟踪分路残压变化。

（6）掌握管内各站集中监测系统的一、二级报警信息，督促处理，并追踪处理结果。

6. 信号工区职责

（1）检查站机及监测设备工作是否正常。

（2）观察采集机各种指示灯表示是否正常。

（3）检查有无设备报警信息。

（4）按周期查询各种设备实时值和日报表、所有设备曲线、各种设备报警信息。

（5）进行电缆全程绝缘测试时，注意断开电缆中的防雷元件地线，一、四季度每月测试一次，二、三季度每周测试一次，当绝缘电阻低于标准（大站 0.75 MΩ，小站 1 MΩ），或阻值下降超过一定限度时要进行分析查找。

（6）每月将转辙机动作、锁闭电流测试曲线数据与控制台表头测试数据相比较，误差超标时报电子设备车间调整。

二、日常维护注意事项

对 CSM 设备的维护，日常以巡检、保养为主，实行故障修。日常维护中的注意事项如下。

1. UPS 设置及充放电

对于电源屏配有集中式 UPS 的车站，计算机联锁、TCC、CTC、CSM 等信号设备都不再各自配备 UPS，但考虑到集中监测设备预防和故障事后分析的需要，集中监测设备宜保留 UPS，以防止电源故障时，监测设备也断电，失去监测作用。

UPS 是监测设备连续工作的基本保证，要保证 UPS 正常工作，及时发现电池特性不良，就必须定期充放电，周期可参照 UPS 说明制定，一般每季度一次。

2. 测试精度校核

作为测试系统，对每一项模拟量数据都有精度要求。例行可每年进行一次精度校核，在每次更换故障传感器时要校核，在改造施工后要校核。

3. 界面信息核对

监测界面包含轨道电路、道岔、信号机、表示灯等各种状态信息，静态核对难以发现表示错误，因此施工开通后，在一定时间内应动态跟踪界面信息，以保证信息的准确。

4. 合理设置门限值

在《普速铁路信号维护规则（技术标准）》中，对各种测试指标制定了标准，但对某一特定对象可做适应性调整。只有合理设定数据报警的上下限，才能最大限度发挥监测的预警作用。

如JZCX-480型轨道电路，《普速铁路信号维护规则（技术标准）》标准是10.5～18 V，若某个区段常态在15 V，将上下限设成13～17 V，当该区段电压波动超限时给出报警提示，更有利于提前发现电压下降造成红光带故障。再如25 Hz轨道电路相位角，标准范围是90°±8°，可实际运用当中，有的区段相位角调整到极限也只能稳定在98.1°，尽管超标，但该区段并不会故障，如果按90°±8°标准，必然产生大量报警，可将该区段的报警门限上限扩大到98.2°，兼顾设备稳定和报警。

对于无人站（中继站）温度报警门限，建议以常态温度上下浮动5 ℃～10 ℃为宜，发生温度超限报警时能够有相对充足的赶赴现场进行处置的时间。

5. 保证完整性

CSM是电务部门预防故障、进行故障分析的重要设备，日常维护、施工均应保证其完整性。

（1）信号设备发生变化应同步修改CSM设备。例如，因道岔大修，单机牵引改双机牵引；为解决分路不良，轨道电路改多特征轨道电路等，均应同步修改CSM设备。

（2）对集中监测设备的验收要包括对位试验（测试项目对位、报警信息对位和按钮动作信息对位）、特性测试标调、标准值设定合理性检查等。

（3）任一站机修改后，相应修改工区、车间、电务段、集团公司、国铁集团终端。

6. 定期购置易耗备件

在CSM设备中，易耗品有硬盘、显示器、UPS电池等几种，同一批次上道的设备，往往其故障也集中发生。为避免集中购置备件带来的资金困扰，维护单位应定期购置合理数量的备件。

三、网络安全注意事项

病毒防范始终是计算机设备的关注点，对于各类信息系统的网络安全，都要高度重视。在网络安全方面，CSM设备有以下注意事项：

1. 禁止在各级终端上安装、运行与监测工作无关的软件。
2. 定期升级防病毒软件及病毒库，每次升级后及时查看版本信息。
3. 采取物理方式及软件手段封闭不必要的USB口、光驱。
4. 在系统中使用移动存储设备时，必须查杀病毒后才可使用。
5. 更换主机要同步安装系统补丁和防病毒软件，并升级病毒库，或采取安全加固措施。
6. 服务器、终端应杜绝弱口令，密码应采用强口令，长度不少于8位，须由大写字母、小写字母、数字和符号四种元素共同构成，并应定期更换。

第二节 硬件维护方法

CSM作为监控信号设备状态、分析和诊断故障的工具，其系统本身也可能出现故障或异常，为了保障监测设备正常运转、更有利于指导信号设备维修，信号维护人员除了了解系统工作原理，还要对系统进行日常必要的维护。

一、常备工具及材料

维护集中监测系统需要准备的工具有万用表、移频测试表、绝缘摇表、螺丝刀、斜口钳、烙铁等。

维护信号集中监测系统需要常备的材料有监测采集单元备品、采集板卡、0.2 A玻璃保险管、12 A陶瓷保险管等。

二、注意事项

监测采集配线带电操作时，应注意绝缘防护，防止触电；非天窗点，不得进行绝缘漏流测试；变更、拆除采集单元时应注意标识配线端子和单元地址；监测系统断电前必须先关闭监测站机。

监测系统接口通信分机和环境分机等内部设备宜单独划分VLAN，规避外部干扰引起的内部设备异常。

定期（每月）对防静电手环进行测试（图7-1），测试方法如下：

1. 将万用表调至欧姆挡。
2. 将表笔一端接触手环腕带上的金属，表笔另一端接触手环与机柜的固定点。
3. 万用表显示的电阻值在0.8 MΩ～1.2 MΩ范围内即表示防静电手环正常。

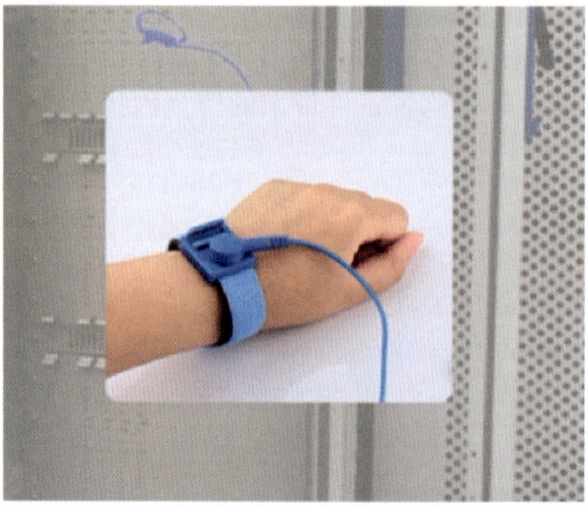

图7-1 机柜防静电手环测试

三、系统的接口维护

1. 接口状态查阅

CSM的采集信息通过各类接口和通信总线上传，检测各类采集通信的状态是监测设备日常维护的重要内容，可由电务维护人员每天通过远程调阅或现场查阅系统的通信状态，如发现连接中断提示，需及时维护。

2. 接口故障检查

当与各系统通信中断时，可按如下步骤检查：

（1）检查发送端设备是否工作正常，如维护机、接口监测主机或接口通信板是否开启，接口通信程序是否正常运行。

（2）检查通信接口是否正常，可将两头接口电缆取下，测量通信芯线通断状态。

（3）对于串口类数据，为只发不收模式时，可使用串口调试助手接收对应端口数据，查看能否正常接收。

（4）当监测主机上有多个同类型的接口时，可交换接口连接，查看能否恢复，以判断通信口是否损坏。

四、CSM 采集硬件维护

以下举例将从采集机、采集设备、采集电源三个部分分述硬件维护内容。因各厂家设备不完全一致，详细的维护方法需参见各厂家的维护说明书。

（一）采 集 机

以下仅介绍接口通信分机和 CPU 板的维护内容。

1. 接口通信分机维护

接口通信分机的相关信息均会显示在通信机前方的液晶屏上，如图 7-2 所示。

图 7-2　接口通信分机显示界面

网络型通信分机的液晶屏显示共 4 行。第一行依次显示网络型通信分机配置的 IP 地址，第二行显示给网络型通信分机分配的分机号，通常 C1 后显示的即为本通信分机的分机号。C0 的端口暂未使用。第三行和第四行分别显示此通信分机 8 个输入口上的地址单元状态。当本端口的采集单元通信均正常时，端口号后面显示两条短横线“--”，当端口总线上有几个采集单元通信中断时，则按从小到大的顺序轮询显示中断单元的地址号。当此端口未使用时显示“××”。

通过接口通信分机的显示屏可看到各采集单元的通信状态情况。也可以查阅接口通信分机本身使用的 IP 地址，当通信分机通信中断时可用于检查网络连接情况。

2. CPU 板维护

（1）每块 CPU 板上均有电源和工作两个指示灯。正常工作时，电源灯稳亮，工作灯周期闪烁。各采集板均受 CPU 板集中控制，若出现所有采集板只亮电源灯而工作灯不正常时，可检查 CPU 板卡是否损坏。如同一层的采集板只有部分工作灯显示工作正常，另一部分工作灯不显示时，需检查工作灯不显示的板卡是否损坏、CPU 板的芯片程序是否正确。

(2) CPU 板常用跳线

CPU 板左下角和右上角各有一组跳线，如图 7-3 红色圈中所示。

图 7-3 CPU 板跳线

左下角的跳线为一组 4 个，用于设置 CPU 板的 CAN 通信地址。通常 4 个跳线均设为跳上，当用到第二块 CPU 板时最右边的跳线跳空，表示地址为 1。

右上角的 JP2 跳线用于设置 CAN 总线的终端匹配电阻。当 CAN 通信不通时，可取下或跳上此跳线再观察通信情况。

(二) 采集设备硬件维护

1. 采集器维护

检查采集器好坏最基本的方法是将其与相邻的采集器交换来判断，可以排除底座配线出错的因素，只检查设备。本身需要注意的是程序显示的采集信息只与设备地址有关，交换采集器时，如不变更设备的地址，那么在程序显示界面上采集器采集的数值也将与交换采集器的数值对换。

如地址为 1 的采集器采集的是 1 号道岔曲线，地址为 2 的采集器采集 3 号道岔曲线，当地址为 1 的采集器与地址为 2 的采集器交换时，1 号道岔的曲线通过地址为 2 的采集器采集，那么在原 3 号道岔的程序显示曲线栏中看到的结果实际是 1 号道岔的曲线。

采集器的工作电源对采集数值也有较大影响，采集器的标准工作电源为 DC 12 V，正常工作偏差不得超过 1 V，当采集器的工作电源低于 11 V 时，采集数值将出现偏差和不稳定情况。

2. 开关量采集模块维护

开关量采集模块用于采集道岔 1DQJ 或 1DQJF 的状态，采集原理如图 7-4 所示。

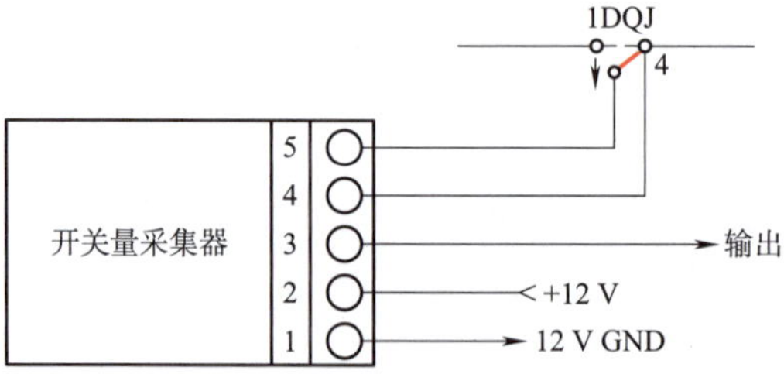

图 7-4 开关量采集原理

在开关量采集模块内部端子 4 和 5 之间是一个感应线圈，当道岔未动作 1DQJ 落下时，

4 和 5 端子通过 1DQJ 的接点构成一个闭合回路，此时 3 号端子上输出 12 V 电压至道岔电流或道岔功率采集单元。

开关量采集模块的好坏判断方式：在模块 1 和 2 端子正常接 12 V 直流电源时，将 4 和 5 端子上的外线取下，分别短接和断开 4 和 5 端子，测量 3 端子对 1 端子之间的 12 V 电压有无相应变化。正常断开 4 和 5 端子时，3 端子对 1 端子没有 12 V 电压；短接 4 和 5 端子时，3 端子对 1 端子有 12 V 电压。如果不论短接还是断开 4 和 5 端子，3 端子对 1 端子的电压始终有 12 V 或始终没有 12 V，则表示开关量采集模块损坏。

3. 三相交流转辙机道岔动作电流互感器维护

三相交流转辙机道岔动作电流互感器用于配合三相交流转辙机道岔功率采集单元以计算功率信息。此模块为无源模块，安装在道岔组合内部，如图 7-5 所示。

图 7-5 三相交流转辙机道岔动作电流互感器

图 7-5 中右侧白色模块为开关量采集模块。

电流互感器安装在两个继电器之间的空位上，外形为 T 字形，利用继电器底座螺丝固定，输出有四根线至交流道岔转辙机功率采集器上，分别为 I_a、I_b、I_c、I_n。在日常使用中如果发现采集不到提速道岔电流曲线和功率曲线，且更换过交流转辙机功率采集器仍无法恢复正常，则需要更换电流互感器。更换时将电流互感器上方的固定螺丝用套筒工具拧开，拔掉电流互感器下方的配线端子，将电流互感器取下，更换新的电流互感器，拧紧螺丝固定并将配线端子插回原位即可。然后操纵道岔，检查道岔电流曲线是否已经恢复正常。注意电流互感器上对应三个电流感应线圈下方有三组跳线，用于调整电流穿芯方向，更换时应与既有电流互感器的跳线保持相同的连接方式。

4. 绝缘测试表维护

绝缘测试表主要用于输出绝缘测试用的 500 V 直流电压，并将绝缘测试数值输出到综合采集层。

绝缘测试表平时不工作，当测试绝缘时，通过绝缘测试继电器的吸起将 220 V 交流电源接入绝缘测试表，此时绝缘表数码管开始闪烁，同时输出 500 V 直流电压。绝缘表数码管上显示的数值即为实际测得的绝缘数值。

绝缘数码管总共有 4 位数值显示，中间为小数点。最大显示数值为 20 MΩ。

当数码管显示的数值为 4 个闪烁的 0 时，表示测得的绝缘数值大于 20 MΩ。当数码管显示为 4 个稳定的 0 时，表示测得绝缘数值为 0。

如果绝缘测试表有 220 V 电压输入但数码管不闪烁，或在输出配线正确及绝缘配置文件系数为 1 的情况下，绝缘测试表数码管显示有具体数值，而监测绝缘测试数值显示始终大于 20 MΩ，则可基本判断绝缘测试表损坏。

（三）采集电源维护

监测机柜向外输出多种直流和交流电源用于监测采集和模块供电，主要有如下几种。

1. 12 V 大功率电源

12 V 大功率电源用于给采集器提供工作直流电源，由机柜底部的 12 V 电源输出，分为＋12 V 和－12 V 两种电源，对应有两个工作表示灯。其中＋12 V 为各采集器工作电源，－12 V 目前只有采集移频接收的阻抗匹配器和半自动闭塞电流采样模块使用。

当电源输出线短路时，12 V 电源自我保护停止输出，对应的电源灯灭灯。当甩开外线去除短路因素时，电源将恢复输出。通常在 12 V 电源输出端加装熔丝，当发现 12 V 电源灯正常，而采集器电源回路测不到 12 V 电压时，需检查是否因线路短路，造成输出熔丝熔断。

正常 12 V 电源应保持不低于 12 V 的输出电压，以确保实际送到模块上的工作电压在 11 V 以上。

当模块数量过多导致电源在线路上衰耗过大，实际加载到采集器上的电压不足时，可将大功率电源前面板的 4 个螺丝卸下，调节内部电源的输出电压值。这种方式只有在其他方法都无法解决时才可使用，并且调节时必须小心微调。

2. 采集机电源

采集机电源主要用于给各机柜内采集层的采集板和 CPU 板以及对应传感器供电，包括综合 24 V、综合 12 V、5 V 三种。

综合 24 V 主要用于绝缘测试继电器吸起的驱动电源，部分用于环境监测报警采集，正常输出应保持在 24～25 V 之间。

综合 12 V 主要用于灯丝漏流测试单元的测试电源，也用于环境监测的温湿度采集，正常输出应在 12～13 V 之间。

5 V 电源用于采集板供电，5 VI 用于 CAN 通信供电，两种电源正常均应在 5～5.3 V 之间，过低将影响 CPU 板工作及 CAN 通信。

当电源输出外线短路或电源无输出时，对应的电源灯会灭灯，可根据点灯状况来判别对应的电源是否存在问题。

3. 其他采集机电源

其他采集机电源包含 7.5 V 电源和 12 V 电源，用于给采集机柜内的智能采集板供电。正常情况下，7.5 V 电源的 5 VI、－7.5 V、＋7.5 V、5 V 四个灯均亮灯，面板微热。12 V 电源的 5 V、－12 V、＋12 V、5 V 四个灯均亮灯，面板温度接近室内温度。

如果面板突然变得非常热，则可能是该电源故障或即将故障的先兆，也可能是该采集机输出电源正负短路，应立即关闭该采集机电源查找原因。

如果采集机电源发生异常，则应更换采集机电源。

各种电源灯不亮，则可能存在以下两种情况：

（1）采集机电源故障时，使用该电源供电的所有采集机所监测的内容均显示未知，即不通信。

（2）采集机电源指示灯故障（实际电源工作正常）时，由该电源供电的所有采集机监测的内容均正常，不影响正常使用。

如果采集机电源所有灯均灭灯，则检查采集机电源的供电电源是否正常，采集机电源防护熔丝是否损坏。若不正常，则根据配线图纸检查配线。

五、CSM 站机维护

CSM 站机是监测信息显示和处理的终端，通常由一台配置各类接口卡的工业控制计算机（以下简称工控机）和一个显示器组成。

（一）工控机维护

工控机的日常维护主要关注 Windows 系统是否运行正常，即是否出现死机状况。当发现 CSM 站机界面长期处于停滞状态时，需考虑是 CSM 程序软件停滞还是系统死机。可通过检查鼠标和键盘是否能正常操作进一步确认。

检查鼠标、键盘线正确连接后，移动鼠标看鼠标光标能否正常移动，或按压键盘上的 Caps Lock 按钮检查对应的大写锁定灯是否相应的点亮和灭灯。

当反应正常时，可判断是 CSM 程序软件停滞，此时可同时按压“Ctrl＋Alt＋Delete”组合键，选择注销系统以重启监测程序。

当键盘鼠标无反应时，可判断是系统死机。此时需使用工控机上的红色热启动键，以重启系统。当工控机重启无法正常进入 Windows 系统时，可判断设备损坏，需返修。

工控机还需要定期对进气口处的防尘网进行清理。

（二）接口卡维护

CSM 主机上的接口卡包括 CAN 卡、串口通信卡及网卡。

1. CAN 卡

当 CSM 中所有与 CAN 总线相关的通信均不通时，应检查 CAN 卡是否损坏。

检查方法为将各对接 CAN 总线设备的通信线逐个断开，看通信是否恢复，以判断是否是某一个 CAN 接口设备影响了整个通信。然后将各 CAN 总线设备单独与 CSM 主机 CAN 卡连接，检查通信是否连通。如果通信始终不通，在确认连接线和配置文件都正确的情况下，可判断是 CAN 卡损坏。

CAN 卡正常工作时板卡的工作灯稳定点亮。CAN 卡上的指拨开关用于设置 CAN 卡的端口地址，通常默认为出厂设置。CAN 卡上通常有 4 组跳线用于设置 CAN 卡中断地址，可根据需要分别设置成中断 10、11、12、15 四个地址，使用哪个地址即将对应跳线短路。

CAN 卡使用 DB9 串口 9 针头对接外部的 CAN 总线，其中 9 针头上端子 7 为 CANH，端子 2 为 CANL。

2. 串口通信卡

常用的串口通信卡为带 RS-422 和 RS-485 接口的多串口卡。4 串口通信卡左上角的 2 组指拨开关分别设置 4 个串口的工作方式和串口类型。通常右边一组设置在 AUTO 状态，左边一组的 4 个开关用于设置对应端口是使用 RS-422 还是 RS-485 通信方式。

检查串口通信卡好坏，可将两个端口设置成相同的通信方式，然后使用对应的串口线将两个串口对接起来，使用串口调试助手工具，手动在两个端口间发送和接收一段数据，检查接收数据与发送内容是否一致。如果收不到数据或数据不正确，则表示通信串口卡损坏。

3. 网卡

网卡的好坏判断相对简单，在确认网线和交换机均连接正确且工作正常时，在 CSM 运行的情况下，网口上的收发灯不亮，或 ping 不通其他局域网地址，应检查网卡是否损坏。

（三）显示器维护

显示器的日常维护工作就是保养、清洁。不要用粗糙的抹布擦显示器的液晶屏（可以选用柔软、半干的麻布或优质柔软的纸质物品），容易损伤屏幕；不要用手触摸液晶屏，液晶面板表面有专门的涂层，该涂层可以防止反光，增加观看效果，而手上的腐蚀性油脂会轻微腐蚀面板的涂层，日积月累会造成面板永久性损害。在更换显示器的时候，禁止带电插拔数据线，容易损伤显示器主板。液晶显示器在使用中，注意不要击打或者使用硬物点击液晶屏，这往往是造成屏幕损坏的主要原因。

平时不用时可以关闭显示器电源，延长其使用寿命。

第三节　软件维护方法

CSM 软件维护可分为三级：站机子系统、中心服务器子系统、终端子系统。

一、站机子系统

（一）常规维护

为了保证站机子系统稳定、正常地运行，维护人员应做好例行维护工作。

（1）定期查看系统工作日志，包括系统自身工作状态、接口工作状态、采集设备工作状态、服务器通信状态等多项内容。

（2）定期查看系统报警，及时分析查找潜在的问题并处理。

（3）定期检查硬件设备是否正常。

（4）定期检查网络设备，保证站机子能够与中心服务器正常通信。

（5）定期杀毒，保证站机子系统健康运行。

（二）常见问题及解决方法

1. 车站采集接口中断

故障原因 1：站机子系统与接口系统间通信线松脱。

解决办法 1：将接口线取下，重新连接。

故障原因 2：对应的系统接口主机死机或程序运行异常。

解决办法 2：检查对方接口设备是否工作正常，如维护机、接口监测主机或接口通信板是否开启，接口通信程序是否正常运行。

2. 车站从某个接口采集过来的数据显示错误

故障原因：对应接口修改配置或者升级程序，CSM 站机软件未同步升级。

解决办法：联系厂家，进行相关升级。

3. 车站采集设备故障

故障原因 1：采集设备故障。

解决办法 1：更换采集设备。

故障原因 2：采集设备接触不良。

解决办法 2：将采集设备取下，重新安装。

4. 车站与服务器通信中断

故障原因：网络中断。

解决办法：查看网络设备是否故障，及时维护。

5. 车站数据显示不正常

故障原因：车站改造后，配置文件需要改动。

解决办法：按照配置要求进行修改，或者联系厂家进行修改。

6. 车站采集信息错误

故障原因：某个采集信息有问题，可能是采集板或采集线故障。

处理方法：查看采集板的显示灯，可以判断故障出在哪一块采集板或哪一根采集线，更换相应的采集板或采集线。

7. 站机程序死机

故障原因：可能是软件未知 BUG 原因或硬件故障。

处理方法：重新启动程序或计算机，如果依然死机，说明操作系统或硬件出现问题，建议更换计算机硬件；如果成功启动，说明软件可能有故障，与厂家联系解决。

8. 站机无法启动

故障原因：硬件有问题。

处理方法：建议更换计算机，或与厂家联系解决。

9. 显示器黑屏

故障原因：显示器故障或显示器信号线脱落，或者是显卡、电源故障。

处理方法：确认具体故障后更换显示器或重新连接信号线，更换显卡或修复电源。

10. 鼠标和键盘失效

故障原因：可能是操作系统故障或鼠标与键盘的连线脱落。

处理方法：重新启动计算机或检查鼠标与键盘的连线。

二、中心服务器子系统

中心服务器子系统包括通信前置机、应用服务器、数据库服务器、网管服务器、防病毒服务器、时钟服务器等。中心服务器子系统一般不需要用户进行操作，下面介绍各系统的日常维护内容和常见故障的处理方法。

（一）常规维护

1. 保证网络通信正常，保证网卡工作状态正常。

2. 采用双网技术，当网络出现故障时，需要及时修复。

3. 采用双机冗余结构，单台出现故障后，需及时修复。

4. 定期查看硬盘大小，如发现硬盘故障时，需及时返修。

5. 防病毒服务器需定期升级病毒库，保证整个系统的杀毒软件及时升级。防病毒服务器需定期查看病毒扫描日志，对于特殊事件，需及时向厂家咨询。

（二）常见问题及解决方法

1. 某服务器子系统与其他系统连接均中断

故障原因：网络故障。

解决办法：查看中心局域网内故障。

2. 站机或终端等其他组件无法连接服务器

故障原因 1：网络故障。

解决办法 1：查看车站或终端与服务器通信是否正常，如通信异常，排查网络故障。

故障原因 2：配置错误。

解决办法 2：检查站机或终端与服务器通信配置文件中配置的服务器通信信息是否正确，包括服务器 IP 地址、与服务器通信的地址码；检查服务器通信节点配置中是否包含目标节点以及通信信息配置是否正确。

3. 某服务器子系统机器死机或者频繁重启

故障原因 1：病毒问题。

解决办法 1：及时杀毒解决。

故障原因 2：操作系统异常。

解决办法 2：重装操作系统解决。

故障原因 3：硬件问题。

解决办法 3：更换硬件，或者返修。

4. 某服务器子系统软件报错，不能自恢复

故障原因：系统内存在非法数据。

解决办法：将日志返回给厂家，由厂家及时解决。

5. 数据库服务器提示硬盘满报警

故障原因：硬盘空间不足。

解决办法：清理数据或增加硬盘。

6. 无法连接数据库

故障原因：数据库服务未启动或安装组件损坏。

解决办法：数据库服务重启，检查数据库的相关安装和配置是否正确，数据库版本是否正确。

三、终端子系统

（一）常规维护

终端子系统的稳定运行，必须保证运行环境安全及网络通道正常。

1. 定期进行杀毒。

2. 定期检查网络设备，保证网络正常工作。

（二）常见问题及解决方法

1. 终端程序无法打开，或有报错提示

故障原因：可能是软件版本较低，或是软件环境被破坏。

解决办法：可以重新升级软件，进行恢复。

2. 终端选站操作框中，找不到所要查询的车站信息

故障原因：终端对该车站没有调阅的权限。

解决办法：修改配置，增加权限。

3. 终端无法调阅实时值、日报表、日曲线等信息

故障原因：终端与车站间通信有问题。

解决办法：查看网络通道是否正常，查看站机子系统是否运行正常，查看服务器是否运行正常。

4. 终端执行回放时，从服务器取不到相应数据

故障原因：车站未能将信息传送到服务器中。

解决办法：终端改为执行从站机进行回放。

5. 终端显示的信息与车站显示的信息不一致

故障原因：车站配置及数据与终端配置及数据不一致。

解决办法：将车站配置和数据重新导一份至服务器。

6. 终端不能语音报警

故障原因：未设置语音报警功能，或音箱设备故障。

解决办法：查看是否设置语音报警功能，并查看音箱设备是否故障。

7. 终端操作系统不能正常运行或机器死机、打不开等

故障原因：机器故障。

解决办法：重装操作系统，或者返修设备。

四、网络故障分析办法

1. show interface 命令

通常所碰到的硬件问题主要是路由器接口接插不牢靠。

检查电源线、V. 35 线、连接 hub 的网线、铜轴缆线等。

路由器问题主要集中在接口控制器、RAM 模块、路由器处理器及路由器风扇上。

检查路由器接口的方法是使用 show interface 命令，如果接口及协议是激活的（up），则接口应没有问题；如果接口控制器不再起作用，接口在 show interface 命令中将为不可用状态。如果接口没有问题（up），但线路协议失效（down），则问题与配置或线路有关，与硬件无关。

2. ping 命令

ping 是发送一个数据包到特定目标的应用程序，用来测试网络的连通性及数据包丢失状况。ping 发送的数据包请求从目标节点返回一个响应，目标节点收到每次请求后便发送一个响应数据包给请求的源点。

3. show ip route 命令

路由表是获悉路由器当前如何路由数据包的唯一途径。接口启用或关闭时，路由将自动加入路由表或从路由表中删除。使用 show ip route 命令显示路由器中现有路由表的内容。

每行开头的字母说明该路由直接连接到路由器（C）、静态路由（S）、OSPF（O）或者是外部 EIGRP（EX）。如果路由是直接连接的，还说明是哪个接口连接到哪个网络上；如果路由是静态的，将说明目的网关；如果路由是通过动态路由协议进行学习的，将说明目的网关（也是通告路由信息的路由器）、上次更新的时间、指向目的网关的接口等信息。

所有的行都以 xxx. xxx. xxx. xxx/yy [x/x/x] 的形式显示路由、网络掩码和距离，其中，xxx. xxx. xxx. xxx 是 IP 地址标识的网络位置，yy 表示网络掩码的比特数，[x/x/x] 是用于管理的信息源距离和路由距离。

4. telnet 命令

远程测试工具 telnet 命令允许选择连接到远程系统的端口（缺省值是 23）。

五、日常维护注意事项

1. 由于操作系统本身都存在运行一段时间后运行速度降低的问题，因此应当定期重启

工作站和服务器，重启的频率可通过一段时间的摸索适当制定。

2. 定期检查服务器及工作站的硬盘空间，发现空间不足时，应及时删除一些系统日志文件。

3. 在关闭或重启服务器及工作站的时候，应在退出 MQ（消息队列）、数据库等应用程序后进行，避免强制开关机造成系统故障。

第八章　铁路信号集中监测系统分析与典型案例

CSM 是监测信号设备运用状态的重要设备，监测数据的表现形式主要有实时值、日报表、记录曲线、日曲线、月曲线及年曲线等。实时值可即时查阅道岔、轨道电路、信号机、电源屏等设备的监测数值和状态；日报表记录每天实时值中不同状态的最大值、最小值、平均值；记录曲线包括转辙机动作的电流、功率、油压曲线，外电网故障曲线，不对称高压脉冲轨道电路波形曲线；日曲线、月曲线、年曲线能够反映监测数值相应时段内的发展趋势，有助于宏观上评估设备状态。电务维护人员利用 CSM 对设备运用质量进行调阅、分析，掌握质量信息指导设备维修，追踪报警信息及时处置隐患。

第一节　日常分析调阅流程和方法

日常分析调阅的内容包括：设备状态信息、报警信息、模拟量实时值、开关量实时值、日曲线、记录曲线、日报表、年月曲线和人工测试值等几项内容。

一、设备状态信息

点击站机或终端的主菜单中“设备状态”，再点击“状态总览图”进入设备状态总览图界面，如图 8-1 所示。

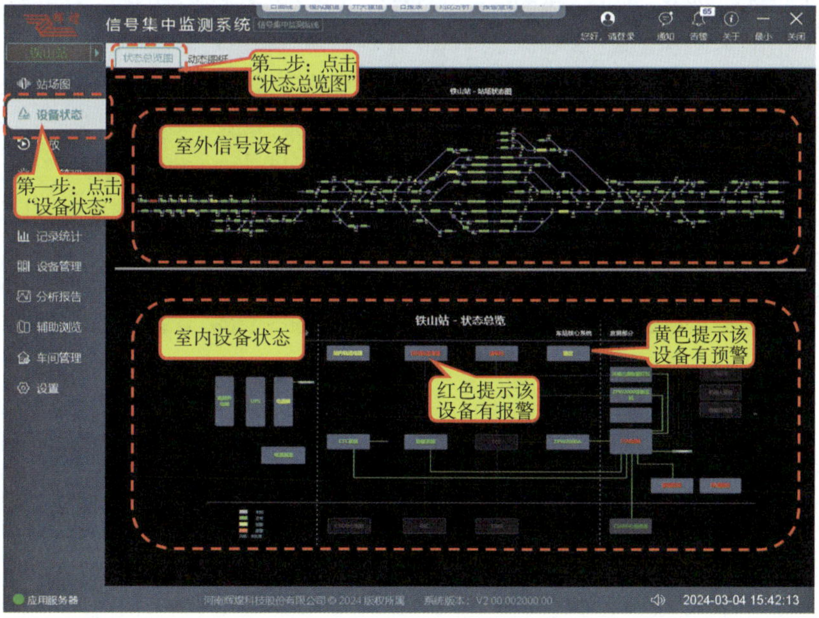

图 8-1　设备状态总览图界面

设备状态总览图包括站场室外设备和室内各系统设备的状态，可以通过双击室内各系统设备中某个设备进入该系统详细状态图，如图 8-2 和图 8-3 所示。

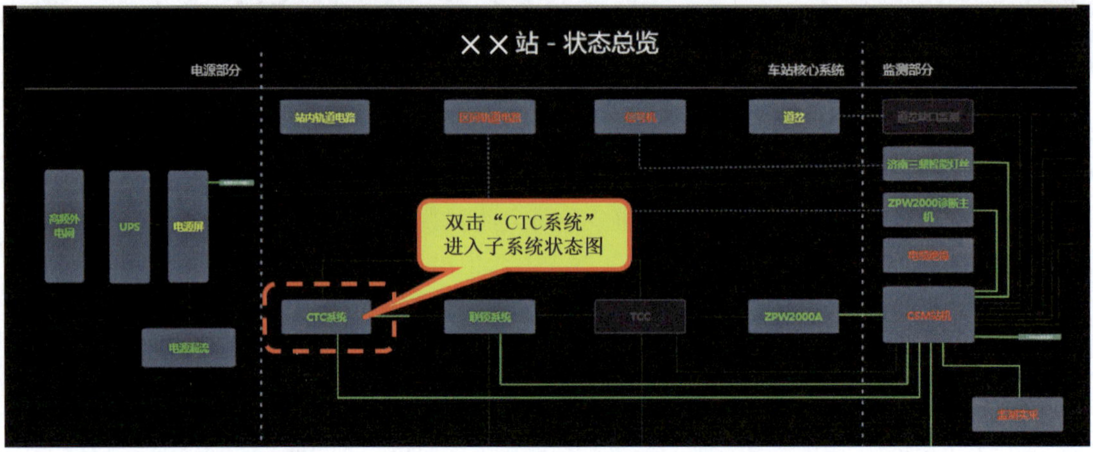

图 8-2　室内设备状态界面

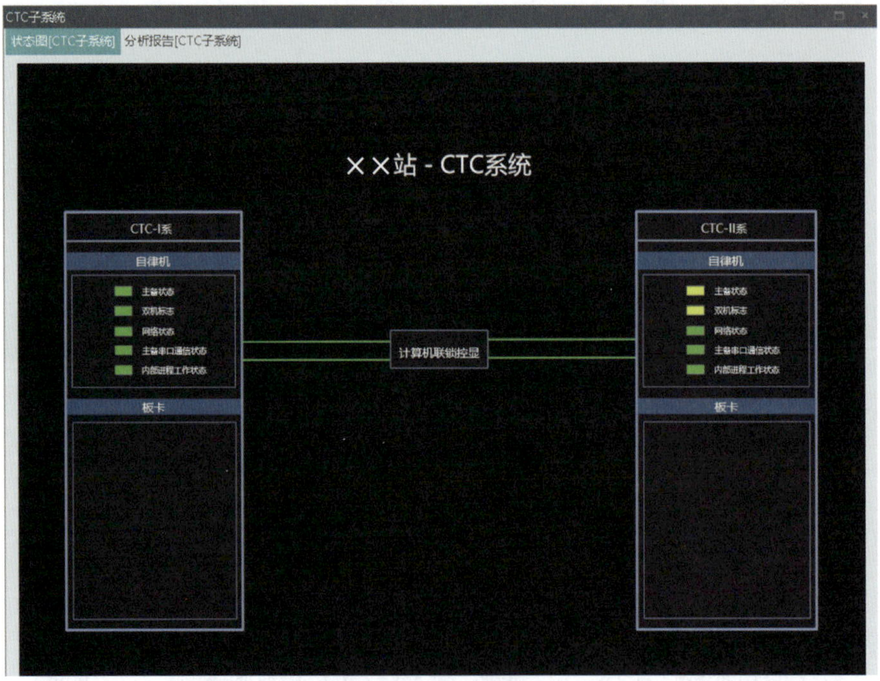

图 8-3　CTC 子系统状态界面

二、报警信息

1. 站机报警信息调阅

点击站机的主菜单中“报警管理”，进入报警管理界面，可以选择“重点关注报警”“报警查询”“后台报警”“报警案例管理”“天窗内报警批处理”和“未恢复报警处理”选项。点击“报警查询”进入报警查询界面，如图 8-4 所示。

图 8-4　报警查询界面

报警查询界面（图 8-4），默认查询当天内发生的所有报警信息，可以通过报警级别和报警类型分类查询，也可以关联报警时间、报警处理状态、恢复状态、天窗状态、设备状态、设备类型、处理人和设备名称等进行筛选，如图 8-5 所示。

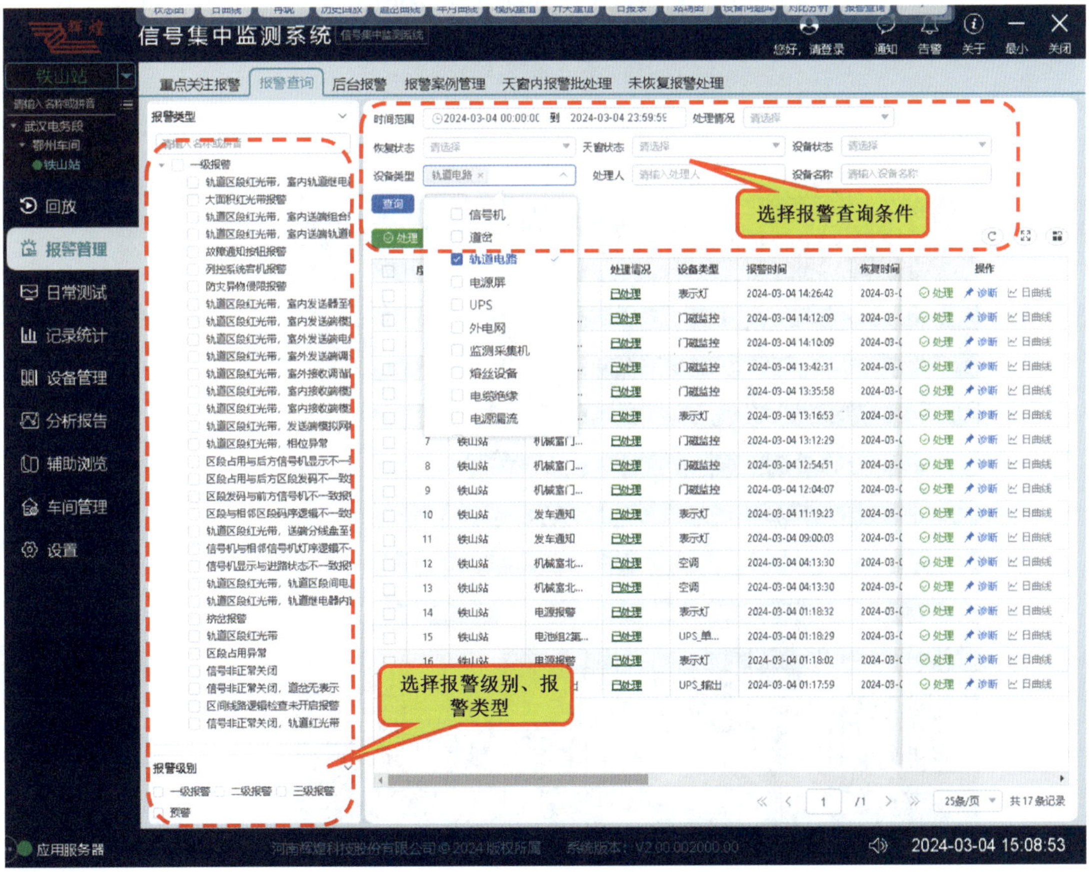

图 8-5　报警查询筛选界面

选择报警信息后，点击右键，选择弹出窗口中的“诊断”选项，进入报警诊断界面，如图 8-6 所示。

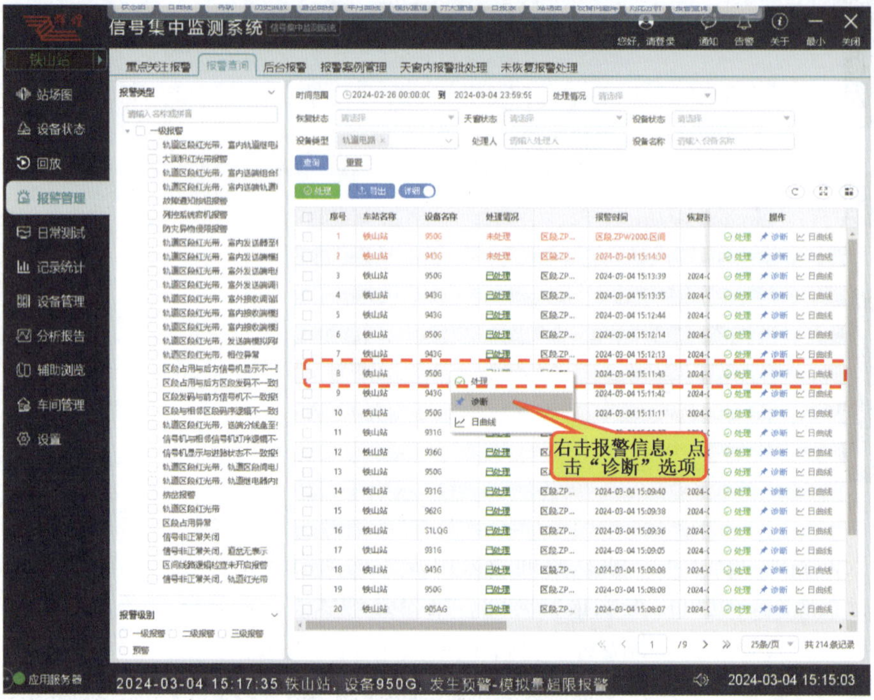

图 8-6　进入报警诊断界面

进入报警诊断界面后，可分析报警详情，如图 8-7 所示。

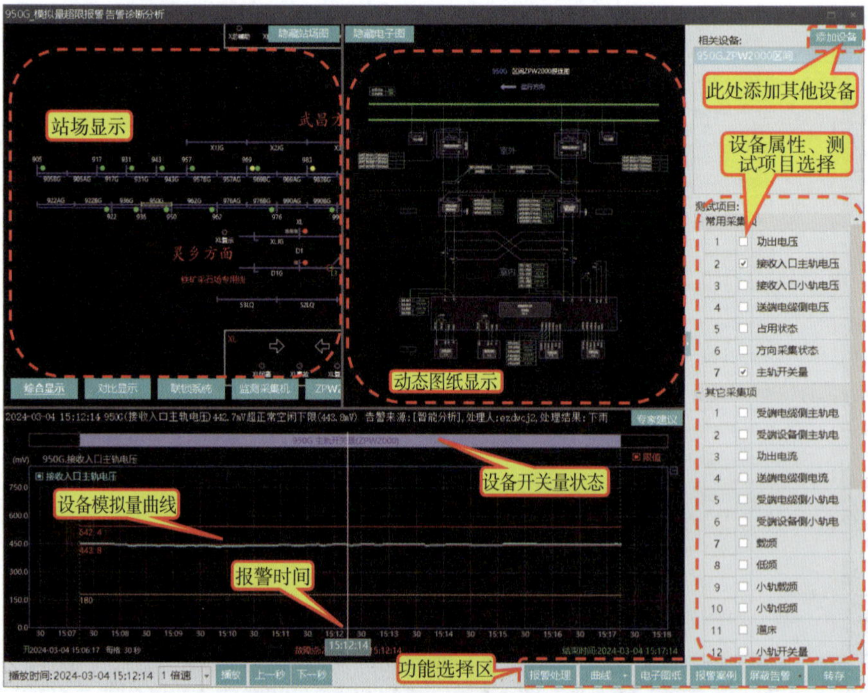

图 8-7　报警诊断界面

2. 终端报警信息调阅

点击终端的主菜单中“报警管理”，进入报警管理界面，可以选择“重点关注报警”“报警查询”“后台报警”“报警案例管理”“天窗内报警批处理”和“未恢复报警处理”选项。点击“报警查询”进入报警查询界面。

报警查询界面，设有“组织机构”区域，可以按照电务段、车间、车站选择报警查询范围，如图 8-8 所示。

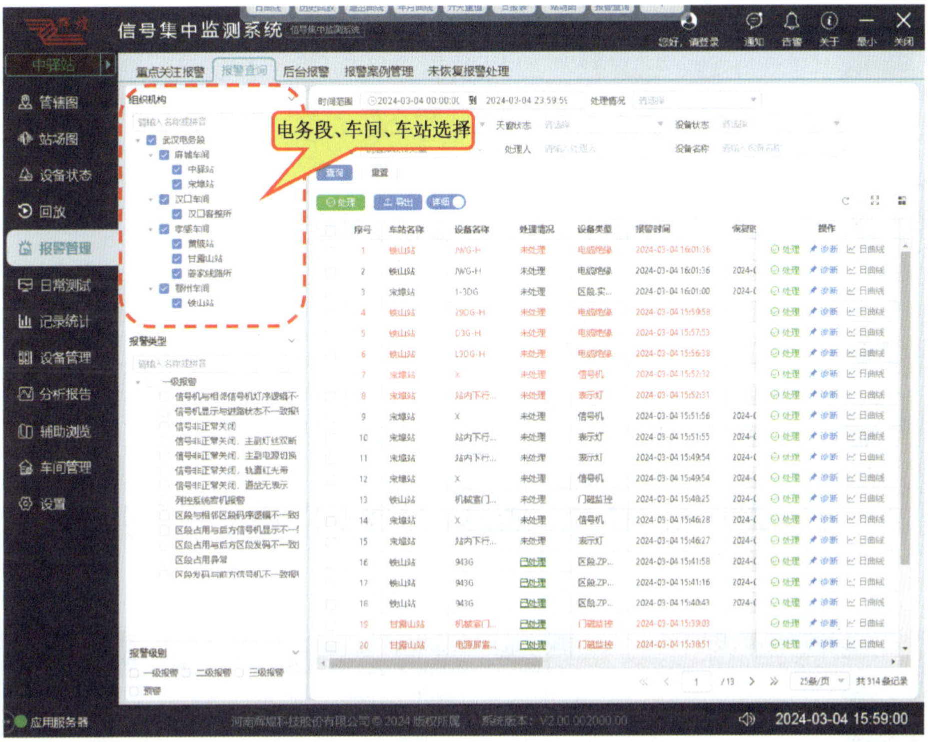

图 8-8　终端组织机构管理界面

组织机构选择完成后，终端报警查询分析方法与车站相同。

三、日常测试

点击主菜单中“日常测试”，进入日常测试界面，可以选择“模拟量实时值”“开关量实时值”“日曲线”“道岔曲线”“日报表”“年月曲线”和“人工测试”选项。

1. 模拟量信息调阅

点击主菜单中“日常测试”，进入日常测试界面，点击“模拟量实时值”进入模拟量实时值界面，如图 8-9 所示。

模拟量实时值界面，可以通过功能菜单栏选择查看信号机、道岔、轨道电路、电源屏、UPS、外电网、电码化、站间联系线路、半自闭线路和环境监测等设备实时模拟量信息。当实时值在标准范围内，字体为黑色；当实时值在标准范围外，字体为红色，表示电气特性超标。以轨道电路为例，如图 8-10 所示。

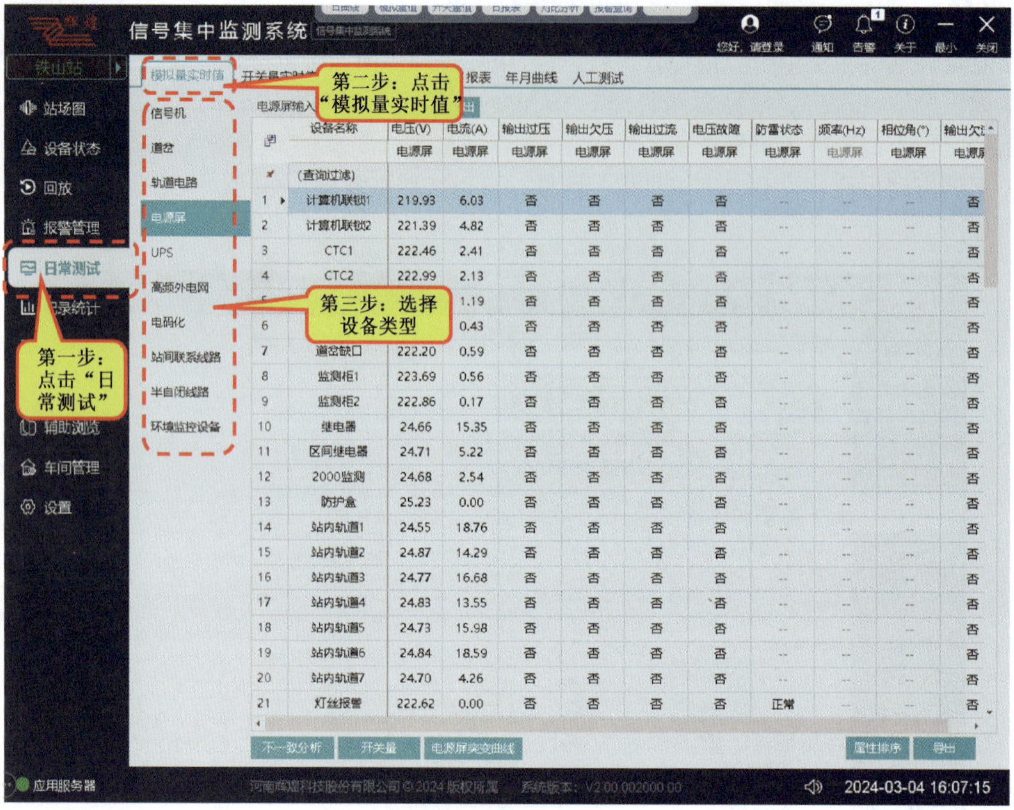

图 8-9 模拟量实时值界面

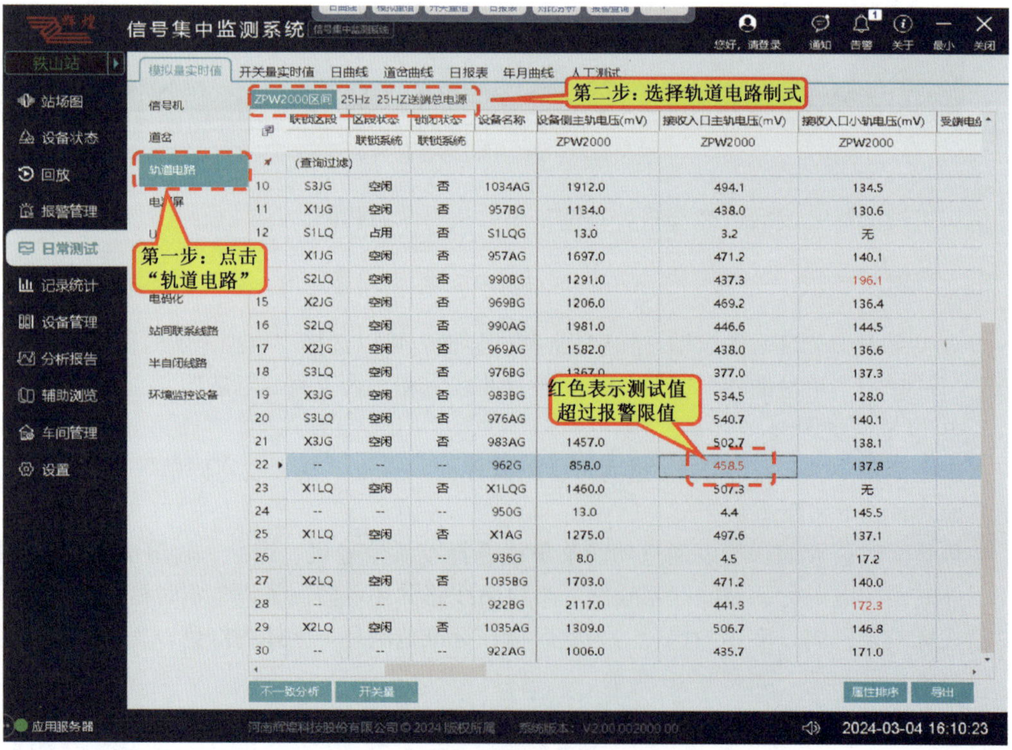

图 8-10 模拟量实时值异常界面

2. 开关量信息

点击主菜单中“日常测试”，进入日常测试界面，点击“开关量实时值”进入开关量实时值界面，如图 8-11 所示。

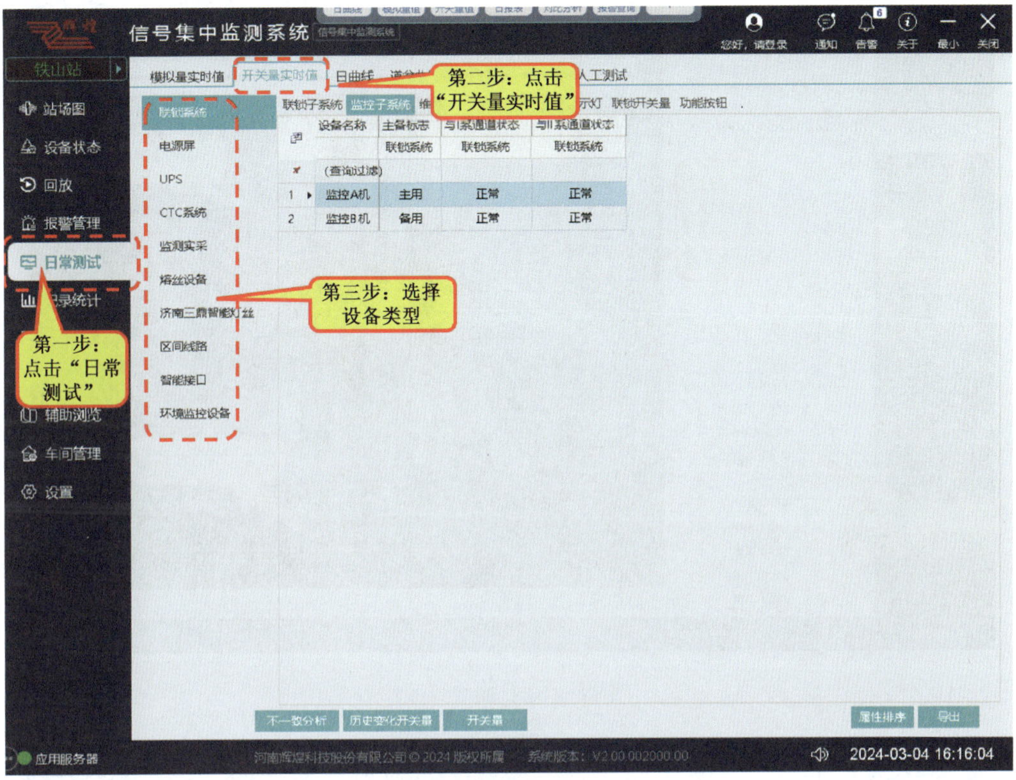

图 8-11　开关量实时值界面

开关量实时值界面，可以通过功能菜单栏选择并查看联锁系统、列控系统、ZPW-2000 系统、电源屏、UPS、CTC 系统等接口传送以及监测系统自采集的开关量实时状态信息。

3. 日曲线信息

调阅日曲线可以查看设备开关量及模拟量一日变化趋势，也可以查看一日内任何时刻的数据。

点击主菜单中“日常测试”进入日常测试界面，再点击“日曲线”进入日曲线界面，通过功能菜单栏选择查看信号机、道岔、轨道电路、电源屏、UPS、外电网、电码化、站间联系线路、半自闭线路和环境监测等设备的日曲线，设备相关的开关量状态与模拟量信息同步在一个界面显示，如图 8-12 所示。

在日曲线界面，对比模拟量上下限可快速判断设备模拟量信息是否正常，日曲线超限界面如图 8-13 所示。

4. 道岔动作曲线信息

点击主菜单中“日常测试”进入日常测试界面，再点击“道岔曲线”进入道岔曲线界面，通过功能菜单栏中道岔设备和扳动时间选择查看道岔动作曲线，对比标准曲线判断道岔工作状态是否良好。道岔动作曲线界面如图 8-14 所示。

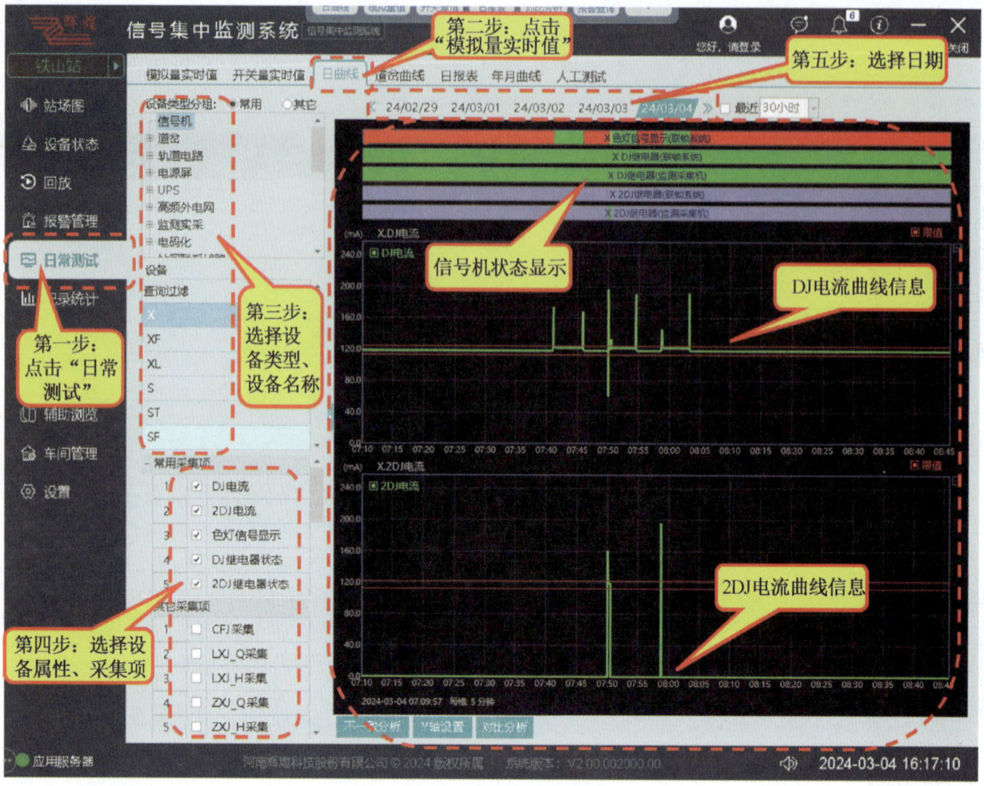

图 8-12　日曲线界面

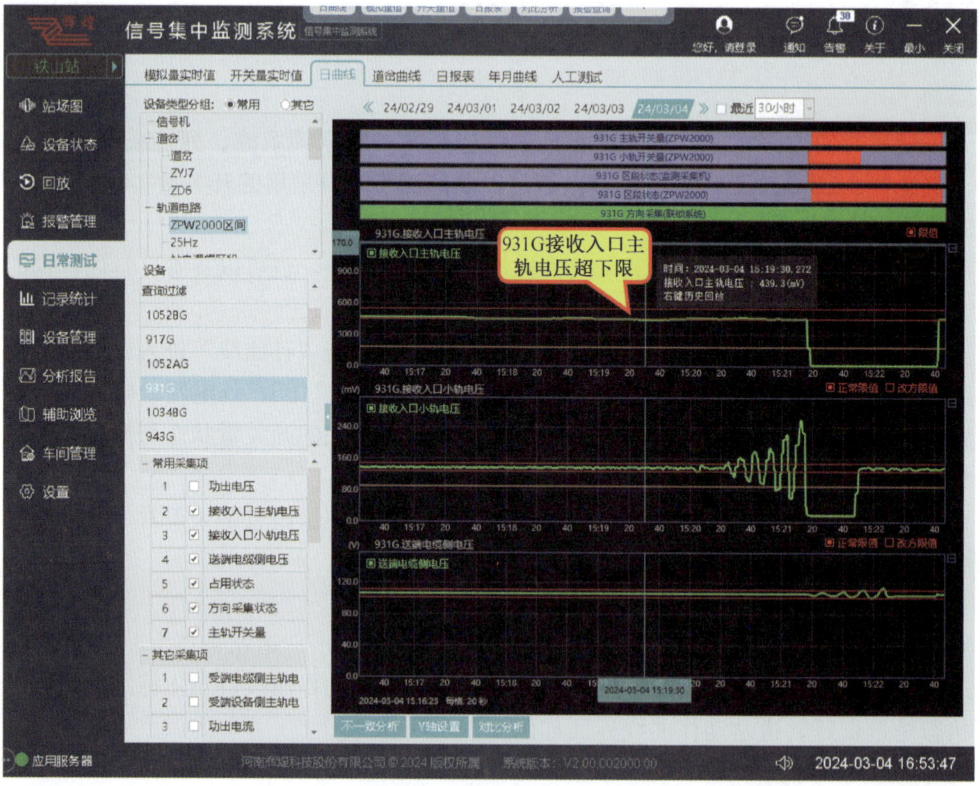

图 8-13　日曲线超限界面

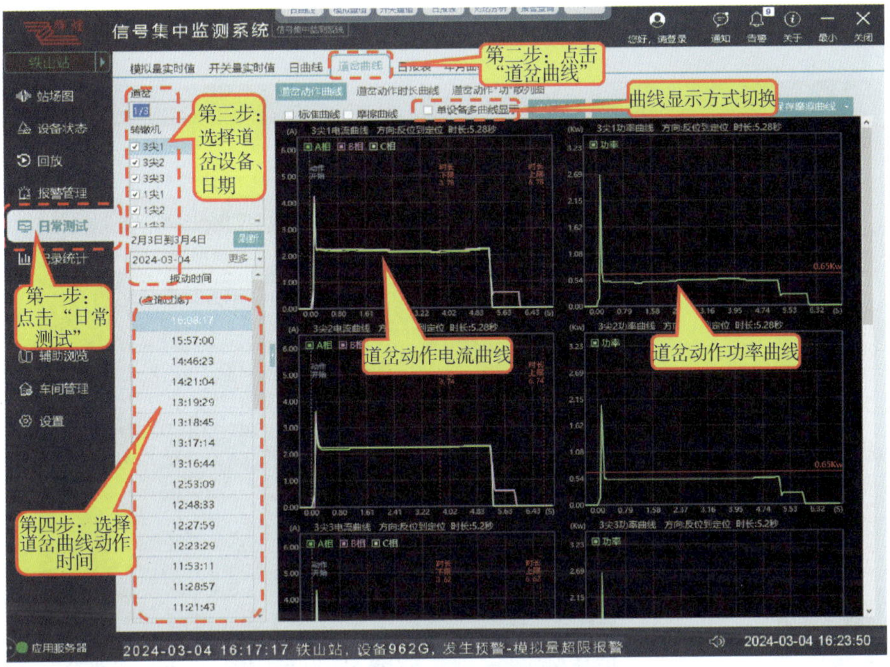

图 8-14　道岔动作曲线界面

道岔动作曲线选择界面默认多设备单次曲线方式，便于同时调阅分析多机牵引道岔各转辙机的动作曲线。通过“曲线显示方式切换”切换到单设备多曲线模式，可以查看同一转辙机多次的动作曲线，便于对比分析，如图 8-15 所示。

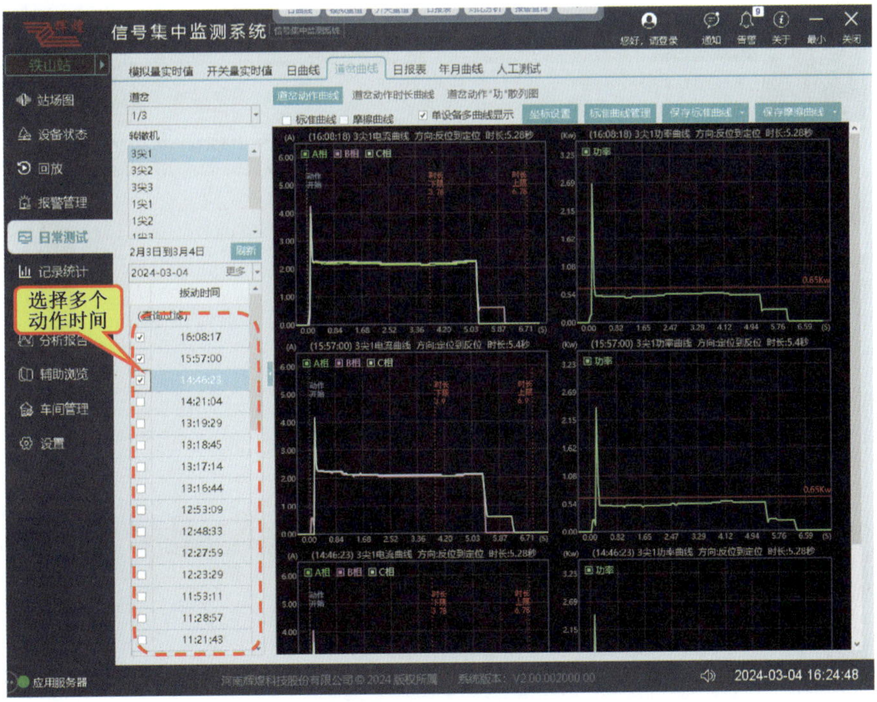

图 8-15　道岔动作曲线（单设备多曲线）界面

在道岔标准曲线保存界面，可以将当前道岔曲线保存为当前所选道岔的标准曲线或摩擦曲线，如图 8-16 所示。

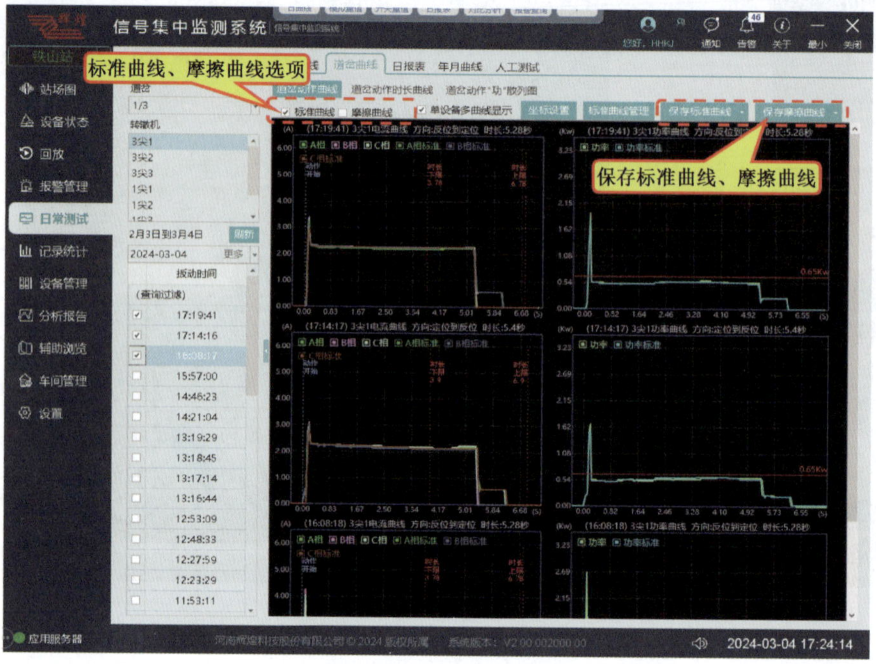

图 8-16　道岔标准曲线保存界面

在道岔曲线界面，可以通过点击“标准曲线管理”，对已保存的道岔动作标准曲线进行管理操作，如图 8-17 所示。

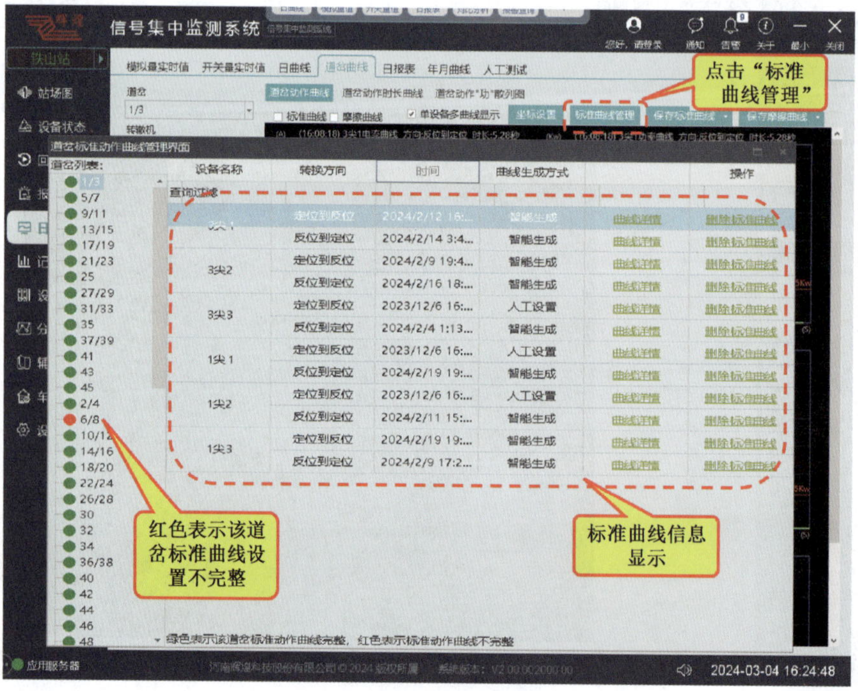

图 8-17　道岔标准管理界面

5. 日报表信息

点击主菜单中“日常测试”进入日常测试界面，再点击“日报表”进入日报表界面，可以通过功能菜单栏选择信号机、道岔、轨道电路、电源屏、UPS、外电网、电码化、站间联系线路、半自闭线路和环境监测等设备，并点击要查询的日期进入需要查询的日报表，如图 8-18 所示。

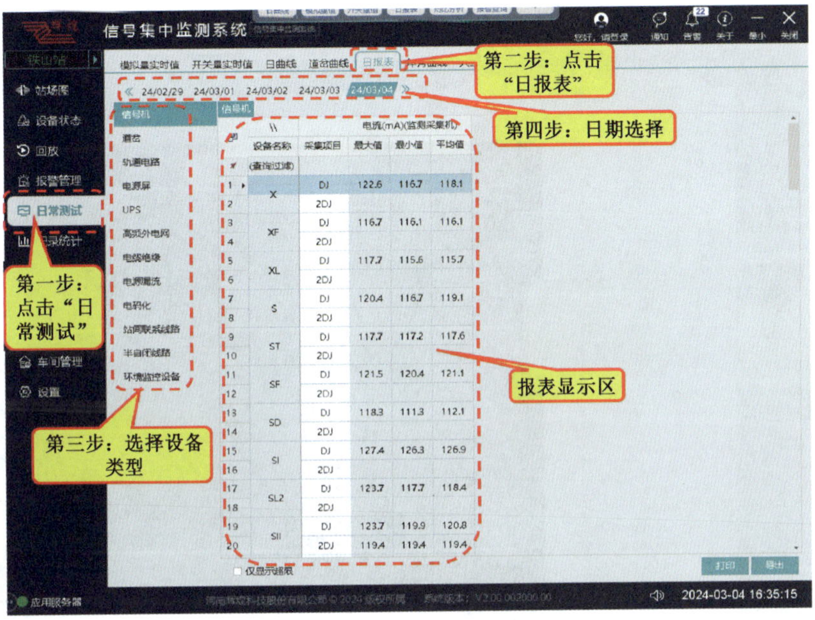

图 8-18 日报表界面

日报表界面，可以显示设备一日内模拟量不同状态的最大值、最小值和平均值信息，当数值在标准范围内字体为黑色；当数值在标准范围外字体为红色，表示电气特性超标。日报表超限界面如图 8-19 所示。

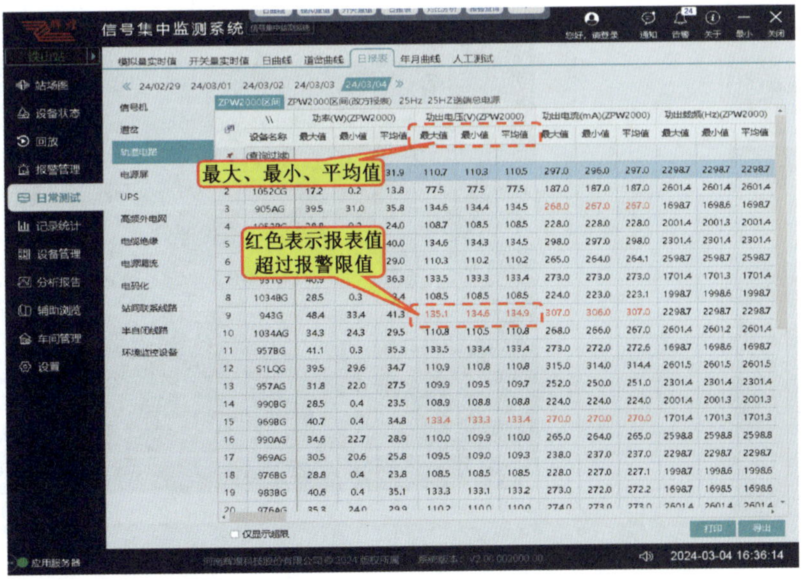

图 8-19 日报表超限界面

6. 年月曲线信息

通过调阅年月曲线可以查询设备模拟量一年或一月内趋势变化情况。

点击主菜单中“日常测试”，进入日常测试界面，再点击“年月曲线”进入年月曲线界面，可以通过功能菜单栏选择信号机、道岔、轨道电路、电源屏、UPS、外电网、电码化、站间联系线路、半自闭线路和环境监测等设备，选择年曲线或月曲线，还可以单独选择调阅最大值、最小值或平均值曲线，如图 8-20 和图 8-21 所示。

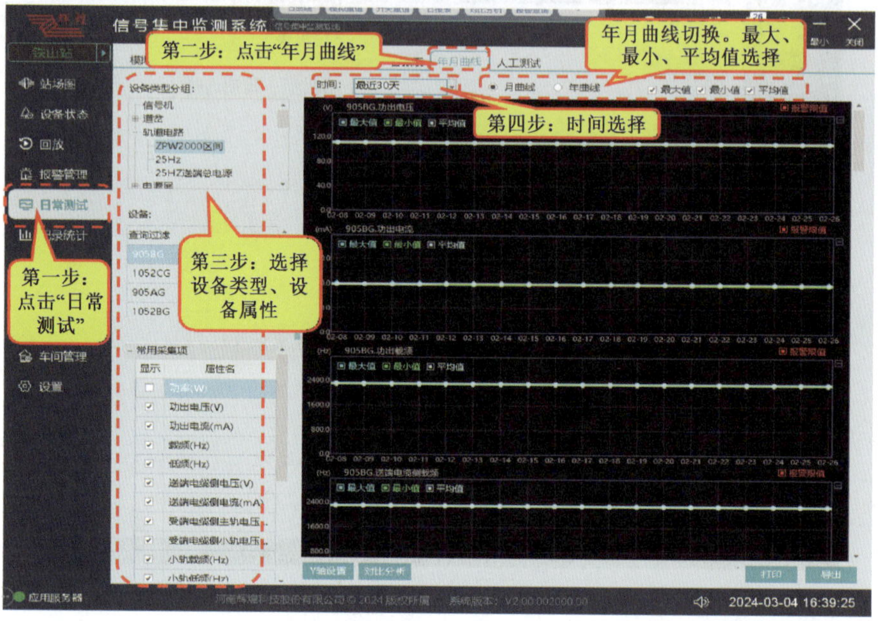

图 8-20　月曲线界面

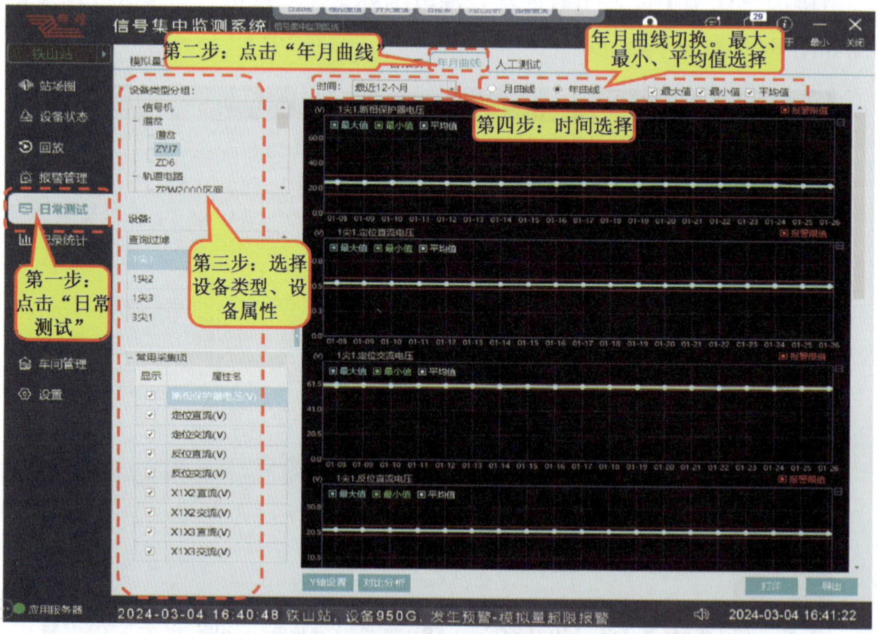

图 8-21　年曲线界面

7. 人工测试值信息

点击站机主菜单中"日常测试"，进入日常测试界面，再点击"人工测试"进入人工测试界面，包括电缆绝缘、电源漏流及残压测试三项功能。

（1）电缆绝缘

选择"电缆绝缘"选项，查看上一次电缆绝缘人工测试值列表，如图 8-22 所示。监测服务器终端只能调阅测试值，不能进行测试操作。

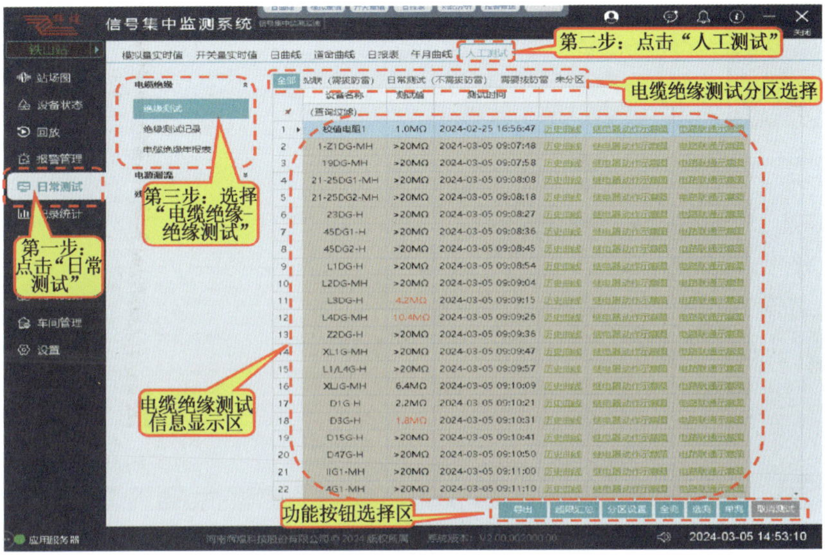

图 8-22　电缆绝缘测试界面

电缆绝缘测试分区选择（图 8-23）分为全部、站联（需拔防雷）、日常测试（不需拔防雷）、需要拔防雷及未分区等五个选项，除"全部"以外的四个选项，包含的设备可根据需要设定。

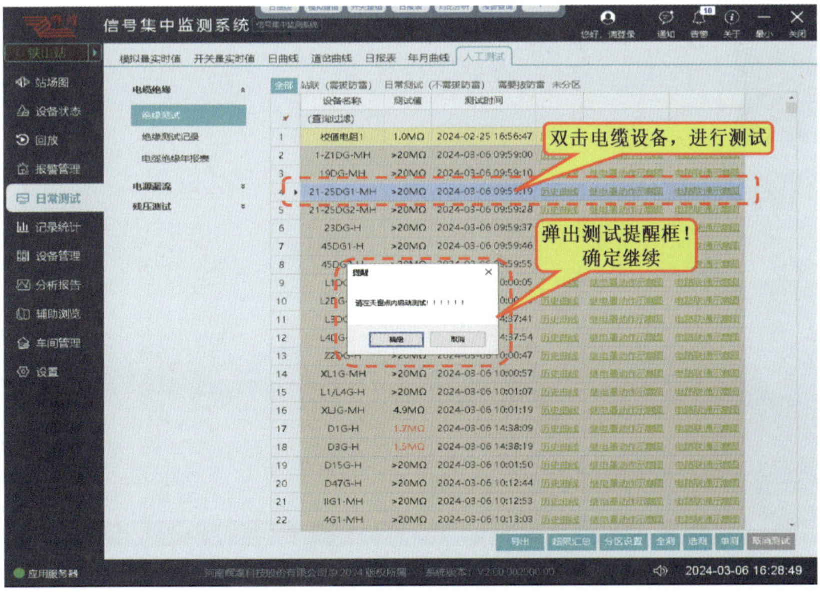

图 8-23　电缆绝缘测试分区选择界面

通过双击设备名称或选择需要测试的电缆分区，可进行人工测试，会弹出“请在天窗点内启动测试”的提醒框，应确认在天窗点内方可点击“确定”，弹出“用户信息”验证窗口后输入密码启动测试。

在电缆绝缘测试界面，点击“绝缘测试记录”选项，并选择测试日期，可以查看绝缘测试历史记录值，如图 8-24 所示。

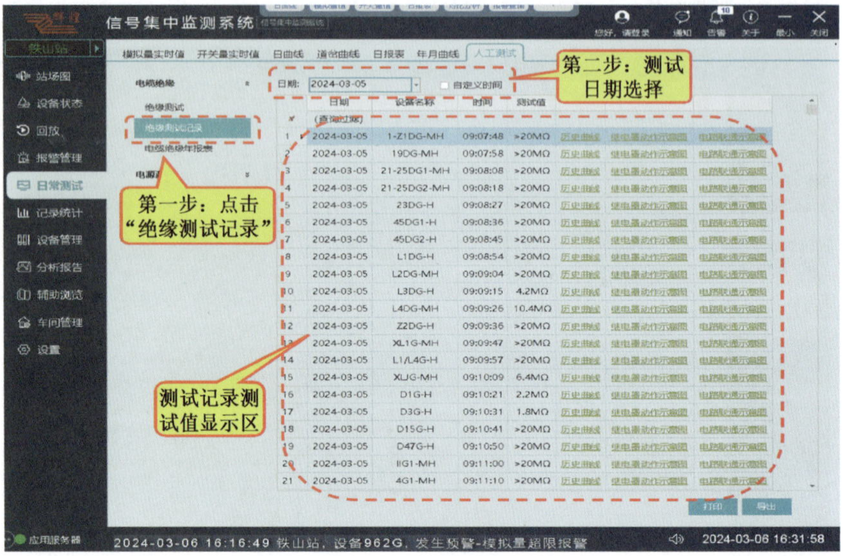

图 8-24 电缆绝缘测试值查询界面

（2）电源漏流

在人工测试界面，在功能菜单栏中选择“漏流测试”选项，查看上一次人工测试值查看界面，如图 8-25 所示。测试操作过程同电缆绝缘。

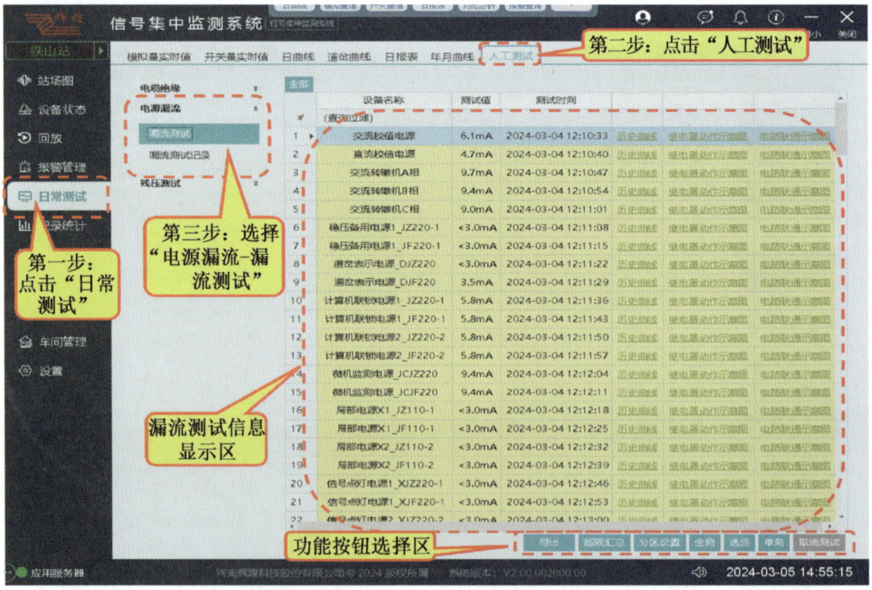

图 8-25 电源漏流测试界面

（3）残压测试

在人工测试界面，在功能菜单栏中选择“残压测试”选项，进入残压测试界面，可选择“25 Hz”和“ZPW-2000 区间”等制式轨道电路，实现录入、调阅人工现场测试的分路残压数据功能，如图 8-26 所示。

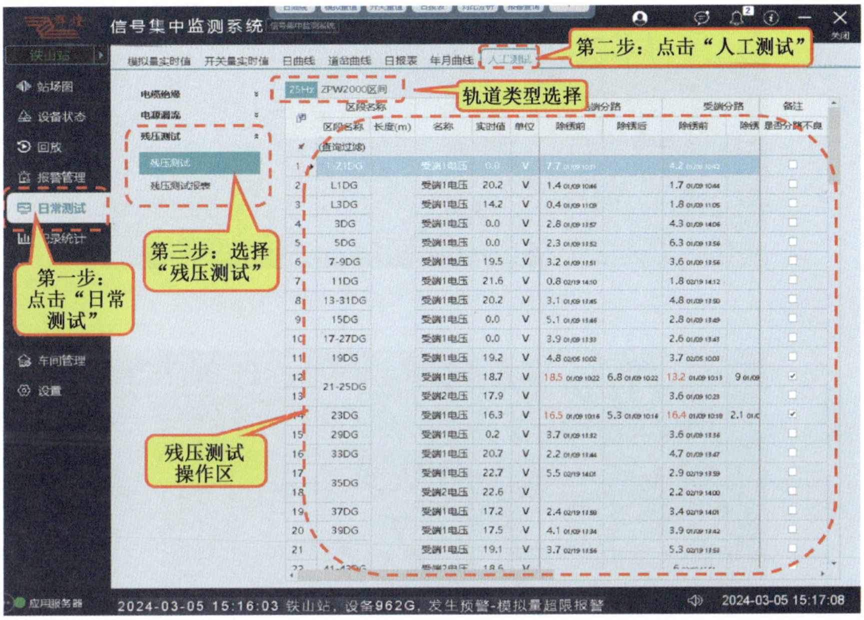

图 8-26　残压测试界面

第二节　典型故障案例分析

一、道岔设备故障案例分析

案例 1：某站 8 号道岔 J2 在反位扳定位后，定位表示灯亮，3 s 后表示灯自动灭灯，道岔失去表示，4 min 后，道岔表示才恢复正常。

通过 CSM 对故障时段的回放，初步判断是道岔表示电路接触不良（开路）导致无表示电压，从而使该道岔表示失去。

调阅故障时反映道岔表示的定位表示直流电压日曲线和定位表示交流电压日曲线（图 8-27、图 8-28）发现，在道岔失去表示时，道岔定位表示直流电压、交流电压均为 0 V，由此判定接触不良点在室内。判断的依据是根据道岔表示电路的特点，当室内电路开路，道岔定位表示交流电压为 0 V；当室外电路开路，道岔定位表示交流电压应等于道岔表示变压器 BD_1-7 输出电压，约为 110 V。

因此，判断故障原因是 1DQJ 或 2DQJ、1DQJF 接点不良，由于现场不太容易重现故障过程，建议将 1DQJ、2DQJ 和 1DQJF 全部予以预防性更换。

针对道岔失去表示的故障，维护人员可通过调阅道岔表示交流电压来帮助判断故障点。若交流电压为 0 V，可判断故障点在室内；若交流电压为 100 V 左右，则判断故障点在室外。这样可快速判断故障点的大致范围在室内或室外，以免现场盲目处理，延长故障处理时间。

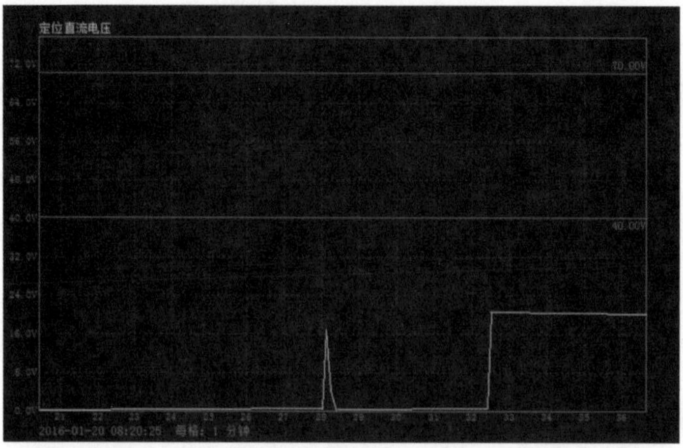

图 8-27　8 号道岔 J2 定位表示直流电压日曲线

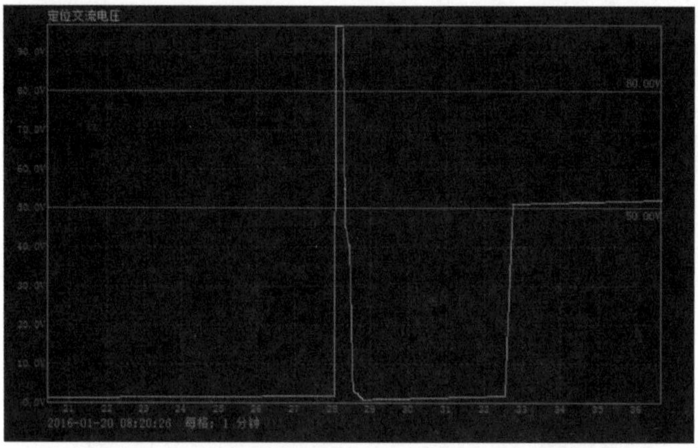

图 8-28　8 号道岔 J2 定位表示交流电压日曲线

案例 2：某道岔动作电流曲线定位到反位第三动曲线抖动异常，有向下尖刺，如图 8-29 所示。

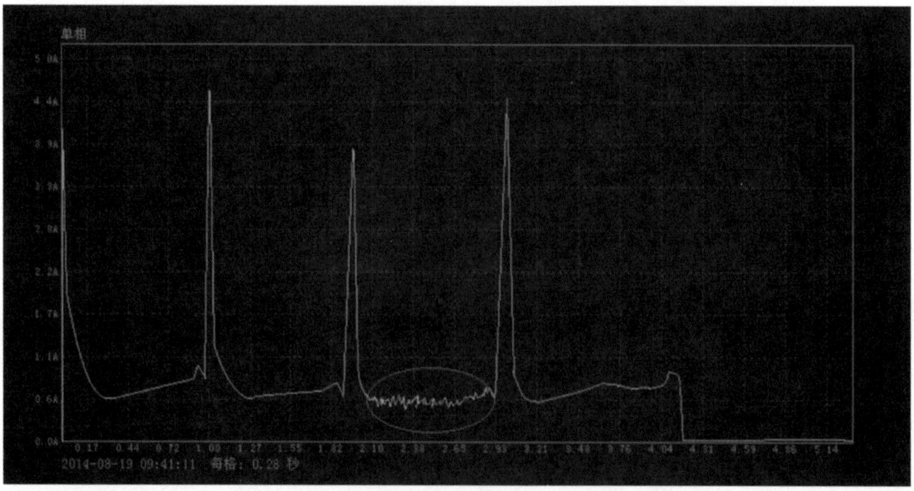

图 8-29　故障情况下的道岔动作电流曲线

经过对道岔动作电流曲线仔细分析发现，该道岔动作电流有突然向下的小尖波，初步判断为转辙机电动机有断匝或碳刷接触不良。

经现场检查电动机，发现转辙机电动机断匝，更换电动机后电流曲线恢复正常，如图 8-30 所示。

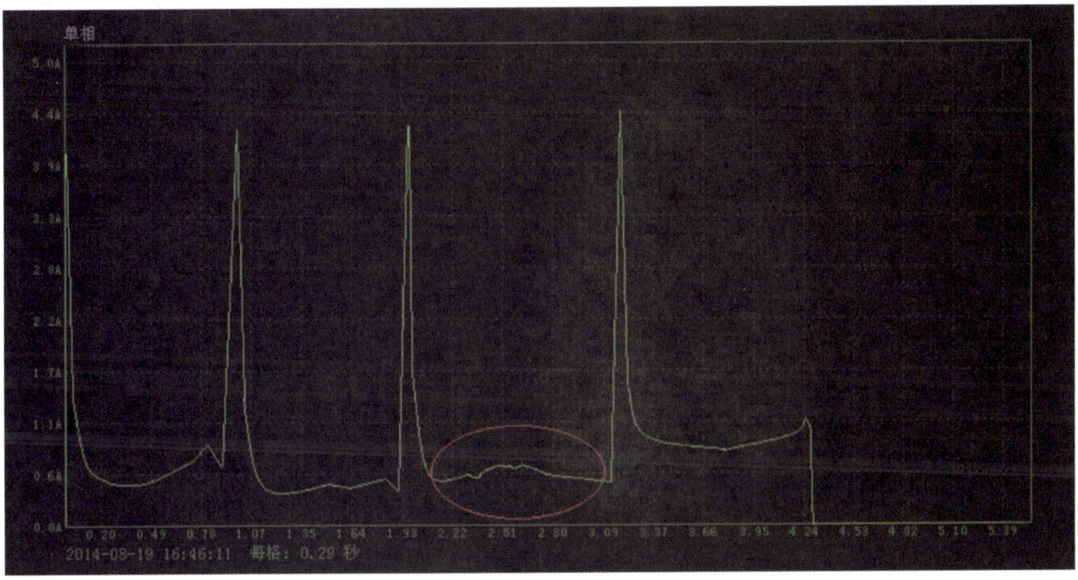

图 8-30　更换电动机后的道岔电流动作曲线

案例 3：某站电务值班人员在浏览车站道岔动作电流曲线时，发现 5 号道岔 X1 动作曲线异常，如图 8-31 所示，初步判断转辙机内部电路接触不良。

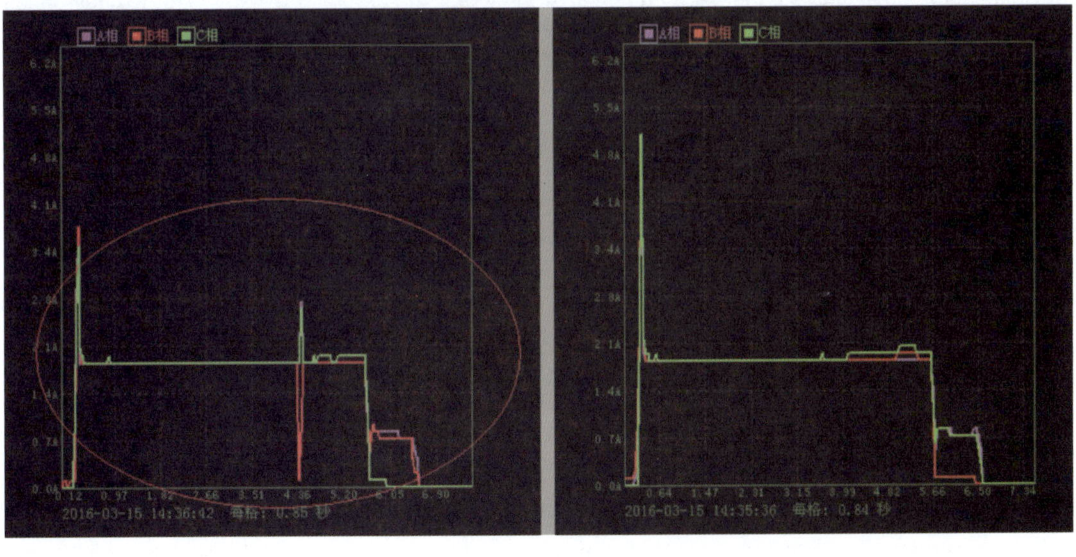

图 8-31　清理前道岔动作电流曲线

维护人员前往现场检查，发现 5 号道岔 X1 转辙机内部静接点有油污，擦拭后再操纵道岔进行试验，道岔动作电流曲线恢复良好，如图 8-32 所示。

案例 4：某站电务值班人员在浏览车站道岔动作电流曲线时，发现 1 号道岔 J1、X1 动

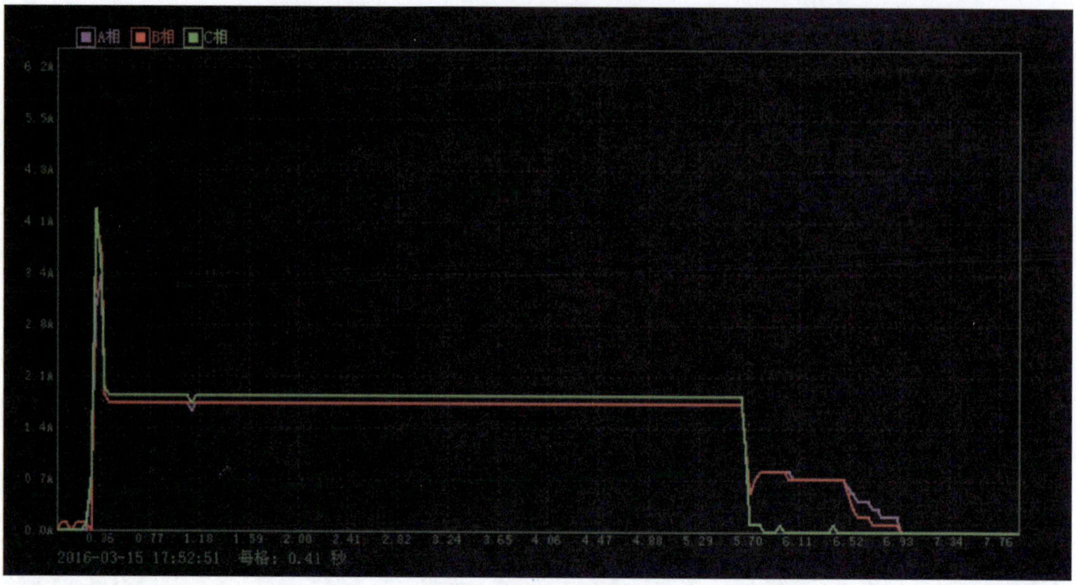

图 8-32 清理后道岔动作电流曲线

作曲线均有严重异常，故障曲线如图 8-33、图 8-34 所示，因发生故障的时间点几乎为同时，初步判断为转辙机内部有混线可能。

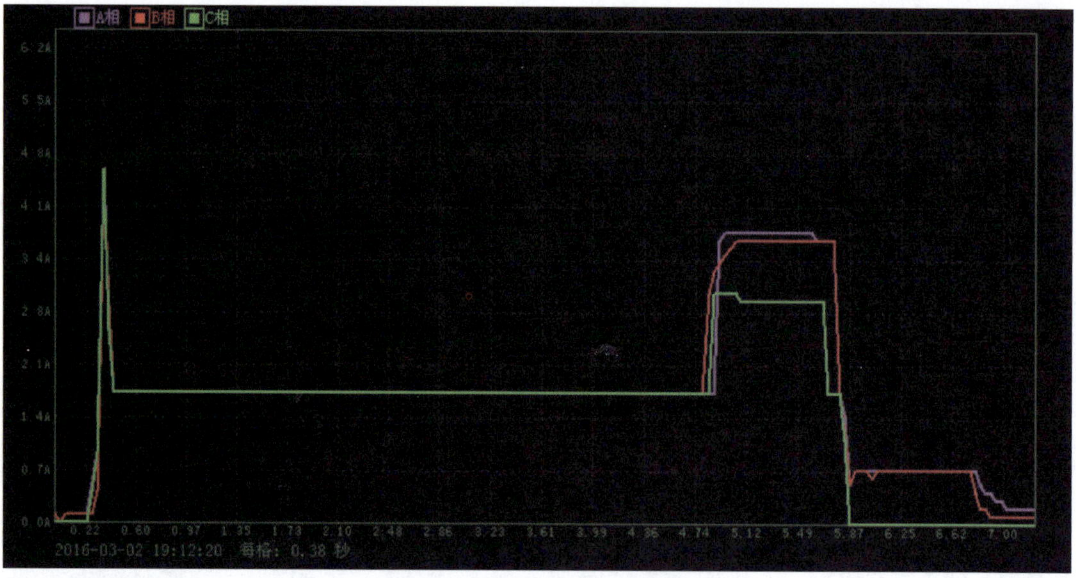

图 8-33 故障道岔 J1 动作电流曲线

经检查测试转辙机各部电气特性、对地绝缘均正常。通过测试查找，最后确定内部有混线。具体混线点为 1 号道岔尖轨 1 机的 X1 和 X3、X1 和 X4，1 号道岔尖轨 1 机的 X4，1 号道岔心轨 1 机的 X1 和 X4 电缆内部线间绝缘均为 0 Ω。利用备用电缆替换在用电缆后设备恢复正常，道岔正常动作曲线如图 8-35 所示。

案例 5：某站 10/12 号道岔动作电流曲线（时长）超限报警，故障曲线如图 8-36 所示。

通过曲线分析发现，该双动道岔反位到定位动作曲线正常，但查看预警信息，显示 10-

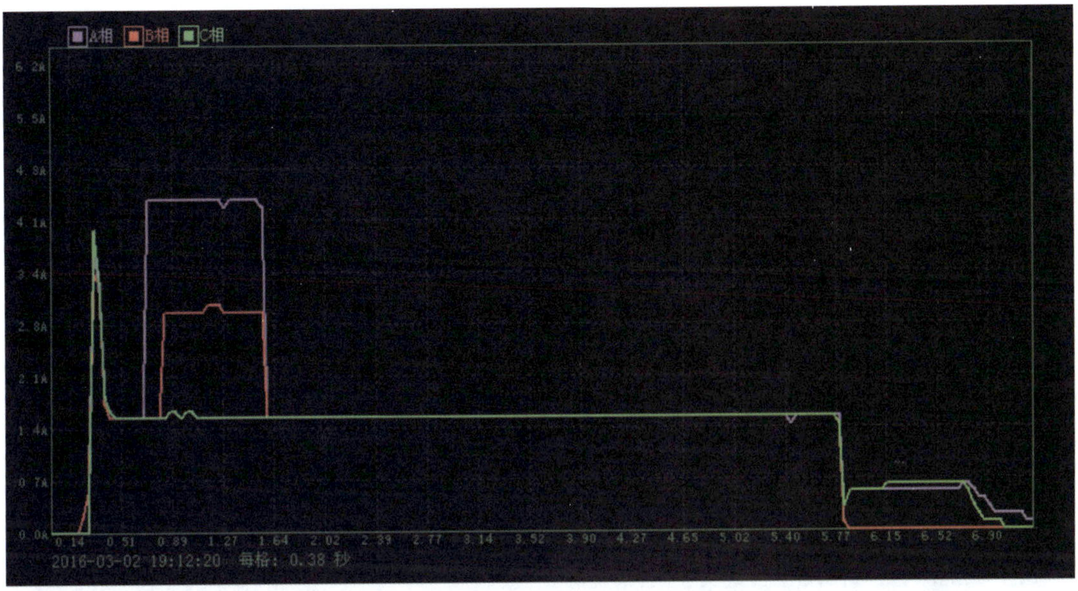

图 8-34　故障道岔 X1 动作电流曲线

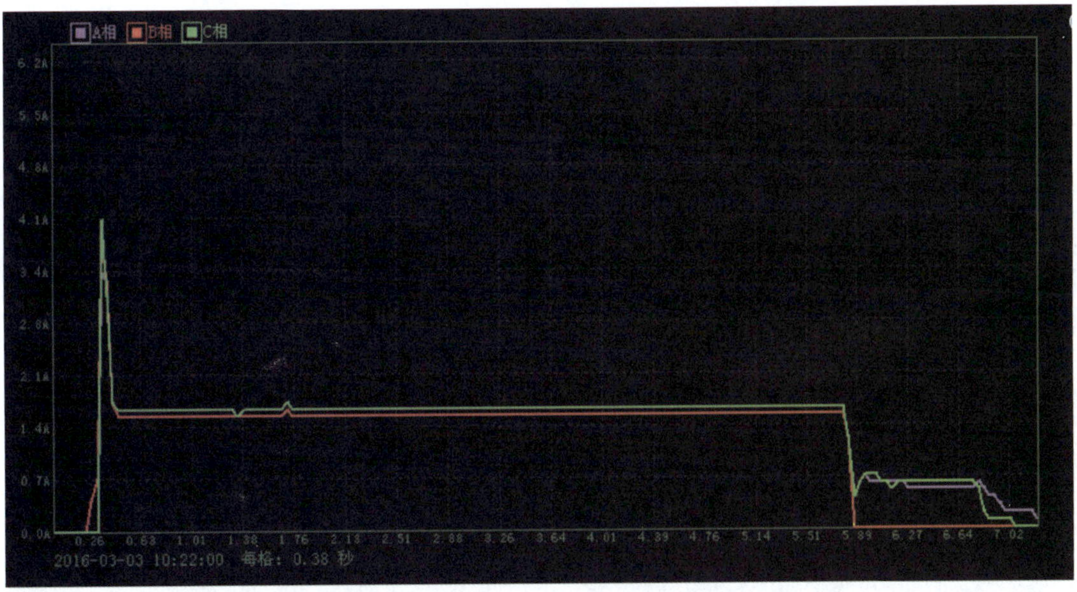

图 8-35　处理后的道岔 J1 电流曲线

B 号道岔动作时间超过曲线动作时间报警上限，查看曲线内动作时间为 8.08 s，超过设置的 8 s 动作时长。表明道岔转换过程阻力增大，现场检查发现滑床板撒沙较多，摩擦阻力显著增大。

二、轨道电路的故障分析案例

案例 1：某站电务值班人员在查阅区间移频接收电压日报表时发现，区间 04G 移频接收电压与前日相比发生了较大变化，调阅移频接收电压日曲线（图 8-37）发现，04G 移频接

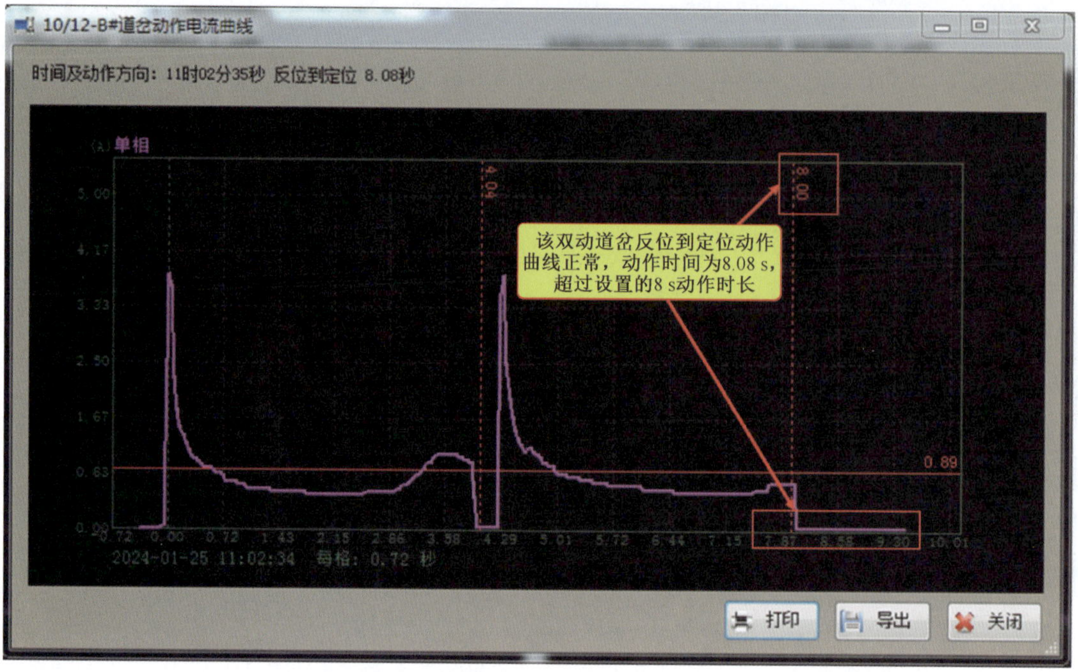

图 8-36 双机牵引多动道岔动作时间延长

收电压原为 708 mV，在 12 时左右的一趟列车通过后，04G 移频接收电压下降并一直保持在 605 mV，推断为补偿电容损坏。

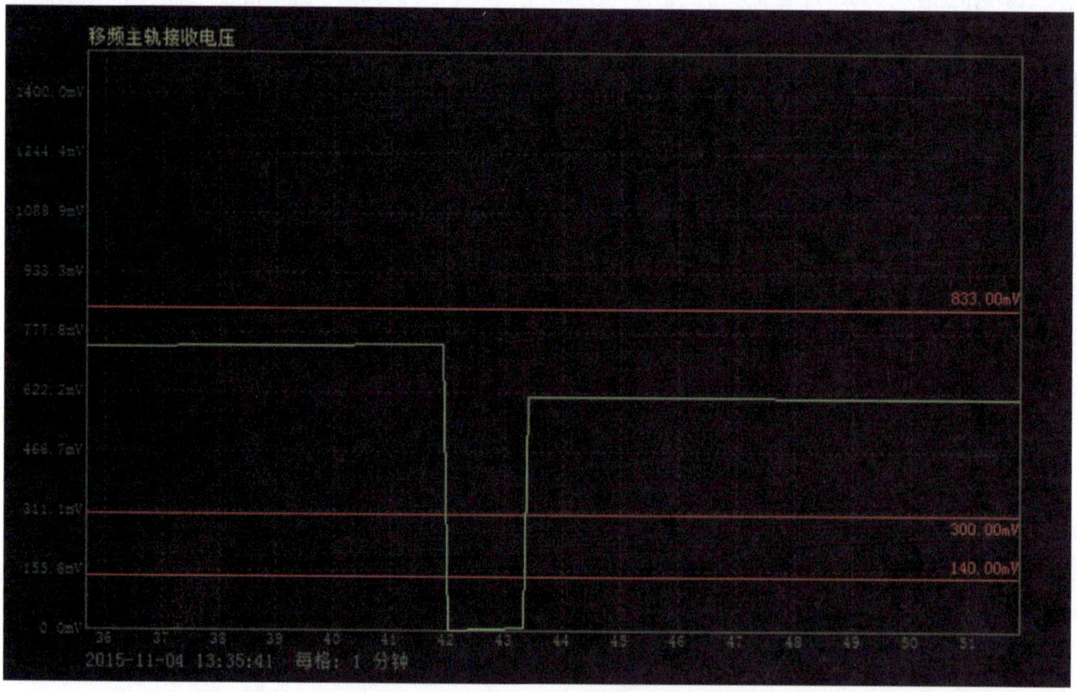

图 8-37 处理前的移频接收电压日曲线

经维护人员检查，发现 C_3 电容断线，更换 C_3 电容后，04G 移频接收电压测试值恢复为正常的 708 mV。

案例 2：某站电务值班人员在浏览轨道电压日曲线时，发现 32DG 出现异常变化。通过 CSM 的回放功能，发现 32DG 电压出现异常变化的同时，站场信息中邻线有列车运行。通过分析日曲线，该区段在邻线列车通过前后电压变化明显，如图 8-38 所示，初步判断室外存在短路或开路故障。

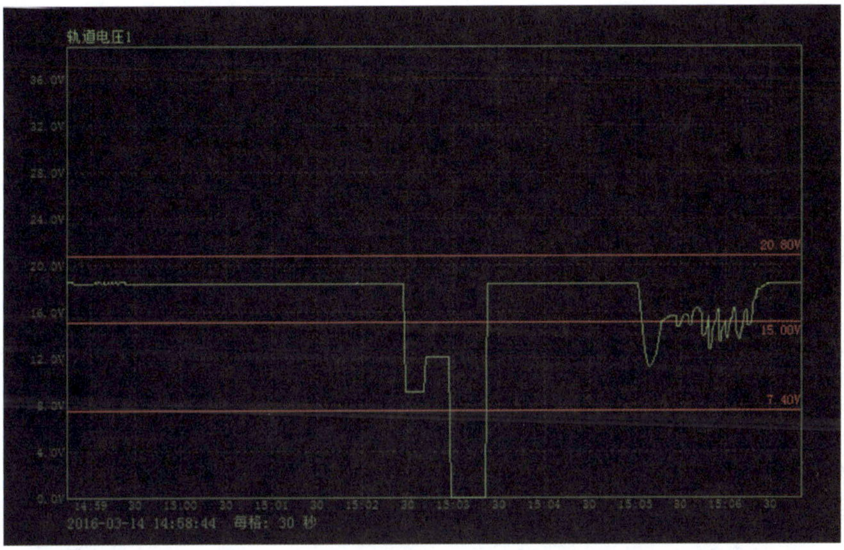

图 8-38　故障轨道电路电压日曲线

维护人员前往现场检查发现，箱盒连接线过轨处，连接线触碰扣件，当邻线过车时会因震动出现短路现象。经处理后测试，轨道电路工作恢复正常。

案例 3：某站电务值班人员在某日调看移频接收电压月曲线时发现，4124G 移频主轨接收电压月曲线的最高值与最低值从前几日某天起同时下降 80 mV 左右，初步判断为补偿电容失效或丢失。立即前往现场检查设备，经查找为 C_{12} 电容坏，更换电容后设备恢复正常，如图 8-39 所示。

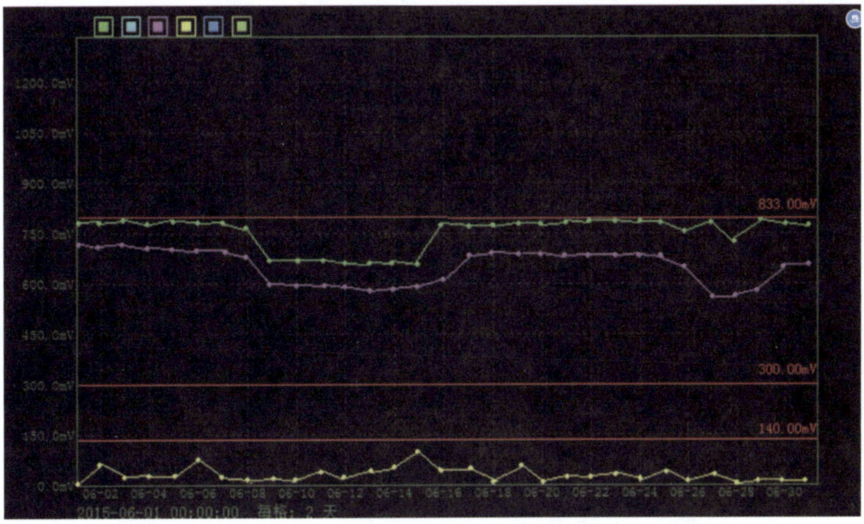

图 8-39　4124G 电容失效前后的移频接收电压月曲线

案例 4：若移频接收电压月曲线的调整最低值有波动，该设备存在接触不良的可能性大。某站电务值班人员在某日调看移频接收电压月曲线时发现，022G 移频接收电压月曲线的最低值比以往测试值下降较多，如图 8-40 所示。调阅日报表（图 8-41）最低值的时间，并查看当时日曲线的情况，发现日曲线呈矩形波动（图 8-42），基本可判断设备存在接触不良。

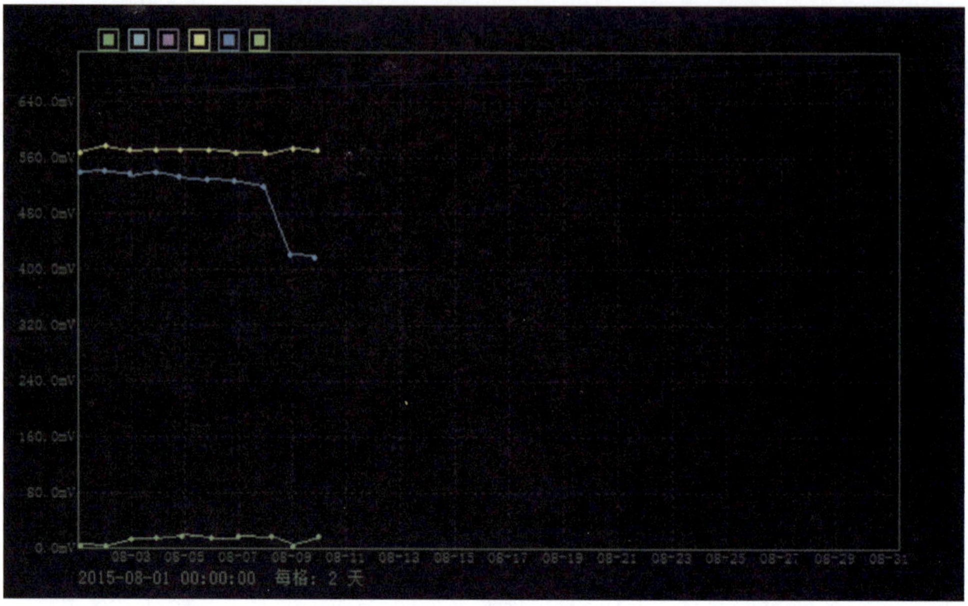

图 8-40　22G 接收电压月曲线

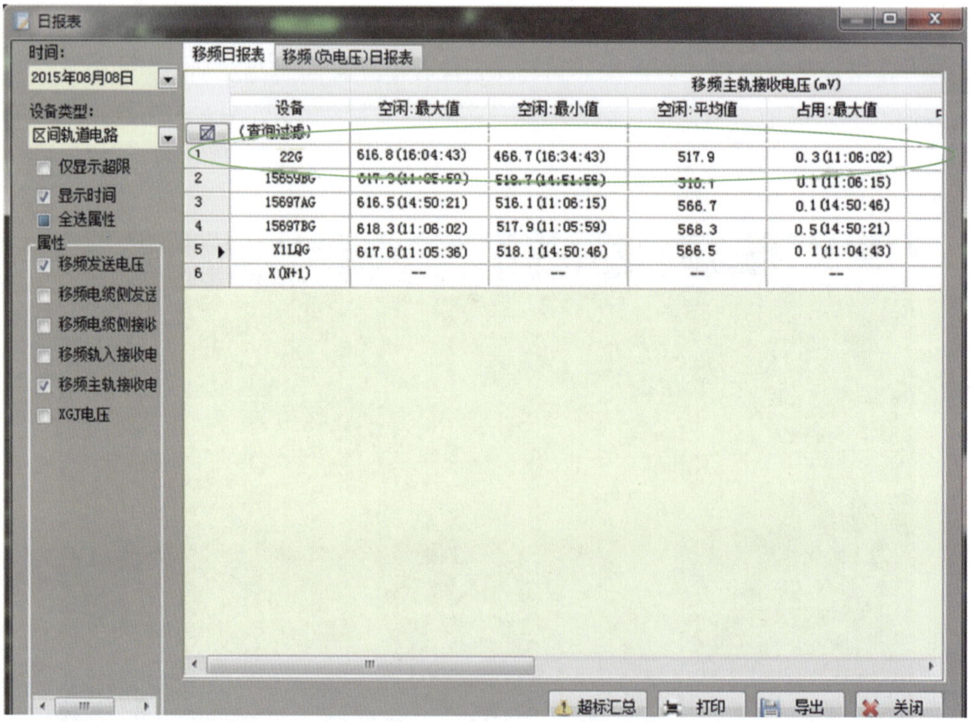

	设备	移频主轨接收电压(mV) 空闲:最大值	空闲:最小值	空闲:平均值	占用:最大值
	(查询过滤)				
1	22G	616.8(16:04:43)	466.7(16:34:43)	517.9	0.3(11:06:02)
2	15659BG	617.3(11:05:59)	518.7(14:51:56)	516.1	0.1(11:06:15)
3	15697AG	616.5(14:50:21)	516.1(11:06:15)	566.7	0.1(14:50:46)
4	15697BG	618.3(11:06:02)	517.9(11:05:59)	568.3	0.5(14:50:21)
5	X1LQG	617.6(11:05:36)	518.1(14:50:46)	566.5	0.1(11:04:43)
6	X(N+1)	--	--	--	--

图 8-41　22G 接收电压日报表

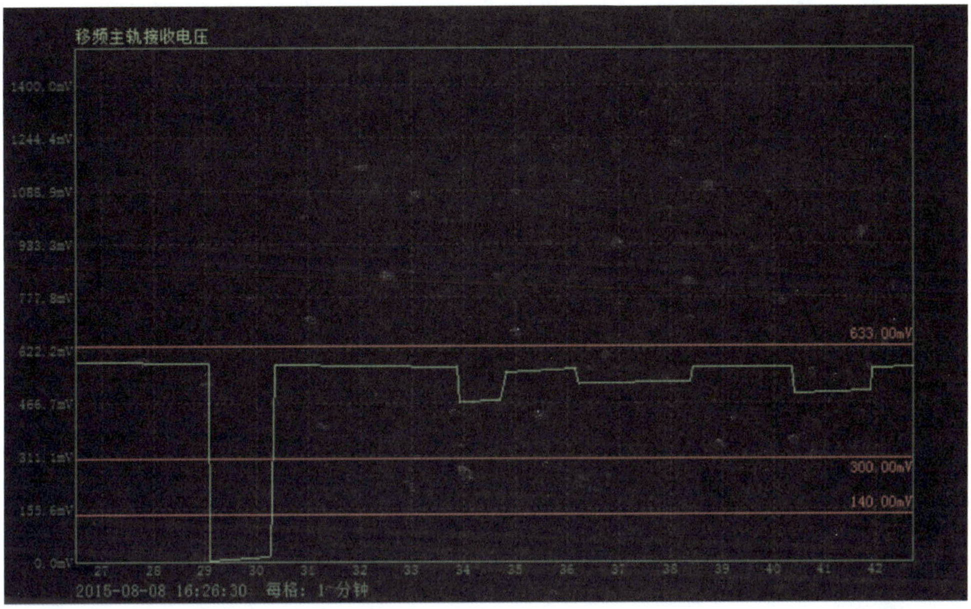

图 8-42　22G 接收电压最低值时日曲线出现矩形波动

通知工区值班人员对该区段进行检查，工区经检查反馈 022G 送端的第三个电容断线，更换电容后测量，022G 移频接收电压恢复正常，该电压日曲线和月曲线也已恢复平稳状态，如图 8-43 和图 8-44 所示。

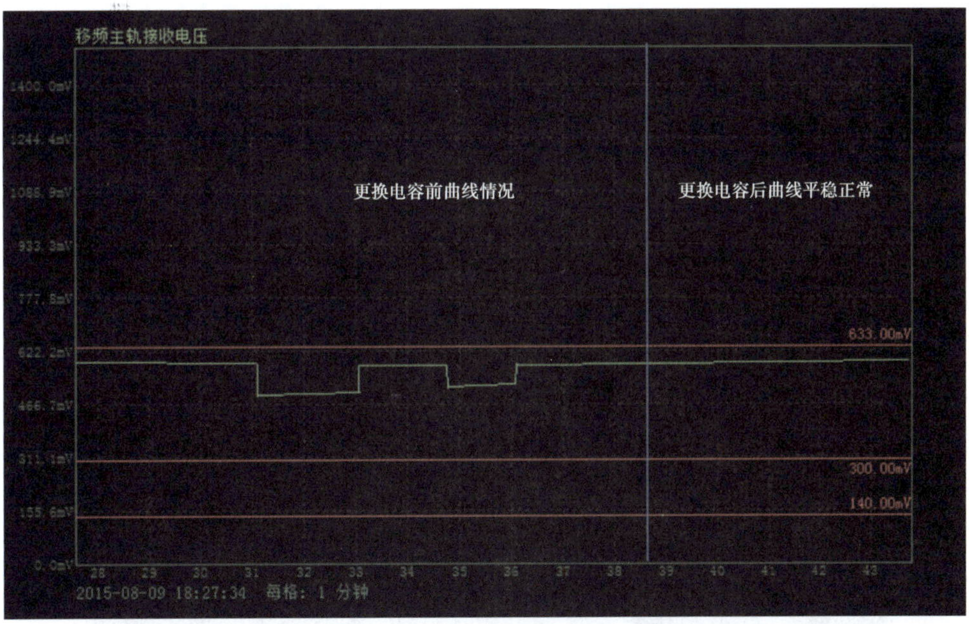

图 8-43　22G 接收电压更换电容后日曲线平稳

案例 5：若轨道电压月曲线调整最高值与调整最低值有长期处于偏差较大的现象，如相差 4 V 以上，则说明该轨道电路存在材质不良或接触网干扰因素。需要结合日报表中的测量值和日曲线进行综合分析，必要时还可同步调阅当时的站场图，以了解列车运行轨迹，观察

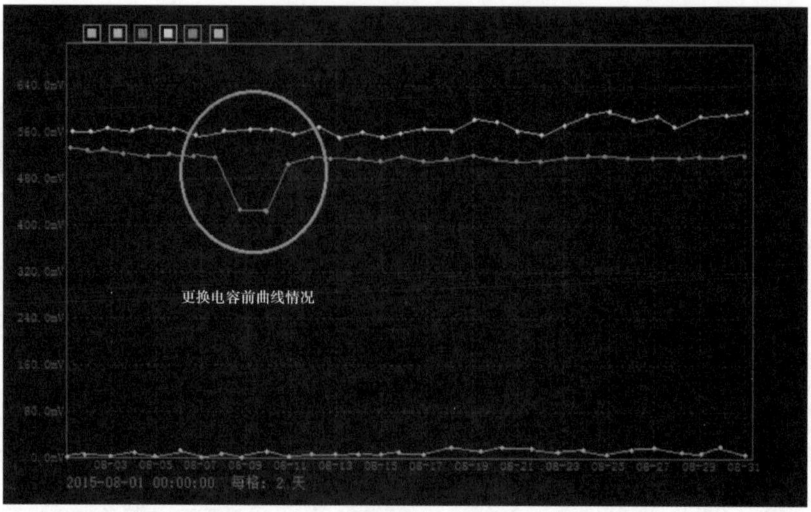

图 8-44 22G 接收电压更换电容后月曲线趋于稳定

此时的电压异常是否与列车运行有关。对于电码化区段，若发现电码化电压下降是在车占用其前一区段发生时，则很有可能是室内电容不良、室外匹配盒或谐振盒不良所引起的。

某站电务值班人员在调看轨道电压月曲线时发现，8-10DG 轨道电压月曲线最大值与最小值波动幅度一直为 5 V 左右。经同步调阅当时的站场图发现，该区段电压下降明显与列车运行有关。每当有车占用其前面区段 4DG 时，8-10DG 轨道电压开始有一个下降，下降幅度有5 V 左右，这个值被记录为调整状态最小值。当车占用该区段时，8-10DG 电压为零，在列车出清该区段时电压恢复正常。

经现场查找分析，该区段为预发码轨道电路，匹配盒不良会造成其前一区段占用时该区段电压有变化，有时比正常测试值高，有时比正常测试值低。故判定为受端匹配盒不良，在天窗点内更换 8-10DG 受端匹配盒后轨道电压恢复平稳，曲线对比如图 8-45 所示。

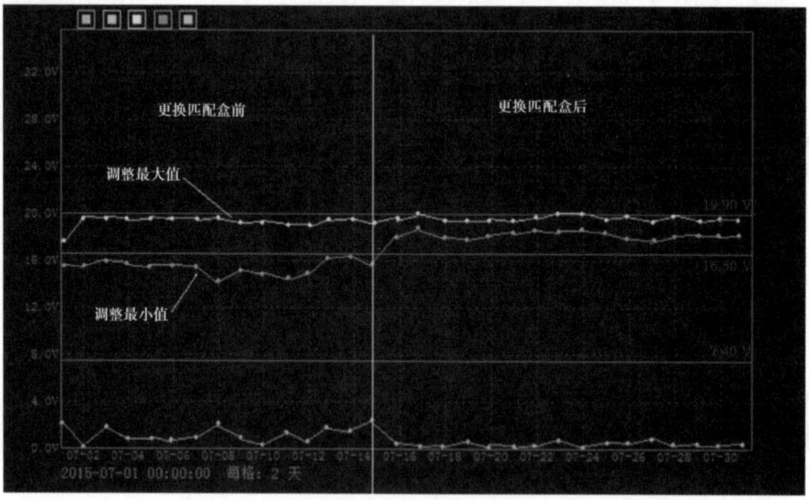

图 8-45 8-10DG 更换受端匹配盒前后的轨道电压月曲线

若轨道电压月曲线调整最低值呈波动状态，说明电压波动比较频繁。此种现象发生的可能原因有：

（1）轨道电路本身出现异常，如绝缘破损、绝缘轨距杆漏电、绝缘接头扣件碰夹板、塞钉头、连接线与钢轨接触不良等。

（2）轨道电路受外界干扰，如牵引电流不平衡、杆塔地线漏泄影响等。

（3）器材不良，如连接线、接续线、扼流变压器、轨道变压器、防护盒、隔离盒、轨道继电器等。

具体原因则需要现场检查确定。

案例 6：某站电务值班人员在调阅轨道电压月曲线时，发现 1-7DG 轨道电压月曲线调整最低值呈波动状态，调阅日曲线时发现，该值常处于波动状态，且与邻线过车无关。这时基本可以排除外界干扰，应将主要故障排查点放在器材本身的质量和绝缘夹板的安装工艺上。

工区值班人员逐步将所有器材更换一遍，更换所有器材后电压仍然有波动，最后将轨道区段上的绝缘全部分解一遍后电压恢复稳定。CSM 记录了整个处理过程，其中各阶段的测试结果如图 8-46～图 8-48 所示。

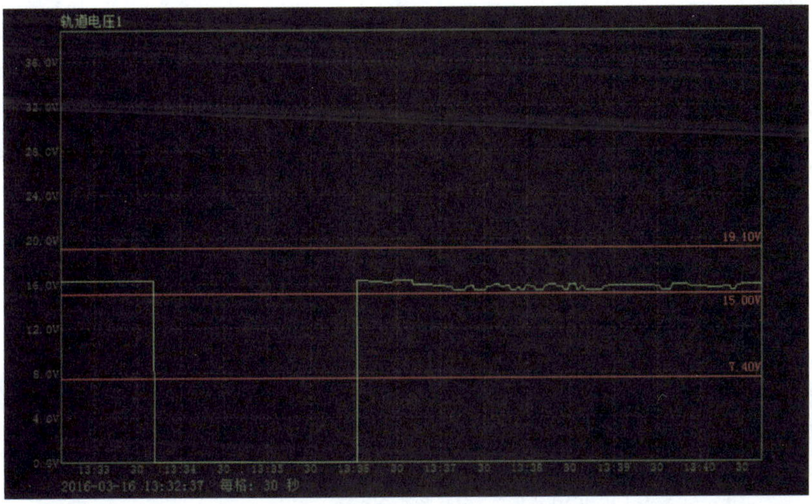

图 8-46　1-7DG 轨道电压日曲线波动

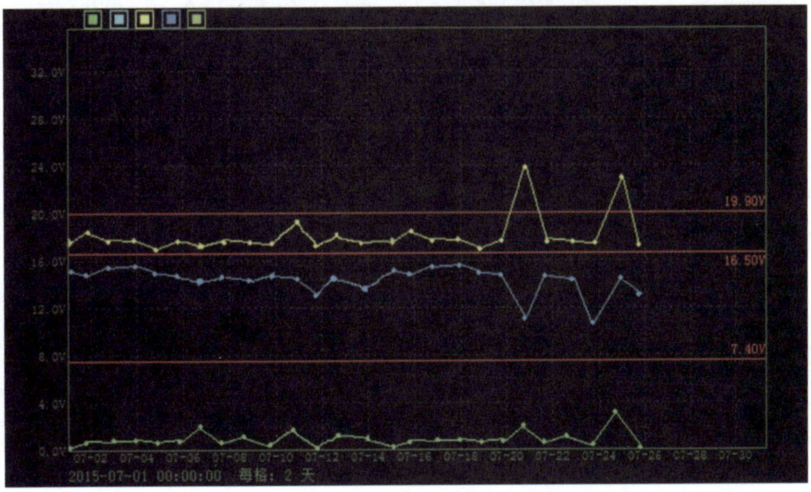

图 8-47　1-7DG 更换所有器材后轨道电压月曲线最低值仍然波动

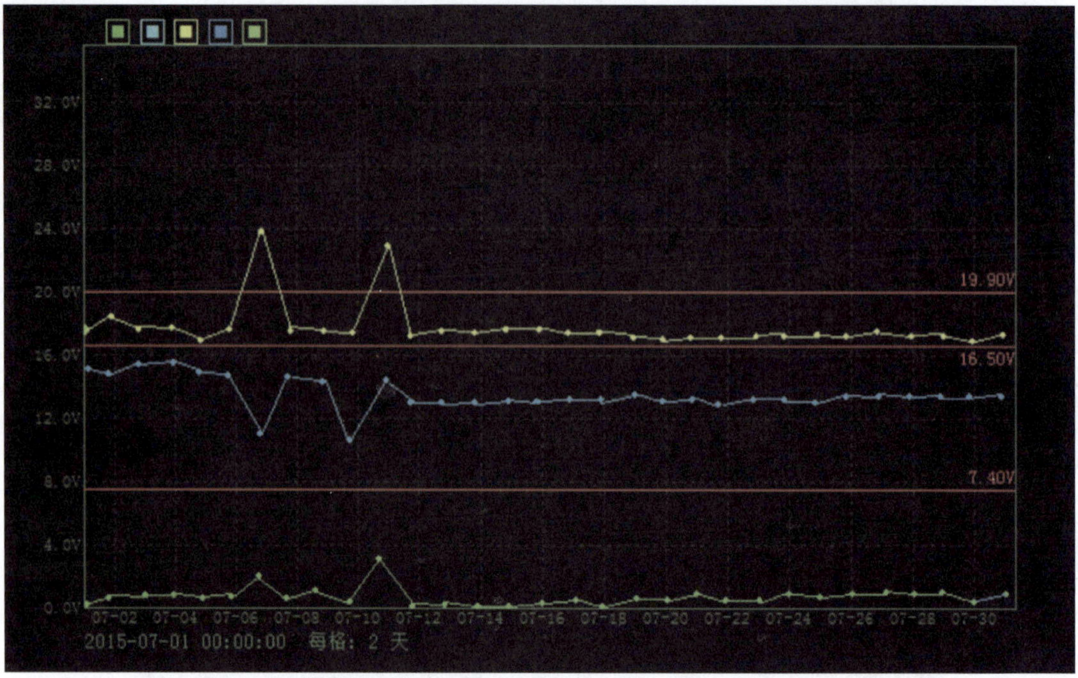

图 8-48 1-7DG 全部绝缘分解后轨道电压月曲线趋于稳定

案例 7：某站电务值班人员在调阅轨道电压月曲线时，发现ⅡBG 轨道电压月曲线有明显波动，如图 8-49 所示。

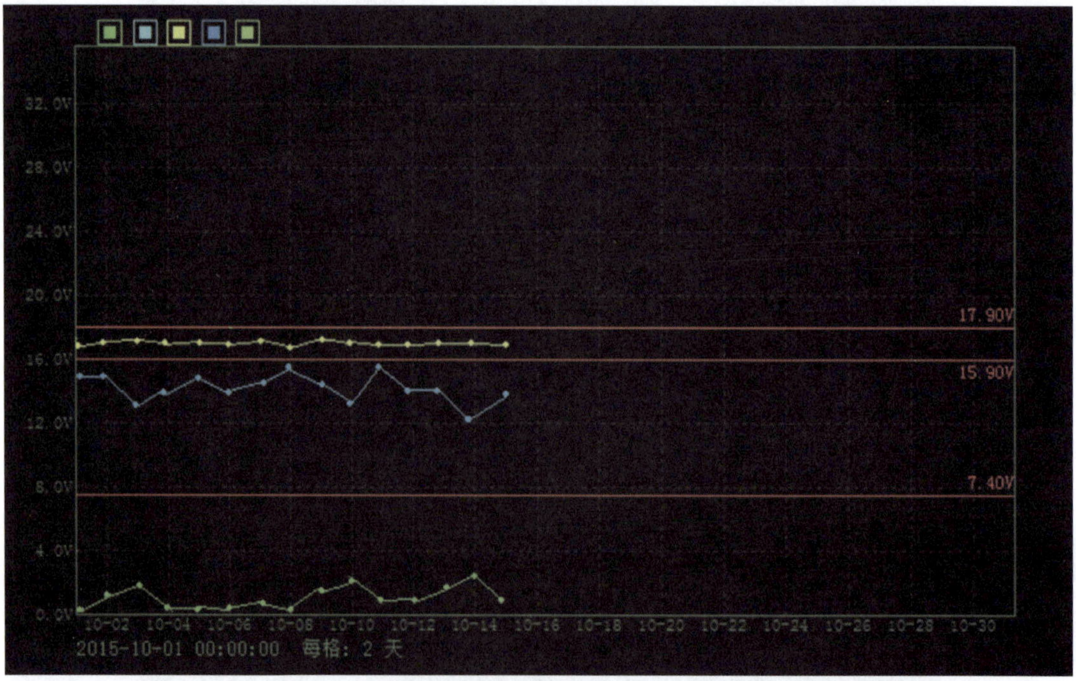

图 8-49 ⅡBG 轨道电压月曲线波动

通过日报表产生最低值的时间调阅相应日曲线的情况，如图 8-50 所示。

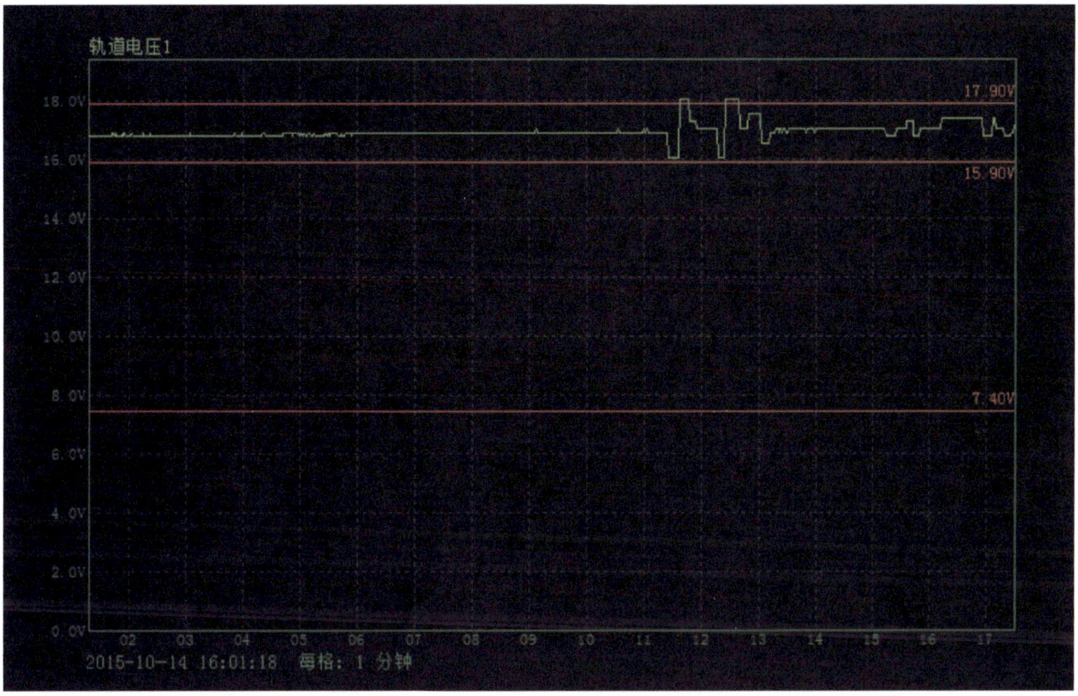

图 8-50 Ⅱ BG 轨道电压日曲线波动

结合最近几天曲线的波动情况，发现电压一直处于波动状态，说明现场设备存在不良情况，通知现场检查设备。工区值班人员前往现场更换连接线和紧固螺丝后，轨道电压日曲线有所改善，但仍然存在波动，如图 8-51 所示。

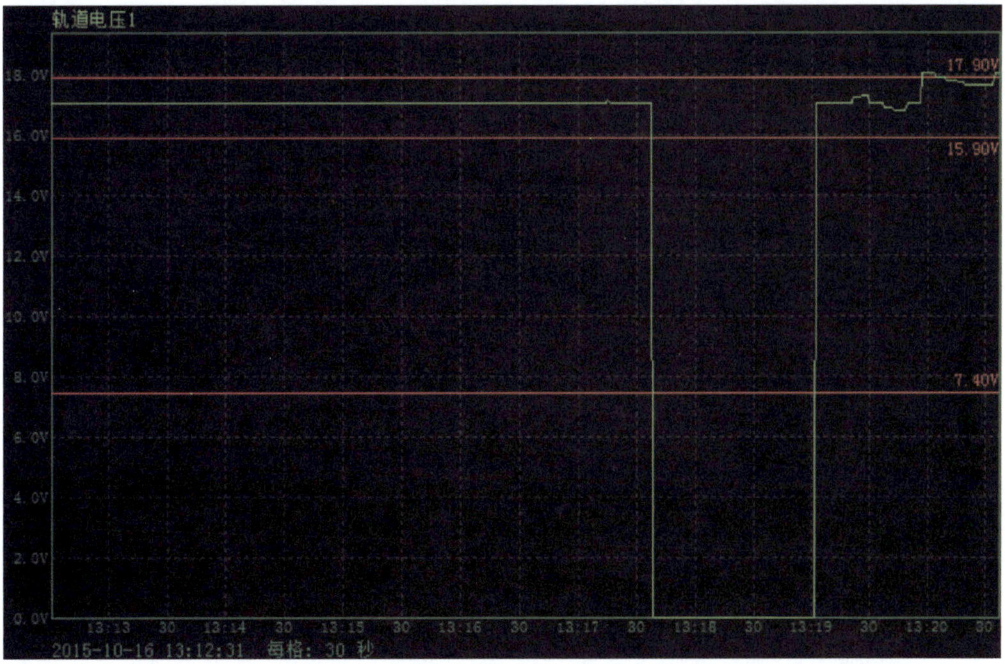

图 8-51 Ⅱ BG 经更换塞钉线和紧固螺丝后轨道电压日曲线仍有波动

更换ⅡBG 送端扼流变压器后，轨道电压日曲线恢复平稳，月曲线最高值与最低值已趋于一致，如图 8-52 所示。

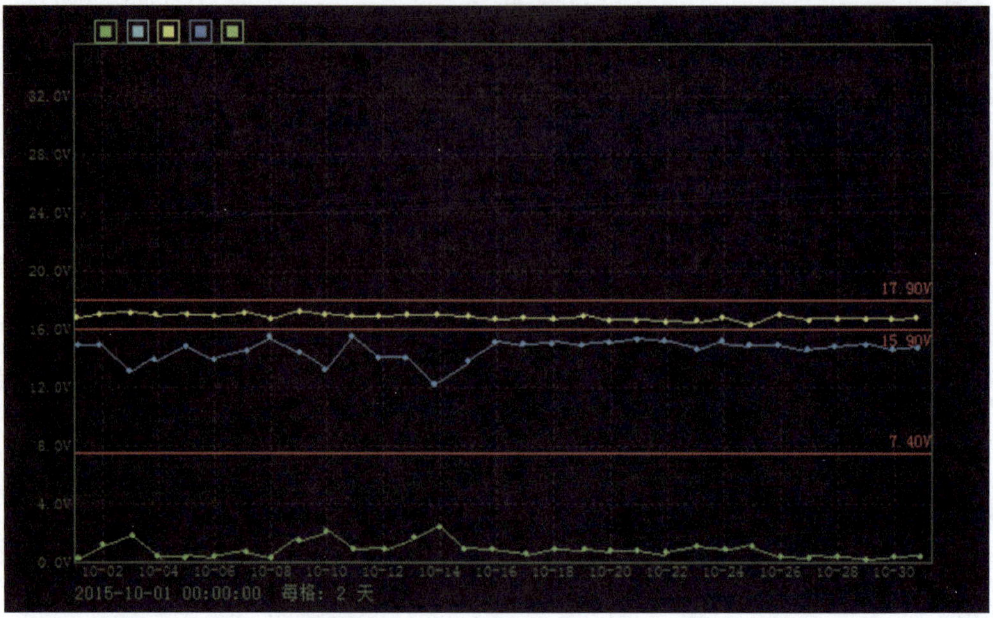

图 8-52　更换送端扼流变压器后ⅡBG 轨道电压月曲线

案例 8：某站电务值班人员在调看轨道电压日报表时，发现轨道电路日报表中 3DG 的轨道电压调整最高值和最低值相差大，如图 8-53 所示。

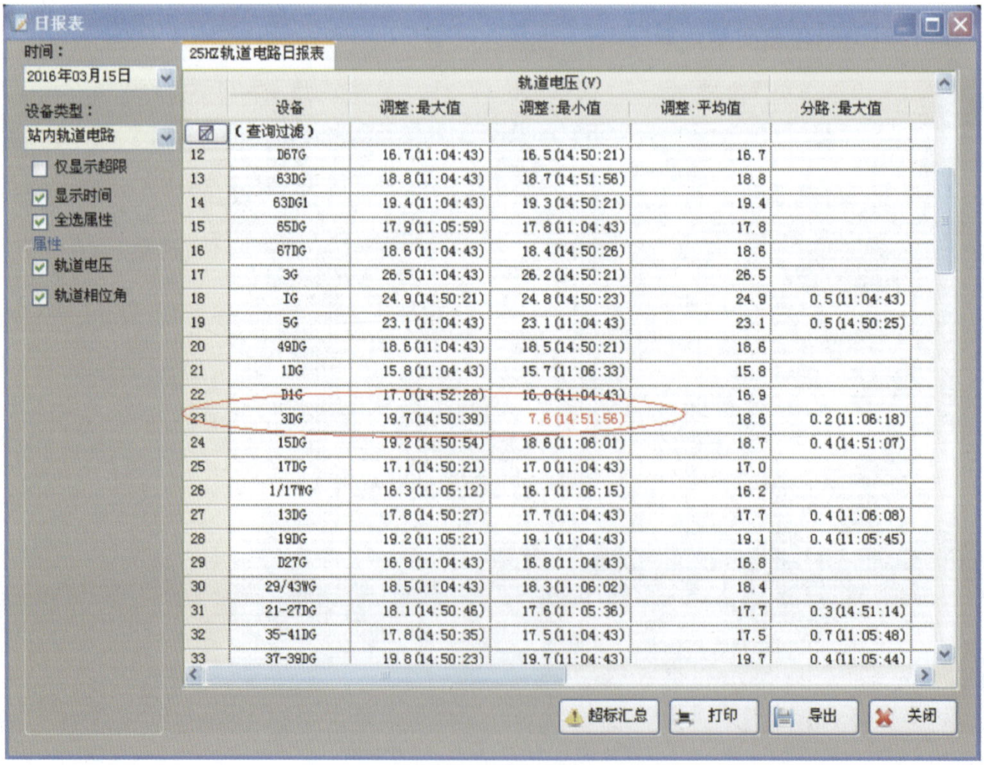

	轨道电压(V)				
	设备	调整:最大值	调整:最小值	调整:平均值	分路:最大值
	(查询过滤)				
12	D67G	16.7(11:04:43)	16.5(14:50:21)	16.7	
13	63DG	18.8(11:04:43)	18.7(14:51:56)	18.8	
14	63DG1	19.4(11:04:43)	19.3(14:50:21)	19.4	
15	65DG	17.9(11:05:59)	17.8(11:04:43)	17.8	
16	67DG	18.6(11:04:43)	18.4(14:50:26)	18.6	
17	3G	26.5(11:04:43)	26.2(14:50:21)	26.5	
18	IG	24.9(14:50:21)	24.8(14:50:23)	24.9	0.5(11:04:43)
19	5G	23.1(11:04:43)	23.1(11:04:43)	23.1	0.5(14:50:25)
20	49DG	18.6(11:04:43)	18.5(14:50:21)	18.6	
21	1DG	15.8(11:04:43)	15.7(11:06:33)	15.8	
22	D1G	17.0(14:52:28)	16.0(11:04:43)	16.9	
23	3DG	19.7(14:50:39)	7.6(14:51:56)	18.6	0.2(11:06:18)
24	15DG	19.2(14:50:54)	18.6(11:06:01)	18.7	0.4(14:51:07)
25	17DG	17.1(14:50:21)	17.0(11:04:43)	17.0	
26	1/17WG	16.3(11:05:12)	16.1(11:06:15)	16.2	
27	13DG	17.8(14:50:27)	17.7(11:04:43)	17.7	0.4(11:06:08)
28	19DG	19.2(11:05:21)	19.1(11:04:43)	19.1	0.4(11:05:45)
29	D27G	16.8(11:04:43)	16.8(11:04:43)	16.8	
30	29/43WG	18.5(11:04:43)	18.3(11:06:02)	18.4	
31	21-27DG	18.1(14:50:46)	17.6(11:05:36)	17.7	0.3(14:51:14)
32	35-41DG	17.8(14:50:35)	17.5(11:04:43)	17.5	0.7(11:05:48)
33	37-39DG	19.8(14:50:23)	19.7(11:04:43)	19.7	0.4(11:05:44)

图 8-53　3DG 轨道电压日报

进一步调阅 3DG 的轨道电压日曲线，发现轨道电压波动很大，如图 8-54 所示。此现象大部分出现在列车压入接近区段时（3DG 与 3JG 相连，其中 3JG 为 ZPW-2000A 型轨道电路区段），但有时无车情况下也会出现波动，通过对时间的观察，发现夜间电压波动少，电压波动多出现在中午天热时。进一步判断是由于白天气温较高时造成钢轨膨胀，在列车冲击下造成轨端绝缘时好时坏。

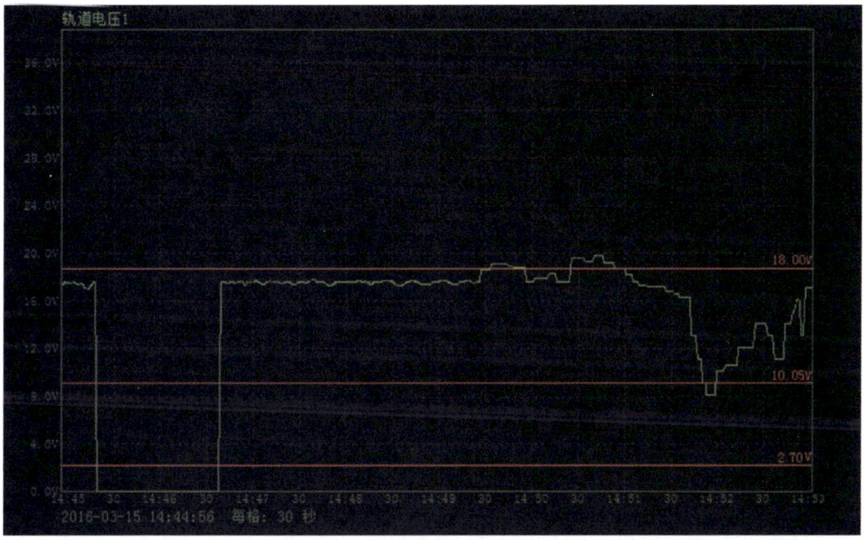

图 8-54 3DG 轨道电压日曲线

经工区值班人员现场测试，发现电压波动时，与接近区段相邻的轨端绝缘有微弱的电流通过，因此判断故障为 3JG 与 3DG 相连的胶接绝缘时好时坏，处于临界状态，造成移频电流窜进 3DG 区段，联系工务更换胶接绝缘后，轨道电压稳定在 14.5 V 左右，如图 8-55 所示。

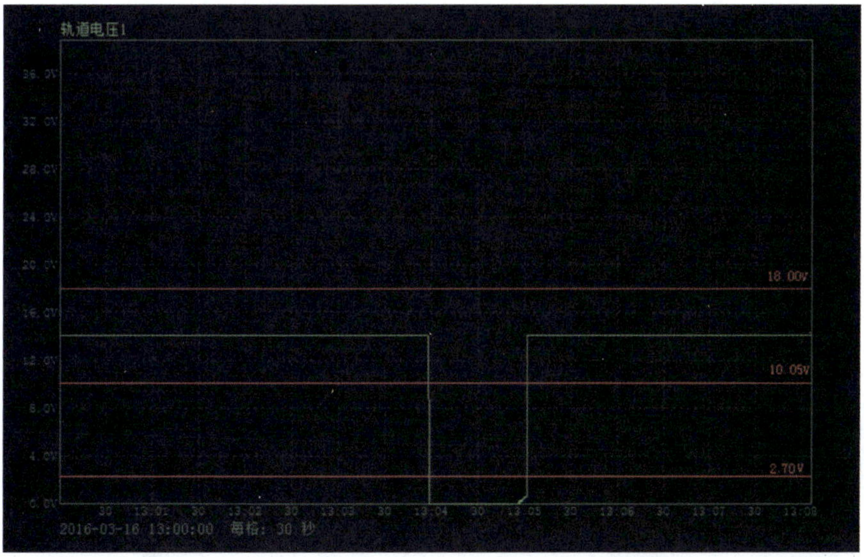

图 8-55 处理完毕后的 3DG 轨道电压日曲线

案例 9：外界干扰造成轨道电路电压曲线异动。

在铁路信号设备中，最易受到外界环境影响的设备往往是轨道电路。无论是下雨、打雷等自然现象，还是接触网、绝缘节、钢轨扣件等铁路设备故障，都可能造成轨道电路工作变化，轻则造成电压波动，重则导致设备故障停用。下面就外界干扰对轨道电路，以及对 CSM 采集曲线的影响进行简要介绍。

（1）牵引电流干扰曲线

图 8-56 和图 8-57 是牵引电流不同情况干扰造成的轨道电压日曲线。当机车通过时，如果牵引回流不通畅，高强度的工频信号就会对轨道电路的工作造成影响。若某轨道电路经常出现如图 8-56、8-57 所示的小尖或短时间频繁的波动，且当时邻线区段有车经过，应当考虑牵引电流干扰。

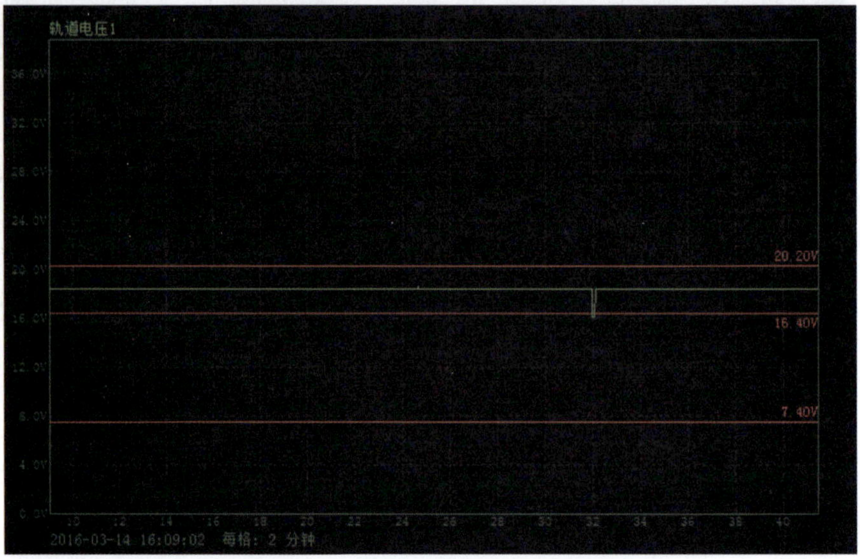

图 8-56 牵引电流干扰造成的轨道电压日曲线（瞬间干扰）

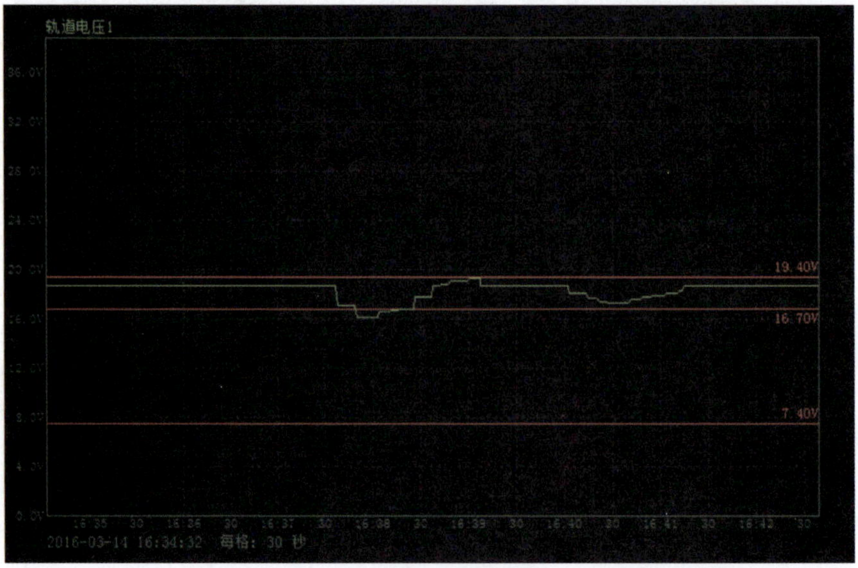

图 8-57 牵引电流干扰造成的轨道电压日曲线（经常性波动）

（2）断轨造成的曲线

图 8-58～图 8-60 是在更换钢轨时，CSM 记录下的轨道电路电压日曲线。从图中可以看出，在更换钢轨（相当于断轨）时，CSM 所采集的电压值并不一定为零，而是处于不稳定状态，在较大范围内波动。

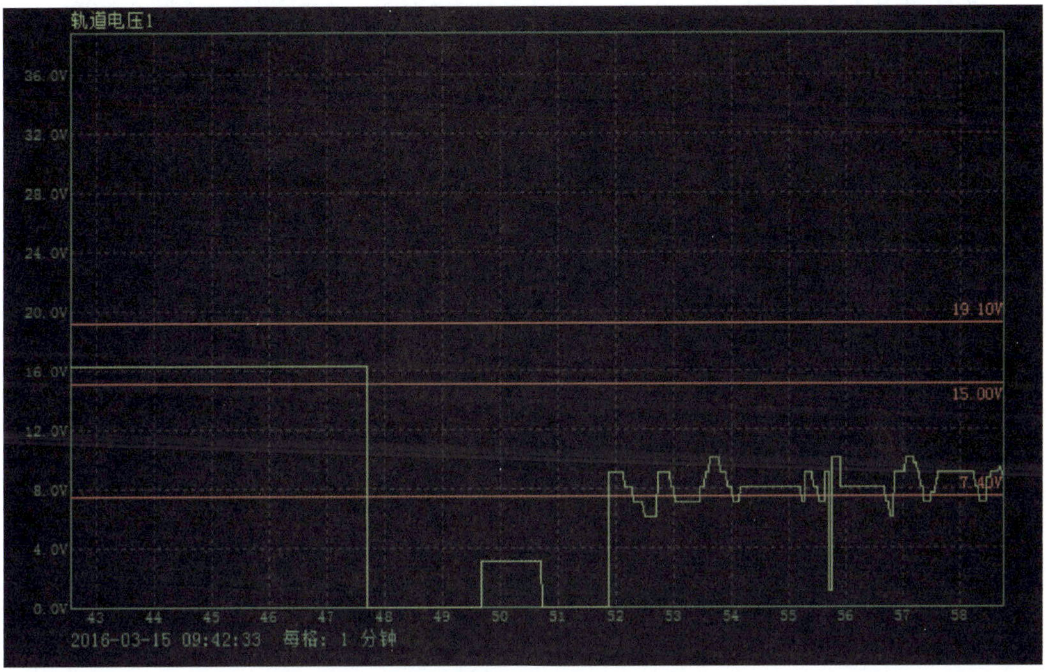

图 8-58　断轨时轨道电压日曲线 1

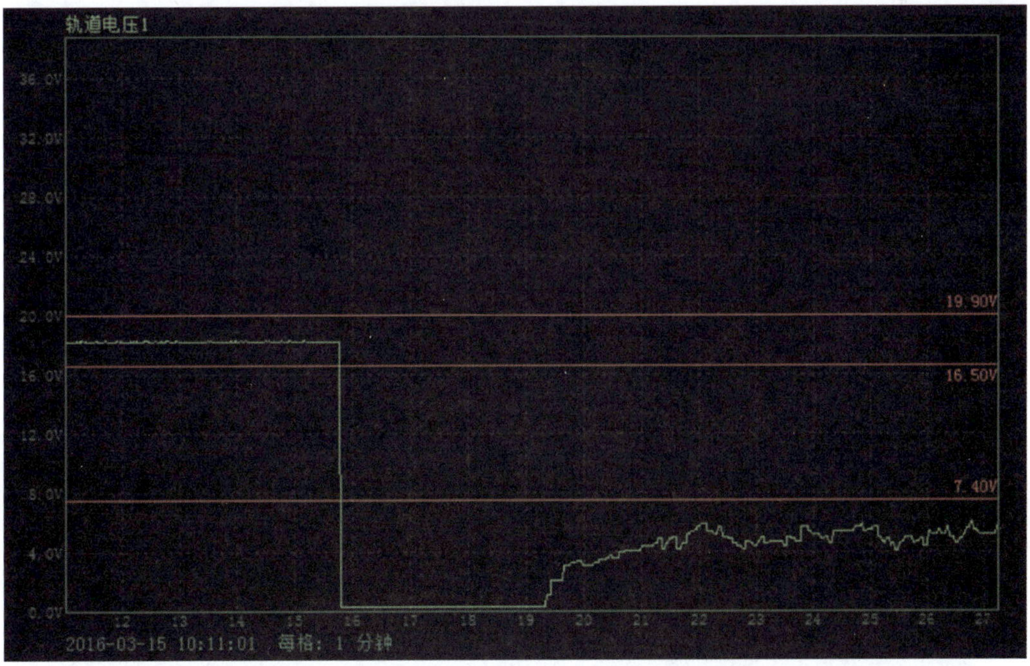

图 8-59　断轨时轨道电压日曲线 2

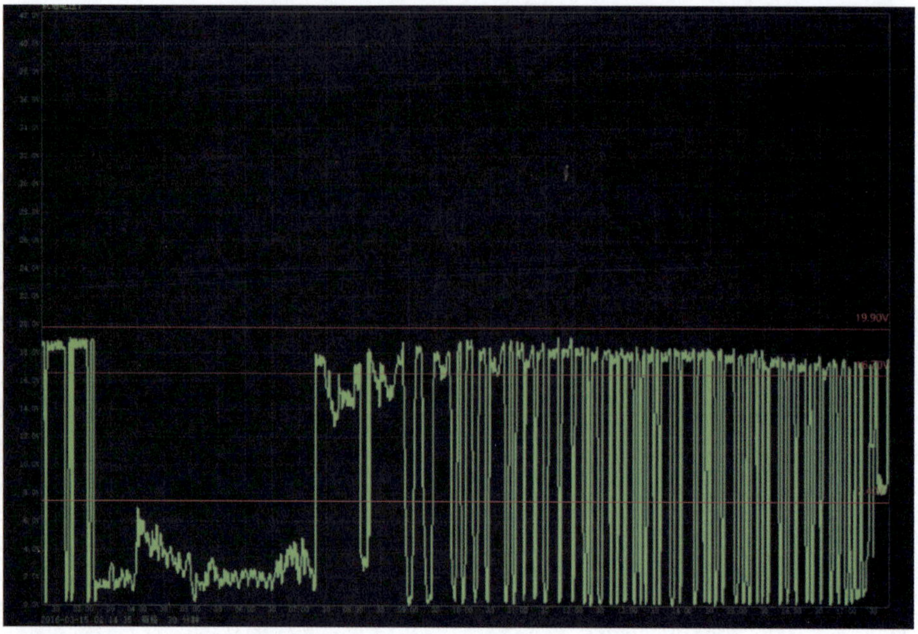

图 8-60　断轨时轨道电压全天趋势曲线

（3）瞬间短路造成的曲线

轨道电路室外部分极易受外界干扰，作业人员、闲杂人员所带的铁器物品及列车上掉落的铁器物品影响，均有可能造成轨道电路短路，对轨道电路正常工作造成危害。由于这种干扰大多为瞬间短路，故障现象也往往表现为轨道区段闪红，仅靠值班人员的监督很难捕捉，而通过 CSM 轨道电压日曲线的记录即可清晰地看到。

图 8-61 是某站工务作业人员在 222 号道岔处作业时，不慎将轨道电路短路，造成 222-232DG 闪红光带的轨道电压日曲线。

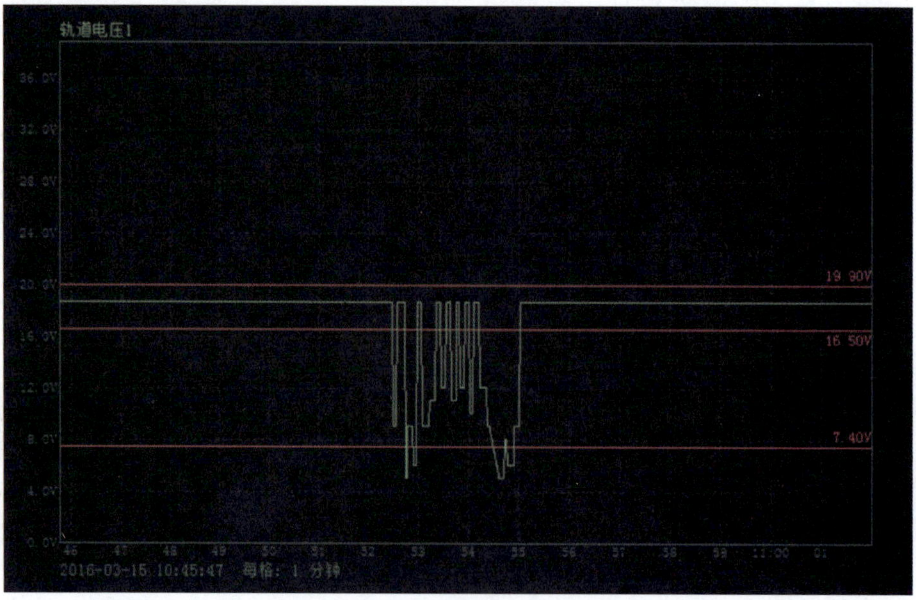

图 8-61　工务人员在道岔处作业造成轨道区段闪红光带的轨道电压日曲线

（4）轨端绝缘不良造成的曲线

轨道电路绝缘节是轨道电路中比较薄弱的环节，绝缘不良或钢轨肥边会导致相邻轨道电路出现电压同时下降的现象。

图 8-62 是绝缘节短路造成相邻区段轨道电路电压同时下降的日曲线，若用户日后调阅轨道电压日曲线发现类似的现象，可以首先考虑检查相应的钢轨绝缘。

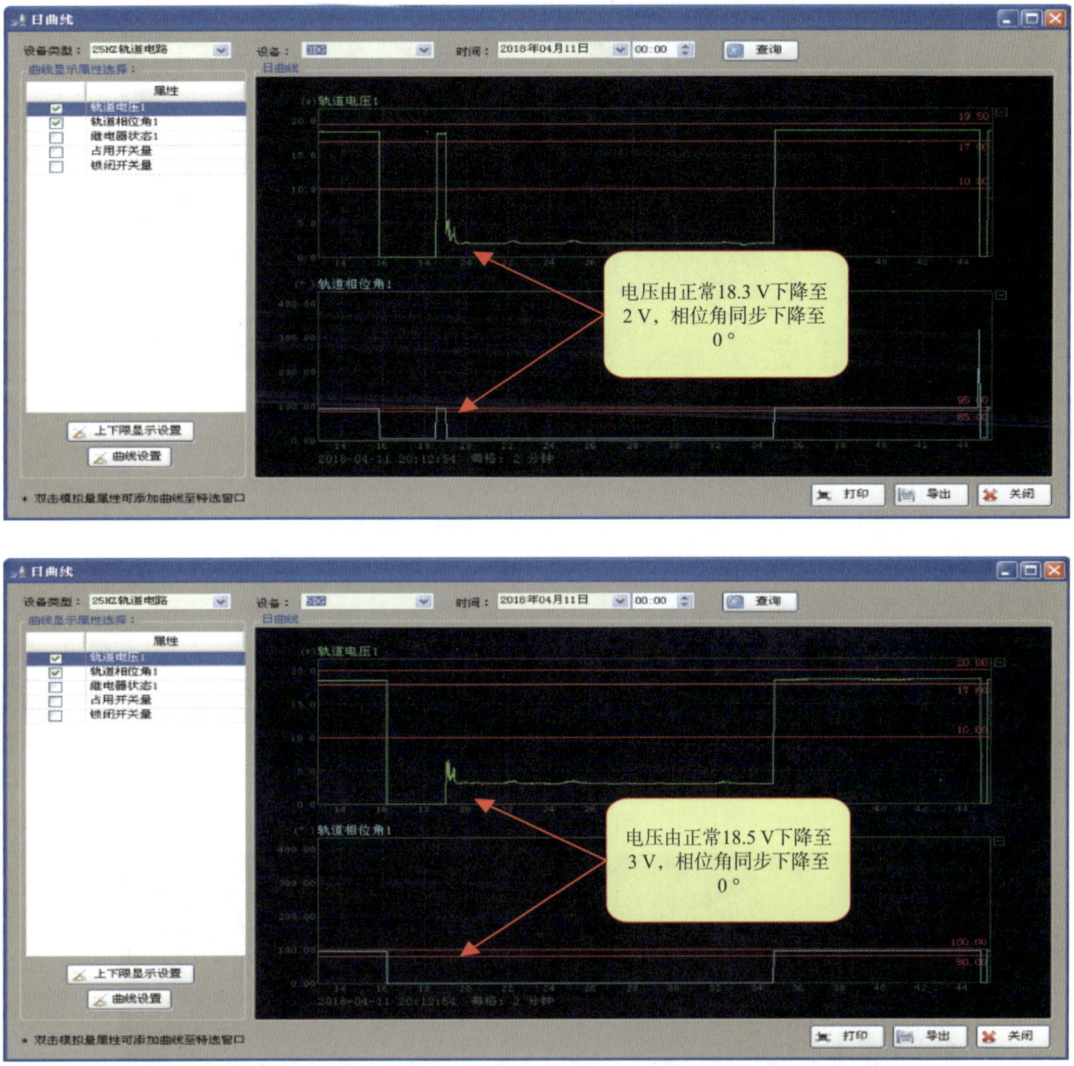

图 8-62　相邻两区段电压降低的轨道电压日曲线

案例 10：容易误判的问题。

在 CSM 测试曲线的调阅过程中也会出现误判的问题。因为有些曲线看上去确与往常曲线有一些差异，用户会误判断设备不正常或 CSM 记录不正确。但经仔细分析发现，这样的曲线也是正常的。下面就现场常见的几种容易误判的曲线进行简要说明。

（1）调机（单机）经过复式交分道岔渡线时易出现的曲线

当单机通过复式交分道岔时，由于占用的轨道长度较短，再加之该区段轨道跳线、迂回路径较复杂，往往会在轨道电压曲线中出现阶梯状现象，这是正常过车过程产生的，如

图 8-63 所示，并非故障曲线。

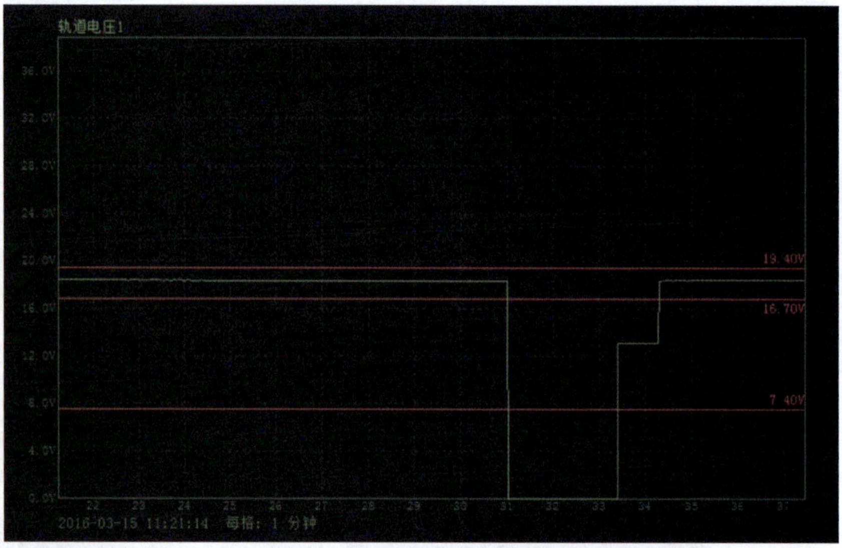

图 8-63 单机通过复式交分道岔时形成的轨道电压曲线

（2）一送多受区段，车列占用其中一区段，其他区段出现残压超高现象

对于一送多受区段，当车列进入其中一个受电端时，其余受电端并未直接被占用，可能会出现接收电压比较高的情况，此种情况下测试曲线会出现疑似分路不良的现象，如图 8-64 所示。70-74DG 为一送三受区段，车列由 $70\text{-}74DG_1$ 的受电端向 70-74DG 的送电端运行，当车列压入 $70\text{-}74DG_1$ 位置时，$70\text{-}74DG_1$ 的受电端电压下降为接近零，而 70-74DG 的受电端电压随着车列的运行逐步下降，当车列进入到岔前位置时，由于送电端电路被占用，70-74DG 的受电端电压才会下降为接近零。这个形式的曲线在实际使用过程中容易误判为 70-74DG 分路不良，由于分路点不在受电端，该曲线是正常的，并非故障曲线。图 8-64 中 07：19：56—07：20：50 的曲线表明了这一占用过程的曲线变化情况。

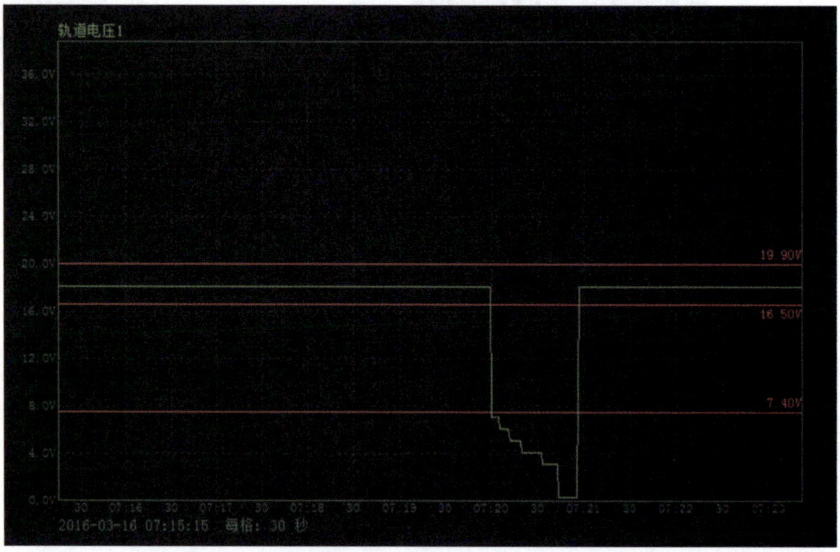

图 8-64 一送多受区段疑似分路不良的轨道电压曲线

（3）移频接收电压曲线

在 ZPW-2000 系列轨道电路中，相邻区段轨道电路的绝缘采用电气绝缘节，调谐区长度为 29 m，当车辆慢行进入该区段占用调谐区时，移频接收电压会出现阶梯状现象，如图 8-65 所示。当车辆慢行出清该区段，也会出现阶梯状电压曲线，如图 8-66 所示。这两种曲线均为正常曲线。

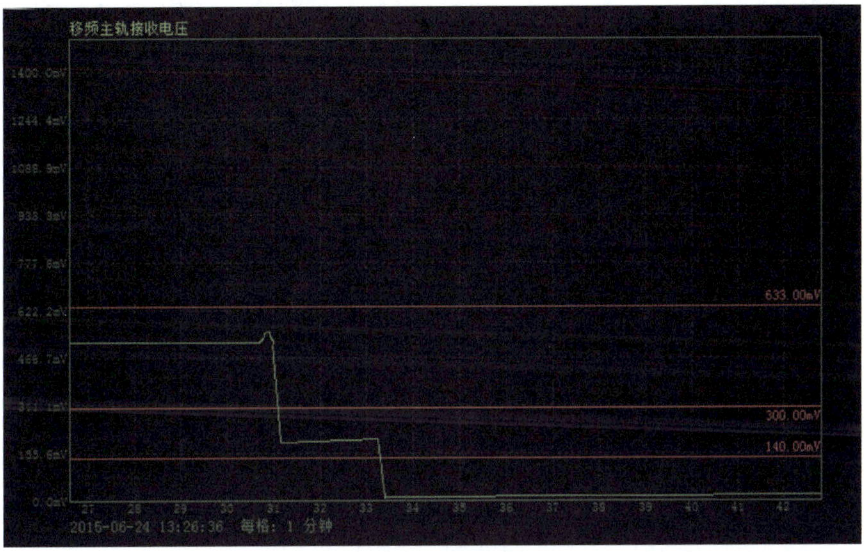

图 8-65　车辆慢行进入调谐区时的移频接收电压曲线

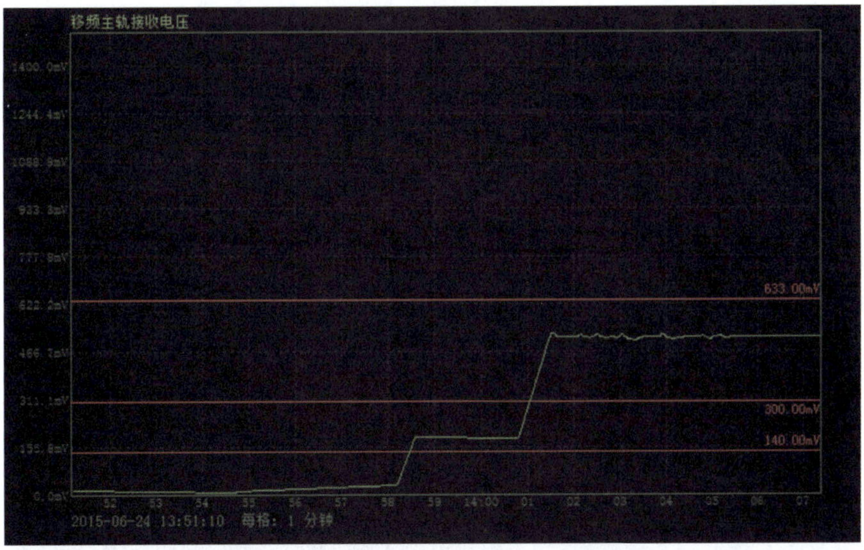

图 8-66　车辆慢行出清调谐区时的移频接收电压曲线

三、信号机设备故障分析案例

案例 1：某站 SⅡ信号机开放后，在列车已接近的情况下突然关闭，影响列车运行。

经查看 CSM 报警发现，SⅡ信号机关闭的原因是 5DG 出现了红光带。调阅 5DG 模拟量测试值发现，在故障时段，5DG 调整电压从 22.9 V→9.3 V→22.9 V 变化，有 2 s 瞬间波动的过程，而 $JRJC_1$-70/240 型交流二元继电器的轨道线圈释放值不小于 8.6 V，5DG 的接收电压已非常接近继电器的临界值，容易导致 5DG 轨道继电器落下。5DG 轨道电压日曲线如图 8-67 所示。

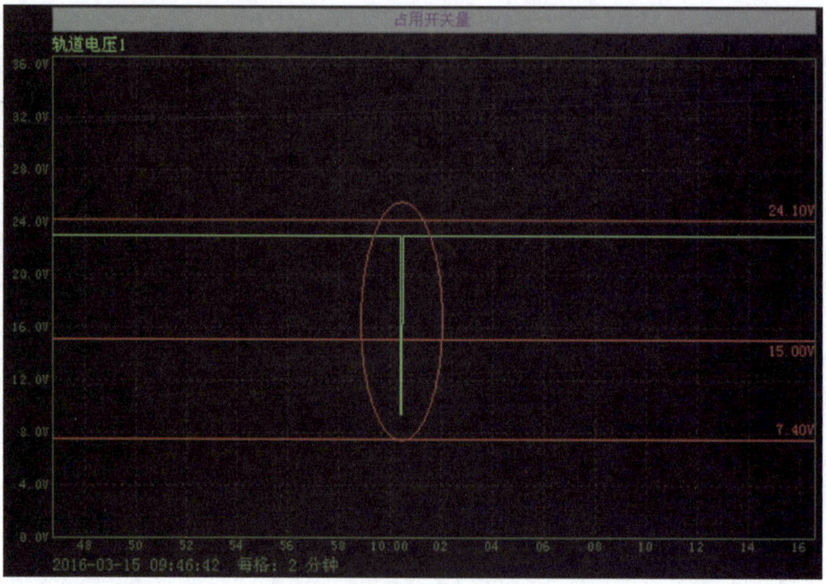

图 8-67　5DG 轨道电压日曲线

通过 CSM 的回放功能发现，此故障为外界引起的突发性故障，短短 2 s 时间，使得已开放的信号机在列车接近的情况下关闭。经现场调查发现，故障发生的原因是工务施工时疏于管理，将工具置于 5DG 区段，造成 5DG 轨道电路瞬时短路。

案例 2：监测调阅发现信号机 DJ 点灯电流曲线出现突降或缓慢下降，如图 8-68、图 8-69 所示。

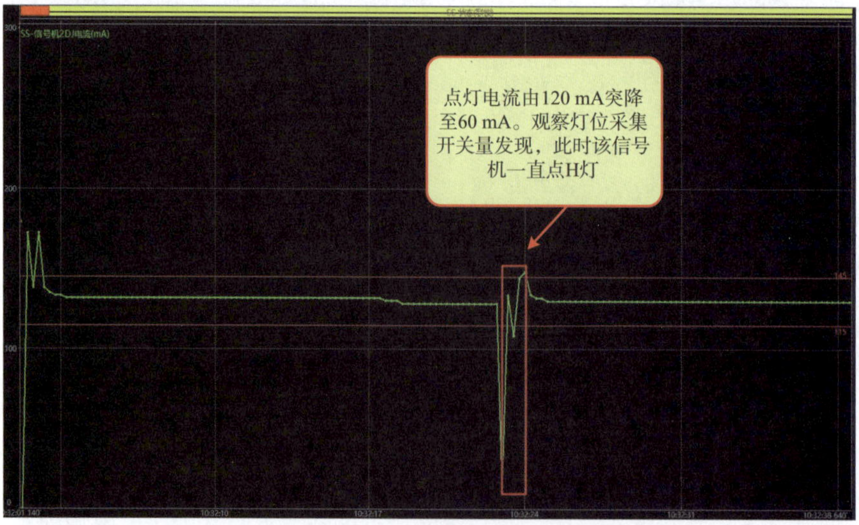

图 8-68　点同一灯位时点灯电流突降后恢复

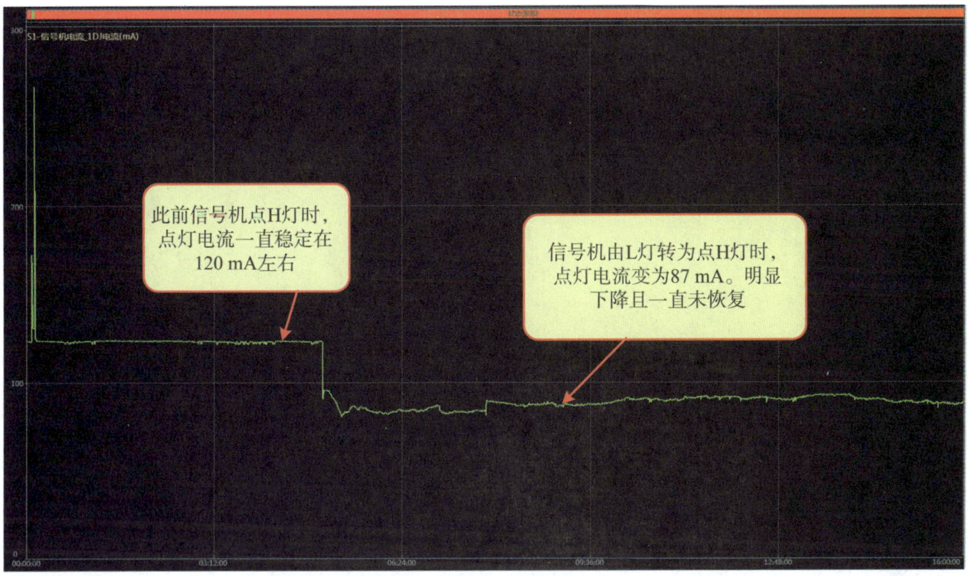

图 8-69　灯位转换后点灯电流曲线突降

图 8-68、图 8-69 均为信号机在点同一灯位时，点灯电流数值出现明显降低，说明该灯位回路中的阻抗值发生变化，需对点灯回路进行检查。常见原因为灯泡主灯丝断丝转副丝、点灯单元性能不良、灯泡焊点接触不良、回路中接点或线缆不良。

四、其他信号设备故障分析案例

电源故障处理案例 1：某站电源屏 QJZ220-1 电压日曲线不平稳，如图 8-70 中红线框所示，分析可能原因为受外电网电压波动影响或集中监测采集不良影响。

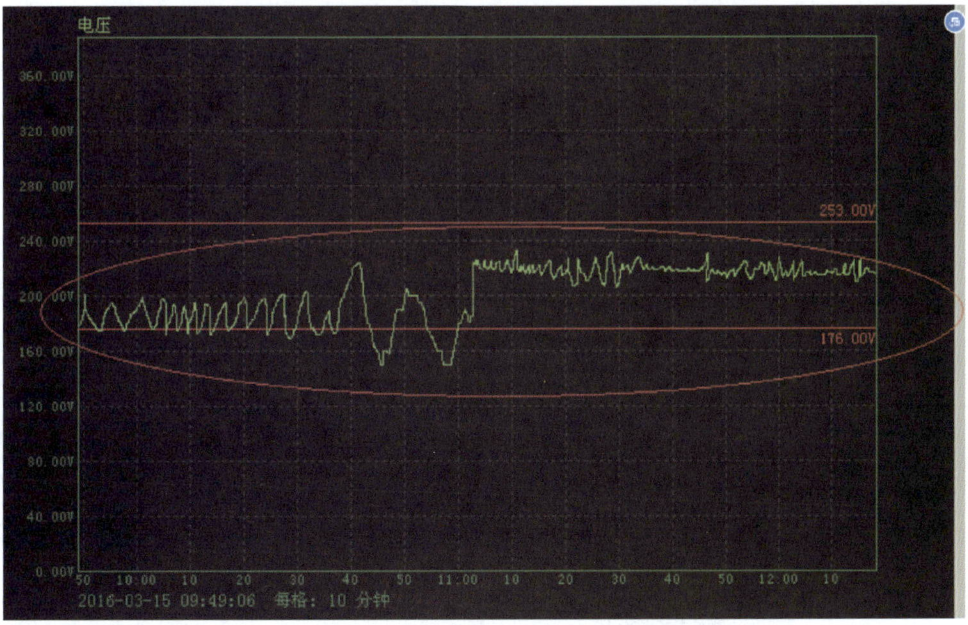

图 8-70　QJZ220-1 电源电压曲线

通知现场工区检查设备，得到的反馈信息为外电网不稳，且电压偏低，联系电力工区处理，处理结束后外电网电压恢复正常，测量 QJZ220-1 电压恢复正常，观察 CSM 中 QJZ220-1的电压日曲线也随之恢复正常，如图 8-71 中红线框所示。

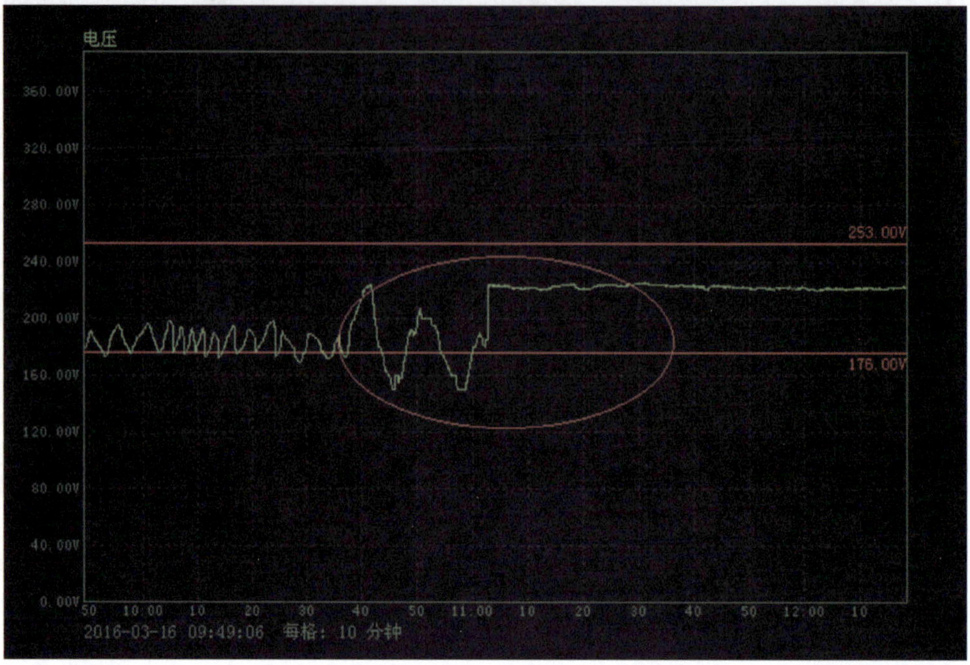

图 8-71 外电网故障恢复后 QJZ220-1 电源电压曲线

电源故障处理案例 2：某站发生外电网Ⅰ、Ⅱ路相继断电故障。调阅外电网Ⅰ、Ⅱ路电压曲线，如图 8-72 所示，18：15 开始，外电网曲线显示Ⅰ路 B 相电压由 247.5 V 突降为 109.7 V，电流由19 A 突升为 60 A，几乎在同一时间Ⅱ路 B 相电流由 0 A 突升为 58.6 A。

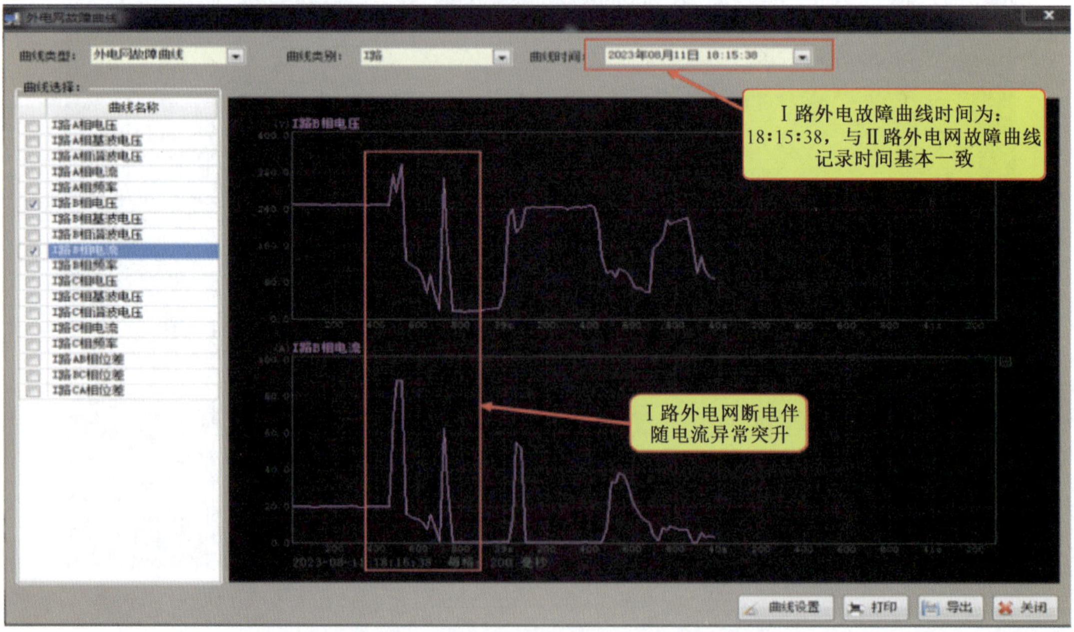

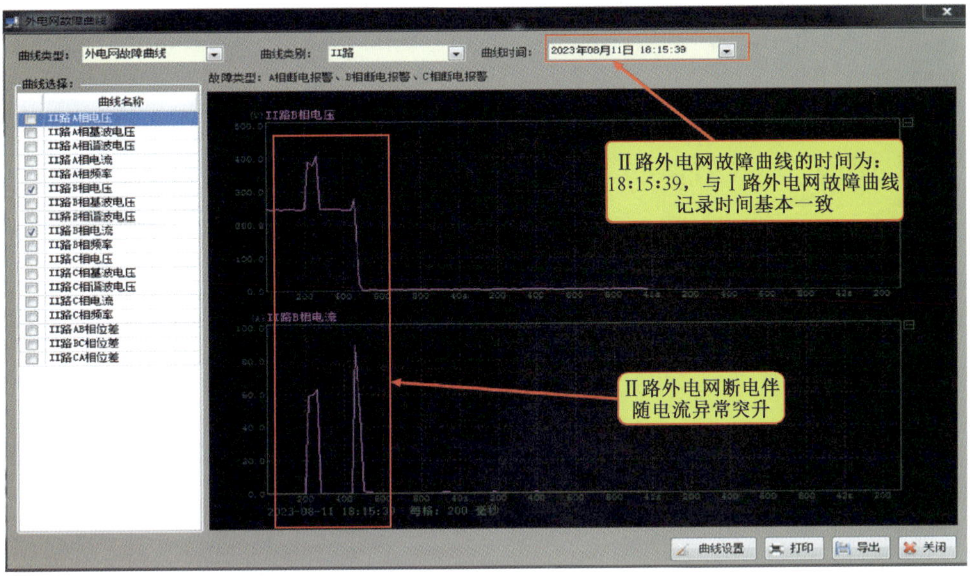

图 8-72　外电网故障恢复后 QJZ220-1 电源电压曲线

外电网停电造成的“外电网输入电源断电断相、电气特性超限报警”报警信息，若两路电停电发生时间不重合时，外电网故障的概率较大；若两路电停电发生时间几乎一致时，则可能为电源设备过载。

电缆故障处理案例 1：某站测试电缆绝缘，从测试报表中发现 11 号道岔 J1 的 X3、X4 绝缘分别为 0.6 MΩ、0.7 MΩ，如图 8-73 所示，分析可能的原因为电缆不良或箱盒有潮气导致。

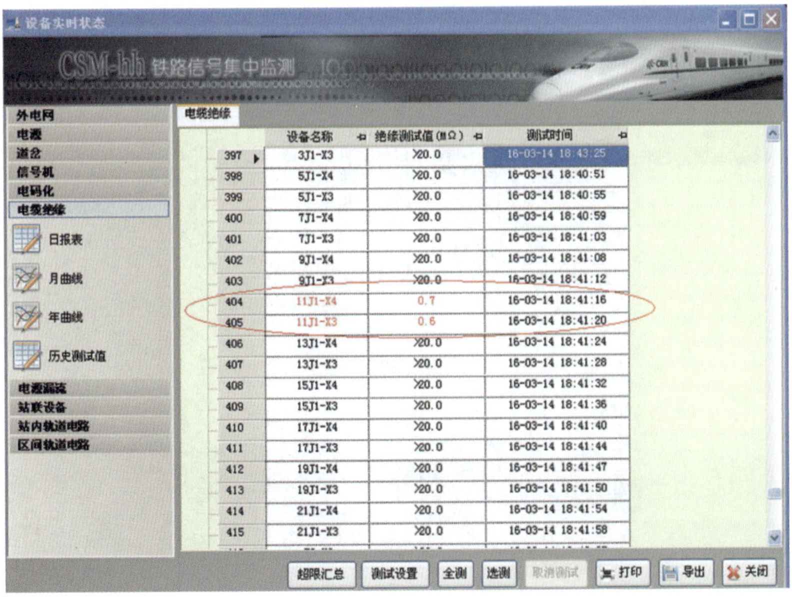

图 8-73　故障处理前的电缆绝缘测试报表

经现场检查，得到反馈为 11 号道岔 J1 的密贴检查器防尘罩存在破损老化现象，且阴雨天有潮气，更换防尘罩并晾晒处理后，测试绝缘报表数据 11 号道岔 J1 的 X3、X4 绝缘均为大于 20 MΩ，如图 8-74 所示。

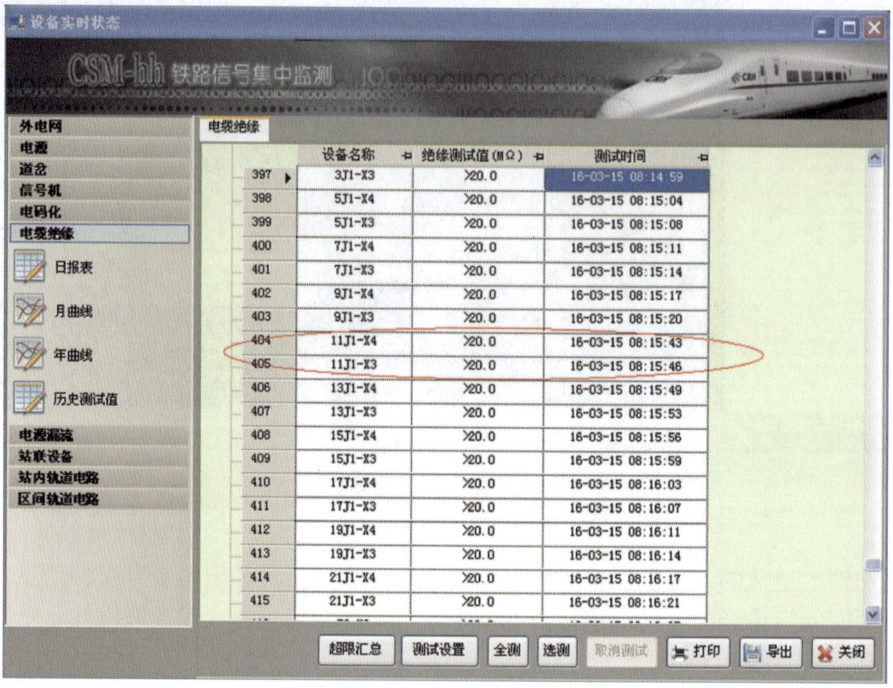

图 8-74 故障处理后的电缆绝缘测试报表

电缆故障处理案例 2：某站电缆绝缘测试月曲线中 S_F-HH 绝缘电阻长期低于 1 MΩ，如图 8-75 所示。分析可能原因为电缆不良或箱盒有潮气导致。

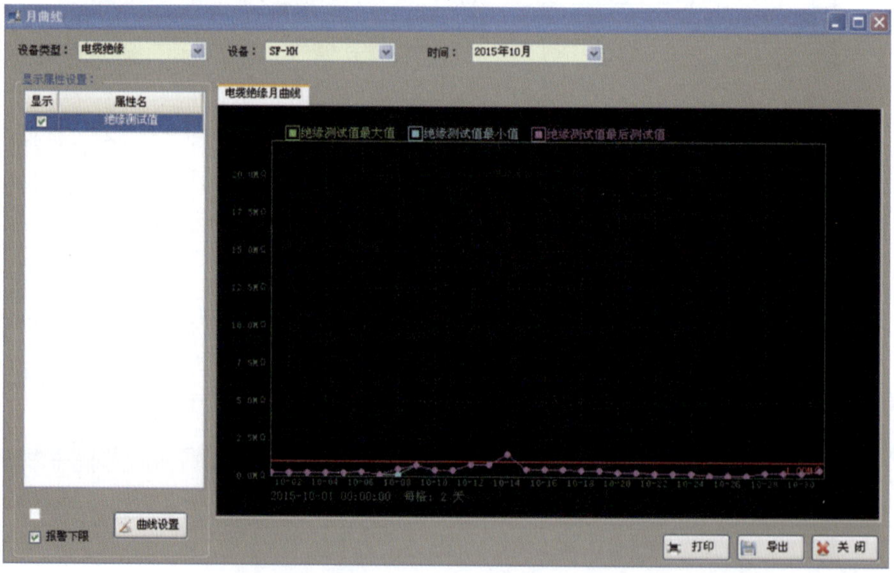

图 8-75 故障处理前的电缆绝缘月曲线

经现场检查并更换 25 m 的 16 芯 S-S_F 间电缆后，测试绝缘数据大于 20 MΩ，如图 8-76 所示。

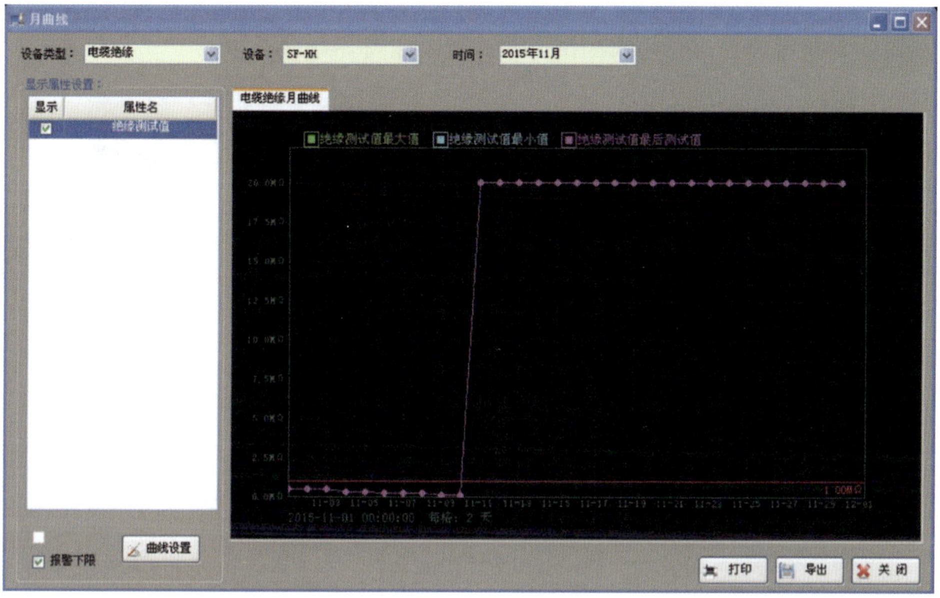

图 8-76　故障处理后的电缆绝缘月曲线

电源漏流故障处理案例：某站在进行电源漏流测试后查阅测试报表，发现 KZ 漏流严重超标达 8.9 mA，测试报表如图 8-77 所示。

图 8-77　故障处理前的电源漏流测试报表

经检查发现监测显示 KZ 接地电流 8.9 mA，实际是 KF 接地，经回放站场分析只有在下行排列 3G 进路时 KF 才接地。利用天窗组织人员继续查找，最终查出 KF 接地原因是 SⅠ组合 ZTJ_{11} 接点（41-101-2）至 XF 组合 SJ_{83} 接点（34-903-13）间配线接地（实测对地电阻 0 Ω）。处理后对电源漏流进行再次测试，测试报表如图 8-78 所示。

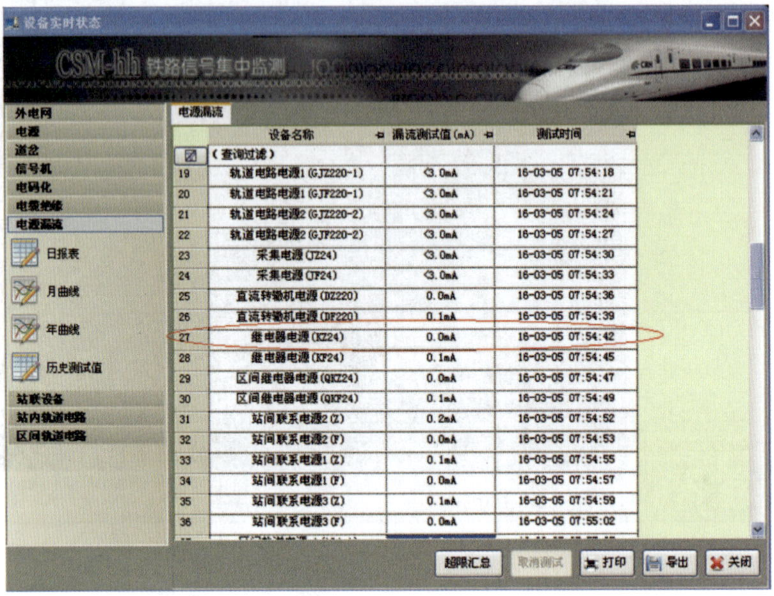

图 8-78 故障处理后的电源漏流测试报表

机房环境监测案例：某站发生环境温度报警，调阅监测实时值，0005 微机室温度值高达 41.1 ℃（图 8-79），超过《普速铁路信号维护规则（技术标准）》和《高速铁路信号维护规则（技术标准部分）》规定的标准，须及时进行判断处理。

进一步分析发现空调 6 电流几乎为 0 A（图 8-79），说明该处空调处于停机状态，现场检查确认该空调故障。

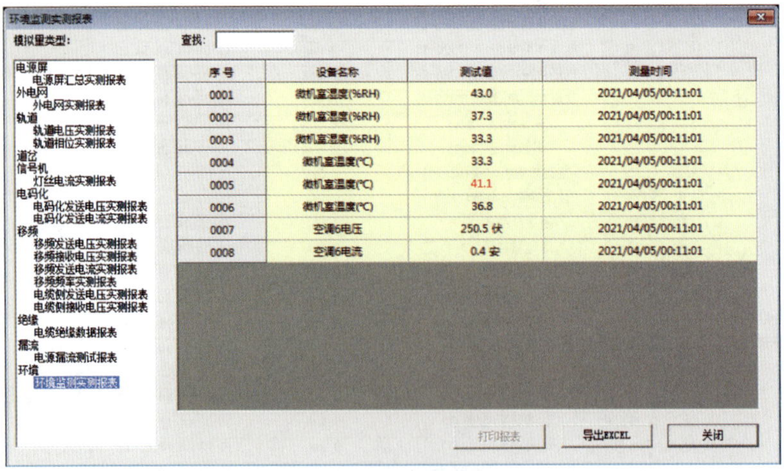

图 8-79 微机室内温度过高

第九章　铁路信号集中监测系统发展趋势及展望

信号集中监测技术从 20 世纪 90 年代的微机监测，到 2010 年左右发展为信号集中监测，与信息技术、计算机技术、网络技术以及铁路技术发展基本同步。2017 年 10 月，党的十九大报告提出要建设数字中国。2023 年，国铁集团提出构建“六个现代化体系”，推动铁路高质量发展，率先实现铁路现代化，对数字铁路提出了新的更高要求；同年国铁集团发布《数字铁路规划》，明确提出要落实数字中国建设整体布局规划，加强数字铁路整体布局，以数据为关键要素，以数字技术与铁路业务深度融合为主线，加快推进跨专业横向联通、跨层级纵向贯通，实现铁路业务全面数字化、数据充分共享共用、智能化水平不断提升，为实现铁路现代化提供数字化新动力。信号集中监测已成为信号专业设备维护的主要支撑技术，未来发展将以数字化转型为主线，在数据采集、数据存储、数据分析和数据应用等方面融合数字技术，形成新一代信号集中监测，如图 9-1 所示。新一代信号集中监测将更加自动、更加综合，推动传统周期性为主的设备运维模式向基于设备健康状态的精准智能运维发展，如图 9-2 所示。

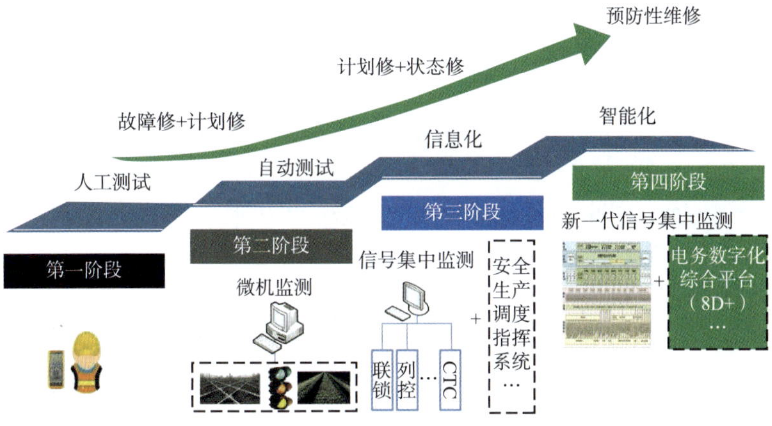

图 9-1　信号集中监测发展阶段及展望

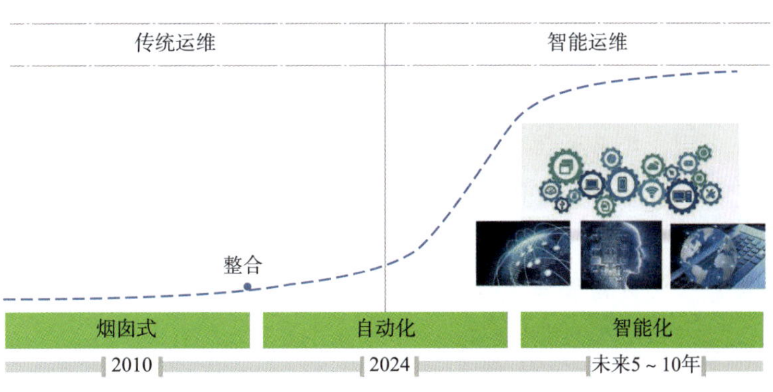

图 9-2　信号集中监测发展赋能设备运维方式转变

一、由单项设备监测向综合监测系统发展

信号集中监测已实现转辙机、轨道电路、信号机、CBI、ZPW-2000 系列轨道电路、TCC、TDCS/CTC、RBC、TSRS、电源屏、计轴、区间综合监控、DMS、LMD、机车信号远程监测系统等信号设备的信息采集。未来，信号集中监测将按照“设备状态全监测、运用过程全监测、运用环境全监测”的方向，进一步延伸和扩展其监测范围，向信号设备综合监测平台发展。

1. 拓展轨旁设备监测

既有信号集中监测系统的监测点均在信号机械室内，轨道电路、信号机等设备轨旁关键节点的电气特性并未纳入监测，一方面造成信号工需要定期到室外进行测试，另一方面在设备出现故障后，人工或机器智能诊断都缺少室外节点的测试数据，无法迅速定位故障。

目前，针对区间 ZPW-2000 系列轨道电路扩展了室外监测，实现了该型号轨道电路从室内到室外，从送电端到受电端关键点电气特性全监测，并实现了劣化预警和故障智能分区定位功能。

未来，站内 25 Hz 相敏轨道电路、信号机等设备扩展室外关键点电气特性监测，电缆箱盒、设备箱盒将增加环境温度、湿度、光照、振动监测，电气化线路将增加吸上线、贯通地线和钢轨回流监测。

2. 加强与工务、供电结合部监测

工电供是保障铁路运输的基础设备，三个部门管辖的设备相互交叉或关联。未来三个部门将更多地采取联合和综合维修模式。

与工务结合部方面，道岔将从单一的缺口监测，重点扩展道岔转换力、锁闭力、尖轨密贴和爬行等工况项目监测，结合室内的道岔电流、功率监测，实现道岔电气特性和机械特性、室内与室外的综合监测。

与供电结合部方面，外电网供电质量监测将进一步扩展 N 项电压、双路同相电压监测，扩展车站后备供电 UPS 和蓄电池的健康监测。

3. 扩充干扰因素监测

从引起信号设备故障的外部干扰因素看，电气化干扰、牵引回流、接地状态和雷击是主要的源头。从干扰引入的位置看，沿外电引入和室外信号电缆引入是两个主要的通道。

未来，将在外电引入口与信号电缆成端引入口，加强牵引回流干扰与雷击干扰信息监测、屏蔽接地状态监测，并逐步扩展信号机械室内空间电磁干扰状态监测和频谱分析。

4. 扩展电缆特性监测

电缆作为供电、信号控制与信息通信的介质，其自身物理与电气状态应逐步纳入监测。

5. 支持智能仪表信息接入

针对“天窗”上道维护、巡检过程，以及故障处理时的测试与分析环节，采用独立仪表测试的项目，未来将支持接入信号集中监测系统，并与实时在线监测数据共同组成智能分析与故障诊断的数据基础。

二、由人工分析为主向机器自主分析发展

信号集中监测系统在实时数据监测基础上，形成了年月日曲线、报表、故障与回放数据等，当前数据的日常浏览仍以信号工每日浏览分析为主，耗时、低效且精准度不高。未来将

由机器算法实现自动浏览与分析。

故障处理过程中，信号集中监测系统提供基础采集数据，以人工分析定位故障为主，机器故障分析与智能定位还处于较初级阶段。未来，在信号知识经验库基础上，借助自学习模块，信号集中监测系统将横向联系、模糊学习，在设备出现故障现象后，给出更为准确的故障定位与处理建议。

在减少和预防故障发生方面，信号集中监测系统将更多地监控设备电气、机械特性的变化趋势，结合信号经验数据库，采用数字孪生技术，提前预演预判设备劣化和故障发展趋势，提前预警，实现预防性维修。

三、由设备参数监测向设备健康管理发展

信号集中监测系统作为电务信号设备管理的工具与助手，未来将参与设备从上道运用到下道更换全过程监测、分析与记录，在设备赋码管理的基础上，综合与此设备相关的静态信息、动态数据、故障维修记录，形成设备档案、评估健康状态、给出指导意见。

信号机械室的日常管理，包含了资产与设备管理、机房巡视与安全管理、报警与确认、天窗上道作业与应急指挥等诸多工作。未来，以信号集中监测为基础，融合机械室设备巡检、全生命周期设备管理、作业卡控、图册与资产管理等信息，将逐步构建车站信号设备故障预测与健康管理系统。

四、由车站独立系统向线网级运维平台发展

信号集中监测、道岔缺口监测、电缆监测、动环系统等各类技防物防技术和系统不断发展应用，在设备故障诊断方面起到了不可替代的作用，且正在向趋势分析、故障预测方向发展，为铁路线网级预测及健康管理（PHM）研究积累了支撑技术和应用数据基础。根据“六个现代化体系”、《数字铁路规划》发展要求，急需打破以单个设备、单站设备为对象的设备故障诊断、故障预测，填补铁路线网级电务设备故障预测与健康管理空白，尤其是突破和解决以下四个方面的问题。

1. 单站/单个设备故障样本少，难以实现故障预测数据积累和参照。设备维护质量越来越高，单站/单个设备几个月甚至一年都没有故障，故障样本少导致基于统计原理的预测模型无法实现。

2. 单站/单个设备运行状态数据相互独立，尚无法实现“相互参照、经验分享”，设备故障预测准确度难以提高。

3. 以单站/单个设备为单位的数据浏览分析，与当前电务数字化转型线路级、线网级综合管理模式不匹配，难以实现设备状态、维修行为的关联分析。

4. 线网级设备 PHM 是落实提质、增能、创效、减负的重要手段，需要从电务段、车间管辖的多条铁路线的“线网”、单条线路整体考虑设备维护，综合安排设备巡视检修力量。

总之，信号集中监测未来将以数字化为重点，在数据集中化、结果图示化、分析自动化方面取得更多进步，向故障预测与健康管理智慧化方向不断发展。

参考文献

[1] 靳俊. 铁路信号集中监测系统［M］. 北京：中国铁道出版社，2016.

[2] 林瑜筠. 6502 电气集中图册［M］. 北京：中国铁道出版社，2016.

[3] 徐彩霞. 区间信号图册［M］. 北京：中国铁道出版社，2009.

[4] 莫志松，郑升. 高速铁路列车运行控制技术：CTCS-3 级列车运行控制系统［M］. 北京：中国铁道出版社，2016.

[5] 李文涛. 高速铁路列车运行控制技术：ZPW-2000 系列无绝缘轨道电路系统［M］. 北京：中国铁道出版社，2017.

[6] 中国铁路总公司. 普速铁路信号维护规则　技术标准［S］. 北京：中国铁道出版社，2015.

[7] 中国铁路总公司. 高速铁路信号维护规则　技术标准部分［S］. 北京：中国铁道出版社，2016.

[8] 中国国家铁路集团有限公司. 铁路信号集中监测系统技术条件：Q/CR 442—2020［S］. 2020.

[9] 中国国家铁路集团有限公司. 铁路信号集中监测系统接口规范　第 1 部分：内部接口协议：Q/CR 780.1—2020［S］. 2020.

[10] 中国国家铁路集团有限公司. 铁路信号集中监测系统接口规范　第 2 部分：车站设备接口协议：Q/CR 780.2—2020［S］. 2020.

[11] 中国国家铁路集团有限公司. 铁路信号集中监测系统接口规范　第 3 部分：局集团公司/电务段层设备接口协议：Q/CR 780.3—2020［S］. 2020.

[12] 中国国家铁路集团有限公司. 铁路信号集中监测设备：Q/CR 573—2023［S］. 2023.

[13] 中国国家铁路集团有限公司. 铁路信号集中监测系统显示规范（暂行）：TJ/DW 259—2024［S］. 2024.